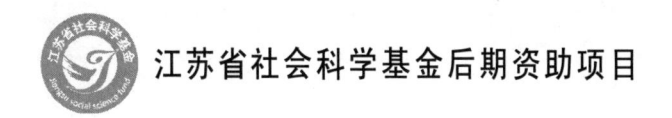

江苏省社会科学基金后期资助项目

日文图书汉译出版史

田 雁 著

南京大学出版社

序言一

翻译是沟通不同语言文化的主要途径,而图书翻译在跨文化交际中更是起着不可或缺的重要作用。如果说古代中国的图书翻译是从汉唐开始的佛教经典的翻译的话,那么,古代日本对中国文字的引进及翻译早在公元 1 世纪左右就已展开,并在室町(1336—1573)、江户(1600—1867)时达到鼎盛。不过,中国对日文图书的翻译似乎要晚了许多,一直要等到清代的洋务运动之后才有所展开。而且,与其他西文图书翻译所侧重的宗教性、科学性的内容不同,对日文图书的翻译最初是从对世界历史地理的介绍开始,之后,便随着晚清政局的激荡变迁迅速地进入了政治启蒙、法律启蒙的阶段。

田雁所著的这部《日文图书汉译出版史》,就是从图书翻译与传播的角度,将近代以来日文图书的汉译出版这一历史过程生动而深刻地再现在读者目前。这是目前国内首部以特定国别为对象的图书出版研究专著,为图书的跨文化交流及其社会影响的研究,提供了国别性(日文语种)的研究样板。

具体而言,这是一部具有典型学术特性的书稿,作者利用了他在前期工作《汉译日文图书总书目:1719—2011》中的资料积累,创建了汉译日文图书书目数据库,并运用 SPSS 软件系统,通过建模、描述、分析等技术手段,并且运用大量的图表,勾画出了近代以来汉译日本图书的总体构造,归纳出了汉译日文图书在不同时期的时代特征,构建出了日文图书在中国翻译出版的整体形象。因此,它具有重要的学术价值。

这也是一部具有浑厚史料积累的书稿。史料是历史研究的基础,翻译出版史作为历史研究的一个重要分支,史料的积累是一项基础性工作。在本书稿中,作者通过对所收录两万五千余种书目的分析解读,清晰并扎实地勾勒出近代以来汉译日文图书的出版历史。具有重要的史学价值。

这还是一部具有积极创新意义的书稿。作者在建模、描述、分析、图表等技术数据之外,对日文图书的汉译出版历史过程中的一些重大事件进行了详尽的叙述。如在第一章的"汉译名作与汉译名社"部分对东文学社与

《支那通史》《东洋史要》翻译出版的描述;第二章的"译品之争"一节中围绕着日文图书汉译展开的鲁迅、梁实秋"硬"、"顺"之争的描述;第三章"皮书"部分有关日文图书翻译在"黄皮书"、"灰皮书"、"绿皮书"中衍变的描述;第四章"电影、电视与日文图书翻译"一节中对1980年代日本电影、电视动画片与日文图书翻译互动关系的描述,第五章"繁荣与反思"一节中对日本"京都学派"学者的作品在新汉学背景下华丽转身的描述。凡此种种,在图书出版史上也属首见,不仅具有重要的创新性,也具有相当的可读性。

进入新世纪后,一方面是日文图书翻译出版的量在不断地增加,特别是2010年以来,国内所翻译出版的日文图书甚至超过1 000种大关,由此而言人们对日本的了解正在不断地加深;而另一方面又因为钓鱼岛等历史遗留问题导致中日两国政府之间对立的深刻化,两国国民之间的友好程度也在不断下降之中。

作为亚洲地区有着巨大影响力的两个大国,又是一衣带水的邦邻,中日两国之间的关系是不应该这样持续僵持并对立下去的。在此背景下,就更加需要加深两国间文化的沟通,一方面是将当今中国的社会现实与国人的所思所想介绍给日本的民众,另一方面是将当代日本的社会现实与国民的所思所想介绍给中国的民众。从这个角度来讲,书稿的出版又有了其积极的社会意义。

是为序。

茅家琦

南京大学人文社会科学荣誉资深教授
2017年2月于南京

序言二

　　田雁先生是编辑出版家,也是出版史研究专家。他几十年如一日,注意收集和整理汉译日文图书书目,并已经编著出版了《汉译日文图书总书目:1719—2011》(全四卷)。我曾在该书的序言中说,《汉译日文图书总书目》"从1719年编起,直至当下,收录范围近三百年,广为搜罗,查漏补缺,所得书目25 749种,堪称汉译日文书目集大成,规模空前,厥功甚伟"。如今,田雁先生再创一大功,在"总书目"的基础上,写出了《日文图书汉译出版史》。由"总书目"而到"出版史",由文献学而及历史学,两者相互衔接、相得益彰,在这个领域中,田雁先生鳌头独占。我不知能否说他是毕其功于一役,但可以肯定地说,在可以预见的将来,汉译日文图书的文献目录学及出版文化史的研究,是不容易被超越的。

　　《日文图书汉译出版史》,这书名里面似乎包含两个重要的概念,一个是"汉译"(翻译),一个是"出版"。因而它既是翻译史,也是出版史。但它不是一般的出版史,而是译作(汉译日文图书)的出版史。我阅读了书稿,觉得"日文图书汉译出版史"不是"日文图书的汉译与出版史",而是"日文图书汉译的出版史"。《日文图书汉译出版史》的中心主题显然不是"翻译"而是"出版","翻译"与"出版"二者不是并列的,也不是并重的,虽然必须关涉翻译问题,但重心在"出版"上。田先生对本书的这一定位与把握都是相当精准的,也是切实可行的,也形成了本书研究写作的基本策略、方法与著作的特色。

　　从这个角度来看,田雁先生对"汉译"(翻译)的观照与研究,采用的不是"译文学"的文本批评的方法,因而不必对译文本身做出优劣美丑的价值判断,而是取用"文化翻译"的研究视角,把翻译看作中日跨文化交流的方式、途径与手段,着眼的是翻译图书的社会学上的功能价值。而其中最重要的,便是出版物的市场大小、读者多寡及社会作用。在这里,"翻译"与"出版"成为一个连续的行为过程。翻译是为了出版,汉译日文图书最终要见诸出版,这样一来,"翻译"就成为"出版"的一个环节。田先生将出版史上的汉译日文图书的读者群体、图书种类、发行册数,以及为何畅销、为何不畅销的问题,都作为重要问题,采用统计学的方法,用图表与数字说话,加以详细分析。同时,田先生充分注意到了日文图书的出版发行与时代背景、社会思潮之间的关系,注意揭示各个不同历史阶段中日两国关系对汉译图书的选题、出版、发行、阅读所造成的影响。从这个意义上看,汉译日文图书及其出版史也就成为中日文化交流史的一个独特层面。学者们要研究中日文化交流史,不注意图书的翻译出版是绝对不行的。因此,《日文图书汉译出版史》的价值也就超出了狭义的"出版"本身,而是一种出版文化史与出版的文化交流史。

这样看来,《日文图书汉译出版史》作为一项基础工作,作为中日文化交流史的一个基本层面,就有了不可替代的学术价值。它可以成为中日文化交流、中外文化交流史研究的必读书。特别是对中国翻译及翻译史的研究而言,这是一本不可或缺的导引性著作。它暗含着海量的信息,蕴藏着形形色色的饶有趣味的个案,提供着各种各样的问题线索。读者可以借此进入中日文化交流的广阔、深层次的世界。例如,仅仅从翻译研究的角度来说,它可以引导今后的研究者从出版文化的层面,而进入翻译研究的层面;从文化翻译及"译介学"的层面,而进入"译文学"的层面。在翻译学、译文学的层面,人们需要进一步回答:在各种不同的复杂情况下,是时代与社会决定翻译出版,还是译作影响时代与社会;是社会权力与出版机构操控译者,还是译者的眼光与见识影响出版社;是根据读者多寡、是否畅销来评价作品,还是根据译作本身的价值来评价作品;是出版者顺从市场、"服务"读者、讨好读者,还是引导读者、提升读者;哪些译者具有哪样的动机与努力,哪些出版者实行了哪些不同的策略与做法;译作提供的主要是知识,还是思想,抑或是感性的审美风尚,等等。

可以说,至少在中外文化、中外文学交流史领域,中日关系研究学者们的努力与作为是十分突出的。在中日关系这个领域中,我国学者们最早编纂出版了文化交流史大系,最早写出了中日古代文学、近现代文学的交流史、关系史,最早写出了日本文学汉译史,最早写出了中国题材的日本文学史。上述田雁编著《汉译日文图书总书目》这样的书目文献学著作,在其他语种的汉译文献的整理编纂与出版中至今难以见到。而《日文图书汉译出版史》一书似乎又可以开风气之先,因为关于其他语种的图书汉译出版史著作至今也还未见。田雁先生在这个领域开创性工作,更显得重要和可贵。

我还注意到,田雁先生在本书《后记》中,说他今后有计划在现有工作的基础上,将研究的路径加以倒转,再编纂《日译中文图书总书目》,再写出《中文图书日译出版史》。这一设想极有价值,也很繁难,但田雁先生最有基础、最有条件完成这一工作。我相信很多读者与学界同仁,都会像我一样翘首以待。

北京师范大学文学院教授
教育部长江学者特聘教授
2017 年 11 月 30 日于北京

目　录

绪　论 ……………………………………………………………… 1

第一章　从东京到上海——翻译中心的转移(1851—1911) …… 11
第一节　日本观的转向 ……………………………………… 11
第二节　晚清变革与汉译日文图书 ………………………… 19
第三节　从东京到上海——翻译中心的转移 ……………… 32
第四节　独领风骚的时代 …………………………………… 45

第二章　战争阴影下的图书翻译(1912—1949) ………………… 74
第一节　日本观的背离 ……………………………………… 74
第二节　战争阴影下的图书翻译 …………………………… 81
第三节　商务印书馆的璀璨 ………………………………… 105
第四节　译品之争 …………………………………………… 119
第五节　新文化、新思想与备战 …………………………… 132
第六节　战争的影响与汉译日文图书的影响力变迁 ……… 168

第三章　文本操控与译者操控(1949—1976) …………………… 184
第一节　被疏离的日本 ……………………………………… 184
第二节　重理而轻文 ………………………………………… 190
第三节　内部发行、皮书和潜在译作 ……………………… 207
第四节　无法署名的译者们 ………………………………… 217
第五节　时代性作品的缺位 ………………………………… 235

· 1 ·

第四章 转型中的机遇与挫折(1977—1999) ……… 242
第一节 改革初始的中日蜜月 ……… 242
第二节 市场化与国际化 ……… 256
第三节 翻译版图变迁中的社会因素 ……… 266
第四节 电影、电视与日文图书的翻译 ……… 283
第五节 未能畅销的日文翻译图书 ……… 290

第五章 翻译出版中的新元素(2000—2011) ……… 300
第一节 遭遇冰点的中日关系 ……… 300
第二节 学科版图中的新元素 ……… 311
第三节 内容为王——呼唤畅销书 ……… 321
第四节 繁荣与反思 ……… 336

末　章 汉译日文图书的影响与意义 ……… 356

后　记 ……… 381

参考书目 ……… 383

绪　论

在世界的文化交流过程中,图书翻译无疑扮演了极为重要的角色。外国人要了解中国文化,中国人要了解外国文化,都需要有一个窗口与平台。如果说图书是一个民族文化传承的最基本载体的话,那么,毫无疑问,在不同语种之间的图书的翻译出版,就相应承载着文化传播的重要意义。从文化的社会意义上来说,日文图书的汉译,就是一个能够较全方位解读日本的窗口。

据统计,近代以来国内所翻译出版的外文图书已经超过 10 万余种,其中,仅在 1851—2011 年间,翻译出版的日文图书就有 25 000 余种。这些日文图书如何被选定,由谁翻译,又是如何出版的?出版后其传播路径和社会影响又是怎样?现状及面临问题有哪些?上述问题的探讨,不仅有助于人们认识日文图书翻译出版的历史,有助于人们从研究视角、方法论的角度去厘清日文图书的传播路径、文化影响力,同时也有助于人们对"外来文化如何在中国生存"这一跨文化传播理论模式的构建。

一、汉译日文图书书目的先期整理

有关汉译日文图书书目的收集与整理,在国内,最早是由梁启超与徐维则开启的,代表性著作是《西学书目表》、《东西学书目》和《译书经眼录》。《西学书目表》是梁启超于 1896 年刊印,搜集明末以来译述之西学书目 352 种;而《东西学书目》是绍兴藏书家徐维则仿梁启超之例编辑而成,于 1899 年刊印,收录书目 537 种。不过,从书名上看,显然增加了东学也即来自日本的图书翻译内容。至于《译书经眼录》则是徐维则于 1935 年刊印,收录 1900—1904 年所译书目 491 种。[1] 不过,由于所选书目均是广义的西译图书书目,而不是专门的汉译日文图书书目;其次,因作者的年代局限,所录只为 1904 年之前的翻译图书;第三,鉴于作者的收录局限,所载书目只限作者

---

[1] 具体内容可参见郑大华:"论民国时期西学东渐的特点",《中州学刊》,2002 年第 5 期。

所见,因而就有着明显的缺漏。此后,中国新闻出版总署翻译局也曾于1950年编印出版了《全国翻译图书总目录——中华人民共和国成立以前》(简称总署版目录),收录有1911—1949年间在中国国内出版的翻译图书书目6 686种,其中汉译日文图书书目1 200种。

在国外,对汉译日文图书书目进行收集整理的第一人,应该是日本学者实藤惠秀,他于1945年编辑出版《中译日文书目录》,收录有日译中图书书目2 600余种。不过,这本由日本学术振兴会资助出版的书目,"问世未几,即遭战火,连京都大学人文科学研究所图书馆也没有收藏"①,所以并未在日本以及国内学界产生多大影响。

1981年,香港中文大学的谭汝谦先生在实藤惠秀的《中译日文书目录》基础上,收集整理并出版了《中国译日本书综合目录》(简称谭版目录),其中收录有从1660—1978年间所出版的汉译日文图书目录共计5 765种。并且在"中日之间译书事业的过去、现在与未来"的代序中,将"中国第一个翻译日文专书"的译者定为姚文栋(《琉球地理志》,1883),同时声称:"在甲午以前三百余年间的12种中译日书,不但数量微不足道,而且有9种是日本人士的译书。"②谭版目录这一里程碑般的著作,在中日学界影响之大,用北京大学王奇生教授的话说:"几乎为近百年中日译书史画上了一个句号。谭书出版20多年来,学界很少有人触碰同一课题。"③而在谭版目录之后,"姚文栋为中国汉译日文图书第一人,1883年为中国汉译日文图书起始年"的观点,也就为国内学界广泛接受。④

几乎是在谭版目录出版的同时,北京图书馆开始以北京、上海、重庆图书馆的馆藏书目为基础,由田大畏主编,前后历时17年,编辑并出版了《民国时期总书目》(20卷本,简称田版目录),收录1911年至1949年9月间国内出版的中文图书书目124 000余种。其中录有汉译日文图书2 636种。而此后的2012年,北京大学出版社出版了张晓先生编著的《近代汉译西学

---

① 谭汝谦:"中日之间译书事业的过去、现在与未来",《中国译日本书综合目录》,香港:中文大学出版社,1981年,第61页。
② 谭汝谦:"中日之间译书事业的过去、现在与未来",《中国译日本书综合目录》,香港:中文大学出版社,1981年,第61页。
③ 王奇生:"民国时期的日书汉译",《近代史研究》,2008年第6期。
④ 参见彭斐章:《中外图书交流史》,长沙:湖南教育出版社,1998年,第232页。马祖毅:《中国翻译史——上卷》,武汉:湖北教育出版社,1999年,第577页。王晓秋:《近代中日文化交流史》,北京:中华书局,2000年,第401页。

书目提要：明末至1919》(简称张版目录)，收录从明末至1919年间汉译西学书目5 179种。其中，汉译日文图书书目达1 919种。而在全部的汉译日文图书书目中，在1719—1911年间有1 626种，1912—1919年间205种，无出版年份的88种。比起谭版目录的970种书目，不仅书目的量有了突破性的增加，而且在张版目录中，我们还发现了由陈建生翻译的《新编理化示教》(直隶学务处，1851)及张云阁翻译的《物理学初步》(直隶学务处，1851)[①]二部译著。进而将晚清时代中国人汉译日文图书的起始时间从此前谭汝谦先生所说的1883年提前到了1851年。

事实上，在此前出版的这些翻译图书目录中，无论是总署版目录、田版目录还是张版目录，都是多语种的翻译图书书目的汇编，唯有谭版目录是专门的汉译日文图书目录汇编。而且，与总署版目录、田版目录及张版目录相比，谭版目录不仅时间跨度长(1660—1978)，其所罗列书目的总数也多。更为重要的是，在谭版目录之中，有一段长达10余万字的"中日之间译书事业的过去、现在与未来"的代序，对近代以来的汉译日文图书以及日译中文图书的历史做了总结性的回顾，从而确定了谭版目录在汉译日文图书业内的权威地位。

进入21世纪后，有关日文图书的翻译出版活动，开始成为国内学界及图书出版界研究的一个热点。其中比较有代表性的作者与作品有马祖毅(1999)、谢天振(2004,2007)、王向远(2007)、方华文(2008)、杨义(2009)等，他们从翻译史以及文学翻译史的角度，对日本文学作品的翻译出版历史进行分期，并就作品翻译的背景与动机、作品的选择与译者的风格、作品对中国文学的影响进行描述；谭汝谦(1981)、彭斐章(1998)、王晓秋(2000)、邹振环(1996,2000)、王勇(2003,2009)、徐冰(2010,2014)等人则从文化传播和图书交流的角度，就近代以来日文图书在中国翻译出版及传播的路径以及社会影响等，展开专题性研究；王克非(1997)、陈福康(2000)、谢天振(2003)、魏清光(2014)等主要从翻译文化与理论的侧面，探讨图书翻译的使命及翻译的原理与方法。与此同时，也涌现出了一批相当出色的研究论文，其中，有对从清末到民国期间日文图书的翻译加以考察的关捷(2002)、王奇

---

① 张晓：《近代汉译西学书目提要：明末至1919》，北京：北京大学出版社，2011年，第440、478页。补充说明：经查阅《新编理化示教》、《物理学初步》二书原件现藏于国家图书馆古籍部。原书版权页上留有作者名、译者名，但无具体出版年份。1851年系图书编录者添加。

生(2008);有对战后日本图书翻译做出综述的卞之琳等(1959)、王凌(1985);有对"文化大革命"时期图书翻译进行研究的马士奎(2003)、谢天振(2009)、何维克(2009)、李婷(2013);也有对改革开放三十年中国图书翻译成果加以论述的杜承南(2009)、覃均(2009)、田雁(2014)等。有意思的是,所有这些著作或论文,在其所引用的注释中,必定包括谭版目录。不过,这些论著或多或少开始言及谭版目录中所录书目不全的问题。

二、《汉译日文图书总书目:1719—2011》的出版

2015年,社科文献出版社出版了由作者主编的《汉译日文图书总书目:1719—2011》(简称总书目),全书共4卷,共收录汉译日文图书书目25 749种。其中,第1卷时间跨度为1719—1949年,收录书目5 922种;第2卷为1949—1999年,收录书目10 245种;第3卷为2000—2006年,收录书目4 813种;第4卷为2007—2011年,收录书目4 769种。

与谭版目录最大的不同是,《总书目》以国内翻译出版及各图书馆所馆藏的汉译日文图书书目为主体,港台地区出版的汉译日文图书书目没有予以收录。

其次,就《总书目》所收录汉译日文图书书目数量而言,《总书目》第1卷是在谭版目录、田版目录、张版目录及总署版目录的基础上甄别、补充而成。与谭版书目相比,仅1949年前部分,新增补的图书书目就超过2 400余种,其比例几近100%,而与田版目录、张版目录及总署版目录相比,增补的图书书目甚至超过3 000余种。《总书目》第2、3、4卷是对每年出版的《全国总书目》(1949—2011)以及《全国内部发行图书总目》(1949—1986)加以筛选,从中录入汉译日文图书书目19 827种。

第三,从时间跨度上讲,《总书目》横跨前后两个世纪,并且填补了谭版书目之后1978—2011年这34年间汉译日文图书书目统计的空白。而这一时间段也正是汉译日文图书出版发展最快的阶段,就在这34年间,所收集的国内汉译日文图书书目甚至超过了12 000种。由此而言,《总书目》应该是一部横跨了近、现、当代历史时期,收集书目较为全面的一部汉译日文图书总目。

事实上,在《总书目》编撰过程中的最大难点就是如何确保所收集、整合书目的全面性与权威性。为了保证《总书目》的全面性与权威性,关于1949

年前，我们收集、比对并且整合了此前所出版的含有汉译日文图书书目的谭版目录、田版目录、张版目录及总署版目录等；关于1949年后，则援引了《全国总书目》(1949—2011)以及《全国内部发行图书总目1949—1986》等。也正因如此，与谭版的《中国译日本书综合目录》全部5 765种图书书目相比，《总书目》所收集的书目，在1719—1949年间即达5 922种，加上1949—2011年间国内所翻译出版的19 827种书目，总数多达25 749种。

这无疑是一件非常艰难的工作。因为在1949年之前，在谭版目录外，田版目录、张版目录及总署版目录都是综合性图书目录，这就需要我们从书目中大海捞针般地寻找出汉译日文图书的每一部书目。以田版目录《民国时期总书目》为例，就得需要从前后39年，分列20册，总计124 044种书目中逐一查询挑选。在这之上，还需要对所收集的汉译日文图书书目进行汇总，从作者、译者、出版社、出版时间等各方面加以比对整合，进而剔除重复，并对同书名同译者的不同版本进行解读。

至于1949年之后，工作就更为艰辛。要从历年各卷的《全国总书目》中逐一进行书目的筛选，特别是自2002年起，国内出版社每年所出版的新书数量都超过10万种，在2010—2011年间甚至超过了20万种。也就是说从2002年起，我们所耗费的年度书目搜寻工作量都超过了对《民国时期总书目》的总体搜寻。

毫无疑问，《总书目》的出版是一件非常有意义的工作。首先，著名史学家陈垣先生曾经说过："目录学就是历史书籍介绍，它使我们大概知道有什么书，也就是使我们知道究竟都有什么文化遗产，看看祖遗的历史著作仓库里有什么存货要调查研究一下……目录学就好像一个账本，打开账本，前人留给我们的历史著作概况，可以了然。古人都有什么研究成果，要先摸摸底，到深入钻研时，才能有门径。"[1]而《总书目》就可以让此后的研究者通过这些书目所构成的学术版图，寻找各自的研究门径。

其次，《总书目》的出版是为我们的先辈在过去为解读日本所做的努力正名。戴季陶在《日本论》中曾写道："'中国'这个题目，日本人也不晓得放在解剖台上，解剖了几千百次，装在试验管里化验了几千百次。我们中国人却只是一味地排斥反对，再不肯做研究工夫，几乎连日本字都不愿意看，日

---

[1] 陈垣:《与毕业同学谈谈我的一些读书经验》,《中国青年》,1961年第16期。

本话都不愿意听,日本人都不愿意见。"①长期以来,国人深受戴季陶的影响,从而认为国人对日本的了解,远不如日本对中国的了解。其实不然,就本课题组目前所收集到的中日两国间翻译图书的数量比较而言,1949—2011年间,日本国会图书馆所收集的日译中图书书目有2 337种;而在同期,本课题组通过《全国总书目》(1949—2011)所收集的汉译日文图书书目就已经超过20 000种。也就是说,至少在图书翻译领域,国人所做的工作已远远超过日本。

第三,《总书目》的出版也是为今后汉译日文图书的引进提供方向性指南。既然我们所翻译的汉译日文图书,无论在种类上还是在数量上都远远超过日本,那么,为什么国人还会有中国对日本的了解不如日本对中国的了解的观念呢?这就需要我们通过对汉译日文图书书目的整理,寻找出过去曾经从日本引进了哪些图书,现在又正在从日本引进哪些图书,进而为今后对日本图书的翻译引进指明方向。

正因如此,清华大学王中忱教授评说《总书目》:"为梳理近三百年来中国的日本研究及中日文化关系史,提供了坚实的数据依据,将会推动此课题的学术史研究改变以往仅凭印象或局部统计立论的现象,同时也会对今后中国日文书籍翻译出版的选题决策,提供目录学的参考,具有重要的学术价值和实用价值。"

三、百年汉译日文图书出版史的梳理

本书是在《总书目》出版的基础上,通过对1851—2011年间出版的25 000余种汉译日文图书书目的梳理,运用SPSS(Statistical Package for the Social Science)软件系统,对这些书目所构成的学术版图,如图书的学科构成、作者及译者群体、传播范围、影响力等方面,借用不同对象体系的指标分析、比对及统计,列出图表,进而梳理出百年来汉译日文图书的出版及传播路径,并对汉译日文图书在不同历史时期的时代影响加以分析、解读,以期最终能对汉译日文图书的文化传播做出一个较为完整的评价。

简而言之,如果说《总书目》的出版为汉译日文图书的历史提供了数据

---

① 戴季陶、蒋百里:《日本阴谋七十年日本论与日本人》,北京:北京理工大学出版社,2013年,第1页。

分析依据的话,那么,本书则是在《总书目》出版基础之上所展开的实证分析研究。其路径就是通过 SPSS 分析模块的构建,以日文图书的翻译出版、传播及影响力为基点,将规范研究和实证研究相结合,建立起汉译日文图书出版与传播的坐标体系,并以此为基础展开理论分析。其中,定性研究主要注重基本概念的界定和内涵的揭示,描绘和刻画出汉译日文图书的文化传播内涵,归纳和总结汉译日文图书的出版特征。而定量研究则在定性研究的基础上展开。这也是本书所以会有较多图表呈现的由来。

坦率而言,日文图书在中国的翻译出版,是一个需要不断应对和解决"谁来决定作家与作品"、"谁来翻译"、"如何翻译"、"由谁出版"、"翻译作品的读者是谁"、"翻译作品的社会影响"等一系列问题的过程。正是在这些问题的产生与解决的解读过程中,才能有效建立起对近、现、当代汉译日文图书出版史的描述以及对其社会影响的整体性评价。

正因为如此,本书通过对日文图书翻译出版的历史线索的梳理,将其整合为 1. 从东京到上海——翻译中心的转移(1851—1911);2. 战争阴影下的图书翻译(1912—1949);3. 文本操控与译者操控(1949—1976);4. 转型中的机遇与挫折(1977—1999);5. 翻译出版中的新元素(2000—2011)等五个历史阶段。

第一阶段:1851—1911 年。所以将汉译日文图书研究的起始点确定在 1851 年,是因为经我们考证,这一年出版的陈建生所译《新编理化示教》(直隶学务处,1851)及张云阁所译《物理学初步》(直隶学务处,1851)应该是近代中国汉译日文图书的开始,从而将国人参与汉译日文图书的起始时间从此前公认的 1883 年(谭如谦,1981)提前到了 1851 年。而这一阶段的核心内容则具体表现为汉译日文图书中心的迁移,即由最初的日本东京转至国内的上海,并掀起了 1901—1911 年的阶段性高潮。在这一阶段,译者在图书选择过程中起着主导作用。

第二阶段:1912—1949 年。在战争阴影下,汉译日文图书出现了 1928—1937 年的阶段性高潮,新思想以及军事类图书特征明显。翻译理念有所发展,出现了所谓的"译品"之争。毫无疑问,受战争因素的影响,汉译日文图书的量呈现大幅下滑的趋势,但即便在战争期间,国统区与沦陷区仍有汉译日文图书的出版。

第三阶段:1949—1976 年,受外交政策"一边倒"及"文艺为无产阶级政治服务"文化政策影响,国家加强对文本操控与译者操控,出现"重自然、轻

· 7 ·

社科"的倾向,还出现了公开译作、内部译作和潜在译作的区分。在这一阶段,译者在图书选择过程中的作用被极度弱化。

第四阶段:1977—1999年,是汉译日文图书出版的重要转型期。以1992年加入《世界版权公约》为分水岭,可分为前后两个时期:在前期,推理小说与围棋类图书流行,地方出版社也开始参与汉译日文图书的出版;在后期,因为汉译图书的引进不再是零成本,由此出现短暂的沉寂。

第五阶段:2000—2011年,受经济城市化及民生休闲化等因素的影响,汉译日文图书的版块内涵渐次发生变化,如在艺术类版块中,4/5的图书为动漫及儿童绘本;在医药卫生类版块中,养生、保健及美容占据半壁江山。如果说养生、保健、美容以及编织、流行服饰、手工类图书的大举进入并走俏市场,是民生休闲化表现的话,那么,建筑与园艺类汉译图书的增加,就应该说是经济城市化的一种表现了。

在这一过程中,诸如汉译日文图书出版的历史沿革、日文图书汉译过程中,谁选择图书,谁翻译,谁决定出版,日本学者与机构在日文图书翻译出版中的地位作用,中国读者对日文图书阅读倾向的变化,日文翻译图书在中国的传播渠道及社会影响,日文翻译图书出版的现状及存在问题等,会是我们所关注的热点。

同样,因为要对影响要素进行具体量化分析以及对跨文化传播有效性理论框架的构建等,大量的统计数据分析,就成了研究与写作的难点。如前者对汉译日文图书的印数、版次的统计,汉译日文图书占全部翻译图书的数量比例统计,汉译日文图书的畅销书所占种类及比例的统计,等等。而后者,尽管此前已有研究者对汉译西书的文化传播进行过相关的分析研究,如对马克思著作的传播与影响研究、西方文学作品的传播与影响研究等,但都是围绕某一方面进行。而对汉译日文图书的引进与传播的渠道、正面影响、负面因素等进行整体性研究,同样需要大量的统计数据分析。

毫无疑问,这种描述的方式是一个新的尝试。首先,是观念上的一种创新,我们期望通过对《总书目》的数据分析及处理,勾画出近代以来的汉译日本图书的总体构造,并且根据不同时期的不同作家、作品的流入实态,通过建模、描述、分析等技术手段,对近代以来日本文化的影响与作用展开整体性研究。在此基础上,对1851年以来日文图书在中国翻译出版的整体形象,以及对那些已出版的日文图书在中国社会所形成的影响与作用加以阐述及评价,以期为图书的跨文化交流及其社会影响的研究,提供国别性的研究样板。

其次,也是思路上的一种创新。我们期望通过对近代至今的中国人对日认知观念上的变迁分析,追寻翻译图书的社会影响力的同时,结合中日图书出版中存在的问题,提出反思图书版权相关政策、调整图书版权的引进结构等具体建议,为国家制订文化发展战略,提供数据支撑和政策咨询。

再次,应该是方法上的一种创新。我们期望通过创建汉译日文图书数据库,利用 SPSS 软件分析,为数据的时序处理及定量分析和截面分析提供便利,有助于人们了解日文图书在中国翻译出版的整体形象,同时也有助于从实证方面对跨文化传播有效性理论进行构建。

正是通过上述对 1851—2011 年间出版的 25 000 余种汉译日文图书书目的梳理,令我们将汉译日文图书的出版历史,从此前公认的 1883 年(谭如谦,1981)提前到了 1851 年;并且发现在近代以来的汉译日文图书出版历史过程中,出现了 1901—1911 年、1928—1937 年、1982—1992 年、2000—2011 年等四个阶段性高潮。而这四个阶段性高潮也都表现出不同的翻译出版特征,如在 1901—1911 年间对教育、法律类的偏重,1928—1937 年间对思想、军事类的偏重,1982—1992 年间对推理、围棋类的偏重以及 2000—2011 年对漫画、健康类的偏重,等等。

通过对汉译日文图书出版历史的梳理,我们发现汉译日文图书出版的进程,一方面受当时社会政治、经济及军事因素的影响而上下起伏;但另一方面,即便在中日关系最为"冰冷"时期,诸如 1937—1945 年的抗日战争时期以及 1949—1972 年间中日关系非正常化时期,两国之间仍然存在图书翻译出版这样的文化交流。

通过对汉译日文图书出版历史的梳理,我们发现在不同历史时期,引进图书的广度及力度各有偏差,但在总体上,日本学术界不同时期的主要作者以及主流作品都有引进。必须指出的是,在日文图书的翻译出版过程中,日本学者与机构起到了极为重要的推动作用。

通过对汉译日文图书出版历史的梳理,我们还发现如果就中日两国间图书翻译出版的态势而言,中国对日文图书翻译出版的量要远超日本对中文图书翻译出版的量。这一趋势在新世纪(2000—2011)依然如故。

然而,近些年来,围绕着中日两国间的领土纠纷、历史教科书、战争赔偿等问题,两国政府间以及国民间的关系正逐步地被情绪化和感情化所困扰。这样的一种情绪化与感情化,表现在图书翻译出版领域,就是两国国民之间开始出现一种选择性阅读,即选择那些对自己有利的图书内容,而故意过滤掉那些负面的内容,导致翻译图书的社会影响力整体出现下降。与此同时,随着报纸、电视、网络等新媒体工具对信息的快速传播,舆论环境和媒介生态也发生了变化。为了追求信息传递的"快"与"新",一些报纸、电视、网络等新媒体甚至不惜采用一事一议的"快餐化"解读方式来提高收视率。正因为这种"快餐化"阅读的直观与快速,使得读者渐次远离了那些出版周期相对冗长的翻译图书。然而,也因为这种"快餐化"阅读的解读者立场所限,并不能真正地帮助读者去理解真实的日本。

  作为一衣带水的邦邻之国,作为亚洲地区有着巨大影响力的两个大国,中日两国之间的关系是不可能这样永久地僵持并对立下去的。在此背景下,尤其迫切需要加强两国间文化的沟通。"在全球化进程不断加快的今天,翻译对于不同文化之间的相互了解、互相尊重、互为补充无疑具有重要的作用。"[1]而其中,图书翻译的重要性是不言而喻的。因为,"与那些几乎每日可见的电视、新闻以及网络上的'快餐化'的日本报道与解说相比,只有对那些文化的民族的代表性的日本图书作品的翻译,才是人们了解日本文化和社会最真实的途径。也只有那些文化的民族的代表性的日本图书作品,才能真正凝结有日本文化和民族思想的代表人物的最为深邃的思考"[2]。通过译本的选择,去解读真实的日本,最终真实客观地构建起两国国民之间的对话和理解之桥。这也正是我们关注汉译日文图书的现实意义之所在。

---

[1] 许钧、穆雷:"探索、建设与发展——新中国翻译研究 60 年",《中国翻译》,2009 年第 6 期。
[2] 田雁:"倒影在汉译日文书目中的中日文化交流群像——写在《汉译日文图书总书目:1719—2011》出版之前",《科技与出版》,2015 年第 7 期。

第一章　从东京到上海
——翻译中心的转移(1851—1911)

第一节　日本观的转向

所谓日本观,简单来说,就是国内社会各界对于日本的总体认知和评判。国人对日本的了解与认识是随着时代变化而不断变化着的。在晚清时期,以中日甲午战争为界,在维新派、革命派以及部分有着改良意向的朝廷官员合力宣传与推动下,国人的日本观出现了前所未有的大变迁,从战前普遍的"轻日"而迅速转化为战后的"师日"。伴随着这种日本观的变迁,而构建出了这一时期汉译日书出版重法律、教科书的特色,由此也带来了深远且不可忽略的社会影响。

一、甲午战前——"轻日"

中国是世界上最早记录日本和认识日本的国家,早在公元前1世纪,《山海经》一书中就有"倭"的文献记载。此后,公元1世纪班固所著《汉书·地理志》中又有"乐浪海中有倭人,分为百余国,以岁时来献见云"之说,这应该是古代中国人对日本的最早认识。在公元3世纪陈寿所著《三国志·魏书·乌丸鲜卑东夷传》的倭人传中,更是动用了近两千字对日本的地理位置以及社会、政治、经济、风俗加以全面描述,这可称为古代中国对日本认识的奠基之作。而公元5世纪范晔《后汉书·东夷传》中的倭传,其对日本的民俗、社会风情的描述虽基本沿袭了《三国志》倭人传的相关内容,但其中对东汉年间中日间的一段官方交往,即"建武中元二年(57),倭奴国奉贡朝贺",汉光武帝"赐以印绶"的史实记载,得到了1784年日本福冈县志贺岛出土的"汉委奴国王"金印的佐证;故而其所描写的"男子皆黥面文身,以其文左右大小,别尊卑之差"、"人性嗜酒,多寿考"、"女子不淫、不妒"、"风俗不盗窃,少争讼"等,便成为古代日本最经典的国情记录。而这时的日本,还处在没有文字的古坟时代。

据统计,在从汉代至清代的中国二十四史中就有十六部正史专门列有记载日本的倭国传或日本传。此外,在历代的各种野史、私人著作、笔记、诗文中也有不少对日本的记载。然而,出于中国文化优越感和华夷意识的影响,长期以来,国人虽有多种各样的对日本的记载,但因内心多将日本视为东夷小国,且中日之间又有大海相隔,因而往往满足于因袭旧说和道听途说,而鲜少有对日本具体国情的深入研究。这种影响之深,以至于"睁眼看世界"第一人魏源所编制的《海国图志》(1843),最初也忽略了日本的存在,直到"第三次增补版的时候才添上日本,并且大段文字抄录对日本叙述错误百出的《瀛环志略》"[①]。由此而言,直至近代之初,国人的日本观或者说是对日本认识都是带有几分轻视甚或是根本忽略的。

这一时期的中国以天朝上国而自居,不仅仅对日本,即便是对欧美国家,也都视为"蛮夷之邦"、"藩属之邦"。直到1840年鸦片战争,来自西方的列强,利用炮舰敲开了中国闭锁的大门,国人开始意识到在列强并峙之中的中国,并不那么中心,也没有那么强大。于是,才有诸如魏源等先行者对世界的重新认识,才有了"师夷以制夷"的主张。

毫无疑问,"制夷"之先为"师夷",那么"师夷"之先就得"知夷"。于是,与中国有着同样遭遇,也是被列强用炮舰敲开大门的日本,就被列成了"知夷"的对象之一。之所以如此,一个较为典型的观点就是冯桂芬所说的:"前年西夷突入日本国都,求通市,许之;未几,日本亦驾火轮船十数遍历西洋,报聘各国,多所要约,诸国知其意,亦许之。日本蕞尔国耳,尚知发愤为雄,独我大国将纳垢以终古哉?"[②]其中的关键就在"日本蕞尔国耳,尚知发愤为雄"。言外之意,泱泱大国的中国更应该自强发愤。其实,在冯桂芬所处的年代,就已经有中国译者开始翻译日本教科书的举动,这就是1851年直隶学务处出版的后藤牧泰所著的《物理学初步》(2卷本,张云阁译)及《新编理化示教》(陈建生译)。然而,在整体上,当时的国人并没有将日本视作真正

---

① 王晓秋:"甲午战争前后中国人日本观的转变",杨念群主编:《甲午百年祭——多元视野下的中日战争》,北京:知识出版社,1995年,第144页。
② 冯桂芬:《校邠庐抗议》,戴扬本评注,郑州:中州古籍出版社,1998年,第199页。

的"师夷"对象,最多也只到达"知夷"的高度。因为,即便是冯桂芬也视日本为"蕞尔国耳"。

所以,体现在这一时期的图书文化中,也就没有专门介绍日本国情或历史的书籍出现。只有为了"知夷",当时曾经到访过日本的一些国人,才给我们留下了众多的"东游日记"。其中有罗森的《日本日记》、何如璋的《使东述略》、黄遵宪的《日本杂事诗》、王韬的《扶桑游记》等。通过这些游记、日记以及诗歌,读者可以从中比较详细地了解日本的社会、经济、文化、风俗等方方面面。

表1-1 晚清时期国人东游日记统计

日记(游记)名称	作者	身份	在日时期	主要经过地
《日本日记》	罗森	文人(翻译)	1854年	横滨、下田、相馆
《环球地球新录东行日记》	李圭	游历官(浙海关文案)	1876年	长崎、神户、大阪、横滨、东京
《使东述略》《使东杂咏》	何如璋	驻日大使	1877年	长崎、平户、神户、大阪、京都、横滨、东京
《使东诗录》	张斯桂	驻日副使	1877年	同上
《日本杂事诗》	黄遵宪	驻日参赞	1877—1882年	同上
《扶桑游记》	王韬	文人	1879年	长崎、神户、大阪、京都、横滨、东京、日光
《谈瀛录》《东游日记》《东洋琐记》	王之春	游历官(道员)	1879—1880年	长崎、鹿儿岛、平前、丰后、马关、神户、大阪、横滨、东京
《日本纪游》	李筱圃	文人	1880年	长崎、神户、京都、横滨、东京
《游历日本图经余记》	傅云龙	游历官	1887—1888年	长崎、神户、东京、静冈、名古屋
《东游日记》	黄庆澄	游历官	1893年	长崎、神户、大阪、京都、东京

本表引自贾莉:甲午战争前晚清中国人的日本观,见豆丁网 http://www.docin.com/p-90418580.html

显而易见的是,这些游记、日记以及诗歌,写出了作者对当时日本的风情与感悟,也写出了作者自己最直接的日本认识,但是,这样感性的片断式描写与感悟,并不能够展现出日本的整体风貌,也无法勾画出近代意义上的日本观。而这种状态,一直延续到黄遵宪的《日本国志》成稿才得以改观。

黄遵宪被称为中国研究日本的第一人。作为清政府的首任驻日参赞,在1877年,他与首任驻日大使何如璋一起出使日本。在日本期间(1877—1882),黄遵宪对日本政治、经济、社会、民俗等多方面的资料加以收集,"采书至二百余种"[①]。前后历时8年完成了40卷12志50万字的巨著《日本国志》。在体例上,《日本国志》的12志(国统志、邻交志、天文志、地理志、职官志、食货志、兵志、刑法志、学术志、礼俗志、物产志、工艺志)可以说囊括了当时日本的整体国情。在写作上,则体现出浓郁的厚今薄古风格,全书除国统志、职官志、邻交志、学术志外,其余八志全都记载有关于明治维新的内容介绍。而在记述之外,作者还通过"外史氏曰"的方式,来论述明治维新的改革历程及得失利弊,由此而被称为"近代中国研究日本的集大成代表作"。

黄遵宪之所以撰写《日本国志》,是因为有感于当时清朝知识层的眼界狭隘、不悉外情,用他自己的话就是:"余观日本士夫类能谈中国之书,考中国之事。而中国士夫好谈古义足以自封,于外事不屑措意。无论泰西,即日本与我仅隔一衣带水,击柝相闻,朝发可以夕即,亦视之若海外三神山,可望而不可即。若邹衍之谈九州,一似六合之外,荒诞不足议论也者。可不谓狭隘欤!"[②]他力图通过对日本明治维新历史的介绍,为中国今后的发展之路提供参照。

然而,具有讽刺意味的是,就在这部被后人称为"中国维新变法的启蒙读物"的书稿完工之后,黄遵宪曾先后请托李鸿章、张之洞等人向总理衙门呈送书稿以期推荐,但是总理衙门没有丝毫理会。直到书稿完成后第八年(1895),即甲午中日战争失败后的第二年,书稿才得以正式刊行。

由此而言,直到甲午战前,虽然国内已经有了众多的日本游记、日记的出现,但是,国人的日本观依然都还停留在以往的"轻日"一边。正因为此,黄遵宪所写的《日本国志》在当时才会湮没。与此同时,在汉译日文图书方面,除日本国内的出版物外,也已经有众多的翻译作品出现。有意思的是,此时侧重引进的翻译作品,也多是日本人所写的诸如《万国史记》(20卷,申报馆,1879)、《欧美各国政教日记》(新民译印书局,1889)等类的欧美各国历

---

① 薛福成:"日本国志序",《黄遵宪全集》下册,北京:中华书局,2005年,第818页。
② 黄遵宪:"日本国志自序",《黄遵宪全集》下册,北京:中华书局,2005年,第819页。

史作品。而同期对日本历史或国情介绍的图书只有二种,即《增补日本外史》(22卷,上海读史堂翻刻,1889)与《日本史略》(1894)。由此可见,当时包括清政府官僚、知识层在内的中国社会对日本的态度是基本视而不见。

二、清末民初——"师日"

1894年发生的甲午战争,可以说是国人日本观发生变化的一个重要转折点。这场战争不仅逆转了自古以来中强日弱的不均衡关系,而且也给日后的中日关系发展带来了深远的政治及社会影响。

在这场战争之前,国内舆论几乎千篇一律地认为,日本不堪一击。时任清政府海关总税务司的罗伯特·赫德曾就当时国内的社会舆情向英国政府报告说:"现在中国除了千分之一的极少数人以外,其余999人都相信大中国可以打垮小日本。"[①]即便是战初被称为避战派代表的直隶总督、北洋大臣李鸿章,也有"倭事初起,中外论者皆轻视东洋小国,以为不足深忧"[②]之说。因此,战事的安排并没有表现出对日军的丝毫重视。而那些被称为"不懂战却好战"的主战派,更是沉浸在盲目的虚骄与自大中,户部主事裕绂上奏说:"倭之僻处东洋,……夜郎自大,辄欲奋螳臂以抗王师,此其自速灭亡。"[③]编修曾广钧更是"窃喜中国可以乘此机会,一意主战,剿灭日本,建立奇功,不独近除东方卧榻之患,亦可远折西都窥伺之萌也"[④]。

至于当时社会上的普罗大众,在战前,大都对战事充满着自信,并与朝廷主战派的观点遥相呼应。以上海《申报》当时所刊文章为例,有对中日二国总体国力进行比较分析说:"以我堂堂天朝,幅员之广大,人民之多,财赋之厚,兵卒之精,十倍于尔,尔乃不自量力,轻启兵端是不明大小之势矣。"[⑤]也有对中日二国军力比较分析之言:"日本兵制虽取法泰西,然二十年从未

---

① 转引自金满楼:"甲午战中的帝党清流",《海南日报》,2014年9月2日。
② 李鸿章:"据实陈奏军情折"。转引自杨遵道编著:《十九世纪末英俄争霸中国史》,北京:中国人民大学出版社,1986年,第129页。
③ 裕绂:"主事裕绂条陈时务呈文"。见戚其章主编:《中国近代史资料丛刊续编·中日战争》第一册,北京:中华书局,1989年,第141页。
④ 曾广钧:"编修曾广钧为统筹全局集中全力击败日本敬请方略七条呈"。见戚其章主编:《中国近代史资料丛刊续编·中日战争》第一册,北京:中华书局,1989年,第15页。
⑤ "先发至人说",《申报》,1894年7月28日。

有战争之事。""我中国南北洋兵舰不少于日人,枪械不逊于日本。"①如果说上述所说多少还有几分在理之处,那么,"日本人短小若侏儒,从无高四尺以上者,不似华人之身材高大体态昂藏","一经开仗,我华兵以大压小,其不致糜烂者几希,日人其奈之何哉"②,如此这般的论说就未免不着边际了。

然而,甲午战争的结果却是泱泱大国中国的惨败:不仅失去了朝鲜,还割让了台湾,并且要支付2亿两白银的战争赔款。在战后的和谈过程中,面对日本的无理要求,清政府的谈判代表李鸿章曾有哀求:"如果勒令中国照办,不但不能杜绝争端,且比令日后两国争端纷纷而起,两国子子孙孙永成敌仇,传之无穷。"③可以说,《马关条约》的签订,是中国近代史上的奇耻大辱。对此,光绪帝都有"台割则天下人心皆去,朕何以为天下主"④之说。可是,就在这样的奇耻大辱之下,国内的舆论却没有坚持继续对日作战,也没有去追讨败战者的责任,这其中固然有清政府为摆脱战争责任的诱导,但是,此时中国社会的一些有识之士确实开始渐起反思败战的深层次原因。

就是在这样的背景下,原先被人忽视的《日本国志》开始得到社会的狂热追捧。据说,就在《马关条约》签订后不久,黄遵宪曾前往拜访时任总理衙门章京的袁昶,谈话中言及《日本国志》,袁昶认为,如果此书能早日发表,甚至可以省去我们2万万两银子的对日赔款!其原文为:"马关定约后,公来谒大吏,青梅雨翛翛,煮酒论时事。公言行箧中,携有《日本志》,此书早流布,直可省岁币。"⑤而后在1896年,梁启超应请为《日本国志》撰写后序,见书后也是感慨万千:"中国人寡知日本者也。黄子公度撰《日本国志》,梁启超读之欣怿咏叹:黄子乃今知日本,知日本之所以强,赖黄子也。又懑愤责黄子曰:乃今知中国,知中国之所以弱,在黄子成书十年之后,谦让不流通,令中国人寡知日本,不鉴,不备,不患,不悚,以至今日也。"⑥

所以会有这样的转折,是因为在经历了甲午战争的失败后,人们开始有所反思。他们渴望了解偏处东洋的日本是如何强大起来的,也渴望知道败

---

① "答客问高丽事",《申报》,1894年7月1日。
② "日事近闻",《申报》,1894年7月20日。
③ 阿英编:《中日战争文学集》,上海:北新书局,1939年,第324页。
④ 翁同龢:《翁同龢日记 第6卷》,转引自《中日战争》第4卷,上海:上海人民出版社、上海书店出版社,2000年,第550页。
⑤ 黄遵宪:"三哀诗·袁爽秋京卿",黄遵宪著、钱仲联笺注:《人境庐诗草笺注》卷10,北京:古典文学出版社,1957年,第359页。
⑥ 梁启超:"《日本国志》后序",《梁启超全集》第一卷,北京:北京出版社,1999年,第126页。

战后的中国如何才能重新强大。于是,黄遵宪在《日本国志》中"日本取经欧洲而致强盛,因主我国亦宜就近取法日本"①的主张,渐次得到社会有识之士的共鸣。于是,就有了梁启超在1895年公车上书后提出:"日本为地势近我,政俗同我,成效最速,条理尤详,取而用之,尤易措手。"②进而也有了时任两江总督张之洞在同年7月的"变法"呼吁,在其"奏时事日急万难姑安请修备储才急图补救折"中,他一方面寄希望"皇上存坚强不屈之心,历卧薪尝胆之志",另方面则要求国人"激励奋发,洗心涤虑"③。在此基础上,张之洞明确提出了9点改革建议,其中有6个地方提到了要借鉴日本的经验。梁、张之说应该是中国近代史上"师日"观点的最初发轫。而他们的"师日"主张,随后又在康有为上呈光绪皇帝的《日本变政考》中得到了光大:"我中国今欲大改法度,日本与我同文同俗,可采而用之。去其经之弊,而得其最便之途。以日本向导不误,而后从之,其途至捷而无流弊。臣已尽采日本一切法制章程,待举而斟酌施行耳。"④与梁、张之说不同,康有为的"师日"主张不仅"尽采日本一切法制章程",而且还给皇帝及全国的国民画下了"若以中国之广土众民,近采日本,三年而宏规成,五年而条理备,八年而成效举,十年而霸图定矣"⑤的靓丽前景。

如此这般华丽的改革蓝图,势必会引起皇帝的关注。为吸取日本明治维新的经验,皇帝不但读了康有为进呈的《日本变政考》,而且还要大臣即刻进呈《日本国志》以做参考。由此,"师日"的主张便成为1898年戊戌维新的指导思想。

虽然,戊戌维新仅实施了不到一百天,就昙花般消失了。维新运动的领袖人物或死,如谭嗣同、杨锐、刘光第等;或逃,如康有为、梁启超等。不过,维新的指导思想中"师日"的理念,却依然得以留存。就在1898—1911年的

---

① 吴天任:"黄公度(遵宪)传稿",近代中国史料丛刊续稿第六十八辑,台北:文海出版社,1996年,第8页。

② 梁启超:"戊戌变法记",沈云龙:《近代中国史料丛刊》,台北:文海出版社,1996年,第195页。

③ 张之洞:"署南洋大臣张之洞奏时事日急万难姑安请修备储才急图补救折",戚其章主编:《中国近代史资料丛刊续编·中日战争》第三册,北京:中华书局,1989年,第481—493页。

④ 康有为:"日本变政考",蒋贵麟主编:《康南海先生遗著汇刊》第10册,台北:宏业书局,1976年,第235页。

⑤ 康有为:"进呈日本明治变政考序",汤志均编:《康有为政论集》(上),北京:中华书局,1981年,第224页。

十余年间,"清政府不但直接派遣留日学生与留日官员,东游取经;更邀请或聘请日本教习与顾问,直接参与新政的实施指导。除了这些外,中国更通过大量的日译书籍,来获得源源不断的新学知识。正是通过这些日译书,新思想、新概念以及大量的日本词语进入中国人的知识结构中,为近代中国知识转型提供了必要的养分"①。

有意思的是,就在清末的1898—1911年的十余年间,不仅清政府内部分化出了保皇派与立宪派,而且社会上也出现有维新派与革命党之分。然而,无论保皇派或是立宪,维新或是革命,他们都秉持着"师日"的理念,并将汉译日书作为他们手中理论的武器。必须指出的是,在那个时代,"积极主张向日本学习者,不论是改良派还是革命派,抑或青年学生,如何学习、学习什么,以及学习后当如何,大家的意见也不尽相同。但有一点是毫无疑问的,即那个年代凡主张以日为师者,都是以强国为目的的,本质上都是民族主义者"②。

也正因为此,在庞大的汉译日书的翻译队伍中,我们不仅可以看到像范迪吉、丁福保、沈纮、樊炳清、赵必振等翻译家的名字,而且还可以看到像梁启超、王国维、刘大猷、罗振玉、蒋百里、蔡元培、章炳麟、章士钊、林长民、章宗祥、唐宝锷、汪有龄这些清末民初著名历史人物的名字。虽说他们彼此之间党派不同政见不一,然而,就是因为他们的存在,随着科举制的撤废与学校的兴起,才掀起了日文教科书的翻译热潮;随着君主立宪的推进,又出现了日文法律图书引进的热潮;而伴随着实业救国的主张,又推动了大批日文农业类图书的翻译。

对于他们的贡献,谭汝谦先生曾有经典评说:"自明季以降,偏重翻译西书,尤其是英文书。但甲午之后,直到今天为止,中译日书成为中国译业重要的一环。尤其是从甲午到民元,中译日书的数量是压倒性的:以1902年至1904年为例,译自英文者共89种,占全国译书总数16%,德文书24种占4%,法文书17种占3%,而译自日文多达321种,占60%。这批译书在佚入新思想新事物的同时,又使一大批日本词汇融汇到现代汉语,丰富了汉语词汇,而且促进汉语多方面的变化,为中国现代化运动奠定了不容忽视的

---

① 彭雷霆:《近代中国人的日本认识(1871—1915)》,北京:社科文献出版社,2013年,第83页。
② 杨奎松:"以日为师",《新世纪》,2014年第25期。

基础，也为近代中日文化交流开辟了康庄大道。"①

第二节 晚清变革与汉译日文图书

说起汉译日文图书事业，就不得不提及清政府晚期曾经实施过的那些变革。这里所指的变革，主要是指19世纪中期的洋务运动、19世纪末期的戊戌变法以及20世纪初期的清末新政。虽然这三次变革所倡导的主体与口号各有不同，但都是针对当时中国积贫积弱的社会问题，在学习西方、倡导改革的旗号下所行的近代化自救尝试。因为这三次变革，都只是清政府在经历外来侵略、民族遭受危机时的被动应对，所以，变革毫无例外都以失败而告终。不过，也正因为有了洋务运动、维新变法、清末新政这三次改革的推动，方才有汉译日文图书事业在清末民初的繁荣。

一、晚清变革

1. 洋务运动

洋务运动是19世纪五六十年代兴起的，由清政府部分地方实力派官僚积极推动的，以"自强求富"为口号的一场社会变革运动。

自1840年鸦片战争后发轫的中国近代史，就是一部不断遭受外国列强侵略和欺凌的屈辱历史。一次一次的战争，一次又一次的失败，并且签署了包括割地赔款在内的诸多不平等条约。如果说第一次鸦片战争的失败，惊醒了魏源、郑观应等少数中下层政府官员，令他们开始"睁眼看中国"，并且提出"师夷长技以制夷"这一主张的话，那么第二次鸦片战争的失败，尤其是圆明园的那一场大火，则带给了整个清王朝前所未有的冲击。而在这期间，又发生了席卷整个南部中国的太平天国运动。

就在这样的时代背景下，那些在镇压太平天国过程中起家的包括中央的奕䜣与地方上的曾国藩、李鸿章、左宗棠、张之洞等实力派大员，也都开始意识到了变革的重要性，进而走上兴办洋务的"自强"及"求富"之路。

---

① 谭汝谦："中日之间译书事业的过去、现在与未来"，《中国译日本书综合目录》，香港：中文大学出版社，1981年，第68页。

洋务派的"自强",始于19世纪60年代。所谓的"自强",意即通过兴办军事工业,在引进仿造西方的武器装备同时,学习西方的科学技术。在这过程中,洋务派的主要成就有:被称为中国最早的现代军事工业安庆内军械所(曾国藩),被称为中国最大的军事工业江南制造总局(李鸿章),当时中国最大的船舶修造厂的福州船政局(左宗棠)等。与此同时,这些洋务派们还创建了北洋、南洋、福建、广东四大水师,其中的北洋水师成为当时海军的主力。进入19世纪70年代后,洋务派又在"求富"的口号下,兴办起民用企业。其中具有一定社会影响力的民企有:李鸿章开办的轮船招商局、开平矿务局以及张之洞创办的汉阳铁厂、湖北织布局等。

与此同时,为了有效地应对西方国家的政治与外交,洋务派们还在实际掌控者慈禧太后的认可下进行了相应的政府机构改革,如设立总理各国事务衙门,设立南、北洋通商大臣,设立海关总税务司署,设立京师同文馆等。

然而,洋务派的"自强"与"求富"之路,却因为中日甲午战争(1894—1895)的惨败而毁于一旦。说来也是,30多年军事工业的建设,20多年海军军备的发展,却在甲午战争中败给了此前并不为人重视的弹丸小国。于是,洋务派的领袖恭亲王奕䜣屡屡遭受慈禧的贬斥,而李鸿章也成了众矢之的。

人们分析洋务运动的失败,是因为"它自身的封建性、对外国的依赖性、妥协性、内部管理的腐朽性必然会反映到政治层面。在封建主义思想指导下,不改变落后的上层建筑与经济基础,去发展先进的生产力,这不符合人类社会发展规律。新的生产力是同封建主义的生产关系及其上层建筑不相容的,这就决定了它必然失败的命运"。虽然如此,作为近代中国最早倡导学习西方、富国强兵的一场改革运动,洋务运动为自己留下了近代中国的早期工业和民族资本企业的先驱、近代中国学习西方思想及技术的先驱等美誉。

2. 戊戌变法

中日甲午战争的惨败宣告洋务运动的结束。战争的结局,对于当时的大清帝国来说,简直无法想象。一个在历史上曾经那么迷恋中华大国,且不过是刚刚经由"明治维新"走上近代化之路的"蕞尔小邦",不仅在战场上令大清帝国无从招架,而且问题的严重性还表现在此后的谈判桌上:日本公然要求清政府割让辽东半岛、台湾,外加2亿白银的战争赔款。

"吾国四千年大梦之唤醒,实自甲午战败割台湾、偿两百兆始。"[①]变法

---

① 转引自唐培吉主编:《中国近现代对外关系史》,北京:高等教育出版社,1994年,第118页。

发起人之一的梁启超曾如是说。1895年4月,康有为、梁启超等以日本方面逼签割地赔款的《马关条约》为契机,召集正在北京应试的1 300多名举人聚会,连名起草请愿书并且上书光绪皇帝,请愿书中提出了拒和、迁都、练兵、变法的主张,主张"下诏鼓天下之气,迁都定天下之本,练兵强天下之势,变法成天下之治"①,史称"公车上书",由此揭开了"戊戌变法"的序幕。

与此前的洋务运动相比,戊戌变法出现了三点不同。首先是运动主体的不同,如果说洋务运动是由地方实力派官僚所主导的话,"戊戌变法"从一开始就是由社会知识层所倡导的。其二是指导思想的不同,洋务运动是在"中学为体,西学为用"的指导思想下展开的;而戊戌变法则是在"变法强国"、"保国保种保教"的旗号下展开的;其三是实施内容的不同,洋务运动是以兴办包括军事及民营企业为导向,旨在求强求富,对政治制度改革涉足甚少。而戊戌变法则以政治改良为导向,意在通过变法维新,建立起君主立宪制政体。

由于当时社会正面临着甲午战后新一轮割地赔款的危机冲击,因此,维新派通过鼓吹变法改良以救亡图存的政治观点受到社会的广泛关注。为了扩大维新派的政治影响,1895年8月,康有为、梁启超等人在北京组建强学会,出版《中外纪闻》,鼓吹变法。随后又在上海创办《时务报》。与此同时,严复在天津主编《国闻报》,谭嗣同、唐才常等人则在湖南成立南学会并且创办《湘报》予以呼应。"到1897年底,各地已建立以变法自强为宗旨的学会33个,新式学堂17所,出版报刊19种。"②一时之间,变法改革的舆论变成了社会的一股潮流。

在此过程中,康有为等人多次通过向皇帝上书的形式提交自己的政治主张。如康有为不仅在1896年两次上书光绪皇帝,前者(上清帝第三书)提出了变法的步骤,指出自强雪耻之策有四:富民、养民、教士、练兵,而四策的实现则在于"求人才而擢不次"、"慎左右而广其选"、"通下情而合其力"③,即所谓的"人才得,左右贤,下情达"。而后者(上清帝第四书)再次吁请"尊贤而尚功,保民而亲下",并正式提出"设议院以通下情"④的政治改革主张。在1897年德国强占胶州湾后,他再次上书光绪皇帝(上清帝第五书),请求

---

① 宗泽亚:《清日战争》,北京:北京联合出版公司,2014年,第316页。
② 袁村平:《觉醒的国殇 甲午战争120年祭》,南昌:江西人民出版社,2014年,第202页。
③ 苑书义:《中国近代史新编 中册》,北京:人民出版社,1986年,第438页。
④ 苑书义:《中国近代史新编 中册》,北京:人民出版社,1986年,第440页。

皇帝:"因胶警之变,下发愤之诏,先罪己以励人心,次明耻以激士气。集群才咨问以广圣听,求天下上书以通下情,明定国是,与海内更始。自兹国事付国会议行,行尊降贵,延见臣庶,尽革旧俗,一意维新。大召天下才俊,议筹款变法之方;采择万国律例,定宪法公私之分。"①就康有为这三次上书所提的改革内容而言,从第三书的"人才得,左右贤,下情达",到第四书的"设议院以通下情",及至第五书的"明定国是……国会议行……择万国律例",一书比一书更为深入。就在同时,康有为还撰写了《日本明治变政考》《俄罗斯大彼得变政记》等书,为变法的实施寻找来自国外的范例。有意义的是,在书中康有为对"明治维新的史实进行不少改动和捏造,借以适合中国当时变法改制的需要"②。如果说,康有为走的是舆情上达的上书之路,那么,梁启超则走了另一条开启民智的下达之路。1896 年,梁启超南下上海,出任《时务报》主笔。他以其新颖犀利的议论和通俗流畅的文字,撰写出了诸如《变法通议》《西学书目表》等文,为维新变法的思想传播做出了重大贡献。如梁启超在《变法通议》中曾借俾斯麦之口,就洋务运动与日本明治维新加以比较:"昔同治初年,德相毕士麻克语人曰:'三十年后,日本其兴,中国其弱乎?日人之游欧洲者,讨论学业,讲究官制,归而行之。中人之游欧洲者,询某厂船炮之利,某厂价值之廉,购而用之。强弱之原,其在此乎?'"③一个是"归而行之",一个是"购而用之",其例风趣,其词通俗,而维新变法的迫切与必要性却尽在其言中。也正因为此,在梁启超任职期间,《时务报》的销量在几个月内就达一万余份,"为中国有报以来所未有"④,可见其社会影响力之大。

  1898 年 1 月,光绪帝终于接受维新派的请求,召令康有为上陈变法主张。为此,康有为立刻呈上《应诏统筹全局折》(上清帝第六书),随后又进呈《日本明治变政考》《俄罗斯大彼得变政记》二书,以供皇帝阅览。而后,光绪帝又召见梁启超,命其"进呈所著《变法通议》,大加奖励"⑤。

  1898 年 6 月 11 日,光绪帝颁布"明定国是"诏书,维新运动由此拉开帷

---

① 陈泽珲编著:《廉政史鉴》,长沙:湖南人民出版社,2009 年,第 765 页。
② 村田雄二郎:"康有为的日本研究及其特点",《图书馆杂志》,1994 年第 2 期。
③ 转引自吴其昌:《梁启超传 中国宪政启蒙百年第一人》,南京:江苏人民出版社,2014 年,第 111 页。
④ 严复:《与熊纯如书(三十九)》,王栻主编:《严复集》第 3 册,北京:中华书局,1986 年,第 648 页。
⑤ 梁启超:《保国会演说辞》,《饮冰室合集》文集之三,北京:中华书局,1989 年,第 28 页。

幕。就在短短的 100 余天时间里,按照维新派们的建议,光绪帝连续发布了 180 多条改革法令,内容涉及政治、经济、文化、教育、军事等各个方面,其中包括精简机构、裁汰冗员、裁撤绿营、剪去发辫,等等。虽然这些改革措施并没有真正涉及维新变法的本质,甚至只字未提君主立宪,但是改革依然受到了以慈禧为首的封建守旧派势力的坚决抵抗。1898 年 9 月 21 日,慈禧以"训政"的名义重新"垂帘听政",光绪皇帝被软禁于瀛台,维新派领袖人物康有为、梁启超分别逃往法国、日本,而谭嗣同、康广仁、林旭、杨深秀、杨锐、刘光第等 6 人被杀。维新变法只进行了一百零三天就遭扼杀。

萧功秦将维新运动的失败描述为"一场由涉世未深的青年皇帝与一批同样缺乏官场政治经验的、充满书生激情的少壮变法人士相结合而发动的不成熟的激进改革"[①]。时任海关总税务司的英国人赫德也有一句经典的评论:"他们把足够的东西,不顾它的胃量和消化能力,在三个月之内,都填塞给它吃了。"[②]简而言之,他们都认为维新运动操之过急,而运动自身又缺乏前后呼应的实施目标,缺乏逐个落实的具体线路,同时也缺乏广泛认同的社会基础,于是悲剧也就不可避免。

3. 清末新政

维新变法失败,光绪皇帝被囚瀛台,维新领袖中康梁等人流亡海外,谭嗣同等人则遭杀戮,加之政变后朝廷中部分支持变法的大臣或遭贬斥或受排挤,令清政府失去了一批倾向在原有体制内改革的精英和支持者。与此同时,保守派在政府中实力大增,他们缺乏近代化的意识,目光短浅且因循守旧。正是他们的鼓励与默认,才引致了义和团反文明、反西方的极端民族主义历史悲剧。

就在八国联军侵占北京后,西逃的清政府已无力应对当时的政治局势,在财政上也出现严重的亏空。于是,1901 年 1 月,慈禧太后在西安以光绪帝名义发布变法诏谕:"我中国之弱,在于习气太深,文法太密。庸俗之吏多,豪杰之士少……至近之学西法者,语言文字、制造机械而已,此西艺之皮毛,而非西政之本源也。""舍其本源而不学,学其皮毛而又不精,天下安得富强耶?""著军机大臣、大学士、六部、九卿、出使各国大臣、各省督抚,各就现在情形,参酌中西政要,举凡朝章国故、吏治民生、学校科举、军政财政,当因

---

① 萧功秦:《危机中的变革》,广州:广东人民出版社,2011 年,第 1 页。
② 转引自丁晓良:《社会发展 70 问》,北京:中国金融出版社,2014 年,第 278 页。

当革,当省当并,或取诸人,或求诸己,如何而国势始兴,如何而人才始出,如何而度支始裕,如何而武备始修,各举所知,各抒所见。"①由此走上了变法之路。为了保障变法的实施,慈禧任命奕劻、李鸿章、荣禄等人为督办政务大臣,刘坤一、张之洞为参预政务大臣,共同主持变法。史称"清末新政"。

  清末新政所涵盖的内容非常广泛,包括有政治、经济、教育、军事、法律等各个方面。在政治方面:增设新机构,裁撤冗官、冗衙。如撤销总理各国事务衙门,改设外务部,"班列六部之前"。另设商部(后改为农工商部)、练兵处(后改为陆军部)、巡警部(后改为民政部)、学部等。在此期间,又裁撤河东道总督,云南、湖北、广东三省巡抚及詹事府、通政司等"冗衙",停止捐纳实官等。在经济方面:振兴商务、奖励事业。如制订商法,并陆续公布《商律》、《公司注册试办章程》、《商会简明章程》、《矿务章程》、《试办银行章程》等,还公布了《奖励公司章程》、《奖给商勋章程》、《华商办理农工商实业爵赏章程及奖牌章程》等。在文化教育方面:颁行新学制和设立新学堂,同时废止科举、派遣留学生。如先后颁布《学生章程》(对各级学堂毕业生分别授予贡生、举人、进士等名衔)、《奏定学堂章程》及废除科举等。在军事方面:编练新军。如成立练兵处,颁布《陆军学堂办法》等。在法律方面:修改《大清律例》,开始编纂新法典等。

  由此而言,清末新政实际上是一场全方位的变法运动。与维新变法相比较,清末新政将维新派此前所推出的改革措施大都付诸了实践,在许多方面,甚至超出了维新变法此前所主张的改革范围,可以说是对维新变法的重大突破。但是,清末新政最终还是失败了。这是因为清政府在新政的推行过程中,一味坚持君主专制和皇族集权。事实上,清末改革的终极方向应该是所谓的宪政,而宪政的前提就是立宪,同时建立内阁制与议会。然而,清政府自始至终都不曾真正(或者是不情愿)意识到宪政的本质,所以才会有后来的皇族内阁,致使革命派的奋起与立宪派的背离,就连袁世凯这样的地方实力派也开始与清政府保持距离。于是,随着辛亥革命的爆发,清政府变法的努力便如雪崩般地消融了。

  回首1840年以来的中国近代史,可以说是一部不断遭受外国列强侵略掠夺的屈辱史,同时也是一部晚清政府的自救与改革历史。正是在外来侵

---

① 转引自孟昭华、王涵编著:《中国民政通史下卷》,北京:中国社会科学出版社,2006年,第859页。

略、民族危机的压力之下,才有了洋务运动、维新变法、清末新政等一浪高过一浪的波澜起伏的改革。毫无疑问,这些改革最终都失败了。总结失败的原因,如果说洋务运动的失败是源于对改革方向的认识错误,认为中国落后的原因仅仅是洋人的船坚炮利,只局限于"师夷长技以制夷"抑或"中学为体,西学为用"的话,那么,维新变法已经开始着手政治体制的改革尝试。至于清末的新政,更是一场全方位的变法运动,不仅有明确的现代化导向,而且主政者所制定的各项改革措施,也在全国范围内得到广泛推行。那为什么还会失败呢?归根到底,清政府并不是凭着自己的意愿来推行改革的。无论是维新变法,还是清末新政,本质上都是统治者在民族危急关头的一种生存与自救的行为。虽然彻底的变革已成为当时的统治者为了生存所必须面对之事,但是,一旦改革的进程有损于既有的既得利益框架,那么即使是真正开明的统治者也很难摆脱这种利益框架的制约。这种情况下,就会形成对改革机制的扭曲,致使改革的共识破灭,改革的动力丧失,而令改革的成果毁于一旦。

二、汉译日文图书事业的兴起

在汉译外文图书的路径上,近代的汉译英文图书事业最初是由西方传教士出于宗教目的起始的。与之相同的是,汉译日文图书事业也是由日本方面率先开启的。不同的是,虽然不清楚日本的这些译者为何会翻译这些图书,但从现在留存的近代早期的汉译日文图书书目中可以看到,这些汉译日文图书中几乎没有任何宗教的宣传物。

运用 SPSS 系统对《汉译日文图书总书目:1719—2011》第 1 卷所做的统计显示,在 1896 年前,出版有 68 种汉译日文图书,其中有 16 种是在国内出版,其他的 52 种图书均在日本出版。也就是说,在 1896 年前汉译日文图书的出版,是日本的出版社以及日本人译者占据有绝对的主导地位。事情的变化发生在 1897—1898 年间,就在这两年出版的 35 种翻译图书中,只有 9 种是在日本出版的,其他的 26 种图书均已在国内出版。不过,中国译者占据汉译日文图书事业主导地位的时间还要等到 1900 年以后,也即要在中国的留日学生群体形成之后。

1. 改革的红利

《汉译日文图书总书目:1719—2011》第 1 卷所留存的书目记录,最早由国人翻译的日文图书,应该是陈建生翻译的《新编理化示教》(直隶学务处,1851)与张云阁翻译的《物理学初步》(直隶学务处,1851)。① 这可以算是近代中国汉译日文图书事业的起始。

1851年,恰好是晚清著名的洋务运动开启的年份。随着鸦片战争的失败,国内的一些有识之士,已经意识到了中国的落后,进而提出了"师夷长技以制夷"的主张。难能可贵的是,他们随后便将"师夷长技"的主张,演变为一场轰轰烈烈的学习西方的运动,也即中国近代历史上的洋务运动。而就汉译外文图书这一事业而言,洋务运动的意义,则在于将原先由传教士主导的图书翻译出版权,通过直隶学务处、同文馆、格致书室等机构的设立以及翻译人才的养成,转移到了国人的手中,并且直接服务于中国的现代化进程。因为当时的人们都认为,"夷"之长技,就是科学技术。因而力图通过图书翻译,来引进西方先进的科学技术。于是,图书翻译就开始成为中国走向现代化的一种特殊措施。

(1) 对于汉译日文图书事业而言,洋务运动可以说是事业发轫的初始。正是因为有了洋务运动,尤其是在运动中所新设置的诸如专门培养翻译人员的京师同文馆(1862)、广方言馆(上海,1863;广州,1864)、江南机器制造局翻译馆(1865)等,还有第一批官派留学生(1872)的出国留洋等,为早期图书翻译人才的培育奠定了基础。而运动中所创办的包括陆军武备学堂(1885)在内的24所新式学堂,虽然规模不大,但涉及翻译、工程、兵器、通讯、医务等专业方向,不仅培养出具有西学知识的早期新式人才,也为这一时期对西方同类教科书的翻译引进奠定了基础,同时对中国的教育近代化也起到了极大的推动作用。

也正是在这场运动中,才出现了由国人翻译并由国内出版的汉译日文图书——《新编理化示教》(陈建生译,直隶学务处,1851)及《物理学初步》(张云阁译,直隶学务处,1851)。在这之后,又有了翻译《量法代算》的贾步纬(江南制造局,1875)、翻译《国史略七卷》的游瀛主人(东生龟治郎,1877)以及由舒高第译、赵元益笔述的《眼科书》(江南制造局,1880)等。由此而言,洋务运动不愧为近代中国汉译日文图书事业的初始启动因子。虽然运动自身没有直接地参与图书翻译事业,但是,运动中出现的培养翻译人员的

---

① 转引自张晓:《近代汉译西书书目提要:明末至1919》,北京:北京大学出版社,2012年,第440、478页。

京师同文馆等,还有培养专门人才的陆军武备学堂等,却为此后的汉译日文图书事业翻译人才以及图书市场的养育奠定了基础。

(2) 维新运动可以说是汉译日文图书事业发展的启蒙之师,因为维新运动的宣传,日本的改革之路深入人心。

首先,日本成为当时维新运动最主要的仿效目标,尽管,俄国、德国等欧洲国家也是维新运动所仿效的目标。但是,康有为的"泰西以五百年讲求之者,日本以二十余年成之","若以中国之广土众民,近采日本,三年而宏规成,五年而条理备,八年而成效举,十年而霸图定矣"①的铺垫一出,于是就有了"更新之法,不能舍日本而有异道,……我朝变法,但采鉴于日本,一切已足"②的结论。与此同时,梁启超也有"西方全盛之国,莫美国若;东方新兴之国,莫日本若"的说法。因此,在维新运动的当时,康、梁的"近采日本……十年而霸图"之说,确实得到了包括光绪皇帝在内的一批支持者的认同。

其次,是因为日语与中文汉字的通用而带来的翻译方面的便利。梁启超进一步将这种便利细分为二,一是因为"日本与我为同文之国,至今汉文犹居十之六七"。"今诚能习日文以译日书,用力甚鲜,而获益甚巨。"③二是因为"泰西诸学之书,其精者日人已略译之矣。吾因其成功而用之,是吾以泰西为牛,日本为农夫,而吾坐而食之。费不千万金,而要书毕集矣"④。而梁启超的这种便利观,显然得到了包括张之洞等人在内的一批支持者的认同。如张之洞在《劝学篇》中也有相同之说:"一、东文近于中文,易通晓;一、西书甚繁,凡西学同切要者,东人已删节而酌改之。"⑤

第三,是因为康梁等人亲历亲为的翻译活动。在维新运动的过程中,尽管康有为自身没有从事真正的日文图书翻译,但是他为了给光绪皇帝提供学习参照的样本,编撰了《日本变政考》,这是一部编年体式的日本明治维新史。书中按年月叙述了从明治元年至二十三年日本政府所推行的变法措施和新政内容。而这些变法措施和新政内容全都译自日本的图书,只不过他

---

① 康有为:"进呈日本明治变政考序",汤志均编:《康有为政论集》(上),北京:中华书局,1981年,第224页。

② 转引自周一良:《中外文化交流史》,郑州:河南人民出版社,1987年,第345页。

③ 转引自舒新城:《舒新城近代中国教育思想史》,长春:吉林人民出版社,2013年,第21-22页。

④ 梁启超:"读《日本书目志》书后",《饮冰室合集》文集之二,北京:中华书局,1989年,第54页。

⑤ 转引自舒新城:《舒新城近代中国教育思想史》,长春:吉林人民出版社,2013年,第22页。

将这些变法措施和新政内容译出之后,加上了一百多条按语。不过,也有日本学者对康有为这一翻译活动持负面评价。"在研究日本变政的过程中,他按照中国变法运动的条件和利害来评判明治维新的是非功过,做出一种实用主义的取舍。""为了配合目前变法的需要,他对《明治政史》的原文斟酌文字,进行修改,甚至不惜捏造明治维新的客观史实。"①至于梁启超,更是直接翻译了中国最早的政治小说《佳人之奇遇》(商务印书馆,1901)。

第四,也是因为康梁等人所推出的最早译书指南《日本书目志》、《西学书目表》。作为维新运动期间极负盛名的二部译书目录,康有为著《日本书目志》,其目的就是为维新运动而摇旗呐喊,期望通过对日本新学类图书的推介,释读日本所以富强的本质,激励国人仿效西学以变革图强。对此,他特意解释说:"泰西之强,不在军兵炮械之末,而在其士人之学,新法之书,凡一名一器,莫不有学","今日欲自强,唯有译书而已"②。而梁启超作《西学书目表》,同样也是为了维新运动的广泛与深入,用梁氏特色的宣传话语就是:"国家欲自强,以多译西书为本,学子欲自立,以多译西书为本。"③

(3) 至于清末新政,可以说是汉译日文图书事业腾飞的催化剂。随着新政在各个领域方面的施行,客观上起到了为汉译日文图书事业进行人才培养及市场养育的作用。如新政所确立的君主立宪制的改革方向,就关联到了具体的司法、行政、立法等三权的地位及权限等的问题,迫使改革者不得不去寻找参照物,去翻译引进包括日本在内的西方国家的相关法典及法律文本。还有如新政所确立的兵制改革,其内容包括停止武举,编练新军,淘汰绿营,兴办各级军事学堂、派遣留学生出国学习军事等。编练新军,还有兴办军事学堂及派遣军事留学生等,也需要有相应的诸如军制、军规、军校章程等类的改革参照物。此外,如新政所确立的教育改革,特别是"停科举、设学堂、奖游学"这类改革的施行,科举制的废除自不待言,使整个当时的中国社会失去了官吏养成制度的体系。而新学堂的设立以及游学奖励制度的推出,也同样需要有相应的诸如学校章程以及教科书等作为改革的参照物抑或改革的指南。

由此而言,因为清末新政的推行实施,需要有西方国家的相关法律法

---

① 村田雄二郎:"康有为的日本研究及其特点",《图书馆杂志》,1994年第2期。
② 康有为:"日本书目志·序",《康有为全集》第三集,北京:中国人民大学出版社,2007年,第583-584页。
③ 梁启超:"西学书目表序例",《饮冰室合集》文集之一,北京:中华书局,1989年,第123页。

规、军制军规以及教规教材等作为参照。正是在此背景下,就在新政广泛推行的初始(1902—1903)年间,包括日英法德俄等国的大量图书就被翻译引进了国内,并由此形成了图书翻译引进的一个小高潮。在这一过程之中,有康梁等人的前期推荐:"泰西诸学之书,其精者日人已略译之矣。吾因其成功而用之,是吾以泰西为牛,日本为农夫,而吾坐而食之,费不千万金,而要书毕集矣。使敏明士人习其文字,数月而通矣。于是尽译其书,译其书者而刻之,布之海内,以数年之期,数万之金,而泰西数百年数万万人士新得之学举在是。"[①]于是,日文图书就成了图书翻译引进中的主流,其中尤以日本的文化教育(教材)、政治法律及历史地理版块的图书引进为甚。

综上所述,如果说洋务运动为近代中国的汉译日文图书事业开辟了道路,戊戌变法为汉译日文图书事业进行了思想启蒙的话,那么,清末新政就为汉译日文图书事业开拓了市场,并且培育出了最初的图书翻译人才。

2. 留学生群体的形成

近代中国留学生的派遣,始于洋务运动。在洋务派的策划下,清政府于1872—1875年间分四次向美国派遣了包括唐绍仪、詹天佑等在内的留学生,前后共计120人。遗憾的是,因为保守派的反对,这些留学生都没有能完成学业而提前回国。尽管如此,这仍然是近代中国留学的先河。此后,也是由洋务派的推动,清政府于1877—1897年间,以福州船政学堂学员为中心,选拔出80余人,分四批前往英法两国学习海军及枪炮制造专业,其中就有严复、萨镇冰、马建忠等人。

相对于对欧美留学生的派遣,近代中国留日学生的派遣要晚得多。直到1895年,维新派人士杨深秀奏请皇帝,说及日本明治维新其功就在于留学生的派遣,请求派遣留日学生。杨深秀上书得到了清政府认可后的1896年,才有了第一批官派留日学生。

此后,受到以康梁为首的维新派以及地方实力派官员的推崇,康梁维新派自不待言,如康有为仅在1898年6月间,就撰写或代人草拟了包括《请派游学日本折》在内的4种奏折,在奏折中,康有为力陈:"日本变法立学,确有成效。中华欲游学易成,必自日本始。"[②]进而吁请清政府选遣留学生赴日

[①] 康有为:"日本书目志·序",《康有为全集》第三集,北京:中国人民大学出版社,2007年,第583页。

[②] 汤志钧编:《康有为政论集》,北京:中华书局,1981年,第250页。

留学。与此同时,地方实力派如张之洞也特别主张派年轻人赴日留学,在其《劝学篇》中也声称:"至游学之国,西洋不如东洋。一、路近省费,可多遣;一、去华近,易考察;一、东文近于中文,易通晓;一、西书甚繁,凡西学同切要者,东人已删节而酌改之。中、东情势风俗相近,易仿行,事半功倍,无过于此。"①在此背景下,前往日本留学的学生人数可以说是与日俱增。

杨奎松曾对1896—1911年间在日本留学的中国学生数,进行过一个逐年的数字统计:1896年13人;1900年100多人;1902年500多人;1903年1 300多人;1904年2 400多人;1905年6 000多人;1906年7 283人;1907年6 797人;1908年5 216人;1909年5 266人;1910年3 979人;1911年3 328人。②也就是说,留学人数前后多达4.2万人。这个数字,远远超过了当时在欧美留学的"东西两个至少在600人左右的留学欧美学生群"③。费正清由此而称清末的这场出国留学风潮是"到此为止世界史上最大规模的学生出洋运动"④。

如此规模的近代留学风潮,毫无疑问,给晚清社会带来了向西方学习的一缕清风。周棉对此评价说:"持续不断的留学运动,实际上是中国人走向世界整体运动的一部分,也是中国向近(现)代化的社会和文化转型的一种特殊运动。在此过程中出现的留学生及其群体,就是中国最早、最直接走向世界的先行者和推动中国走向近代化的特殊的群体。"⑤

必须指出的是,虽然有着4.2万人留学的庞大规模,但这一时期留日学生的总体质量还是有一定保证的。在1905—1911年间,清政府曾对学成归国的留学生举办过两种考试,一种称为留学毕业生学成考试,主要依据《拟议考验出洋学生章程》,对留学归来的学生进行学业测试,通过者由政府授予进士、举人的身份。该学业考试共举办过7次,共有1 388人通过考试,其中留日学生有1 252人。另一种为廷试考试,主要依据《游学毕业生廷试录用章程》,对通过学业考试者举办的授官考试,通过者由政府进行正式的

---

① 舒新成:《近代中国留学史》,上海:上海书店出版社,2011年,第32页。
② 杨奎松:"以日为师",《新世纪》,2014年第25期。
③ 周棉:"近代中国留学生群体的形成、发展、影响之分析与今后趋势之展望",《河北学刊》,1996年第5期。
④ 转引自王中平:《留学生群体分化与社会思潮演变 1915—1928》,长春:吉林人民出版社,2011年,第171页。
⑤ 周棉:"近代中国留学生群体的形成、发展、影响之分析与今后趋势之展望",《河北学刊》,1996年第5期。

官职任命。该授官考试共举办过 4 次,共有 824 人通过,其中有留日学生 727 人。①

有指责说:"无论是留学毕业生学成考试,还是廷试留学毕业生考试,留日学生所占的比率是最高的,但大多数为优等和中等,最优等的比率较少。1906 年在留学毕业生考试的录取人数中,留日学生占录取人数的 46.9%,留美学生占 43.8%,其中最优者无一人是留日学生,而中等 19 人,却有 14 人为留日学生。"②但是,这学业考试通过的 1 388 人中有 1 252 人为留日学生的比例,就足以显示出这一时期留学日本的傲人成绩。

对于汉译日文图书事业来说,如此规模的留日学生群体的形成,首先意味着为图书翻译储备了充裕的译者群体,如樊树勋所翻译梅谦次郎的《民法》以及穗积陈重的《法典论》、陈海瀛、陈海超合作翻译的富井政章《民法原论》及黄炳炎、卢弼合作翻译的清水澄《宪法》、奥田义人《法学通论》等,而这些译者的身份都是曾经的留日学生。到清末民初,可以说汉译日文图书的翻译主体,绝大部分都是这一时期留学日本的学生群体。

其次,为翻译图书的推广使用开拓了市场。因为这些学成归来者后来大多数成了清政府各类学堂的教员。以通过廷试的江康等人为例,江康本人在早稻田大学毕业后,随即出任了京师法政学堂的教务长。还有章宗元,留日回国后就担任了北京财政学堂的监督。另外,那些外派到地方的廷试生员,也被留在各地的学堂出任监督教习等职。如程鸿书出任山西高等农林学堂监督,张大椿出任中国公学教务长,谈荔孙出任南京高等商业学堂教务长,等等。这些留日学成归来者人数之多,势力之盛,到后来"北洋法政学堂中日本教员与留日学生基本持平,且执教的留日学生掌握了学校的管理权。至 1911 年,浙江师范学堂的日本教员几乎已经全部回国了"③。于是,这些掌握了学堂教学大权的留日学生,也就自然而然地开始引进日式教科书了。这也是清末日式教科书盛行国内的一个重要因素。

第三,为图书翻译引进的百花齐放奠定了基础。因为大规模的留日学生群体的形成以及留日学生的专业方向的广泛,从王标所统计参与廷试的

---

① 王标:"清末廷试留学毕业生群体研究",东北师范大学硕士学位论文,2014 年,第 14 - 16 页。
② 王标:"清末廷试留学毕业生群体研究",东北师范大学硕士学位论文,2014 年,第 17 页。
③ 朱有瓛、高时良主编:"北洋师范学堂教职员名录","记浙江两级师范学堂",《中国近代学制史料》(二辑下),上海:华东师范大学出版社,1989 年,第 375 - 377,398 页。

820名留日学生的专业出身分析,可以看到,其专业有政法(504)、工科(100)、商科(88)、农科(56)、格致(25)、文科(20)以及医科(27)等。[①] 加之清末民初的日文图书翻译引进渠道,虽然有译者、出版社、社会团体之分,但其主流还是为译者所主导。因为译者的翻译选择,往往站在对作品自身了解的基础之上,因此受译者专业分布的影响,客观上引致了这一时期翻译图书种类的百花齐放。

第三节 从东京到上海——翻译中心的转移

在展开本节的讨论之前,有必要做如下说明。首先,《汉译日文图书学科分类表》即表1-2显示的是1911年前所出版的全部汉译日文图书,既包括日本人翻译出版的,也包括中国人翻译出版的。其次,由冈岛援之编集,日本京都松柏堂出版的《太平记演义》(5卷30回,1719),应该是国内所见最早的汉译日文图书。也就是说,京都松柏堂出版的《太平记演义》虽是目前国内图书馆所藏最早的汉译日文图书,但在日本出版且由日本人翻译。第三,由中国人出版并翻译的汉译日文图书,应该是1851年直隶学务处出版的《新编理化示教》(陈建生译)及《物理学初步》(张云阁译)。这就意味着1851年才是国内出版并由国人翻译的汉译日文图书的真正初始时间。

令人遗憾的是,我们至今仍无法确认陈建生与张云阁的身份。其实,在陈建生和张云阁之后,姚文栋之前,还出现过其他中国人译者的名字,如翻译《量法代算》的贾步纬(江南制造局,1875)、翻译《国史略七卷》的游瀛主人(东生龟治郎,1877)以及由舒高第译、赵元益笔述的《眼科书》(江南制造局,1880)等。在此就不一一说明了。

一、汉译日文图书的版图特色

1. 汉译日文图书出版统计

本书的研究材料主要来自作者主编的《汉译日文图书总书目:1719—2011》第1卷(社科文献出版社,2015)。

[①] 王标:"清末廷试留学毕业生群体研究",东北师范大学硕士学位论文,2014年,第29页。

就具体书目来源而言,《汉译日文图书总书目》第 1 卷中晚清时期(1719—1911)的书目主要源自谭汝谦主编的《中国译日本书综合目录》(简称谭版目录)、张晓编著的《近代汉译西学书目提要：明末至 1919》(简称张版目录)以及田大畏主编的《民国时期总书目》(简称田版目录)。谭版目录所录 1660—1978 年汉译日文图书书目达 5 765 种。其中,在 1660—1895 年间收录 12 种书目,在 1896—1911 年间收录有 958 种书目,也就是说,谭版书目在 1911 年前共收录有 970 种书目。[①] 张版目录共收录有明末至民国初年出版的 6 686 种汉译西学书目。其中,在 1716—1911 年间的目录为 1 626 种。而田版目录共收录有国内北京、上海、重庆三大图书馆的汉译日文图书书目 2 636 种。其中,1902—11 年间的书目有 208 种。

在此基础上,我们将上述三种目录中出现的 1911 年前的有关汉译日文图书书目逐一整理比对,在剔出重复书目之后,共获得汉译日文图书书目 1 872 种。具体年份分布见表 1－2。

表 1－2　1719—1911 年汉译日文图书统计(共 1 872 种)

年份	出版种数	年份	出版种数
1719—1799	3	1903	354
1800—1850	9	1904	67
1851—1895	49	1905	109
1896	8	1906	140
1897	12	1907	144
1898	22	1908	85
1899	15	1909	53
1900	43	1910	33
1901	84	1911	57
1902	185	1911 前	400

本表由根据《汉译日文图书总书目：1719—2011》第 1 卷相关资料整理制作

根据张版目录的"凡例"所示,其资料的主要来源为"2001 年以前,北京

---

① 谭汝谦:"中日之间译书事业的过去、现在与未来",《中国译日本书综合目录》,香港：中文大学出版社,1981,第 43 页。

大学图书馆、北京图书馆(今国家图书馆)、上海图书馆、中山图书馆古籍卡片目录,以及近年来的机读目录"①。也就是说,张版目录主要依靠国内图书馆的藏书目录编制而成。而《民国时期总书目》则主要依据北京图书馆、上海图书馆及重庆图书馆的馆藏书目编写。

就谭版目录的书目来源而言,一是引用日本"实藤(惠秀)与小川(博)二先生已刊书目的,约有 2600 种,"二是谭如谦为编制此书目"在 10 多年间遍访亚美二洲各大图书馆"后所做的"大量的增补"②。然而,身处香港的谭先生,限于当时的环境,对国内图书馆的书目收集有着显而易见的缺失。加之,在编排上,谭版目录也缺少对版本的甄别。清末民初同一译者在不同出版社出版同一书名图书的现象比比皆是,而谭版目录对此没有做甄别,而是全数录入。由此而言,在经过三种目录版本的整理比对之后,在书目收录的种类上,《汉译日文图书总书目》第 1 卷不仅在书目总数上出现突破,而且更具权威性。

2. 图书的学科分布

从 1851—1911 年汉译日文图书的学科分类板块来看(表 1 - 3),排名前 5 位的图书分别是文化教育(384 种)、历史地理(363 种)、政治法律(346 种)、文学语言(174 种)以及农业科学(143 种),甚至占据了汉译日文图书总数的 79.1%。这种板块构造的出现,也从另一个方面证明了康有为、梁启超在创办大同译书局时"以东文为主,辅以西文。以政学为先,而次以艺学"③的主张是得到了当时出版界呼应的。

表 1 - 3 1719—1911 年汉译日文图书出版的学科分布

年份 分类	1850 前	1851—1895	1896	1897	1898	1899	1900	1901	1902	1903
哲学宗教 B			1			1			8	18
社科总论 C								1	5	3
政治法律 D	1	4				3		11	34	65

---

① 张晓:《近代汉译西学书目提要:明末至 1919》,北京:北京大学出版社,2011 年,第 38 页。
② 谭汝谦:《中日之间译书事业的过去、现在与未来》,《中国译日本书综合目录》,香港:中文大学出版社,1981 年,第 47、61、43 页。
③ 梁启超:《饮冰室文集类编》(上),上海:中华书局,1936 年,第 741 页。

续　表

年份 分类	1850前	1851—1895	1896	1897	1898	1899	1900	1901	1902	1903
军事 E	1	2	2	3	5	2		2	9	2
经济 F		1		1				3	4	17
文科教体 G			2		5	1	3	28	24	39
语言文学 H	3	5						6	10	23
艺术 J		2						1	2	2
历史地理 K	7	25	3	2	9	8	6	19	71	107
自科总论 N		4			1		4	1	13	35
医药卫生 R		3			1			2	1	4
农业科学 S		3		6	1		28	9	1	32
工业技术 T								2	1	3	7
总数	12	49	8	12	22	15	43	84	185	354

年份 分类	1904	1905	1906	1907	1908	1909	1910	1911	1911前	总计
哲学宗教 B	2	3	5		2	1		1	13	55
社科总论 C		1			3			1	10	24
政治法律 D	7	41	21	45	17	10	8	23	56	346
军事 E	3		8	2	1				22	64
经济 F	2	7	7	2	3	3	1	5	12	68
文科教体 G	18	22	52	50	35	9	8	6	82	384
语言文学 H	17	20	32	24	5	5	2	2	20	174
艺术 J		1				0	1	2	12	
历史地理 K	13	5	7	9	4	4	1	1	62	363
自科总论 N	4	9	2	6	5	5	2	2	15	108
医药卫生 R			2	2	8	8	9	8	48	96
农业科学 S	1			3	1	5		4	49	143
工业技术 T			3	1	1	3	2	3	9	35
总数	67	109	140	144	85	53	33	57	400	1872

本表由根据《汉译日文图书总书目：1719—2011》第1卷相关资料整理制作

进一步解读图书学科板块的这种历史变迁,就可以发现,位处总量一、三、四的文化教育、政治法律、文学板块,均属于后热型,即从1901年开始发力,而后一路稳步前行。而位居第二的历史地理板块,在1899年前,一直走势平稳,甚至占据了汉译日文图书半壁江山。然而,在经历了1902—1903年的小高潮之后,便给人留下后继无力的感觉。至于农业科学,仅仅4年的时间(1899—1903),就完成了半数以上的出版量。

事实上,文化教育与政治法律板块的走强,既与清政府所推行的"变革"紧密吻合,也迎合了当时社会的整体需求。如在教育版块方面,1901年9月14日,清政府颁布"兴学诏书",鼓励各地兴办学堂,"除京师已设大学堂应切实整顿外,着各省所有书院,于省城均改为大学堂,各府及直隶州均改设中学堂,各州、县均改设小学堂。并多设蒙养学堂"。对此,各地纷纷响应,到"1902年,中国有各类学校4 222所,其中官办为85%。到1903年,有各类学校52 348所,其中官办为27%、公办为61%"[1]。显然,这些新设的学校迫切需要有不同于以往旧书院的各类新教材的支持,从而形成了清末教科书翻译出版的社会需求。

政治法律板块也是同样,1901年1月29日清政府发布"变法"上谕,表示"世有万古不易之常经,无一成不变之治法"[2],而要"更法令、破锢习、求振作、议更张"来实行"新政",社会便闻风而动,开始翻译引进日本的法律图书,并加以鼓吹。在此推动下,仅仅数年时间,便将清政府原本的"更法令"许诺,变为"君主立宪"的潮流。对此,张元济曾感慨:"光绪己亥以后,东游渐众,聪颖者率入其国法科,因文字之便利,朝受课程于讲室,夕即移译以饷国。斯时杂志之刊,前后相继,称为极盛。鼓吹之力,中外知名。大吏渐为所动。未几而朝廷有考察宪政之使命,又未几而仿行立宪政体之国是定矣。"[3]

其实,历史地理板块之所以会出现后期乏力的迹象,同样也是社会需求的变迁所致。此前,董说平曾有分析:"从1904年起,日文史书翻译量锐减的原因有二:(1)此时的中国已经进入了新式史书的编撰时期。1903年4月曾鲲化的《中国历史》出版,掀开了近代新式史书的编撰的序幕……(2)

---

[1] 萧今:"中国人要从大学教育中得到什么",《中国改革》,2012年第8期。
[2] 《光绪宣统两朝上谕档》第26册,桂林:广西师范大学出版社,1996年,第460页。
[3] 张元济:"法学协会杂志序",《东方杂志》,1911年第5期。

随着社会变革的推进,译书风味的扩大,其他学科的发展分散了人们对史学的关注力度。"①

至于农业科学板块,应该说是一个比较特殊的事例。如果仔细地去探究这一板块发展脉络的话,就会发现,其中有 2/3 的图书(110 种)是出自江南总农会。而江南总农会的前身是上海农学会,因亏本,时任二江总督的刘坤一令上海道出资维持,江南总农会的名称也是经由刘坤一敲定的。也就是说,这是一个无法复制的准官方翻译出版板块。

二、图书汉译众生相

在 19 世纪初期,日文图书的引进渠道主要有三:1. 译者,2. 出版社,3. 社会团体。其中,作为出版社的引进,比较典型的有商务印书馆组织的《日本法规大全》,由刘崇杰、刘崇佑、刘崇伦、陈海超、林蔚章等人参与翻译。该书的翻译历时 5 年,总共分 25 类 80 册,洋洋 400 万字,包括皇家法典、宪法、民法、刑法、警察法、监狱法、商法、著作权法等众多内容。还有会文学社,根据日本富山房所提供的初级读本、中学教科书等图书,按照普通百科全书的模式,翻译汇集成册,今留存有 100 种。作为社团的引进,则有东文学会、译书汇编社、江南总农会(上海农学会)、教科书辑译社、湖南编译社、闽学会,等等,如江南总农会就引进并翻译出版了 110 种农业图书,东文学会则引进并翻译出版了 10 余种历史地理图书。不过,在图书的翻译引进方面,出版社与社团的图书引进都是受相关方向限定的。

对汉译日文图书事业而言,19 世纪初期,无疑是一个译者强势的时代。所谓译者强势,是因为在这一时期,对汉译图书的选择权,除部分是由出版社或社团要求之外,绝大部分掌握在译者手中。有意思的是,与出版社或者是社团的引进有所不同,译者对图书的引进往往是站在对作品本身了解的基础之上的,而这种了解与译者的专业方向或兴趣是相关联的。正因为当时有着不同专业方向的留日群体存在,所以这一时期不同专业领域的日文图书几乎都有翻译引进(详见表 1-3 的学科分布)。

1. 作者群像

利用 SPSS 系统,我们依照翻译出版图书种类的多少,对 1851—1911

---

① 董说平:"晚清时期日文史书译介活动及其特点",《日本研究》,2009 年第 1 期。

年间的作者进行了排序,并且确定了前十位的作者排名(详见表1-4)。然而,让人惊喜的是,这种作者的排序与学科板块分析中位列前五的文化教育、历史地理、政治法律、文学语言及农业科学的排序十分吻合。

表1-4 汉译日文图书作者排序(1851—1911)

排序	作者名	出版种数	内容
1	日本富山房	29	教材
2	梅谦次郎	19	法律
3	井上圆了	13	政治、哲学
4	日本政府	12	法律
4	涩江保	12	世界史
4	加藤弘之	12	政治、进化论
4	冈本监辅	12	教材、历史
8	冈田朝太郎	11	法律
9	押川春浪	10	文学
9	桑原骘藏	10	历史

本表由根据《汉译日文图书总书目:1719—2011》第1卷相关资料整理制作

在全部的十位作者排序中,文化教育板块有位列第一、第二的日本富山房书店、冈本监辅;历史地理板块有并列第四和并列第九的涩江保、冈本监辅、桑原骘藏;政治法律板块有位列第二、第四、第八的梅谦次郎、日本政府和冈田朝太郎;文学语言板块则有并列第九的押川春浪等人。

毫无疑问,这些作者在当时的日本都有着相应的学术地位。如加藤弘之被称为"明治时期的指导思想家",梅谦次郎位列"民法三大家"。此外,井上圆了是东洋大学的创始人,冈田朝太郎为东京大学教授,就连学术地位最不起眼的涩江保、冈本监辅,前者出任过庆应大学的讲师,而后者也曾被聘为台湾总督府国语(日语)学校教授。至于押川春浪,则是当年日本最为著名的科幻小说家、《冒险世界》杂志的主笔。

从这些作者的作品引进的时间与渠道来看,在时间上,井上圆了进入时间最早,最初是由林廷玉翻译的《欧洲各国政权日记》(新民译印书局,1889),此后便是桑原骘藏、涩江保、加藤弘之等人的作品,而与法律相关的梅谦次郎、冈田朝太郎的作品引进的时间都要等到1905年之后。在引进渠

第一章　从东京到上海——翻译中心的转移(1851—1911)

道上,这些作家的作品,几乎都经由一个由东京出版到国内出版的过程。如加藤弘之,他的作品主要由东京的译书汇编社与国内的广智书局同时推动。而梅谦次郎的民法学著作译本,则是由湖北法政编辑社先行在东京推出(1905),然后天津的丙午社出面转译(1907),最后又由商务印书馆接手强推,在1909—1911年间共出版不同译者的各类版本14种。

2. 译者群像

利用SPSS系统,我们对1851—1911年间的译者进行了排序,并且确定了前十位的译者排名(表1-5)。从译者的身份来看,其中,有个人译者六位,范迪吉、丁福保、沈纮、樊炳清、赵必振和华文祺,这六人全都有过留日的经历。此外,还有机构翻译者三位,即商务印书馆编译所、江苏师范生和作新社。日本人译者二位,即藤田丰八、西师意。

表1-5　汉译日文图书译者排序(1719—1911)

排序	译者名	出版种数	内容
1	范迪吉	106	教材、历史等
2	丁福保	52	医学
3	商务印书馆编译所	36	政治、历史
3	沈纮	34	农业、教材
5	赵必振	28	政治、历史
6	樊炳清	24	教材、历史
7	藤田丰八(日本)	17	农业、物理
8	华文祺	15	教材、生物学
8	西师意(日本)	14	世界史、教材
10	江苏师范生	13	教材
10	作新社	13	历史

本表由根据《汉译日文图书总书目:1719—2011》第1卷相关资料整理制作

就译者的情况而言,在在排名前十位的译者排序中,文化教育板块有排名第一、第三、第六、第八、第十的范迪吉、沈纮、樊炳清、西师意、江苏师范生;历史地理板块有排名第一、第五、第六、第八、第十的范迪吉、商务印书馆编译所、赵必振、西师意、作新社;在农业科学板块有排名第三、第七的沈纮、藤田丰八。显然,这种译者的排序与学科板块分析中位列前五的文化教育、

39

历史地理、政治法律、文学语言及农业科学的排序是吻合的。

其实,在排名前十的译者之外,还有一些清末民初的著名历史人物也出现在晚清汉译日文图书的译者队伍之中,其中有梁启超、王国维、刘大猷、罗振玉、蒋百里、蔡元培等人。因为他们的学术地位,与一般译者相比,他们译作有更为广泛的社会影响。以井上圆了的作品为例,在晚清期间,共有9位译者翻译出版其13部作品,唯有蔡元培所译的《妖怪学讲义总论》(商务印书馆,1906)再版过6次,而其他译者的作品均无任何再版纪录。

诚如前文所说,在清末民初,译者的地位比较强势。这种强势首先表现在作品的选择上,在这一时期,对汉译图书的选择权,除部分是由出版社或社团要求之外,绝大部分都掌握在译者手中。像梁启超翻译政治小说《佳人之奇遇》,王国维翻译《日本地理志》、《法学通论》等,包括蔡元培翻译《妖怪学讲义总论》等,都是译者自己的选择。

第二,表现在图书的版税及收益上,以严复与商务印书馆所签《社会通诠》的版税合约为例,在这个肖东发等人所称的"我国的第一个版税合同"中,曾明确规定:"此书系稿、印两主公共产业。若此约作废版权系稿主所有。""此约未废之先,稿主不得将此书另许他人印刷。""此书发售每部收净利墨洋五角。""此书另页须贴稿主印花。"①其中译者的三大权利值得注意,即1. 规定合约期间权利为稿、印双方公共所有,合约期满则为译者所有;2. 译者每本书甚至可得"净利墨洋五角";3. 为表示译者权利,书中"须贴稿主印花"。译者的权利由此可见一斑。

第三,还表现在译者对出版社的选择上,在这一时期,受社会转型的思潮影响,社会表现出对新思想、新文化的极度渴求,以至于"求速化之术,群起而谈译书,京内外各学堂所习书,必皆待译而后具"②。于是就有了"广智书局发行日文翻译教科书多种,销路甚佳","上海文明书局和商务印书馆所出版的译编书籍,大都畅销,成绩卓著"③这样的说法。在此背景下,便有些译者将译稿一稿二投甚至多投,以获得更多的收益,如黄郛翻译的樱井忠温

---

① 肖东发、杨虎、刘宝生:"论晚清出版史的近代化变革与转型",《北京联合大学学报》(人文社科版),2008年第6卷第2期。

② "论译才之难",《国闻报汇编》,台北:文化出版社,1987年。转引自顾悦:"《新译日本法规大全》成书及影响考",《北京大学研究生学志》,2009年第3期。

③ 张静庐辑注:《中国近代出版史料》初编,上海:群联出版社,1953年。转引自谭汝谦:《日本译中国书综合目录》,香港:香港中文大学,1981年,第66页。

所著《旅顺实战记》(一名《肉弹》),就同时送至了新学会社(1909)和中华书局(1909)。致使出版社不得不与译者在合同中明确:"此约未废之先,稿主不得将此书另许他人印刷。"[①]

3. 出版社群像

利用 SPSS 系统,我们也对 1851—1911 年间的出版社进行了排序,并确定了前 10 位的出版社排名(表 1-6)。从中可以看到,商务印书馆、广智书局和江南总农会位列前三。

表 1-6 汉译日文图书的出版社排序(1851—1911)

排序	出版社	出版种数
1	商务印书馆	215
2	广智书局	120
3	江南总农会(上海农学会)	110
4	会文学社	100
5	文明书局	97
6	教育世界	54
7	医学书局	47
8	东亚公司(日本)	39
9	作新社	31
10	湖北法政编辑社(日本)	25

本表由根据《汉译日文图书总书目:1719—2011》第 1 卷相关资料整理制作

进一步的研究发现,上述出版机构实际上可分为二大类。一类是真正的出版社,如商务印书馆、广智书局、会文学社、文明书局、医学书局、东亚公司、作新社等;而另一类则属于社会团体,如江南总农会(上海农学会)、教育世界、湖北法政编辑社等。二者间最大的区别在于出版社较为侧重追求汉译图书的经济利益,而社会团体则侧重于汉译图书的社会效益。最终,前者会因注重汉译图书的利益获取而获得生存与发展的空间,而后者却往往会因忽视图书利益的获取而步履艰难。其中,最为典型的两个例子就是商务

[①] 肖东发、杨虎、刘宝生:"论晚清出版史的近代化变革与转型",《北京联合大学学报》(人文社科版),2008 年第 6 卷第 2 期。

印书馆与江南总农会(上海农学会)的生死经历。

商务印书馆成立于1897年2月,最初创办人为夏瑞芳、鲍咸恩、鲍咸昌和高凤池4人,总投资4 000元。因为最初的4位创办人都是西方文化的背景,如夏瑞芳就读于基督教长老会清心堂创设的清心小学、清心书院,而鲍咸恩、鲍咸昌和高凤池也都是夏瑞芳就读清心小学时的同学。毕业后,夏瑞芳先在字林西报馆(英资)就职,后转入另一家捷报馆(英资)任职英文排字、制版。而鲍咸恩、鲍咸昌又成为夏瑞芳在捷报馆(英资)任职期间的同事。至于高凤池,当时正出任美华书馆(美资)的司务。在言及商务印书馆的创办经历时,高凤池如此说道:"我与夏鲍二先生是幼小时候的同学,又以宗教信仰相同,星期日做礼拜,常常在教堂里会面;午后又常常在城隍庙湖心亭吃茶,有时上小饭馆吃饭,真是少年知己,无话不谈。"①

因为创办人的西方文化背景,所以,商务印书馆在创办之初,主要侧重汉译西文图书。邹振环就认为:"早期商务印书馆是靠谢洪赉译著的《华英初阶》、《华英进阶》二书改变自己的形象的,这两本书在教育界打响,风行一时。梁漱溟称自己在中西小学堂开始学习ABC,用的就是这两本书。"②

商务印书馆的经营方向的转折发生在1903年,其背景就是汉译日文图书的流行。据称当时日文译本"充塞于上海书肆中,译者大概是日本留学生,印刷发行大概是各书坊都有"③。因此,商务印书馆也有意着手汉译日文图书的出版,在1901—1902年,从作新社购入了一批留日学生的译作,试着出版销售。不过因这些译作质量低劣,而出现了营业性亏损。为此,在1903年,夏瑞芳决定以月薪350元的高价聘请张元济出任商务印书馆编译所所长,来解决译作的质量问题。与此同时,日本金港堂(出版社)也因看好国内的汉译图书市场,出资10万元,与商务印书馆合资,并将合资后的商务印书馆改组为股份有限公司。

合资后的商务印书馆经营情况发生了极大的改观,1903年,商务印书馆当年的营业额是30万元。在合资之后,"因有日本人的参与印刷和编写教科书,商务的营业状况可说一日千里,不到一年资本额升至五十万元,一

---

① 参见高翰卿等:《商务印书馆九十五年》,北京:商务印书馆,1992年,第2页。
② 邹振环:《20世纪上海翻译出版史与文化变迁》,桂林:广西教育出版社,2000年,第46页。
③ "上海学艺概要"(二),《上海通志馆期刊》第1年,第529页。转引自邹振环:《20世纪上海翻译出版史与文化变迁》,桂林:广西教育出版社,2000年,第46页。

年后又增至一百万元"①。商务印书馆的这一做法,简而言之,就是投入资金,引进人才,同时有效进行市场开发,由此而得到了迅速的发展。

江南总农会是与商务印书馆同期诞生的。1896年,罗振玉、徐树兰、朱祖荣等人合作创办了上海农学会,这是江南总农会的前身,其宗旨为"采用西法。兴天地自然之利,植国家富强之源"②。在1897年,由罗振玉出面,农学会创办了半月刊石印本的《农学报》,该报以振兴农业、倡导农学为宗旨,主要翻译刊载欧洲与日本的农学书籍,并且集册出版《农学丛书》。丛书内容广泛,涉及农业的各类学科,自1897—1905年总共出版7辑,总计600余万字,其中绝大部分译自日本农书,也有部分是译自欧洲农书的日文译本以及部分国内农业资源的调查报告。

在当时,《农学报》与《农学丛书》曾享有相当的社会声誉。就在《农学报》创刊之际,梁启超专程为《农学报》作序,称誉《农学报》:"仪合群之公理,起点海上,求友四方,将以兴荒涨之垦利,抉种产之所宜,肄化学以粪土疆,置机器以代劳力,志愿宏大,条理万端,经费绵薄,未克具举。既念发端经始,在开广风气,维新耳目,译书印报实为权舆。"而清政府对上海农学会的办报译书之事也十分重视,曾发布上谕:"近日创办农学会,颇开风气,著刘坤一查明该学会章程,咨送总理衙门查核颁行,其外洋农学诸书,著各省学堂广为编译,以便肄习。"③由于朝廷方面的重视,一些地方官员随后也都有所表示,如湖广总督张之洞在《两湖督宪张咨会鄂抚通饬各属购阅湘学农学报公牍》中有:"上海《农学报》大率皆教人务农养民之法,于土性物质种植畜牧培养宜忌各种新法,以及行销衰旺情形,考核精详。其一有裨士林,其一有关民生,均为方今切要学术治术,自宜广为传布。"④明令要求其治下各府县购阅《农学报》。与之相同的还有两江总督刘坤一。在《两江督部刘札饬江苏安西各属购阅农学时务报公牍》中,刘坤一认为:"上海新设农学会,采取各国新法章程,以及嘉种器具,绘图立说,印报出售,如果仿行,必能见效,其裨于民生国计,良非浅鲜。"⑤甚至要求各地"仿行"。此外,安徽巡抚、

---

① 林熙:"从《张元济日记》说商务印书馆",《出版史料》,1986年第5辑,第36页。
② "务农会章"。转引自郭文韬:《中国农业科技发展史略》,北京:科学出版社,1988年,第466页。
③ 朱寿朋编:《光绪朝东华录》(四),北京:中华书局,1957年,第4110页。
④ 黄林编:《近代湖南出版史料2》,长沙:湖南教育出版社,2012年,第1118页。
⑤ 刘坤一:"两江督部刘札饬江苏安西各属购阅农学时务报公牍"。转引自张亮:"罗振玉与晚清农业述论",河北大学硕士论文,2009年,第11页。

顺天府尹、江宁知府、杭州知府等地方官员,也都纷纷行文饬令旗下各州县购买《农学报》。

由此可见,《农学报》《农学丛书》的出版发行,得到了清政府及相当一些地方官员的支持、资助。这从戊戌变法失败之后,清政府查禁了大部分的维新报刊,却对《农学报》网开一面的举措中也可看出。然而,在此后的经营中,也正因为《农学报》不注重图书市场本身,仅靠政府官员的支持、资助来维系,而出现了经营困难。罗振玉不得不为此上书当时的两江总督刘坤一,要求将《农学报》报馆移交农工商局,改为官办。刘坤一虽然没有同意,但仍命上海道拨款两千银圆资助其出刊。受此事件影响,《农学报》幕后老板上海农学会也随之改名为江南总农会。虽然如此,《农学报》最终还是因为经营不善的缘故,于1905年退出了历史舞台。

4. 图书汉译中的日本因素

其实,在作品引进渠道以及译者群像的介绍中,都涉及日本因素的存在。如对加藤弘之、梅谦次郎等人汉译作品的出版介绍,都言及了一个从东京出版再到国内出版的曲折。在图书的译者排序中,也堂而皇之地出现了两位日本人译者。而在出版社的排序中,也有两家地处日本的出版社存在。如果再对这一时期的出版地点进行排序的话(详见表1-7),那么,就可以更深层次地感觉到这种浓厚的日本因素。

表1-7 汉译日文图书的出版地点排序(1851—1911)

排序	出版地点	出版种数
1	上海	980
2	东京(日本)	224
3	北京	43
4	南京(江宁、金陵)	24
5	天津	14
6	杭州	11
7	武汉(武昌、汉口)	8
8	横滨(日本)	7
9	沈阳	6
10	太原	5

本表由根据《汉译日文图书总书目:1719—2011》第1卷相关资料整理制作

显然，就这一时期汉译图书的出版地点而言，日本东京甚至占据了上海之后的第二位置，而日本的横滨也位居第八。在这里，一个有必要澄清的事实是，在本文对出版地点的排序中，所有那些没有标记具体城市地点的如日本(33种)、湖南(6种)、湖北(4种)等，都被排除到了序列之外。此外，在前十位的出版社排序中，也看到了东亚公司(日本)、湖北政法编辑社(日本)的身影。而且，在他们之后，其实还有译书编译社(东京，24种)、闽学会(东京，20种)、清国留学生会馆(东京，14种)等。虽然可以解释为这些翻译出版机构都是由中国留日学生主持的，但是无法否认这些图书都在日本翻译出版的事实。

不过，还有一点必须加以说明，1896年前汉译日文图书的出版，的确是日本出版社以及日本人译者占据了绝对的主导地位。SPSS系统统计显示此前出版的68种汉译日文图书中，只有16种是在国内出版，其他的52种图书均在日本出版。然而，就在1897—1898年间，事情开始发生了变化。在这两年出版的35种翻译图书中，只有9种是在日本出版的。尽管如此，中国人译者占主导地位的时间还要等到1900年以后，即要在中国留日学生群体形成之后。

话虽如此，日本的因素还是存在有很大影响。如东文学社出版的《支那通史》、《东洋史要》，就是在学社当时的日语教师藤田丰八的推荐下，由东文学社的两位学生樊炳清、王国维翻译并作序出版的。而在东文学社出版的其他译作中，也都能看到藤田丰八的影子。而在其他一些涉及汉译日文图书作品的出版社及译者身上，同样也能感受到各种来自日本的因素。一个不争的事实是，这一时期出版汉译日文作品最多的商务印书馆，其身后就是日本资金的支持及日本人在翻译审校过程中的亲自参与。

第四节 独领风骚的时代

中国近代意义上的汉译西书事业，始于16世纪的末叶。最初是西方的一些传教士为了宣传基督教义，而有意识地汉译了一批包括《圣经》等宗教作品在内的西方科技著作及人文科学著作。潘玉田等人曾有统计："从1528年到1757年近两个世纪里，耶稣会传教士来华者近500人，参加译书者不下七八十人,译书 400 多种。"①其中比较有影响力的著作有利玛窦编译的《万国全图》(1584)、《几何原本》(1607)、《泰西水法》(1612)以及金尼阁翻译的《况义》(1625)、《地震解》(1626)等。这种传教士译书事业一直延续到了 19 世纪中期,据统计,"在 1810 至 1867 年间,所有的传教士的译著,除了 12%涉及西方科学和制度外,其余全系有关基督教教义的叙述"②。由此而言,早期的汉译西书,绝大部分译自西语,更多的是服务于基督教教义的传播。

一、无与伦比的社会影响力

1. 影响力变迁(1851—1899)

这种由传教士主导的汉译西书事业的转变,发生于 19 世纪中期。随着鸦片战争的失败,国内的一些有识之士,开始意识到中国的落后,进而提出了"师夷长技以制夷"的主张。难能可贵的是,他们随后就将这种"师夷长技"的主张,演化成为一场轰轰烈烈的学习西方的运动,也即中国近代历史上的洋务运动。对西方作品的翻译,就成为洋务运动的重要成就之一。据统计,"从 1850—1899 年 50 年间,中国出版界共译书 587 种"③。也就是说,在洋务运动期间,其图书的翻译出版量是过去两个多世纪的总和还多。

不过,就汉译西书这一事业而言,洋务运动的意义,则在于将原先由传教士主导的图书翻译权以及翻译人才的养成,通过直隶学务处、同文馆、格致书室等洋务机构的设立,转移到了国人的手中,并且直接服务于中国的现代化进程。这种翻译主导权转移的显著性成就,表现在 19 世纪后半期,汉译西书中的自然科学和应用科学图书的翻译数出现了大幅增加,而宗教类图书的翻译数量明显下降。据钱存训先生统计,"当 19 世纪后半期,自然科学和应用科学的译作大为增加,构成此期译作总数的 70%以上。译本半数以上是译自英文,其余译自德、法、俄和日本等国文字"④。而在同期,宗教类图书所占之比甚至不到 1%。所以会如此,是因为当时的人们都认为,"夷"之长技,就是科学技术,因而力图通过图书翻译,来引进西方先进的科

---

① 潘玉田、陈永刚:《中西文献交流史》,北京:北京图书馆出版社,1999 年,第 104 页。
② 钱存训:"近世译书对中国现代化的影响",《文献》,1986 年第 2 期。
③ 潘玉田、陈永刚:《中西文献交流史》,北京:北京图书馆出版社,1999 年,第 104 页。
④ 钱存训:"近世译书对中国现代化的影响",《文献》,1986 年第 2 期。

学技术。于是,图书翻译就开始成为中国走向现代化的一种特殊措施。

比起汉译西书,首先,汉译日文图书在起步的时间上要晚许多。最早由国人翻译的日文图书,是陈建生翻译《新编理化示教》(直隶学务处,1851)与张云阁翻译《物理学初步》(直隶学务处,1851),这也应该是图书翻译出版权发生转移之后的事情了;其次,直到1898年戊戌维新失败之前,汉译西书的主流来源也都是英语。从数据的统计来看,这一时期汉译日书排列在英国之后美国之前位居第二(详见表1-8)。

表1-8 1850—1899年汉译西书来源构成

国别语种	英	美	法	德	俄	日	其他和不详	总计
数量	286	82	13	29	2	106	69	587
百分比	48.7	14	2.2	4.9	0.3	18.1	11.8	100

本表构成中英、美、法、德、俄等国译本数据来自钱存训《近世译书对中国现代化的影响》表3,日文译本数据来自田雁主编《汉译日文图书总书目:1719—2011》第1卷

显然,在这一时期的汉译图书中,就数量统计,可以说译自英美的图书占据了绝对的多数(368种),汉译的日文图书仅有106种。如果从图书的社会影响力分析,在邹振环选编的《影响中国近代社会的一百种译作》中,选有在1850—1899年间出版的17种汉译英文图书,如《代数学》、《谈天》、《重学》、《万国公法》、《造洋饭书》、《化学鉴原》、《昕夕闲谈》、《地学浅析》、《脱影奇观》、《普法战纪》、《新工具》、《佐治刍言》、《心灵学》、《百年一觉》、《泰西新史揽要》《治心免病法》、《光学揭要》等,而同期入选的汉译日文图书仅有《琉球地理志》及《文学兴国策》2种。

用邹振环自己的话说,《影响中国近代社会的一百种译作》的作品选择,有着三个客观的标准:"首先是在于它是产生共时性和历时性重大影响的名著,……其次是译作虽非名著,但在当时流传甚广并深刻影响过国人的思想,在社会政治生活中产生过强烈的反响,……最后是影响较深的文学名著或者是其他学科输入史的'第一部'。"[①]由此而言,至少从这三个方面来说,17∶2的比例见证了这一时期汉译日文图书影响力的低下。

2. 影响力变迁(1900—1911)

所以将清末的1900—1911年专门列出,是因为在戊戌变法启动时,以

---

① 邹振环:《影响中国近代社会的一百种译作》,北京:中国对外翻译出版公司,1996年,第vi-vii页。

康、梁为首的维新派为了推动变法,便将日本的明治维新以及维新后的种种成就,援引为样本,向朝廷以及国人广为宣传。其中,康有为的"若以中国之广土众民,近采日本,三年而宏规成,五年而条理备,八年而成效举,十年而霸图定矣"[①]之说,尤为激荡人心。因此,虽然戊戌维新昙花一现,但是,维新派所提出的"师日"的主张,却得到了延续。"清政府不但直接派遣留日学生与有日官员,东游取经;更邀请或聘请日本教习与顾问,直接参与新政的实施指导。除了这些外,中国更通过大量的日译书籍,来获得源源不断的新学知识。"[②]

正是在此背景下,在1900—1911年间,汉译日文图书便渐次占据了图书翻译的主流地位,占据全部翻译图书的60%还多(详见表1-9)。必须指出的是,这一时期的日文图书的翻译活动,也是在政治改良的大背景下展开的。从维新派的戊戌维新开始,到1900年代的君主立宪,在这个过程中,日本成为当时政治改良的仿效榜样。因而在日文图书的引进方面,也就更多地波及着政治、法律、教育、历史等人文科学方面的图书,这在当时是一个非常突出的特征。此外,因为日本对西方的一些名著早有翻译,兼之中日文间在新词汇的通用,因此在这一时期,还有许多西方名著也都是通过日文转译成中文的。

表1-9 1900—1911年汉译西书来源构成

国别语种	英	美	法	德	俄	日	其他和不详	总计
数量	353	171	129	55	18	1 711	330	2 767
百分比	12.8	6.2	4.7	2	0.6	61.8	11.9	100

本表构成中英、美、法、德、俄等国译本数据来自张晓编著《近代汉译西学书目提要:明末至1919》,日文译本数据来自田雁主编《汉译日文图书总书目:1719—2011》第1卷

显然,在这一时期,就汉译图书的量而言,译自日本的图书以1 711种的量占据了绝对多数的位置,同期汉译的英文图书仅有524种。

而就图书的社会影响力分析,在邹振环选编的《影响中国近代社会的一百种译作》中,于1900—1911年期间,选自汉译英文图书的作品,有《黑奴吁

---

① 康有为:"进呈日本明治变政考序",汤志均编:《康有为政论集》(上),北京:中华书局,1981年,第224页。

② 彭雷霆:《近代中国人的日本认识(1871—1915)》,北京:社科文献出版社,2013年,第83页。

天录》、《哀希腊》、《原富》、《群学肄言》、《迦茵小传》、《血史》、《鲁滨孙漂流记》、《进步与贫困》、《撒克逊劫后英雄略》、《穆勒名学》、《痴汉骑马歌》、《拊掌录》等,共12种,与此同时,选自汉译日文的图书作品有《佳人奇遇》、《经国美谈》、《社会学》、《物竞论》、《十五小豪杰》(译自日文)、《近世社会主义》、《社会主义神髓》、《近世无政府主义》、《妖怪讲义录》、《日本法规大全》、《不如归》、《伦理学原理》(译自日文)等,共13种。由此可见,在入选的数量上,译自日文的图书作品已经超越了同期译自英文的图书作品。

在《影响中国近代社会的一百种译作》前言中,邹振环曾详细列出了译作入选的4条标准:"译作入选的标准首先在于它是产生共时性和历时性重大影响的名著,如《几何原本》、《圣经》、《新工具》、《法意》、《黑奴吁天录》、《原福》、《悲惨世界》、《物种起源》、《少年维特之烦恼》、《约翰·克里斯多夫》、《共产党宣言》,等等。其次是译作非名著,但在当时流传甚广并深刻影响过国人的思想,在社会政治生活中产生过强烈反响,如《万国公法》、《泰西断史揽要》、《天演论》、《佳人奇遇》、《爱的教育》、《天下一家》、《苏联共产党(布)历史简要读本》。再者是影响深度也许有限,但在当时是轰动一时或风靡文坛的译作,如《交友论》、《十五小豪杰》、《自由血》、《血史》、《妖怪学讲义录》、《福尔摩斯侦探案全集》,等等。最后是影响较深的文学名著或是其他学科输入史的'第一部',这一部分数量最多,如《坤舆万国地图》、《同文算指》、《泰西水法》、《远西奇器图说》、《代数学》、《俤夕闲谈》、《社会学》、《学理管理法》、《威廉·退尔》、《浮士德》、《李尔王》、《性心理学》,等等。"[①]由此而言,入选的数量越多,则表明作品的社会影响力也越大。

此外,在入选的日文图书作品中,《十五小豪杰》、《伦理学原理》等两部作品的原作者都不是日本人,而是国人经由日文译本再度转译而来,这也说明了当时社会对日文图书的需求,已经不再局限于对日本文化的了解,还有通过日文图书来了解西方文化的企求。可见汉译日文图书也是当时国人引进西方新思想、新小说、新法规的重要桥梁。

---

① 参见邹振环:《影响中国近代社会的一百种译作》,北京:中国对外翻译出版公司,1996年,第2-3页。

二、汉译名作与汉译名社

1. 东文学社与《支那通史》、《东洋史要》

东文学社是中国最早成立的专业日文学堂(1898),是由蒋黼(伯斧)、狄葆贤、汪康年、邱宪、罗振玉等人合作创办的。其创设宗旨是:"日本同处一洲,而研习其语言文字者顾寥寥焉。彼都认识苾止中国,中国士大夫往往不能与通姓字,彼国书籍流传中国,中国士夫往往不能通数行。不便孰甚。蒙等不揣固陋,创立学社以为之倡,但见闻浅陋,资力未充,尚冀同仁襄成此举。"①

如果进一步追溯东文学社的由来,就不得不提及东文学社两位创始人蒋黼(伯斧)与罗振玉在1896年于上海创办的"学农社"与"农报馆"。农报馆由蒋伯斧任总庶务,罗振玉任文字编辑,农报馆在开办之初,就附属在上海农学会(后改名为江南总农会)旗下,主要从事西方农业图书的翻译,并编辑出版《农学报》和《农学丛书》。而江南总农会在1896—1906年间,共翻译各类农业书刊100余种,对介绍西方农业技术起到了一定的作用。

就在《农学报》和《农学丛书》的翻译出版过程中,蒋、罗两人逐渐地将重点放到了日本农书的翻译出版上。既然决定以翻译日本农书为出发点,自然就涉及了翻译人才延揽与培养。在此背景下,蒋、罗等人下决心着手创建东文学社,以培养日语翻译人才。

东文学社成立后,蒋、罗等专门聘请日本东京大学文学部毕业生藤田丰八在翻译日本农书的同时,担任东文学社教务工作。不过,与农报馆专事农业书刊翻译不同,因为藤田丰八的出现,东文学社的走向发生了变化。虽然,藤田丰八出于职责"为《农学报》和《农学丛书》翻译了大量西方农学著述,其译稿内容具有明显的广泛性、时代性和实用性。他是将西方农学引进和推广到中国的先行者,为我国培养了一批日语翻译和近代农业学术人才"②。不过,原本系东京大学文学部毕业,又进修过"支那哲学史"研究生课程的藤田丰八,从他日后所出版的《支那文学史》、《先秦文学史》、《东西交

---

① "东文学社社章",《农学丛书》第一集第二册。转引自王勇主编:《书籍之路与文化交流》,上海:上海辞书出版社,2009年,第300页。
② 李永芳:"藤田丰八——清末西方农学引进的先行者",《社会科学》,2012年第8期。

涉史研究》等著作来看,本质上是个文学青年。因此,在其出任东文学社的教员之后,不甘寂寞地向东文学社的学员推荐了那珂通世的《支那通史》以及桑原骘藏的《东洋史要》。

因为那珂通世的《支那通史》本身是用汉语写就,所以,1899年东文学社便直接予以刻印出版。为了扩大该书的影响,东文学社刻意在《申报》刊登广告,声称《支那通史》"体例精善,于历代政令风俗、建制沿革,考证详核,洵为至美至善之作"①。在由东文学社学员王国维代罗振玉所写的重刻序言中,对《支那通史》也多加褒扬,其中就有"《支那通史》者,日本那珂通世之作也,都若干卷,取精于诸史,而复纵横上下于二千年之书,以究吾国政治风俗学术之流迁,简而赅、质而雅,而后吾族之盛衰与其强弱、智愚、贫富之所由然可知也。此非所谓良史者欤?所谓持今之识以读古书欤?以校诸吾土之作者,吾未见其比也"②一说。

与此同时,在藤田丰八的指导下,樊炳清(东文学社最初的六名学员之一)也开始着手将桑原骘藏的《东洋史要》译成中文,而王国维在为《东洋史要》所作的序言中,留下有:"自近世历史为一科学,故事实之间不可无系统。抑无论何学,苟无系统之智识者,不可谓之科学。中国之所谓'历史',殆无有系统者,不过集合社会中散见之事实,单可称史料而已,不得云历史。……桑原君之为此书,与中国及塞外之事,多据中国正史。其印度及中央亚细亚之事,多采自西书,虽间有一二歧误,然简而赅、博而要,以视集合而无系统之事实者,其高下得失,识者自能辨之。余尤愿读是书者,就历史上诸般之关系,以解释东方诸国现时之社会状态,使毋失为科学之研究,乃可贵耳。"③

东文学社版的《支那通史》、《东洋史要》一经刊出,立刻引发国内知识界、学界的追捧。据传《支那通史》在当时就有"脍炙士林,岁不下脱销万余部"④的畅销。《京师大学堂暂定各学堂应用书目》不仅将其列入学堂应用

---

① 《申报》1899年5月24日广告。转引自王勇主编:《书籍之路与文化交流》,上海:上海辞书出版社,2009年,第308页。
② "重刻支那通史序",《支那通史序》,东文学社己亥(1899)冬三次石印本。转引自王勇主编:《书籍之路与文化交流》,上海:上海辞书出版社,2009年,第305页。
③ 陈鸿祥:《王国维年谱》,济南:齐鲁书社,1991年,第356页。
④ 马雄:"续支那通史序"。转引自李孝迁:《西方史学在中国的传播》,上海:华东师范大学出版社,2007年,第12页。

书目,同时还评价此书:"简要有法,若再删冗词三之一,补元明本朝,即成完书。"①在此背景下,各地新学堂纷纷采用此书为初等历史教材。由此导致各地书商大肆盗版印刻,以至于在1899年,时任江南分巡苏松太兵备道的李为专门通告说:"东文学社司事张叔衡禀称:窃中东绅士于去年春间在新马路开设东文学社,已有年余,拟译印各书为各学堂教材之用,兹先印行《支那通史》一部以外,已译未印急未印成之书,尚有数十种,并拟陆续付梓。唯坊间书贾习气见书销路畅销,往往冒名翻印射利,校雠不精,贻误学者。且于学社权利未免有碍,禀请示禁。……为此示仰书贾坊铺人等一体知悉:尔等不得将该学社前项译印书籍及续印各书私行翻印,希图渔利,如敢故违,一经告发,定即提案究罚不贷。"②

《东洋史要》也有同样的遭遇,在其刊出后,曾风靡一时,从1899—1913年,前后再版6次。梁启超在《东籍月旦》的论文中,称《东洋史要》"条理整顿,繁简得宜,论断有识",为"现行东洋史之最良者"③。其结果也引致了国人的竞相翻刻。如1903年宝庆劝学书舍出版的《东洋史要》,不仅封面书名完全相同,内容也与东文学社译本相同,只不过在扉页上加有"京师大学堂审定史学教科书"的字样。无独有偶,1904年成都官报书局推出的《新刻中国历史》,这次是封面书名都有了不同,不过在扉页上刻有《东洋史要》,内容也与东文学社译本完全相同。还有1904年上海文明书局出版的《中等东洋史教科书》,这次是封面、扉页乃至译者都出现不同,不过,其译本内容还是大同小异。与此同时,《东洋史要》也成了20世纪初新版中国史教科书的编写蓝本。如上海普通学书室所推出的周鹏枚校勘版《普通新历史》(1901年)的序中就有明言:"是书以日本中等学科教授法研究会所著《东洋历史》为蓝本,取其序次。"④而在1909年商务印书馆推出的陈庆年编的《中国历史教科书》中,也有言:"桑原骘藏之书尤号佳构,所谓文不繁,事不散,义不隘者,盖皆得之。今据以为本,更令事义少近周赡……俾分布得所,弥缝无缺。"凡此种种,也从另外一个角度说明了《支那通史》、《东洋史要》的受国内

---

① 马雄:"续支那通史序"。转引自李孝迁:《西方史学在中国的传播》,上海:华东师范大学出版社,2007年,第16页。
② "《支那通史》附刊通告",东文学社己亥(1899)冬三次石印本。转引自王勇主编:《书籍之路与文化交流》,上海:上海辞书出版社,2009年,第305页。
③ 梁启超:《梁启超全集》,北京:北京出版社,1997年,第333页。
④ 实藤惠秀:《中国人留学日本史》,北京:北京大学出版社,2012年,第198页。

读者的欢迎程度。

综上所述,《支那通史》、《东洋史要》在当时的译成出版,意义非凡,可以说是在向国人传播新的历史观,普及新的历史表述方式的同时,也重新塑造了国人对历史的基本认识。而东文学社在培养诸如王国维、樊炳清这样的日语翻译人才以及在包括农学、史学等领域日文图书的翻译引进方面,其贡献应该得到充分的肯定。

2. 译书汇编社与新文化译介

如果说东文学社是国内最早翻译出版日文图书的社团,那么译书汇编社应该说是日本最早出现的翻译出版日文图书的社团。

成立于1900年的译书汇编社,是当时留日学生中最早成立的一个翻译出版社团。社长戢翼翚是1896年先期赴日的13名官派留学生之一,其成员还有王植善、陆世芬、雷奋、杨荫杭、杨廷栋、周祖培、金邦平、富士英、章宗祥、汪荣宝、曹汝霖、钱承志、吴振麟等人。在成立之初,译书汇编社便以翻译介绍国外的新文化新思想为己任,用他们自己的话就是:"本编创自庚子,其时败衅之余,同人留学斯邦,眷念故国,深唯输进文明,厥惟译书,乃设社从事译事,创为本编。"①

译书汇编社在早期主要从事月刊《译书汇编》的出版,在选书的方向上,也许是因为译书汇编社的成员出身大都为政治法律专业,并有着"政治诸书乃东西各邦强国之本原"的观念,所以其主要译摘18、19世纪欧美及日本的政治学著述,同时涉及法律、经济、外交、历史、哲学等领域的图书。因为译书汇编社的成员均为留日学子,所以《译书汇编》所刊载的欧美译著也都是经由日文译本重新汉译的。

《译书汇编》曾连续登载了孟德斯鸠《万法精理》、约翰·穆勒《自由原论》等翻译作品,受到国内外追求新思想的青年读者们的青睐,而风行一时。这些译文最初分期连载,在连载完之后则推出单行本。从1901年《译书汇编》所刊载的图书内容上看,不仅有孟德斯鸠的《万法精理》、卢梭的《民约论》、斯宾塞的《政治哲学》、伯伦知理的《国法泛论》等,还有源自日本学者的日文著述,如鸟谷部铣太郎的《政治学提纲》、有贺长雄的《近世政治史》、《近世外交史》、加藤弘之的《物竞论》、井上毅的《各国国民公私权考》等作品。

---

① "改正体例告白",《译书汇编》,1902年12月10日第2年第9期。转引自王晓秋:《近代中日文化交流史》,北京:中华书局,2000年,第406页。

从1901年起,《译书汇编》以著述为主,编译为副,并在每期都附有"欧美政治法律经济新书目"或"已刊待刊书目录"。根据1901年7月出版的《译书汇编》第7期所列"已刊待刊书目录",可以看到其已刊图书有"英国斯宾塞著《政治进化论》、《社会平权论》、《教育论》,德国伯伦知理著《政党论》,法国尼骚著《欧洲文明史》,法国卢骚著《教育论》,美国勃拉司著《平民政治》,美国吉精须斯著《社会学》,英国默尔化著《万国国力比较》等书。此外日本人著作还有福译谕吉《文明之概略》,有贺长雄《国法学》,陆实《国际论》,坪谷善四郎《明治历史》,加藤弘之《加藤讲演录》,博文馆编《十九世纪》,井上辰次郎《经济学史》,福本诚《近世海军》,新桥荣次郎《近世陆军》等"①。从上述已刊书目中不难看出,《译书汇编》所着手的这些译著,也都是当时国人迫切想知晓的有关西方与日本的政治、经济、法律、历史及军事内容的经典之作。

事实上,《译书汇编》的存世时间并不长,其于1903年2月改名为《政法学报》后,仅出了11期就遭停刊。但是,从译书汇编社所活跃的1902年,其所出版的汉译日文图书就有加藤弘之的《物竞论》,大桥乙羽的《累卵东洋》,永江正直的《女子教育论》以及作者不详的《日本制度提要》、《和文奇字解》、《法学入门》、《最近支那论》、《欧美各国最近财政及组织》等。而在1903年,又有《欧美日本政体通览》、《法制新编》、《日本维新活历史》、《美国独立史》、《最近俄罗斯政治史》及《比律宾志士独立传》等。②

由此而言,作为留日学生最早成立的译书社团,译书汇编社在当时脚踏实地地翻译出版了大量欧美及日本的政治学、法律、经济、外交、历史、哲学等著述。通过对国外的新思想新文化的介绍,在推动国内民众的思想启蒙,开启民族意识的觉醒等方面起到了不可估量的积极作用。对此,梁启超就曾称赞道:"《译书汇编》至今尚存,能输入文明思想,为吾国放一大光明。"③而冯自由也极力推崇:"留学界之有志者尝发刊一种杂志,曰《译书汇编》,庚子下半年出版。江苏人杨廷栋、杨荫杭、雷奋等主持之。杨、雷亦励志会会员。此报专以编译欧美法政名著为宗旨,如卢梭之民约论,孟德斯鸠之万法

---

① 转引自王晓秋:《近代中日文化交流史》,北京:中华书局,2000年,第406页。
② "改正体例告白",《译书汇编》,1902年12月10日第2年第9期。转引自王晓秋:《近代中日文化交流史》,北京:中华书局,2000年,第408-409页。
③ 梁启超:《饮冰室文集类编》,第794页。转引自实藤惠秀:《中国人留学日本史》,北京:北京大学出版社,2012年,第182页。

精理,约翰穆勒之自由原论,斯宾塞之代议政体,皆逐期登载。译笔流丽雅典,风行一时。时人咸推为留学界杂志之元祖。"①

3. 商务印书馆与《日本法规大全》

《日本法规大全》是1907年由上海商务印书馆翻译出版的一部日本法律规范图书集成。全书共80册,多达400万字。其内容涵盖了宪法、行政法、刑法、刑事诉讼法、警察法、监狱法、民法、民事诉讼法、商法、出版法、著作权法、商标法、专利法、矿产资源与环境保护法、教育、卫生、地方制度等25种类,此外还收录有各类法律、法规、敕令、规章等约3000件。全书最后还附有解字一册,对书中所出现的主要法律名词予以解释。

《日本法规大全》翻译出版的创意最初由南洋公学译书院的张元济于1901年提出。当时,政府在清末新政中已经初步确立了君主立宪制的改革方向,然而,如何具体落实君主立宪制,尤其是对司法、行政、立法等三权的地位及权限划分等具体问题,并没有任何现成的答案。在此背景下,改革者们不得不通过翻译引进包括日本在内的西方国家的相关法典及法律文本,来为君主立宪制的实施提供参照。对此,时任南洋公学译书院院董的张元济在当年曾有"我国变法不能无所师,求师莫若日本。法律之学,探本穷原,非一朝一夕之事,欲亟得师,莫若多译东文书,先条件而后理论"。张元济的"多译东文书"之说随后得到了南洋公学译书院总理沈曾植的认同。"于是,就有了翻译《日本法规大全》之议,时因国内无人能胜任此事,张元济便求助驻日本使馆赞使兼留日学生监督夏偕复,于日本组织留学生翻译此书。"②经过两年时间的努力,译成初稿240万字,可惜"文字多直译,循用术语未加笺释,且稿出数人之手,译例歧杂,未可行世"③。1903年,张元济因为南洋公学裁减译书院而加盟商务印书馆。但他始终没有放弃翻译出版《日本法规大全》这一执念。1904年,张元济的执念得到了时任工部左侍郎盛宣怀的认可,盛宣怀遂派出雷奋、杨廷栋、杨荫杭三人(均为留日学子)前往协同译书,与此同时,商务印书馆总经理夏瑞方也同意由商务印书馆出面刊印此书。

于是,就在《日本法规大全》的翻译出版得到有力者支持的基础上,张元济聘用日本早稻田大学毕业生刘崇杰总理翻译一事,同时引进陈与年、刘崇

---

① 冯自由:《革命逸史》初集,北京:中华书局,1981年,第99页。
② 顾悦:"《新译日本法规大全》成书及影响考",《北京大学研究生学志》,2009年第3期。
③ 周振鹤:《影响中国近代社会的一百种译作》,北京:中国对外翻译出版公司,1996年,第218-219页。

佑等十余人参与翻译。此后,为了加快《日本法规大全》的译校进度,以配合清政府"预备立宪"诏书的公布,张元济又专门派遣刘崇杰携带译稿前往日本,邀请汪兆铭(精卫)、何燏时、章起谓等留日学生共同参与译补校对。①1907年1月,《日本法规大全》最终以《新译日本法规大全》之名由商务印书馆推出。随后得到了社会的热烈追捧。据称在该书出版半年后,"尽管每部定价大洋贰拾五元,预约及门售已达三千余部。商务印书馆的广告这样写道:'此书于日本官制、教育、财政、武备、巡警等事言之纂详,且系同洲同文同种之国,尤足为我官绅庶参考之用。……两江总督瑞制军订购二百部颁发宁、苏两属,并饬皖、赣两藩司备价各购二百部,一律颁发以为政界参考之助。'"②。

《新译日本法规大全》之所以能得到社会如此广泛的认可,其原因之一是推出适时。当时正值晚清政府的政改进入"预备立宪"的程序,对国人而言,如何预备如何立宪尚无定论,而急需有效仿的对象。在世界近代史上,学习西方最为成功的国家就是日本。他们通过明治维新,迅速完成了社会转型和近代化,但保留了天皇制度。《新译日本法规大全》的推出可谓正逢其时,为清政府的政改提供了参照对象。这也是两江总督瑞方会订购该书颁发给下属官僚,同时还要求地方官僚自行购买该书的重要原因。

《新译日本法规大全》获社会广泛认可的原因之二,是其内容完备。《新译日本法规大全》不是对日本某一法律或法规的译介,而是对日本明治维新后所构建的法律与法规的整体介绍。在法制的选择和重建上,日本成功仿行法、德法律模式完成的近代法律体系,对当时行走在君主立宪制道路上的中国修法建律产生了重大的影响,一直是中国法学界所向往的学习范本。这也是考察政治五大臣之一的载泽所以会在《新译日本法规大全》序中称道"今之言改政者,莫不胎范于日本之制"而"可为我国之导师"的由来。

《新译日本法规大全》获社会广泛认可的原因之三,是其译文及体例编排上的用心。全书不仅有译、有校,最后还专门附有"解字"(名词注解)一册。且不说张元济对此前南洋公学译书院240万字的初稿以"文字多直译,循用术语未加笺释,且稿出数人之手,译例歧杂"为由断然舍弃,而另行聘用

---

① 顾悦:"《新译日本法规大全》成书及影响考",《北京大学研究生学志》,2009年第3期。
② 周振环:《影响中国近代社会的一百种译作》,北京:中国对外翻译出版公司,1996年,第218-219页。

早稻田大学毕业生刘崇杰总理翻译,成稿后还令刘崇杰专程东渡日本礼聘汪兆铭等人加以校对。此外,为了表示对译文的用心,还专门在卷首将所有译校者名字及译校章目一一列出。更令人叹服的是在译著之后,张元济还专门请钱恂和董鸿祎编撰《日本法规大全解字》,按部首排序,对法规大全中出现的法律名词和动词,进行检索与解读,长达91页。就这一部薄薄的小册子,到1914年时再版了19版,其所收录的许多法律术语也沿用至今。

《新译日本法规大全》得到社会广泛认可的原因之四,是其极为出色的营销宣传。为让《新译日本法规大全》得到社会认可,张元济一方面广邀政府官员与社会名流为此书作序,其中有政府官员载沣、戴鸿慈、瑞方、吕海寰、盛宣怀、袁世凯、岑春煊,社会名流有沈家本、张元济、大隈重信(日本政府官员)、织田万(日本学者)以及高田早苗(日本学者);另一方面则出资在知名媒体《大公报》《申报》上竞相广告。"广告的篇幅很大且十分醒目,对《新译日本法规大全》的译印出版过程以及译校者做了大致的介绍,……称其为'日本法规之书以此书为最完全,全国法律、规则、命令无一遗漏'之译著。《申报》上的广告更是冠以《新译日本法规大全》'预备立宪时代最要之参考书'称号。"①由此而大幅提升了图书的知名度。

显然,就对译文及体例的重视以及在营销手法上的巧妙而言,由商务印书馆所主持的《新译日本法规大全》,与由社会团体所主持的《支那通史》、《东洋史要》以及《译书汇编》就有了质的不同。如果说,诸如东文学社、译书汇编社等社团在图书的汉译出版上,还带有输进文明、开启民智等理想主义理念的话,那么,从商务印书馆身上,可以更多地看到汉译图书的商业运作模式。这也就是商务印书馆能在此后的岁月中,超越社团及其他出版社而独领汉译日文图书风骚的原因所在。

二、译者群体素描

19世纪的初期,对汉译日文图书事业而言,无疑是一个风起云涌的年代。无论是戊戌维新期间,还是在维新失败之后,"以日为师"的观念渐渐开始为社会所接受,康、梁等维新派自不待言,就连张之洞、瑞方这样的地方大员,还有位居朝廷考察政治大臣的载沣、戴鸿慈等人,也都开始主张"东游取

---

① 顾悦:"《新译日本法规大全》成书及影响考",《北京大学研究生学志》,2009年第3期。

经",以期从学习日本的过程中获得新思想来指导社会变革。为此,他们不惜亲自动手翻译日文图书,也极力向他人推荐那些汉译日文图书。

受此影响,这一时期的社会也开始表现出对汉译日文图书的一种盲目偏好。梁启超曾将这种盲目偏好表述为:"无组织、无标准、本末不具、派别不明、唯以多为贵,而社会亦欢迎之。"①即便如此,"日本每有新书出版,译者多至数家"②。

正因为汉译日文图书如此受社会欢迎,因此,这一时期,就有了大量汉译日文图书的引进,也随之涌现出了数以百计的译者以及译者群体。这之间既有自我表述为留日学生、留学生、榴芳女学生这样的翻译新人,也有范迪吉、丁福保、沈紘、樊炳清、赵必振等翻译大家,还可以列出梁启超、王国维、载沣、刘大猷、罗振玉、蒋百里、蔡元培、黄郛、章太炎、章士钊等社会名流译者。

1. 译者的署名差异

由于一些客观因素的存在,这一时期译者的署名情况显得较为复杂。

首先是外国转译版的存在,这一时期,有相当多的外国名著是通过日译之后再转译至中文的。其中,比较有名的有[法]儒勒·凡尔纳的《十五小豪杰》、[法]艾克·多马洛的《苦儿流浪记》和[德]泡尔生的《伦理学原理》等作品,原作者都不是日本人,是国人经由日文译本再度转译的。对这一类作品,在其作者及译者的署名上,对中文译者采取了"重译"的说明(详见表1-10),以表明作品系由日文译本转译而来。

表1-10 清末民初转译版的译者署名方式

书名	作者名	译者名	译者名	出版社名	出版时间
梦游廿一世纪	[荷]达爱斯克洛提斯(Dioscofides,Pseud)著	上条信次原译	杨德森重译	上海商务印书馆	1903年
月界旅行	[法]迦尔威尼著	井上勤原译	鲁迅重译	东京翔鸾社	1903年
银行之贼	[美]佚名著	黑岩泪香原译	谢慎冰重译	上海小说林社	1905年

---

① 转引自谭汝谦:"中日之间翻译事业的几个问题",《日本研究》,1985年第3期。
② 梁启超:"清代学术概论",朱维铮校注:《梁启超论清学史二种》,上海:复旦大学出版社,1985年,第79页。

续　表

书名	作者名	译者名	译者名	出版社名	出版时间
双金球	[法]（作者不详）	黑岩泪香原译	中国祥文社重译	清国留学生会馆	1905年
五里雾	[法] Henri Ren Albert, Guy de Maupassant 著	上村左川原译	吴檮重译	上海商务印书馆	1907年

本表由根据《汉译日文图书总书目：1719—2011》第1卷相关资料整理制作

其次是译者与校订者的共同署名，这主要出现在20世纪初年，在译者的翻译水准得不到确认的情况下，出版社或请日本人或请留日学生为译稿的校订者，以保证译稿质量。一般采取译者与校订者共同署名的方式（详见表1-11）。这种状况在1905年后逐渐消失。

表1-11　清末民初译者及校订者的署名方式

书名	作者名	译者名	校者名	出版社名	出版时间
日本地理		松林译	茅迺封校	蒙学书报局	1902年
外国地理		松林译	茅迺封校	蒙学书报局	1902年
小学地理		松林译	茅迺封校	蒙学书报局	1902年
步兵部队战斗教练	稻村新六著，户山学校编	孟森译	刘世珩校	南洋公学	1902年
日本陆军学校章程汇编	日本陆军省编	孟森译	稻村新六校订	南洋公学	1911年前
日本宪兵制		孟森译	稻村新六校订	南洋公学	1911年前

本表由根据《汉译日文图书总书目：1719—2011》第1卷相关资料整理制作

第三，在这一时期译者的署名上，除了商务印书馆编译所、江苏师范生和作新社外，还有大量的社团或机构进行译者署名，其中有上海农学会、教育世界社、经济学会、博医会、国际问题研究会、法学研究社、天津东寄学社、敬业学社、观澜社等一些专业性社团，有译书公会、译书汇编社、日本译书社、合众译书局、觉民编辑所、东新译社、东文译书社、东华社编译所、出洋学生编辑所、广东同文馆、京师译学馆、上海广方言馆、翻译世界等专门的翻译机构，有国民丛书社、普通学书室、新智书局、启新书局、新民译印书局、泰东同文局、时中书局、竞化书局、上海文明书局、广智书局、东亚公司、南洋官书局等正规出版社，有汉口日报馆、北洋官报馆这样的报社，有包括军官学校、北洋武备学堂、大学堂译书局、无锡三等学堂、宏文学院在内的学校,还有考察政治大臣、训练总监部、学部图书馆、直隶学务所这样的政府机构,等等。这其中有专业性社团、专门的翻译机构、出版社、报社、学校、政府机构等,从这些机构的参与情况来分析,翻译日书已俨然成为当时的一股社会化浪潮。

第四,也许是出于社会的责任或意识,在这一时期,一些汉译作品的译者并没有署上自己的真名,而是用所谓的留日学生、留学生、榴芳女学生、独立苍茫子、汉魂等化名替代。

表 1-12　清末民初译者的署名方式

书名	作者名	译者名	出版社名	出版时间
万国春秋二卷	岩原次郎著	榴芳女学生译	启蒙通俗报本	1902年
义大利独立战史六卷(附录一卷)		东京留学生译	商务印书馆	1902年
游侠风云录		独立苍茫子译	东京明权社	1903年
万国公法提要	高桥作卫编	留日学生译	泰东同文局	1905年
造化机新论	细野顺著	出洋学生译	商务印书馆	1911年前
西洋史钩元一卷	箭内亘、小川银次郎、藤冈作次郎合编	留学生译	新中国图书社	1911年前
剑武术(武道根本)	日比野雷风著	汉魂译	南洋官书局	1911年

本表由根据《汉译日文图书总书目:1719—2011》第1卷相关资料整理制作

2. 翻译大家素描

对于汉译日文图书事业来说,清末民初的确是一个非常奇妙的时代。就在短短的数年间,狂飙突进般涌现出数以千计的汉译作品,并且形成了数以百计之众的译者群体。且不说那些留存有雪泥鸿爪般经历的翻译新人们,最让人惊讶的是那些登堂入室的翻译大家,他们又是如何在短短的十余年时间里,翻译出了上百部汉译作品的呢?

这里所说的翻译大家,显而易见是指译者排名前十位的入选者。他们之中成就最大的范迪吉,留存有105部译作,即便成就最小的华文祺,也留下了15部译作。

范迪吉,毫无疑问是翻译大家中最为传奇的人。邹振环在《20世纪上海翻译出版与文化变迁》一书中曾提及范迪吉为江苏昭文(今常熟)的留日学生,令人遗憾的是并没有言及范迪吉生平。人们所知道的是,在留日期间,范迪吉成立了东华译社,并接受会文学社的邀请,翻译百科全书。为此,他以"发明学理,增进文化之责任"为己任,主持并翻译出版了由他署名的100余种汉译《普通百科全书》。全书据称有100册,300余万字。按政治、哲学、法律、历史、地理、经济学、教育学、数学、理学、工学、农学、林学等分成12类,并"以'首编'、'中编'、'末编'三个系列由浅入深地加以编排。第一系列'首编'为初级学类(各学科的入门书籍),共17种,采用问答式,命名为《问答全书》。……第二系列'中编'为普通学类(中学水平书籍),共20种,命名为《普通全书》。……第三系列'末编'为专门学类(大学各专业水平书籍),共62种,命名为《专门科学原书》"①。

为了做好《普通百科全书》的翻译出版事宜,范迪吉首先确立了"以开民智,养成世界人民的新知识为公责","凡关于学理与政术与种种科学有影响于诸科学之发达进步者,皆在是书范围内"②的选书原则。并且,选定了全书的翻译样本,系日本著名教科书出版社富山房的初级读本(对应入门书籍)、中学教科书(对应中学水平书籍)、大学教科参考书(对应专业水平书籍)。同时,还专门聘请黄朝鉴、李思慎、顾福嘉、张振声等留日学生出任全书编辑,聘请顾厚聪、郑绍谦等人为全书校对。更为重要的是,在《普通百科全书》的翻译过程中,范迪吉还专门明确了名词术语的翻译原则,"理化算数诸名词暨符号悉依诸大专门家所定及中国前人所已译通行的书籍酌定",新出现的名词"也随之发现有汉字意义不协者附加小注,如字义可意会者悉仍原名以冀输进文明之一切"③。

《普通百科全书》出版后,因其翻译风格明朗,名词概念定义准确,而被日本学者称为"本年度(1903)汉译日本书最高成绩的代表"④。其在知识的传播上,尤其是在科学及百科知识的传播上,起到了不可或缺的开创性贡献。而且,其中一些与中小学教材相关的内容图书,还被"不少学校采用,作

---

① 咏梅、金淑兰、赵凤岐:"清末《普通百科全书》中的物理著作研究",《内蒙古师范大学学报(自然科学汉文版)》,2012年第41卷第5期。
② 转引自张帆:"晚清教科之'科学'概念的生成与演化:1901—1905",《文史知识》,2009年第6期。
③ 咏梅、金淑兰、赵凤岐:"清末《普通百科全书》中的物理著作研究",《内蒙古师范大学学报(自然科学汉文版)》,2012年第41卷第5期。
④ 转引自马祖毅:《中国翻译史》,石家庄:河北教育出版社,1999年,第629页。

为教学辅导书使用,受到教育界欢迎"①。

丁福保(1874—1952),江苏无锡人。江阴南菁中学毕业,早年曾随同著名数学家华蘅芳、华世芳兄弟学习数学。后因体弱多病,于1901年前往上海养病,同时跟随名医赵元益学习西医。在这过程中,丁福保觉得通过对日本医书的翻译,来学习西医,会令学习更加便利。因而他又考入了盛宣怀所开办的东文学堂,兼习日语及医学,是王国维、沈纮、樊炳清的同窗好友。

1903年,丁福保接受张之洞的聘请,出任京师大学堂译学馆算学兼生理学教习。1904年中国医学会成立,又出任副会长一职。丁福保在京师大学堂任教两年,曾翻译出版多种医学教科书。在辞去京师大学堂教职后,又与友人共同组织译书公会,专门从事日文的西医著作的翻译。1909年,丁福保赴南京参加两江总督端方组织的"南洋医学考试",获最优等内科医师证书。随后又接受端方的委派前往日本考察医学。在出访日本期间,丁福保在实地考察调研日本的医院、养育院、孤儿院、图书馆之外,还购买了大量的药品及日文医学图书。

回国后,丁福保于上海成立中西医学研究会,开设丁氏医院和疗养院,同时创办了医学书局,发行《中西医学报》。开始了他人生中行医与译书并举的职业生涯。"丁福保先后从日文翻译或编译医书近百种,又自撰、编辑医书多种,后汇总为《丁氏医学丛书》,由他自办的医学书局出版。其中除中医著作约占十分之一外,其所译述的日本西医书籍范围广泛而且系统,既包括解剖、生理、卫生学、病理学、诊断学及免疫学等西医基础理论方面的著作,也涉及内、外、妇、儿等临床各科,还有药物学及处方学等著作。"②

对于丁福保之所以注重从事日文医学书籍的翻译缘由,其弟子陈邦贤曾有如此介绍:"中国自西洋医学传入以后,一般医者渐知趋重于新理新法的一途;惜译本很少,仅有合信氏、傅兰雅、赵靖涵等译述的二十余种;非浅显,即陈旧;编译医书,已有迫切需要的趋势。吾师丁福保先生有鉴于此,因念日本与我国同种,自古东洋诸国,如朝鲜、日本等均奉汉医为圭臬,特以革新较早,进步较快,所以明治维新以后,医学为之一变,现已有登峰造极之势;我国要改良医学,设假道于日本,当较欧美为便利。因迻译日本医学书

---

① 高奋:"辛亥革命前国内重要翻译机构的出版活动与西学的传播",《中国出版》,2011年10月上。

② 牛亚华、冯立昇:"丁福保与近代中日医学交流",《中国科技史料》,2004年第25卷第4期。

第一章 从东京到上海——翻译中心的转移(1851—1911)

籍凡数十种,名为《丁氏医学丛书》。"①

20 世纪初期,正是中国社会面临急剧变革的动荡时期,毫无疑问,医学也同样经历了这种由传统走向近代的转折,在此背景下,丁福保顺从时代变迁的潮流,积极从事日文医学图书的翻译,他的这一举措,为西医东渐以及中国医学的近代化贡献非凡。陈邦贤为此而称誉:"丁氏的工作与当年日本学者翻译荷兰医学著作、将西方医学引入日本,是同样的功绩。"②

沈纮,生卒年月不详,浙江桐乡人。1898 年进入罗振玉在上海开办的东文学社学习日语,与王国维、樊炳清、丁福保为同窗。就在东文学社学习期间,他翻译了大量的日文图书。1904 年,沈纮接受两广总督岑春煊的选派前往法国留学。留法 14 年间,他先是在巴黎法科大学获得法学博士学位,随后又转读了理科博士学位。1918 年(另说 1916 年),因病在巴黎去世。

沈纮的父亲沈善蒸,曾任上海广方言馆及浙江求实书院教习,沈纮因而自幼就接受了良好的教育传承,古文功底甚为深厚。其与同窗好友王国维,在多年后仍保持有诗词往来。在沈纮去世后,王国维曾有挽联:"壮志意何为?遗著销烟,万岁千秋同寂寞;音书凄久断,旧词在匣,归迟春早忆缠绵。"③深切表达出对旧日同窗离世的感慨与惋惜之情。

沈纮的翻译活动,主要是在东文学社学习期间,也就是 1898—1094 年间,如今留存的日文译著多达 34 种。他所翻译的作品题材,主要集中在农学及教育这两类图书方面。而他的这些翻译作品,最后也主要收录在东文学社所推出的《农学丛书》及《教育丛书》之中。由此而言,沈纮也许是最为忠实地贯彻罗振玉创办东文学社教育理念的一位学生。

关于沈纮的翻译特色,曾有研究者认为,其"所翻译的作品不仅涉及领域广泛、内容丰富、质量上乘,而且在选材上非常重视文章和书籍的时效性和实用性"④。而他所留存的这些译著,在促进近代西方的农业技术及教育理念的传播,以及推动国内的农业与教育进步方面起到了不可忽视的作用。

赵必振(1873—1956),湖南常德人。曾就读于常德德山书院、长沙湘水校经书院。1900 年,唐才常组织自立会,组建自立军,密谋反清起义。赵必

---

① 陈邦贤:《中国医学史》,北京:团结出版社,2009 年,第 189 页。
② 陈邦贤:《中国医学史》,北京:团结出版社,2009 年,第 196 页。
③ 转引自吕超:"清末日语翻译沈纮译介活动初探",《浙江外国语学院学报》,2013 年第 1 期。
④ 吕顺长:"《教育世界》的日文译者及其翻译特征",《日语学习与研究》,2015 年第 5 期。

振参与组织了常德自立军,予以响应,不幸事败而亡命日本。期间,出任梁启超主编的《清议报》(日本横滨)校对、编辑等职,并与革命党人章炳麟、秦立山交往密切。1902年,赵必振潜回上海,专门从事日文图书的译述工作。就在短短三年多的时间里,他先后翻译出版有20余种日文图书。其中有《社会主义广长舌》(幸德秋水著,1902)、《近世社会主义》(福井准造著,1903)以及《社会改良主义》、《二十世纪之怪物帝国主义》、《万国教育史》、《精神之教育》、《日本维新慷慨史》、《日本人权发达史》、《东亚将来大势论》、《拿破仑》、《世界十二女杰史》、《波斯史》、《土耳机史》、《阿拉伯史》,等等。

就赵必振的个人经历而言,在汉译日文图书方面,他并没有耗费太多的时间。1905年,赵必振离开上海前往香港,出任《商报》编辑。自此之后,再也没有任何新的译作出现。这一方面也许是他个人的偏好,从他在1900年参与组织常德自立军一事即可以看出。在1909—1927年间,赵必振也都热衷混迹于政界。直到北洋政府垮台之后,才转道学界,前往民国大学、华北大学任教,主讲"地理沿革"、"公羊春秋"等课程。而另一方面也与赵必振没有经历过专业的日语训练,翻译水准局限所致。事实上,后人对其翻译作品也有"译文失之草率,译名前后场不统一,还有许多语句不通等等"[①]的评价。

虽然如此,赵必振还是因为对《社会主义广长舌》以及《近世社会主义》等日文书籍的翻译,在清末民初汉译日文图书的历史上留下了深刻的印记。正是这两部国内最早宣传介绍社会主义基本原理的通俗读物,奠定了赵必振"马克思学说的早期译介者"的地位,"《近世社会主义》一书在中国是较为系统地介绍马克思主义和社会主义学说的第一部译著,该书还摘译了《共产党宣言》最后一段话,这是《共产党宣言》最早的一段节译文,因此,这本书在马克思主义输入中国史上具有重要的意义"[②]。

樊炳清(1877—1929),浙江山阴人。1898年以秀才身份进入东文学社学习日语,与王国维、沈纮为同窗。在东文学社学习期间,受藤田丰八的鼓励,他尝试翻译了桑原骘藏的《东洋史要》(东文学社,1899),是同窗生中从事日文图书翻译的第一人。此后,他在出任罗振玉主编的《农学报》、《教育世界》等杂志编辑的同时,先后翻译了《西洋史要》(小川银次郎)、《普通动物

[①] 潘喜颜:"晚清时期赵必振日书中译的贡献",《史学月刊》,2009年第12期。
[②] 田伏隆、唐代望:"马克思学说的早期译介者赵必振",《求索》,1983年第1期。

学》(五岛清太郎)、《近世博物教科书》(藤井健次郎)等教材。

与王国维一样,樊炳清曾长期追随罗振玉,被称为罗振玉的"左膀右臂"。在东文学社毕业后,他与王国维一起被"留馆",成为东文学社与《教育世界》社的主创成员。此后,在罗振玉赴武昌主持江楚编译局时,他与王国维一起被聘为译员;罗振玉出任南洋公学东文科监督时,他随之前往南洋公学任职翻译;罗振玉出任北京学部行走一职时,樊炳清又与王国维一起成了学部下属图书局的编辑。直到1911年,辛亥革命爆发,罗振玉与王国维仓促出走日本"避难",而樊炳清滞留在北京,才与罗振玉分道。1912年,樊炳清接受商务印书馆张元济的邀请,出任商务印书馆编译所高级编辑,直至1929年去世。

樊炳清系秀才出身,且精通日、英等多门外语,其文字功底深厚扎实。罗振玉的后人曾称他"是个有学问的人,外文与国文不亚于王观堂"。因其一生主要从事编译工作,而鲜有著述,故其在学术上就没有能获得像罗、王那样的声誉。但是,正因为其精通多门外语,且文字功底扎实,所以樊炳清所译作品在国内有着较为广泛的社会影响。如其所译的《东洋史要》,被称为"中国人第一部影响最大的汉译日文书","对晚清民初中国史学界新式教科书的编撰产生过示范性的影响"[①]。此外,他所译的《西洋史要》、《历代中外史要》等历史书籍,也在国内史学界产生过积极的社会影响。

樊炳清的一生,留下了24部汉译日文图书。这些图书内容涉及历史、地理、哲学、法学、心理学、教育学以及植物学、动物学、数学、物理学、农学等众多学科。因为其翻译起步较早,且选书目光精准,加之文笔优雅,所以东文学社在广告中曾高调推崇樊炳清的译作"文词朴茂,温温雅懿","译笔之高洁,洵如候官先生所谓信达雅三长者"[②]。事实也是如此,如樊炳清"所辑译的中国近代第一套《科学丛书》。该丛书分两集,分别于1901年、1903年由教育世界社刊印。初集8种10册,分别是《万国地志》、《伦理学》、《心理学》、《近世博物教科书》、《理化示教》、《普通动物学》、《中等植物学教科书》、《新编校物理》,皆为樊炳清一人据日文原本所译"[③]。对于樊炳清的这些译

---

① 实藤惠修:《中国人留学日本史》,北京:三联书店,1983年,第216-217页。
② 转引自王强强:"樊炳清及其维新译介运动中的译书",《甘肃联合大学学报(社会科学版)》,2007年第23卷第3期。
③ 转引自王强强:"樊炳清及其维新译介运动中的译书",《甘肃联合大学学报(社会科学版)》,2007年第23卷第3期。

作,傅斯年也曾有过评价:"论到翻译的书籍,最好的还是几部从日本转贩进来的科学书,其次是严译的几种,最下流的是小说。"[1]显然,樊炳清的译作质量甚至被置于严复的译作之前,有着这样的评价,对于樊炳清来说,已是足够的安慰。

华文祺,江苏无锡人。据称系无锡荡口华衡芳家族后人,生平不详,有过留日的经历,担任过中华书局的编辑。其在日文图书汉译方面的贡献主要体现在中学生物学、生理学教材的翻译引进上。"1906年,由上海文明书局出版发行的《中学生理卫生教科书》,是清末最早的生理卫生教材之一,封面编著者为'无锡华申祺、华文祺'。开篇的'译例'阐述:此书是日本医学博士吴秀三最新出版著作,适合于我国当时中学、师范及女子高等学校,故急为翻译。"[2]对此,李增娇等人也有"当时中学生物学教材的编写主体以知识分子、民间团体及民营出版机构为主,其中包括广西最早的同盟会员之一曾彦、留日学者华文祺、倡导女子教育的翻译家许家惺、我国近代著名科普出版家和翻译家杜亚泉"[3]之说。

华文祺的一生,有着十数年的汉译日文图书的经历,如果说由文明编译印书局出版,其作元八、峰岸米造编著的《泰西通史(上编)》(1902)是他翻译的第一部作品的话,那么,上海医学书局出版的《神经衰弱之大研究》(1919)应该是他翻译的最后一部作品。不过,"在民国教科书出版史上,直到30年代后期华文祺先生依然活跃着,主要擅长生物学科。如翻开中华书局于1938年出版的《新学制课程标准初中植物教科书》,编著者为华汝成、校订者即华文祺"[4]。

3. 汉译大师梁启超

在中国近代历史上,梁启超首先是作为维新派的代表人物并参与戊戌变法而得到政治上的认可;其次因为推崇"新民"说而获有思想家之誉,尤其是他的"少年中国说"至今仍在被人传唱。然而,真正令梁启超得到沉淀的是他在学术研究方面所取得的巨大成就,从《近世之学术》到《清代学术之概

---

[1] 傅斯年:"译书感言",《新潮》,1919年第3期。转引自王强强:"樊炳清及其维新译介运动中的译书",《甘肃联合大学学报(社会科学版)》,2007年第23卷第3期。
[2] 吴海涛:"无锡华氏:一个近代教科书家族个案",《中华读书报》,2015年4月25日。
[3] 李增娇、陆建身:"中西文化交融之下的清末中学生物学教材",《生物学通报》,2014年第49卷第11期。
[4] 吴海涛:"无锡华氏:一个近代教科书家族个案",《中华读书报》,2015年4月25日。

论》,再到《中国近三百年学术史》,因其成就之高,被公认为"一位能在退出政治舞台后仍在学术研究上取得巨大成就的少有人物"。

其实,梁启超之一生,可谓著述等身,但观其所翻译之日文著作,实在不多。从1898年至1926年间,只有区区1部,即1901年由商务印书馆推出的《佳人之奇遇》(政治小说,详见表1-13)。

表1-13 梁启超汉译日文图书统计

书名	作者	译者	出版地	出版社	出版时间
佳人之奇遇	(东海散士)柴四朗著	梁启超译	上海	商务印书馆	1901年

本表由根据《汉译日文图书总书目:1719—2011》第1卷相关资料整理制作

在此,之所以将梁启超推崇为汉译日文图书的大师,首先,是因为梁启超不仅是中国近代历史上最早明言必须向日本学习的名家,而且也是最早倡言学习日文有种种"好处"的名家之一。前者有其于1898年所写的《读日本书目志书后》,内中直言:"日本之步武泰西至速也,故自维新至今三十年,而治艺已成。大地之中,变法而骤强者,唯俄与日也。……吾今取之至近之日本,察其变法之条理先后,则吾之治效,可三年而成,尤为捷疾也。"[①]后者则有:"日本与我为同文之国,自昔行用汉文,自和文肇兴,而平假名片假名等,始与汉文相杂厕,然汉文犹居十六七。日本自维新以后,锐意西学,所翻彼中之书,要者略备,其本国新著之书,亦多可观。今诚能习日文以绎日书,用力甚鲜,而获益甚巨。计日文之易成,约有数端,音少一也。音皆中之所有,无棘刺扞格之音,二也。文法疏阔,三也。名物象事,多与中土相同,四也。汉文居十六七,五也。故黄君公度谓可不学而能,苟能强记半岁,无不尽通者。以此视西文,抑又事半功倍也。"[②]平心而论,以梁启超当年的社会影响力,他的这种呼吁,对于20世纪初期的国内民众的东渡热和日书翻译热,起到了绝大的推动作用。

其次,梁启超不仅自己亲力日文图书的翻译,而且还鼓励并推动社会对日文图书翻译的参与。梁启超的翻译虽说不多,但论及成就,他第一个在文章中借用日文创出"中华民族"一词,此外,还率先从日文汉字中吸收了诸如"经济"、"组织"、"干部"等新词汇。他还创办了大同译书局等,为此特意派

[①] 梁启超:"读日本书目志书后",《饮冰室合集》文集之二,北京:中华书局,1989年,第53页。
[②] 梁启超:"变法通译论译书",《饮冰室合集》文集之一,北京:中华书局,1989年,第76页。

人前往日本选购图书,还招募日本人为译书局翻译,同时确立译书局的宗旨:"以东文为主,而辅以西文;以政学为先,次以艺学。"①

第三,是他高瞻远瞩撰写的《西学书目表》(1903)。其分西学、西政、杂书三大类,总计 353 种,883 册,既是当时外译图书的一个总结,也是为今后译书之指南。尤其梁在序言所写:"此三百种者,择其精要而读之,于世界蕃变之迹,国土迁异之原,可以粗有所闻矣。抑吾闻英伦大书楼,所藏书凡八万种有奇,今之所译,直九牛之一毛耳。西国一切条教号令,备哉粲烂,实为致治之本,富强之由,今之译出者何寥寥也?"②梁在字里行间,对译书的期盼之心,令人动容。

而第四,也是最为重要的一点是,梁启超在旅居日本期间,通过对日本当时思想文化成果的吸收与改造,在此基础上,构建出了他自己的学术体系。这也是梁启超所以被称为"在学术研究上取得巨大成就的少有人物"的根本所在。对此,梁启超自己也承认:"自居东以来,广搜日本书而读之,若行山阴道上,应接不暇,脑质为之改易,思想言论与前者若出两人。"并称:"读东西诸硕学之书,务衍其学说以输入于中国。"③不过,梁的这种"输入于中国",却并非译作,更多的是改头换面的"移植袭用"。对此,当时就有人指责:"梁氏最著名之《新史学》及《论中国学术思想变迁之大势》,多以日人所著为蓝本。"④不过,我们还是比较赞成桑兵先生对梁启超的西学知识来源的解析,认为他"通过明治日本思想界的大量成果吸收西方近代精神,并受明治思想家对于西方思想的选择与接受样式的制约,又有基于中国文化和个人学识的再选择与再创造,由此产生的从概念到思想体系的变异"⑤。因为其中存在有着创新的因素,所以曾指责梁启超在《史学之界说》中"相当多地借用了《史学原论》的材料,有时甚至做了打断的引用"的邬国义先生,最后也承认:"如果没有梁启超倡导新史学革命,那么,《史学原论》等著作是否会在此时进入中国国人的视野,恐怕还难以预料,或至少要延缓时日。"⑥

---

① 梁启超:"大同译书局叙例",《饮冰室合集》文集之二,北京:中华书局,1989 年,第 5 页。
② 梁启超:"西学书目表序例",《饮冰室合集》文集之一,北京:中华书局,1989 年,第 122 页。
③ 梁启超:"清议报一百册祝辞并论报馆之责任及本馆之经历",《饮冰室合集》文集之六,北京:中华书局,1989 年,第 54 页。
④ 梁启超:《时报》,1999 年 1 月 26 日。转引自夏晓虹编:《追忆梁启超》,北京:中国广播电视出版社,1997 年,第 18 页。
⑤ 桑兵:"梁启超的东学、西学与新学",《历史研究》,2002 年第 6 期。
⑥ 邬国义:"梁启超新史学思想探源",《社会科学》,2006 年第 6 期。

正因为此,称梁启超是清末民初汉译日文图书的第一人可以说并不为过。

4. 汉译大师王国维

与梁启超一样,王国维也是中国近代学术史上的大师级人物。不同的是,王国维的学术成就更多地体现在文学、哲学、史学以及古文字学方面。之所以将王国维列为清末民初汉译日文图书的大师,同样是基于四个方面的因素考量:首先因为他有众多译作;其次是他的翻译理念;第三是因他为桑原骘藏《东洋史要》所撰的序,带来了京都学派的译作在中华大地的风行;最后是因为他作为"中国近代之世界学者",又是中国近代在学术领域第一个"走出去"的人。

第一,王国维的翻译成就。王国维的翻译主要分三类,一是由出版社正式出版的图书,计约有11种(详见表1-14,其中《法学通论》系由三家不同出版社出版的同一译稿)。二是在《王观堂先生全集》十三卷中,也收有其译稿数篇,其中,译自日文的有"津田左右吉:室韦考"、"津田左右吉:辽代乌吉敌烈考"、"箭内亘:鞑靼考"等。三是对东文学社的教材翻译,罗振玉曾说:"社中所授历史、地理、理化各教科,由王(国维)、樊(炳清)诸君译成国文,复由予措资付印。"①也许是因为王国维的学术沉淀过于灿烂,因此,至今为止都很少有人去关注他的翻译作品。

表1-14　王国维汉译日文图书统计

书名	作者	译者	出版地	出版社	出版时间
农事会要一卷	池田日升三著	王国维	上海	江南总农会	1900年
教育学	立花铣三郎讲述	王国维	上海	教育世界社	1901年
日本地理志一卷	中村五六编纂,顿野广太郎修补	王国维	上海	金粟斋	1901年
算学条目及教授法二卷	藤泽利嘉太郎著	王国维	上海	教育世界社	1901年
法学通论二卷	矶谷幸次郎著	王国维	上海	金粟斋	1902年

---

① 罗振玉:《罗雪堂先生全集》,台湾:大通书局,1973年,第11页。转引自杨国荣:"王国维的内在紧张:科学主义与人本主义的对峙",《二十一世纪》,1992年第1期。

续 表

书名	作者	译者	出版地	出版社	出版时间
教育学教科书一卷	牧濑五一郎著	王国维	上海	教育世界社	1911年前版
中等动物学教科书二卷	饭岛魁编	王国维	上海	江南总农会	1911年前版

本表根据《汉译日文图书总书目:1719—2011》第1卷相关资料编制

第二,王国维的翻译理论。王国维学出"名门",其导师是东京大学文学部毕业的藤田丰八、田冈岭云。这二位可是当时日本文学界赫赫有名的新锐。所以,比起梁启超等人,王国维的日语要地道得多,对日语新词汇的认识也要深刻得多。正因为此,王国维曾于1905年写有论文《论新学语的输入》,就翻译中日语新词语的引进做出正面评价:"近年文学上有一最著之现象,则新语之输入是矣。言语者,思想之代表也,故新思想之输入,即新言语输入之意味也。十年以前,西洋学术之输入,限于形而下学之方面,故虽有新字新语,于文学上尚未有显著之影响也。数年以来,形上之学渐入中国,而又有一日本焉,为之中间之驿骑,于是日本所造译西语之汉文,以混混之势而侵入我国之文学界。好奇者滥用之,泥古者唾弃之,二者皆非也。夫普通之文字中,固无事于新奇之语也,至于讲一学,治一艺,非增新语不可。而日本之学者既先我而定之矣,则沿而用之何不可之有,故非甚不妥者,吾人固无以创造为也。"①内中,"新思想之输入,即新言语输入"这一认识,不仅为大量日语新词汇涌入汉语做出了理论铺垫,后来也被鲁迅发展为"硬译"理论:"译本,不但在输入新的内容,也在输入新的表现法。"②

第三,王国维在《东洋史要》的序中首次提出"历史的科学观"。1898年,在第二次科举考试名落孙山后,王国维前往上海《时务报》社接任书记一职。一个月后,在罗振玉的推荐下进入东文学社学习日语,兼习哲学、史地等科目。就在东文学社,王国维遇到了藤田丰八、田冈岭云。出身东京大学的藤田与田冈,著有16卷本的《中国文学史大纲》,与同样出身东京大学的东洋史学家那珂通世、桑原骘藏等人交好,并在主持东文学社日文图书的选译过程中,将那珂通世的《支那通史》与桑原骘藏的《东洋史要》介绍到了国

---

① 周锡山:《王国维文学美学论著集》,太原:北岳文艺出版社,1987年,第112-113页。
② 鲁迅:"关于翻译的通信",《鲁迅全集》第4卷,北京:人民文学出版社,2005年,第391页。

内,由东文学社翻译出版。在此过程中,王国维受命为这二本书作序。在为桑原骘藏的《东洋史要》的序中,王国维写道:"吾师藤田学士乃论述此书之大旨,而命国维书其端曰:自近世历史为一科学,故事实之间不可无系统。抑无论何学,苟无系统之智识者,不可谓之科学。"①第一次将史学提升到"科学"的高度。由此而后,以桑原骘藏为代表的日本京都学派的史学著作,便在"科学"的名义下成批量地翻译成了中文。

第四,王国维的"走出去"。在言及王国维的学术成就时,法国著名汉学家伯希和曾说过,王是"中国近代之世界学者"②。所谓"世界学者",也就是他的学术影响力甚至扩大到了整个世界。在清末民初,包括梁启超等在内的国内学界,都在一味地从日本从西方吸取学术养分时,王国维却以其深厚的学术功底,将古文字学、戏曲学等方面的成果转输到日本、西方。罗振玉曾说:"公(王国维)居海东,……与海内外学者移书论学,国内则沈乙庵尚书、柯蓼园学士,欧洲则沙畹及伯希和博士,海东则内藤湖南、狩野子温、藤田剑锋诸博士,及东西两京大学诸教授。每著一书,必就予商体例,衡得失。如是者数年,所造益深醇。"③对此,当时日本学者盐谷温也承认:"王氏游寓京都时,我学界也大受刺激,从狩野君山博士起,久保天随学士、铃木豹轩学士、西村天囚居士、亡友金井君等都对斯文造诣极深,或对曲学的研究吐卓学,或竞先鞭于名曲的绍介与翻译,呈万马骈镳而驰骋的盛观。"④也正因此,有传说在1918年日本京都大学曾派专人延聘王国维前往京都大学任教,可惜为王所婉辞。⑤ 由此而言,王国维可称为中国近代学术史上第一个真正"走出去"的人。

四、小结

显然,晚清末年的汉译日文图书,受惠于这一时期政治变革的推动,渐次占据了图书翻译的主流地位。对于汉译日文图书活动兴起的动因,国内

---

① 陈鸿祥:《王国维年谱》,济南:齐鲁书社,1991年,第356页。
② 转引自孙邦华:《西学东渐与中国近代教育变迁》,北京:中国社会科学出版社,2012年,第415页。
③ 罗振玉:"海宁王忠公传",《罗雪堂先生全集》(续编一),台北:文华出版公司,1969年,第362-363页。
④ 盐谷温:《中国文学概论讲话》,上海:开明书店,1933年,第170-171页。
⑤ 刘正:《京都学派》,北京:中华书局,2009年,第16页。

学界早已有所定论。首先,应该是甲午战争之后,社会所表现出的向日本学习的意愿以及戊戌维新之后康梁的强力倡导。[①] 而其深层次的社会背景,应是时代要求通过汉译日文图书引进变革的理论依据。

其次,是中日间文字与文化背景的相近。文字的相近,有康有为所说的"译日本书,为我文字者十之八,其成事至少,其费时日无多也"[②];而文化背景的相近,则有张之洞与刘坤一的"会奏":"缘日本言政言学各书,有自创自纂者,有转译西国书者,有就西国书重加删定酌改者,与中国时令、土宜、国势、民风大率相近。"[③]其深层次的社会背景,反映出当时社会的一种急速求成学习西方文化的心态。

第三,是留日学生群体的形成。这一留日学生群体的形成之快出人意料,在1901年时还只有266人,到了1905年便已达到8 000人的规模。而且,这些早期的留日学生无不以"输入文明开通本国"为己任,用他们自己的话说就是:"同人等负笈他邦,输入文明,义不容辞。"由此而构成了图书翻译的主力,这一进程也与1902年后汉译日文图书数量的暴涨相吻合。

第四,有众多日本的出版社与日本人译者的参与相助,这一点是必须加以说明的。因为1896年前汉译日文图书的出版,是日本出版社与日本人译者在主导,即便在1900年之后,也有一些日本出版社仍在默默从事着汉译日文图书的出版,因此,可以说这些日本出版社与日本人译者帮助并推动了中国早期汉译日文图书出版事业的发展。

至于晚清汉译日文图书活动的评价,国内学界也早已有所定论。而谭如谦先生曾有经典评说:"自明季以降,偏重翻译西书,尤其是英文书。但甲午之后,直到今天为止,中译日书成为中国译业重要的一环。尤其是从甲午到民元,中译日书的数量是压倒性的:以1902年至1904年为例,译自英文者共89种,占全国译书总数16%,德文书24种占4%,法文书17种占3%,而译自日文多达321种,占60%。这批译书在译入新思想新事物的同时,又使一大批日本词汇融汇到现代汉语,丰富了汉语词汇,而且促进汉语多方面的变化,为中国现代化运动奠定了不容忽视的基础,也为近代中日文化交

---

① 参见王晓秋:《近代中日文化交流史》,北京:中华书局,2000年,第402-03页。马祖毅:《中国翻译史》,石家庄:河北教育出版社,1999年,第576页。彭斐章:《中外图书交流史》,长沙:湖南教育出版社,1998年,第232页。
② 康有为:"进呈日本明治变政考序",《康有为政论集》,北京:中华书局,1981年,第223页。
③ 转引自黎难秋主编:《中国科学翻译史料》,合肥:中国科学技术出版社,1996年,第104页。

第一章 从东京到上海——翻译中心的转移(1851—1911)

流开辟了康庄大道。"①

最后,还就汉译日文图书的传播影响力做两点技术上的补充。第一,如果按照张版目录,至1919年间汉译西学书目总共有5 179种。其中,汉译日文图书书目为1 919种。也就是说,在1919年之前,汉译日文图书约占全体翻译书目的比例应该为37%。第二,在1911年前出版全部的1 868种汉译日文图书中,有再版记录的图书为225种,约占全书目的12%。其中,《法学通论》、《汉译日本法律经济辞典》、《实用养蜂新书》等11种图书,再版次数甚至超过了10次。由此也可推见汉译日文图书在当时的社会影响力。

---

① 谭汝谦:"中日之间译书事业的过去、现在与未来",《中国译日本书综合目录》,香港:中文大学出版社,1981年,第68页。

第二章 战争阴影下的图书翻译
(1912—1949)

第一节 日本观的背离

如果说,清朝末年国人的日本观是以"师日"为主流的话,那么民国(1912—1949)年间,随着日本对中国争夺和占领的加深,国人的日本观前后出现有两次大的转折。民国初年,因日本侵占山东主权,并强迫袁世凯签订"二十一条"之后,国人的日本观开始由"师日"逐渐转向"拒日";而在1930年以后,因日本发动"九·一八事变"侵占东北,特别是在"七七事变"全面抗战爆发后,国人的日本观随即由"拒日"转向了"抗日"。显而易见,民国时期国人日本观的两次转折都是以日本加深对中国的争夺和占领为背景的。随着日本观的转折,这一时期的汉译日文图书,也经历了一个由低到高再由高转低的波浪式发展过程。1937年爆发的中日战争,就成为汉译日文图书出版由盛而衰的转折点。

一、民国初年的日本观——由师日转拒日

1911年的武昌起义,揭开了清王朝灭亡的序幕。在内忧外患之下初建的民国政府,一开始就遭遇到立宪党人、北洋军阀以及旧官僚的联手狙击。在南北议和中失势的孙中山,不得不让位于袁世凯。作为立宪党人、北洋军阀以及旧官僚代表的袁世凯,并没有真正引导中国走向共和。他先是暗杀热衷于议会政治,旨在通过内阁制来掌控政权的国民党代理理事长宋教仁,并用武力挫败了国民党发动的"二次革命"。随后,又操纵政局,改元洪宪(1915),力图复辟帝制。

不过,在国民党人与袁世凯等的这场政治争斗中,一些革命党人依然持

有"师日"的观念,并对日本抱有幻想。如 1914 年孙中山为筹措讨袁资金,致函当时的日本首相大隈重信,函中承诺:"日本能助中国革命党,则有大利。讨袁胜利后,可开放中国全国之市场,以慧及日本之工商,日本不啻独占贸易上之利益……日本制造品销入中国者免税,中国原料输入日本者免税。"同年,秘密会见日本陆军参谋总长上原勇作,同样承诺:"日本本来资源贫乏,而满洲,则毋庸讳言,富于重要的资源,日本瞩目斯土,乃当然之国策。对此,我等中华革命党员能予充分谅解,故可以满洲作为日本的特殊地区,承认日本移民和开拓的优先权。""不仅满洲,中国本土的开发亦唯日本的工业、技术、金融力量是赖。"①

  正值此时,第一次世界大战爆发,日本趁欧美各国无暇东顾之际,先于 1914 年强行派兵接收德国在山东胶州湾的租界地及胶济铁路一带。随后于 1915 年,向袁世凯政府提出了臭名昭著的"二十一条",其核心在于逼迫北洋政府承认日本取代德国在华的一切特权,承认日本在满洲及蒙古的权益,承诺在政府机构聘用日本人为顾问;其本质是企图将中国山东及东北的领土等置于其控制之下,并将中央政权的政治、军事、财政等也都操控在手中,试图令中国沦陷为日本的保护国。

  日军进驻山东及"二十一条"的提出,显露出日本对中国的野心。无疑,也激发出了国人对日本的警惕性,从而在对日认识上产生了"拒日"之心。就在签约当天(1915 年 5 月 9 日),国内民情激愤,湖南的一位学生彭超留下血书,愤然投江自杀。在北京,有二十万人前往中央公园集会,捐款一百万元设立"救国基金"。就连袁世凯也下令全国教育联合会要求全国学校以每年的 5 月 9 日为国耻纪念日。如果说在这一时期学生与市民的集会与游行、通电以及拒用日货是国人"拒日"的外在表现的话,那么,排日教科书的出现及对日文图书翻译出版的力度下降则反映出国人对"拒日"的内在认同。

  有关教科书中排日倾向的存在,是由日本媒体率先披露的。1914 年 9 月 13 日,《日本日日新闻》刊登"抗议支那政府——灭绝充满排日文字的支那教科书"的论说,点名批评中国的小学教科书《高等小学论说文范》,"充斥排日之激烈文字,辱日之痛切言辞,欲使中国小国民与其父兄同样,培养以

---

① 周冉:"国民党党产第一桶金:孙中山不择手段为筹款",《文史参考》,2010 年第 8 期。

日本为敌国之精神"①。从论说者的口吻看,遭受指责的内容主要有两段:"在《日记》题下,有愤'日人并吞朝鲜之野心勃勃,思有以创之'之描述。而尤以《民气说》中一节为最:'彼区区之岛国,犹时存一席卷神州之野心者,异日,吾国自强,将粪除彼土,以为吾族之公园而已。'"②不过,由书中的"粪除彼土,以为吾族之公园"而言,确实存有了"拒日"之心。

事实上,国内教科书中的排日倾向并非孤立。在1916年中华书局出版的《国民学校用新版国文教科书》中,日方也找到了诸如"他若最近之中日新约,日本以哀的美敦书逼我承认,尤为可耻之甚者"(第六册)。日本"自明治维新以来,国势强盛,县我琉球,割我台湾,租我旅大,吞并朝鲜,殖民于奉天吉林,扩张航业商务于我国内地。……我国以力弱未可与战,乃隐忍承认之。夫日本以弹丸之国,朝野上下,并力经营,日以我国为的,伺隙而动,盖利我之弱耳。我国之人,苟能自强,则国耻有时而雪,国威有时而张,愿国人毋自馁也"(第六册)③。这些是日方所找到并通过官方途径向中国交涉的所谓"排日"教科书。相信在这一时期,同样类型的教科书,同样类型的排日言语,应该会有很多。

20世纪20年代,日本东亚经济调查局曾对中国教科书中的"排日"内容进行专门调查,并就调查结果编译出版了《支那排日教材集》,文中声称:"据当时日本人统计,仅中国各类小学教科书中,以抗日为题材的课文就多达500余篇。"④事实上,这些"排日"的教科书也确实对国民对日态度的转化产生了广泛的社会影响。如陈宝琦老人就曾回忆说:"我入学堂这一年,即1928年,正赶上日本鬼子在皇姑屯炸死北洋军阀奉系首领张作霖。记得教室前面有台风琴,老师教我们唱的第一首歌是《日本鬼子真正顽》,歌词道:'日本小鬼真正顽,夺我旅顺大连湾,十二年(民国)三月二十六日,期满了它还不交还!期满了它还不回还!'我们人人扯开嗓子憋足劲,个个睁着大眼睛,发出稚嫩的童音高唱。后来,我才明白,日俄战争时,日本战胜俄国后,把1898年俄租界的旅顺、大连由它接班了,期限25年,可到了1923年

---

① 《日本日日新闻》,1914年9月13日。转引自徐冰:"民国时期中日教科书纠纷考略",《日本学刊》,2001年第3期。
② 《日本日日新闻》,1914年9月13日。转引自徐冰:"民国时期中日教科书纠纷考略",《日本学刊》,2001年第3期。
③ 中华书局编辑所:"新式教科书与日本",《中华教育界》,1919年第1期。
④ 余子侠:《民族危机下的教育应对》,武汉:华中师范大学出版社,2001年,第135页。

3月26日,日本并未如期交还中国。因为当政的是腐败无能的段祺瑞政府。尔后,蒋介石上台,正忙于围剿工农红军,根本顾不上领土完整。不过,这首歌倾诉的爱国情怀,在我幼小的心灵上打上了深刻的烙印。"①

不过,虽有所谓的"排日"倾向,但这一时期的教科书内容还是相对温和的。其中,曾被东亚经济调查局严重指责的商务印书馆《新时代高级小学三民主义》教科书第4册第14课"不平等条约二十一条",也只写道:"中国自甲午失败以后,日本便任意侵略。到了民国四年,他们趁欧战机会,列强不暇东顾,就向中国提出二十一条的内容,来亡我们中国。那时正是袁世凯盘踞中央,想做皇帝,就在五月九日糊涂承认下来。我们国民虽极力反对,但日本一味侵略,直到现在,还是不肯取消。……我们要齐心努力,首先打倒日本帝国主义,取消二十一条。"②

正因为国人的日本观由"师日"向"拒日"的转化,人们对日本和日本人形象发生改观。在这一时期,国内对日文版图书的翻译及出版力度也出现了下降,其具体表现在1912—1927年间,所翻译出版的日文图书只有1913年、1914年以及1926年、1927年是超过50种的,其他年份都在50种以下。

二、1930年代的日本观——从拒日到抗日

在1930年代,随着日本在军事上的步步紧逼,中日两国关系日趋紧张。1931年爆发"九·一八事变",日本随即占领了东三省。之后,日军又进攻上海,挑起"一·二八事变"。1933年,日军进犯热河,长城、山海关告急。在这危急时刻,国内民众出现了强烈的反日情绪,掀起了前所未有的学生救亡运动,社会对日本的总体认识也开始从此前"拒日"逐步走向"抗日"。

1931年发生的"九·一八事变",被称为日本侵华战争的开端。1931年9月18日晚10时许,日本关东军岛本大队的河本末守中尉率领部下数人,将沈阳北大营南侧柳条湖附近南满铁路的一段路轨炸毁,随后,贼喊捉贼地声称是中国军队破坏铁路。日军便以此为借口,向东北军驻地北大营发动了进攻,当时,东北军第七旅曾一度抵抗反击,但之后受命撤退到沈阳东山

---

① 陈宝琦:"80年前,妈妈送我上学堂",《辽沈晚报》,2009年11月16日。
② 徐冰:《中国近代教科书中的日本和日本人形象》,北京:商务印书馆,2014年,第132-133页。

嘴子。到第二天,又撤往锦州。就这样,日军在没有受到任何抵抗的情况下占领了沈阳。

在"九·一八事变"后,日本关东军又进一步将战火延及东北三省。到1932年2月,东北全境沦陷。"九·一八事变"可以说是日本长期推行对华侵略扩张政策的必然结果,也是日本试图把中国变为其独占殖民地的所采取一个重要步骤。对于"九·一八事变"以及此后东北三省的沦陷,当时的国民政府对日本的侵略则奉行"不抵抗政策"。

在"九·一八事变"前,日本军驻军还不到2万人,而东北军不仅东北三省驻军有16.5万人,而且在关内也有近10万驻军。然而,在事变发生之前,蒋介石曾于8月16日致电张学良:"无论日本军队此后如何在东北寻衅,我方应予不抵抗,力避冲突。"①所以,接受了不准抵抗训令的东北军,在日本军的突然袭击面前,除小部分部队出于民族义愤而进行过抵抗以外,其余均不战而退。而在此后的上海"一·二八事变"以及日军对热河等地的进犯,国民政府也都采取了力求不扩大战争规模,而是提请由"国际联盟"出面"调停"的方针。

然而,面对日本接连不断的军事入侵,特别是在经历了"九·一八事变"、"一·二八事变"以及日军进犯华北之后,国民的日本观再度出现重大转折,即从"拒日"开始转"抗日"。国民日本观的这种转折,表现在文化领域,首先,在教科书中的抗日色彩越发浓厚了起来。如山东历城县教育局编写的《革命日读》,以问答形式要求学生背诵。短短的12句问答,反日色彩就极为明晰。"你们是哪国人?中国人!你们是哪省人?山东人!你们爱山东吗?爱!你们爱中国吗?爱!山东的宿敌是什么人?日本人!朝鲜、台湾、琉球原来归什么人所有?中国人!现在朝鲜、台湾、琉球被什么人侵夺了?日本人!旅顺、大连在哪个省?奉天省!被什么人抢夺了?日本人!想以'二十一条'灭亡中国的是什么人?日本人!占领青岛和胶济铁路的是什么人?日本人!日本想占领山东和东三省,你们知道吗?知道!"②

其次,创作出现了《松花江上》(1935)、《义勇军进行曲》(1935)、《救亡进行曲》(1936)等一系列抗战歌曲,用以表达国民的爱国情感。歌词内容也从最初的"我的家在东北松花江上"(《松花江上》)的委婉述说,到"起来!不愿

---

① 徐彻、徐忱:《张学良图传》,北京:团结出版社,2014年,第135页。
② 转引自余子侠:《民族危机下的教育应对》,武汉:华中师范大学出版社,2011年,第146页。

第二章 战争阴影下的图书翻译(1912—1949)

做奴隶的人们！用我们的血肉筑成我们新的长城"(《义勇军进行曲》)的急切呼吁,再到"到前线去吧,走上民族解放的战场"(《救亡进行曲》)的慷慨激昂。毫无疑问,随时间的推移,歌曲中抗日的情绪是在不断得到提升的。

此外,文学领域也出现了一系列的抗日文学作品。如阿英主编的《上海事变与报告文学》,还有萧军的《八月的乡村》、萧红的《生死场》、端木蕻良的《科尔沁旗草原》,等等。特别是在1936年10月,鲁迅、郭沫若、矛盾、巴金等21人文学名家联袂签发《文艺界同人为团结御侮与言论自由宣言》,公开倡导"全国文学同人应不分新旧派别,为抗日救国而联合。……在文学上,我们不强求其相同,但在抗日救国上,我们应团结一致以求行动之更有力"[1],明确了文学界的抗日态度。

不过在汉译日文图书领域,因为受文学革命、新科学运动等影响,以及国民政府的对日战争准备等因素的存在,却出现了一个阶段性高潮,就在1928—1937年间,翻译出版了2 200余种图书。可以说,因为汉译日文图书的特质所在,在这一时期,国人并没有简单地将日文图书拒之门外,而是在文学图书的翻译之外,还侧重翻译引进日本的马克思主义及社会主义思想类、军事类以及其他的社会科学类图书,客观上起到了思想启蒙的作用。

1937年的"七七事变",揭开了中国全面抗战的序幕。在国民政府"人不分男女老幼,地不分南北西东,皆有守土抗战之责"的口号下,形成了"我国四亿五千万人,即使全国都化为灰烬,在灰烬中也会爆发出复兴的光热和力量,必定能够求得中国光明的前途;只有取得最后的胜利才能确保主权、才能实现民族与国家的永存"[2]的共同认识,在此背景下,"抗日"开始成为社会的主旋律。这种转变之剧烈,在当时的抗日歌曲中表现最为典型。如这一时期创作的歌曲如《大刀进行曲》(1937)、《只怕不抵抗》(1937)、《游击队歌》(1937)等,歌词中的抗日情绪之激昂且直白,如"大刀向鬼子们的头上砍去"(《大刀进行曲》),"手拿小刀枪,冲锋到战场。一刀斩汉奸！一枪打东洋！"(《只怕不抵抗》),"我们都是神枪手,每一颗子弹消灭一个敌人"(《游击队歌》),这种刀枪并举的愤然的抗日情绪就此一直延续到1945年战争的结束。

---

[1] 黄修荣、黄黎:《国共关系纪实》,北京:人民出版社,2014年,第212页。
[2] 伊佐秀雄:"日支宣传战"。转引自大连市近代史研究所、旅顺日俄监狱旧址博物馆编:《大连近代史研究第四卷》,沈阳:辽宁人民出版社,2007年,第31页。

在抗日战争期间,因为存在解放区、国统区、沦陷区的不同,其对日文图书的翻译出版,也都有各自不同的政策态度。但是,面对战争,国人表现出的全民族抗战情绪以及随战争持续而带来的资源匮乏,事实上造成了人们对汉译日文图书的敬而远之。

在抗战胜利后,国民政府对日本采取了"以德报怨"的处置对策,具体表现为轻判日本战犯,放弃战争赔偿等。对"以德报怨",蒋介石如此论述道:"我中国同胞们必知'不念旧恶'及'与人为善'为我民族传统至高至贵的德性。我们一贯声言,只认日本黩武的军阀为敌,不以日本的人民为敌。今天敌军已被我们盟邦打倒了,我们当然要严密责成他忠实执行所有的投降条款,但是我们并不要报复,更不可对敌国无辜人民加以污辱。"①

蒋介石的"以德报怨"主张在当时得到了切实的贯彻,日本中国派遣军司令冈村宁次就有切身的体会,在其回忆录中如此写道:"停战后,中国官民对我等日人态度,总的来看出乎意料地良好。这可能与中国人慷慨的民族性格有关。但我认为其最大原因,是广为传闻的蒋介石委员长8月15日所做的'以德报怨'的广播演讲。……8月17日、18日,北京、上海中央政府系统的报纸即已复刊,在其第一期报上,根据蒋委员长的方针,刊载了大意为'勿以暴力代替暴力'的社论。新任上海市长蒋伯诚、副市长吴绍澎两氏,也发表了同样内容的谈话。"②

事实上,在战后初期,国人的日本观在总体上可以说呈现出了一种淡漠。这主要是因为抗战胜利后的中国,还未来得及厘清日本的战争责任与赔偿,就已经转入国共两党的军事对峙状态了。正因为当时社会并没有打算着手对战败的日本进行彻底清算,所以,当时的人们也就没有对日本更多关注。表现在汉译日文图书方面,在这一时期,翻译出版的作品不仅数量少,而且品位也不高。

综上所述,在民国时期,随着日本对华野心的不断显露,国人的日本观出现了前所未有的激烈转化,从最初的"师日"到"拒日",再从"拒日"到"抗日",最后又随着战争的胜利而表现出一种淡漠。随着国人这种日本观的转化,这一时期的汉译日文图书出版,也以1937—1945年的战争为节点,表现

---

① 蒋介石:"抗战胜利告全国军民及世界人士书",《抗战胜利后重要文告》。转引自汪朝光:"抗战胜利的喜悦与对日处置的纠结",《抗日战争研究》,2013年第3期。
② 稻叶正夫:《冈村宁次回忆录》,东京:原书房,1970年,第34页。

出一种先由低到高(1912—1937),再由高到低(1938—1949)的波浪式转折。

第二节 战争阴影下的图书翻译

对民国时期的汉译日文图书来说,战争是无法回避的话题。纵观民国时期汉译日文图书的整体走势,可以说所有的起伏都与战争密切相关。1912—1927年间,日本对华野心膨胀,兼之对国家前途的不确认,年均出版图书数只有42种。在战争爆发前的1928—1937年,因为受文学革命、新社会科学运动等影响,加之政府的对日战争准备等因素的存在,出现了汉译日文图书的黄金期,10年间翻译图书多达2 289种,年均出版图书数在220种以上。战争爆发后,因为战争与心理双重因素的抗拒,汉译日文图书事业在转眼间便由高潮步入了低谷,年均出版图书数瞬即从高潮时的220种滑落至战争期间的65种。而在战后的1946—1949年,也是因为胜战后人们心态的转换(还需要学日本吗?),年均出版图书数更是跌落到了33种。

一、民国时期的汉译日文图书

1. 材料与方法

民国时期汉译日文图书的研究材料,主要源自作者主编的《汉译日文图书总书目:1719—2011》的第1卷(社科文献出版社,2015)。从汉译日文图书的书目来源分析,《汉译日文图书总书目:1719—2011》第1卷民国时期的书目主要由《中国译日本书综合目录》(简称谭版目录)、《民国时期总书目》以及《全国翻译图书总目录——中华人民共和国成立以前》(简称总目录)综合而成。其中,谭版目录收录有1912—1949年汉译日文图书书目2 040种;《民国时期总书目》收录有1912—1949年汉译日文图书书目2 428种;而总目录收录有1919—1949年汉译日文图书书目1 200种。

在将上述三种目录中出现的1912—1949年间的汉译日文图书书目逐一整理比对,在剔出重复书目之后,共获得汉译日文图书书目4 050种(具体年份分布详见表2-1)。由此而言,至少在书目收录的种类上,《汉译日文图书总书目:1719—2011》第1卷的内容要比其他书目更为详尽。

表2-1 1912—1949年汉译日文图书统计(共4 050种)

年份	出版种数	年份	出版种数
1912	26	1932	183
1913	52	1933	270
1914	79	1934	225
1915	28	1935	277
1916	22	1936	268
1917	31	1937	187
1918	16	1938	76
1919	35	1939	85
1920	31	1940	81
1921	22	1941	71
1922	25	1942	63
1923	48	1943	62
1924	41	1944	32
1925	46	1945	51
1926	96	1945前	298
1927	75	1946	27
1928	139	1947	43
1929	229	1948	29
1930	292	1949	34
1931	217	无出版年代	138

本表根据《汉译日文图书总书目:1719—2011》第1卷相关资料整理制作

  必须加以说明的是,在书目的整理比对过程中,发现民国年间的图书重复出版的乱象较为严重。其中有多位译者抢译同一本书,有多家出版社抢出一本书。对此,《中国新书月报》在当时就有过指责:"《唯物史观》有五种译本,《转型期经济学》有三种以上译本,《山宁》有三种译本,《西线无战事》

有二种以上译本……其他三种二种的译本也还很多。"①然而,比这种多译者多译本的问题更加严重的是,有相当一些译者将其翻译的同一种译本送往多家出版社出版。在此,为了更加精准地反映出作者与译者的社会影响力,本文对同一作者,译者不同、出版社不同,或同一作者,译者不同、出版社相同者做了收录统计,而对作者相同、译者相同、出版社不同者,列入同条目名下统计。由此而言,本文所收录的这一时期的4 050种日文图书书目,是建立在剔除重复出版图书的基础之上的。

此外,在研究方法上,本文采用了 SPSS(Statistical Package for the Social Science)软件系统,将全部的书目数据输入系统,通过不同对象体系的指标分析、比对及统计,列出了学科分析、作者排序、译者排序及出版社排序等相关图表,进而就这一时期的出版特征加以分析解读。

2. 汉译日文图书的历史回顾

纵观1912—1949年间汉译日文图书的历史走向,不难发现,它实际是一个由低到高再由高转低的波浪形过程。由此,可以将这一过程简单地概括为迷失(1912—1927)、高潮(1928—1937)及凋零(1938—1949)这三个阶段(见图2-1)。

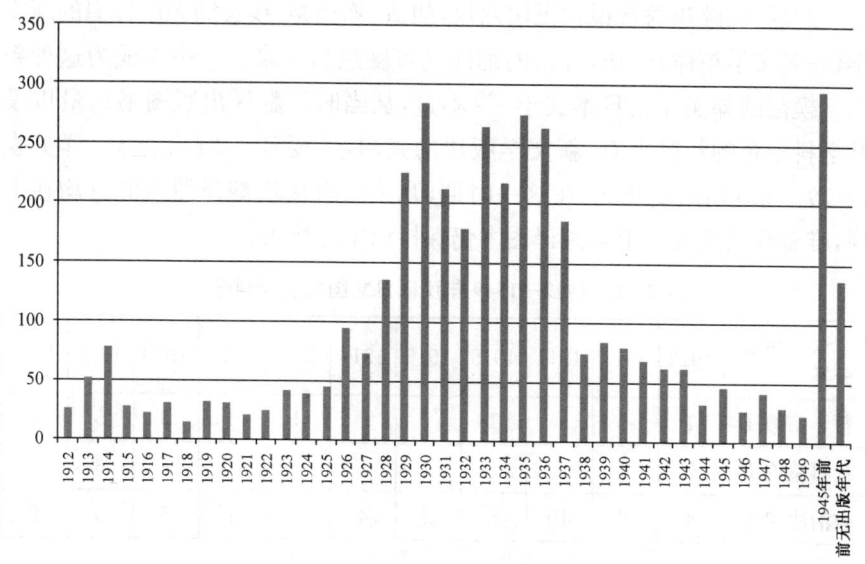

图2-1　1912—1949年间汉译日文图书出版示意图

本图根据表2-1相关数据制作

---

① 羚郎:"敬告新书业家",《中国新书月报》,1931年第1卷第3期。

迷失(1912—1927)：在这一时期，一个明显的事实是，日文图书的翻译出版彻底地迷失了方向。在这一阶段，汉译日文图书的量出现了大幅下滑，16年间，总共翻译出版674种图书，平均每年只有42.1种。

所以如此，首先是因为国人的日本观由"师日"向"拒日"转化，即随着1915年日本借袁世凯称帝而向中国提出"对华二十一条要求"以及在1919年巴黎和会上又趁德国战败而抢夺德在山东权益的行径，激起了国人强烈的反日情绪，不再提倡"师日"，而影响到了日文图书的翻译出版。其次，图书的翻译引进是为社会的需求服务的。如果说，晚清时期的汉译日文图书是明确"以东文为主，辅以西文。以政学为先，而次以艺学"为准绳，那么，在清王朝被推翻之后，即便是革命党人也不清楚国家道路的未来走向，所以才会有袁世凯的称帝以及此后的军阀混战。受这种政治上迷失的影响，这一时期的日文图书的翻译出版，也就自然而然地呈现出方向性的迷失，不知道哪一类翻译图书更加适合当时中国的需求。对此现象，谭汝谦的评说是："民国以降，中国的大问题不再是'变法维新'，日本的君主立宪体制不再是崇尚的对象，而教育也逐渐转以欧美为模范，是故对这些日文书籍的需求不像从前那么殷切。"①

此后，实藤惠秀曾说："民国六年，胡适、陈独秀、钱玄同等所提倡的新文学(一名文学革命)成功，日籍的翻译又再度热烈起来。……而成为这种新文学模范的却实在是日本文学。"②不过，从当时的翻译出版图书的量以及其学科分布的状况来看，新文学版块的兴起，还要到1927年之后(详见表2-2)。与晚清后期相比，在这一时期，几乎所有板块翻译图书的量均在下降，唯有政法类及医卫类翻译图书仍保持稳定的势头。

表2-2　1912—1949年汉译日文图书的学科分布

年份 分类	1912	1913	1914	1915	1916	1917	1918	1919	1920	1921	1922
哲学宗教 B	1			1			1	1	3	3	4
社科总论 C	2	1			2				6		2
政治法律 D	4	22	10	5	2	4	5	7	6	3	2

---

① 谭汝谦：《日本译中国书综合目录》，香港：香港中文大学，1981年，第69页。
② 实藤惠秀："现代中国文化的日本化"，《国立华北编译馆馆刊》，1943年第2卷第10期。

续 表

年份 分类	1912	1913	1914	1915	1916	1917	1918	1919	1920	1921	1922
军事 E	0		27	3	1	2	1	2		1	
经济 F	1	4	7	2	3	6	2	2	4	2	2
文科教体 G	10	7	18	4	8	6	2	9	2	2	5
语言文学 H		2	1	5	1				1	1	3
艺术 J				2		2			1		1
历史地理 K	2	1	5			1		2	2	1	
自科总论 N	2	1	2					2	1		2
医药 卫生 R	2	8	7	5	5	9	4	10	4	2	1
农业科学 S	2	3	2			1				2	
工业技术 T		3		1			1	2		1	2
总数	26	52	79	28	22	31	16	35	31	22	25

年份 分类	1923	1924	1925	1926	1927	1928	1929	1930	1931	1932	1933
哲学 宗教 B	5	6	9	15	2	14	9	12	11	3	14
社科总论 C	2	2	5	4	6	15	28	41	23	6	16
政治 法律 D	9	2	6	7	15	23	30	31	41	34	38
军事 E						1	7	6	14	24	21
经济 F	3	8	3	4	7	19	44	44	22	37	29
文科教体 G	4	7	1	12	5		4	8	5	8	10
语言 文学 H	4	7	8	13	16	40	42	68	34	31	52
艺术 J			2	3	3	7	14	5	7	7	11
历史 地理 K	2	1	2	3	5	7	14	27	22	18	28
自科总论 N	6	5	5	19	5	8	15	17	16	2	24
医药 卫生 R		2	3	10	5		9	16	11	5	24
农业科学 S	8		4	5	5	3	11	12	6	2	2
工业技术 T	3	1		1	1	2	2	5	5	6	1
总数	46	41	48	96	75	139	229	292	217	183	270

年份 分类	1934	1935	1936	1937	1938	1939	1940	1941	1942	1943	1944
哲学 宗教 B	13	14	10	12	3	3		2	6	1	1
社科总论 C	12	3	10	2	2	2	1	2	1		1
政治 法律 D	27	18	17	15	12	12	10	6	10	11	5
军事 E	32	27	22	7	7	2	6	6	4	4	1
经济 F	27	22	45	35	5	5	4	6	5	9	4
文科教体 G	10	20	1	4	3		3	1	1		3
语言 文学 H	25	24	36	31	14	6	14	17	14	14	6
艺术 J	2	8	14	5	1	2	1	3	2	1	2
历史 地理 K	32	28	16	18	9	9	14	11	9	11	2
自科总论 N	10	71	51	17	6	19	18	6	3	3	2
医药 卫生 R	27	20	28	18	6	5	5	4	2	2	3
农业科学 S	7	18	8	17		5	2	2	3	2	
工业 技术 T	1	4	10	6	8	15	3	5	4	3	
总数	225	277	268	187	76	85	81	71	63	62	32

年份 分类	1945	1945年前	1946	1947	1948	1949	无出版年代	总计
哲学宗教 B	3	8		1	3		3	197
社科总论 C	4	13			1		2	220
政治法律 D	12	31	3	4	6		42	547
军事 E	2	37	2	1			14	284
经济 F	3	20	1	5	5	3	7	466
文科教体 G	4	43		1			15	246
语言文学 H	5	32	6	6		3	5	587
艺术 J	2	8					4	120
历史地理 K	3	15	6	3	3	6	25	364
自科总论 N	3	11	1	14	3	2	6	378
医药 卫生 R	5	39	6	5	9	10	6	341
农业科学 S	4	34	1	1	1	2	9	187
工业 技术 T	1	7	1	3		5		113
总数	51	298	27	43	29	34	138	4 050

本表根据《汉译日文图书总书目：1719—2011》第 1 卷相关资料整理制作。原则上是按中图法对有关书目进行分类，但根据当时具体的出版情况，将中图法的 H、I 类合并为表中的语言文学 H；并将中图法的 N、O、P、Q 类合并为表中的自然科学总论 N

高潮(1928—1937):从1927年南京国民政府建立到1937年全面抗战爆发,汉译日文图书的翻译出版呈现出大幅增长的势头。在短短的10年间,总共翻译出版2 288种图书,年均228.8种。

之所以会出现这样的疯狂,因为这一时期,史学界有一个"黄金十年"①之说。在这一时期,一方面是国内经济高速发展,工业年成长率7%以上,社会整体环境可称得上是民国以来最好水准;而另一方面在政治上可称为内忧外患。1927年,在南京的国民政府建立后,共产党也通过南昌起义、秋收起义等走上了武装反抗国民党政府的道路,先后在江西、湖北、四川等地建立起苏维埃政权,两大政治阵营尖锐对立的局面至此形成。此外再加上1929年的蒋桂战争,1930年的中原大战等各类新军阀混战等。与此同时,日本在发动"九·一八事变"侵占中国东北全境之后,又在1933年出兵华北,引致华北危机。

就在这样的背景下,在1920年代末期及至1930年代中期,当时国内的一些政党及政治派别,出于对现实政治和国家前途命运的关怀,着手推动了一场"新社会科学运动"。在当时之所以出现这场运动,"简言之:1927年的大革命给予一般民众许多教训,前进的智识分子便露了一个对过去革命检讨的企图。不过要达到这层目的,却非先有一个基本理论的建立不可。这样一来,便产生了一个文化运动"②。

对于这场"新社会科学运动",向燕南曾有如此评说:"1927年大革命失败后,与陷入低潮的革命运动形成反差的是,一场以探求、译介西方社会科学理论,尤其是马克思主义社会科学理论为重心的新社会科学运动陡然兴起。这场新兴的社会科学运动,一直持续到了1930年代中期,形成继新文化运动后又一场有影响的文化运动,有力地推动了这一时期社会科学的发展,一些重要的社会科学,如历史学、经济学、社会学等,都获得了长足进步,构成了20世纪上半期中国社会科学发展的黄金时期。"③

由此而言,在这一时期,日文图书的翻译一方面受"新社会科学运动"的推动与影响,出版量出现了大幅增长。反映在学科分布方面,传统的历史、

---

① 路瑞锁:"国民政府的'黄金十年'",《资本市场》,2012年第12期。
② 王独清:"创造社与中国文化过程",上海《文艺新闻》周刊,1931年5月25日第11期。参见饶鸿兢等编:《创造社资料》,福州:福建人民出版社,1985年,第685页。
③ 向燕南:"新社会科学运动(1920年代末至1930年代中)与中国社会科学的发展",《学术研究》,2005年第4期。

文学类翻译图书继续保持其领先优势,政治、经济类图书也出现了急剧的增加。而且,在自然科学方面,也因为商务印书馆"万有文库"的推出,填补了多年以来的空白(详见表2-2)。另一方面,也许是因为切实感受到了日本的军事威胁,有关日本时局及军事类的翻译图书也出现了明显增长。对此,实藤惠秀也有评价说:"这时中国研究日本的决心甚为强大,出版了许多日本丛书之类,固然有彼等本身研究所得者,但大多数是翻译日本人关于日本的著述的。尤其关于时局问题的书,更翻译得快。"[1]

凋零(1938—1949):"七七卢沟桥事变"爆发,中国进入了全面抗战阶段。对中国的汉译日文图书业来说,这场战争显然是颠覆性甚至是灾难性的。虽然在统计上,这12年间,也还出了951种翻译图书,平均每年有79.25种。但如果将标明1945年前版的296种图书除去,那么平均每年只有54.58种。

这种凋零的出现,首先是战争对人们心理的冲击。抗战爆发后,无论是译者还是读者,国人们对日本侵略的"同仇敌忾的情感,直接影响翻译日书的热情"[2]。其次,是战争对图书出版业的直接冲击,特别是"八·一三"淞沪抗战以及此后的上海、南京沦陷,致使大量的老牌日文翻译出版社或者是搬迁,如上海的商务印书馆搬迁到了长沙,大东书局和南京的正中书局搬到了重庆,文化生活出版社搬到了广州;或者是停业,如上海的新亚书局、新生命书局、辛垦书店、真美善书店、女子书店、时代图书公司、中国图书杂志公司等,由此而导致汉译日文图书业的凋落。这一状况,一直持续到日本战败之后。

在出版地分布方面,在抗日战争时期,翻译图书的出版就明显分割成为沦陷区和国统区两大块。沦陷区的出版以上海的商务印书馆(文化、自然科学)、沈阳的东方印书馆(日语教材)和南京的中日文化协会(文学与政治性宣传)为主体;而国统区的出版则以长沙、重庆的商务印书馆(历史、文化),以及散落在桂林、广州、重庆等地中小出版社的零星出版构成。而在日本战败后,又仅以医卫类及历史类图书为主要出版内容(详见表2-2)。这一凋零的状态,截至1949年,没有得到任何的改观。

---

[1] 实藤惠秀:"现代中国文化的日本化",《国立华北编译馆馆刊》,1943年第2卷第10期。
[2] 王奇生:"民国时期的日书汉译",《近代史研究》,2008年第6期。

二、作者与译者的变化

1. 作者排序

利用 SPSS 系统,我们对 1912—1949 年间汉译日文图书的主要作者与译者进行了排序,并且确定了前 10 位的作者及译者排名(详见表 2-3、表 2-4)。有意思的是,与晚清时期不同,这一时期汉译日文图书的作者及译者的排名与学科版块的排序不尽吻合,那么,在这样背离之后,又体现出了什么样的时代特色呢?

表 2-3 汉译日文图书作者排序(1912—1949)

排序	作者名	出版种数	内容
1	河上肇	36	马克思主义经济学
2	林鹤一	34	中小学教材
3	山川均	28	经济学
4	田中义一	27	政治(田中奏折)
5	饭河道雄	26	日语教材(东北地区)
6	厨川白村	22	文学
7	高畠素之	21	经济学、社会学
8	菊池宽	20	文学
9	武者小路实笃	19	文学
10	伊藤尚贤	18	医学
10	小泉八云	18	文学

本表根据《汉译日文图书总书目:1719—2011》第 1 卷相关资料整理制作

在 1912—1949 年间,按照学科版块的排序,前五位依次为文学语言(587 种)、政治法律(547 种)、经济(466 种)、自然科学总论(378 种)以及史地(364 种),详见图 2-2。但是,在作者排名中,出现了与排序不尽吻合的情况。如文学方面,虽有菊池宽(第六)、武者小路实笃(第七)、厨川白村(第九)与小泉八云(并列第十)四人进入了排行榜,但名次并不靠前。而有意思的是这四人也都不是纯粹的小说家。如菊池宽是日本著名的剧作家、小说家,是新理智派作家的代表性人物;武者小路实笃的身份是理论家、小说家和剧作家,是白桦派作家的核心人物;而厨川白村是著名评论家、英国文学学者;至于被誉为日本怪谈文学鼻祖的小泉八云,同时也是一个文艺评论家和文化学者。因此,这一阶段国内对他们作品的翻译,也都是文论、剧作、小说并重。不过在这一时期的文学领域,一个值得称道的现象是,"日本近现代著名的作家,各种思潮,各种流派的代表人物的代表作,大都被翻译过来了"①。

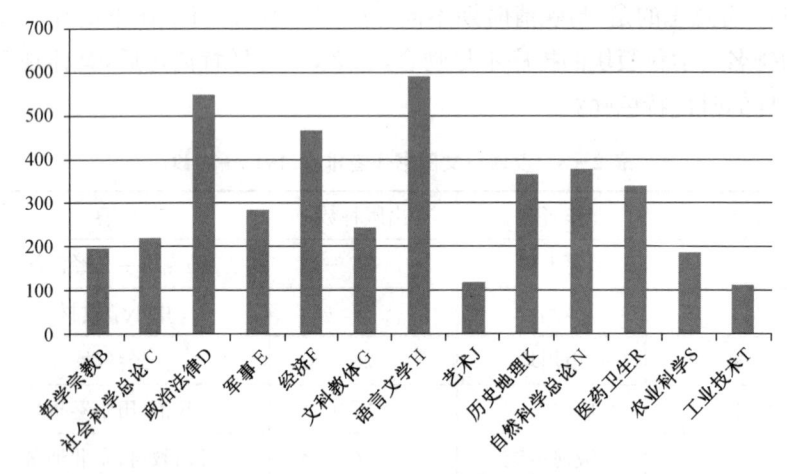

图 2-2　1912—1949 年间汉译日文图书的学科排序
本图根据表 2-2 相关数据制作

而且,在政治法律方面,仅有田中义一(第四)一人上榜。田中义一是因著名的《帝国对满蒙之积极根本政策》(田中奏折)而"被上榜"。所谓被上榜,是因为这份据称是当时的日本首相田中义一在 1927 年 7 月 25 日上呈给昭和天皇的秘密奏章,于 1929 年曝光后,立即被国内各大出版社、政府机构,甚至还有厂矿企业和学校所转载。虽然,经事后确认(1940),所谓的《帝国对满蒙之积极根本政策》实际上是由日本参谋本部的铃木贞一少佐所炮制。② 但是,在当时,《帝国对满蒙之积极根本政策》作为《田中奏折》而发表,对揭露日本侵略中国的野心,激发民众的抗日热情起到了积极的宣传效果。

---

① 王向远:《日本文学汉译史》,王向远著作集第三卷,银川:宁夏人民出版社,2007 年,第 42 页。
② 沈予:"关于《田中奏折》若干问题的再探讨",《历史研究》,1995 年第 2 期。

在经济方面中,有河上肇(第一)、山川均(第三)与高畠素之(第七)三人入榜,无论是河上肇、山川均,还是高畠素之,他们都既是日本社会主义学派的力行者,也是日本马克思主义经济学派的旗手。他们的著作及思想,不仅对早期马克思主义在中国的传播,甚至对中国共产党的诞生也都有着积极的影响。如李大钊的《我的马克思主义观》,据日本信州大学后藤延子教授考证,就是依照河上肇发表在《社会问题研究》上的"社会主义的理论体系"的相关内容所写。[①] 李汉俊同样也是师承河上肇,在1919—1921年间发表了90多篇介绍社会主义的文章。[②] 由此而言,我们可以从上述的作者排名中解读出当时的中国社会对社会主义学派图书的追求与渴望。

悲剧的是历史地理方面,虽然总榜进入了前五,但没有一位史地学者进入作者排名榜。诸如冈本监辅、滨田耕作、板垣鹰穗、箭内亙、鸟居龙藏等著名史学家,尽管也都有若干代表作被译成中文,遗憾的是都没能支持其进入排名。

有意思的是文教方面,尽管这一时期文教类图书没有进入学科榜单的前五位,但是作者榜单中仍有林鹤一(第二)、饭河道雄(第五)二人进入。必须指出的是,在饭河道雄的身上,带有着明显的战争与殖民的痕迹。因为他的这27部教材,都是在1924—1938年间,为配合日本对东北地区的殖民统治所编写的日语教材。在这些教材的出版过程中,可以深切地感受到东北地区的殖民化进程。而林鹤一的入选,则是因为由上海商务印书馆及宁波新学会社推出的系统性初等数学教材,而且,这些数学教材大多留有再版记录。由此证实,汉译日本教材在民国时期仍然存有相当的社会影响。

2. 译者排序

事实上,译者的排名同样与学科版块的排序也不相吻合(详见表2-4)。在译者排名中,学科版块前五位中,文学方面有三人,即汪馥泉(第二)、许达年(并列第七)、张我军(并列第九),政治法律方面无一人入选,经济方面有汪馥泉(第二)、施复亮(第五),自然科学总论方面有张资平(第三)、舒贻上(并列第九),史地方面是陈清泉(并列第七)。而在没有进入学科版块前五位的军事与医学方面,军事有训练总监部军学编译处(第一),医学有汤尔和

[①] 转引自北京大学图书馆、北京李大钊研究会:《李大钊史事综录》,北京:北京大学出版社,1989年,第459页。

[②] 转引自毛传清:"论中国共产党的诞生与日本的关系",《武汉大学管理干部学院学报》,2000年第2卷第4期。

(第四)、丁福保(第六)进入了译者排名。

表 2-4　汉译日文图书译者排序(1912—1949)

排序	作者名	出版种数	内容
1	军学编译处	100	军事
2	汪馥泉	34	文学、经济
3	张资平	33	科学、文化
4	汤尔和	28	医学
5	施复亮(存统)	26	经济、社会
6	丁福保	22	医学
7	许达年	21	文学
7	陈清泉	21	历史
9	张我军	20	文学
9	舒贻上	20	自然科学

本表根据《汉译日文图书总书目:1719—2011》第 1 卷相关资料整理制作

造成这一现象的重要原因,很有可能是在当时的译者中已经开始出现专业的分工,而不再像晚清时期那样,不管什么书,拿来就译,以多取胜。诚如沈纮的论述:"翻译并不局限于某一固定的领域,而是涉及农业、工业、教育和法律文献等诸多领域和专业的内容。"[①]因此,虽然仍有学者指责,民国时期的汉译日文图书方面,"良莠不齐的现象比其他语种的翻译更严重"[②],但是与晚清时代不拘专业拿来就译的方式相比较,民国年间,如训练总监部军学编译处对军事著作的翻译,以及汤尔和、丁福保等人专注于医学著作翻译,这种专业方向的翻译分工的出现,应该说是日文翻译水准整体进步的一种标志。

三、译者的群像

民国期间的译者可谓群星荟萃,从表 2-4 中可以看到排列在前十位的

---

① 吕超:"清末日语翻译沈纮译介活动初探",《浙江外国语学院学报》,2013 年第 1 期。
② 王奇生:"民国时期的日书汉译",《近代史研究》,2008 年第 6 期。

第二章 战争阴影下的图书翻译(1912—1949)

有汪馥泉、张资平、汤尔和、施复亮、许达年、陈清泉、张我军、舒贻上等人。事实上,在这排名之外,还有鲁迅、李大钊、夏丏尊、李达、陈望道、张闻天、王亚南、田汉、胡风、郭沫若、丰子恺、傅抱石、萨孟武、熊得山、谢六逸、郁达夫、章克标、陈豹隐、方光焘、韩侍桁、高希圣、钱穆、林伯修、黄尊三、孙俍工、龚德柏、葛绥成、章锡琛、查士元、钱歌川、任白涛、徐懋庸、潘念之、冯宪章、张知本、王古鲁、刘侃元、林植夫、贺昌群、杨开渠、邹敬芳、郑贞文、林肇民、隋树森、阮有秋、钱君匋、魏畐寿、俞寄凡、陆志鸿、金溟若、楼适夷、王仲廉、戴季陶、周作人、钱稻孙、周佛海、崔万秋、汪翰章,等等,稍加罗列就是一张民国文化名人图谱。

因为战争的因素,译者中就有了不同的分类。其中,周作人、张资平、钱稻孙、汤尔和、周佛海、崔万秋、汪翰章等人因为留在沦陷区,并且投身于汪伪政权,而被指控为"文化汉奸"。如 1938 年 5 月 5 日,李公朴、胡风、光未然、胡绳、金仲华、阳翰笙等人参加的武汉文化界抗敌协会通电全国文化界,严厉谴责周作人和钱稻孙:"请缘鸣鼓而攻之,声明周作人、钱稻孙及其他参与所谓'更生中国文化建设座谈会'诸汉奸,应即驱逐我文化界之外,藉示精神制裁。"[①]随后又有毛泽东于 1942 年 5 月 23 日在延安文艺座谈会上的点名定性:"文艺是为帝国主义者的,周作人、张资平这批人就是这样,这叫作汉奸文艺。"[②]于是,在战后,这些被控为文化汉奸的译者都逐一被清算。

1. 译者群像

汪馥泉(1899—1959),浙江杭县(今余杭)人,是中国现代文学史上著名作家、翻译家、出版家,也是著名教授、学者。1919 年东渡日本留学,1922 年回国。民国期间先后任教于湖南第一师范、上海中国公学、复旦大学、中华艺术大学、震旦女子文理学院等。在这期间,他也曾与陈望道合办大江书铺(1928),出版社会科学书籍。同时还主编有《现代》(1935)、《文摘》(1937)等杂志。《现代》杂志辟有小说、诗与剧、文、书评、杂碎、艺文情报等栏目,发表有诸如鲁迅的《为了忘却的纪念》、茅盾的《春蚕》、郁达夫的《迟桂花》、张天翼的《仇恨》、沙汀的《土饼》、巴金的《海底梦》、欧阳予倩的《同住的三家人》等小说与话剧等。

抗日战争爆发后,汪馥泉出任《救亡日报》编委,辗转武汉、广州等地。

---

① 唐克龙:"《吴虞日记》中记载的周作人在北大",《人民政协报》,2013 年 4 月 4 日。
② 耿传明:《晚年周作人》,北京:现代出版社,2013 年,第 180 页。

1940年返上海,任《学术》杂志主编。1944年起出任汪伪中日文化协会江苏分会常务理事兼总干事。① 1945年任《大公》周刊编辑。新中国建立后,历任浙江省公安厅参议、东北人民大学图书馆馆长、中文系教授。

汪馥泉知识广博,一生著作甚丰,并留有大量文学、政治、经济各领域的译作。其学术性著作有《现代文学十讲》(北新书局,1931)、《怎样作文章》(新新出版社,1936)、《文章概论》(商务印书馆,1939)等。

而在汪馥泉的译作中,既有汉译英文作品,也有汉译日文作品。其汉译英文的代表性作品有与张闻天合译的《狱中记》([英]王尔德,商务印书馆,1922)、《社会的文学批评论》([美]蒲克,商务印书馆,1923)以及其独自翻译的《社会主义社会学》([美]路易斯,神州国光社,1930)等。此外,还有与夏衍合译的《恋爱与新道德》([俄]考伦特,北新书局,1929)等。

汪馥泉的一生给我们留下了34部汉译日文图书。其中,代表性作品有伊达原一郎的《近代文学》(商务印书馆,1922)、本间久雄的《新文学概论》(上海书店,1925)、二阶堂招久的《初夜权》(北新书局,1929)、盐谷温等的《中国文学研究译丛》(北新书局,1930)、滨田耕作的《东亚文化之黎明》(黎明书局,1931)、升曙梦的《现代文学十二讲》(北新书局,1931)、青木正儿的《中国文学思想史纲》(商务印书馆,1936)、武内义雄的《中国哲学思想史》(商务印书馆,1939),等等。

在汪馥泉所有的汉译日文图书中,流传最广、影响最大的是本间久雄的《新文学概论》,据说已成为"中国翻译史上的一大奇迹"②。因为从初版(1925)到1930年,5年间就重版、再版了12次之多。随后,这种影响又延伸到了台湾,20世纪50—70年代,《新文学概论》一书在台湾也重版、再版了7次之多。

张资平(1893—1959),广东梅县人。中国现代文学史上的著名作家、教授。1912年,被广东国民政府选派为留日学生,1919年考入东京帝国大学,

---

① 汪馥泉在抗战期间的身份有二说,其一可见《鲁迅全集 二心集》的注文:"汪馥泉,1899—1959,浙江杭县今余杭人,当时是复旦大学教授,抗日战争时期堕落为汉奸,曾任汪伪中日文化协会江苏分会常务理事兼总干事。"(《鲁迅全集》第四卷,第359页)其二,组织安排汪馥泉先生去袁殊(党的秘密特工,时任江苏省伪教育厅长)那里工作,与党的地下工作者恽逸群、翁从六等人共事。1944年,汪馥泉名义上挂了个中日文化协会江苏分会总干事的职务,实际上却去了南京,和章克等人筹办起了《大公》周刊。

② 转引自傅莹:"外来文论的译介及其对中国文论的影响——从本间久雄的译本谈起",《暨南学报:哲学社会科学版》,2001年第6期。

1921年和郭沫若、郁达夫、成仿吾等成立文学团体创造社。1922年回国,先后出任武昌师范大学、唐山交通大学、广西大学的地理学教授,1928年,出任上海暨南大学的文学教授及大夏大学的兼职教授,教授小说学。

张资平是一位多产作家,也是一位极富灵性的作家。新文化运动史上第一部白话长篇小说《冲积期化石》(创造社,1922)就出自张资平之手。张资平擅长爱情描写,他的20余部中长篇小说,也都是描写恋爱特别是三角恋爱的作品。在当时,张资平的恋爱小说拥有众多的读者,常常是一本书刚刚出版便被抢购一空,如其名作《苔莉》前后印有9版之多,而《天孙之女》也在出版2年内就再版了5次。对此,作家张爱玲就有说过,她也曾迷恋于张资平的小说并深受其影响。学者徐肖楠也有:"中国现代文学史上,如若少了张资平,将绝不仅仅是少了一个张资平。而是少了海派小说,少了后来的施蛰存、刘呐鸥、叶灵凤、张爱玲,少了王朔、池莉、邱华栋等,这其中有一条市民小说的传统链条,没有张资平,就不会有后来的其他市民小说。"[①]

然而,张资平是一个历史复杂、颇有争议的作家。抗战期间,张资平在接受日本驻香港领事中村丰一的经济资助后,于1939年回到上海,出任"兴亚建国运动本部"文化委员会主席。因而被毛泽东在延安文艺座谈会上点名定性为:"文艺是为帝国主义者的,周作人、张资平这批人就是这样,这叫作汉奸文艺。"随后,郭沫若又撰文称:"北有周作人,南有张资平,这些没有骨气的民族逆子,艺术反贼,他们的投降不仅葬送了他们自身,也葬送了他们的文艺。"[②]张资平因此成为第二号"文化汉奸"。上海市中级人民法院于1958年以"历史反革命"罪,判处张资平有期徒刑20年。1959年,张资平因病在安徽劳改农场去世。

在文学创作之外,张资平也留下有33部汉译日文图书。这些汉译日文图书主要分二大类,一类是文学、社会科学类的翻译作品,有《别宴》(北新书局,1926)、《草丛中》(乐群书店,1928)、《某女人的犯罪》(乐群书店,1929)、《资平译品集》(现代书局,1933),以及古屋芳雄的《民族生物学》(民智书局,1927)、藤森成吉的《新兴文艺论》(联合书店,1928)、关荣吉的《文化社会学》(乐群书店,1930)、小泉信三的《近世社会思想史纲》(大东书局,1931)等。另外一类则是自然科学方面的作品,如渡边万次郎的《结晶体》(世界书局,

---

[①] 转引自唐山:"张资平:里外不讨好 只因太聪明",《北京晚报》,2016年1月15日。
[②] 转引自唐山:"张资平:里外不讨好 只因太聪明",《北京晚报》,2016年1月15日。

1935)、加藤武夫的《矿床生因论》(中华书局,1935)、鸟居龙藏的《化石人类学》(1935)、青山信雄的《世界地体构造》(北平师大附中,1936)、渡边万次郎的《岩矿化学》(相海营养研究所,1936)等。这些自然科学类作品的翻译,也许是与张资平的专业出身相关——当年在东京帝国大学留学时,他学的可是地质学。

不过,因为张资平在小说方面的成就太过耀眼,以致其在汉译日文图书方面的成就也就很少有人去关注。于是,时至如今他都没有能被冠以翻译家的头衔。

汤尔和(1878—1940),浙江杭州人。著名医学家、医学教育家。曾在1903年、1907年、1929年三度留学日本,并获日本东京帝国大学医学博士学位。

汤尔和是国立北京医学专门学校(北京医科大学)的创始人,也是民国时期北洋政府的教育总长、内务总长。1930年任东北边防军司令长官公署参议,1933年转任国民政府行政院驻北平政务整理委员会委员。1935年被日本指定为伪冀察政务委员会委员。抗日战争爆发后,他出任伪"中华民国临时政府"教育部总长,1940年因肺癌去世。

纵观汤尔和的一生,虽曾被称为"中国的新医学之父"、"文运的中心势力"[1],但他主要活跃于民国时期的各类政治圈子。对此,袁一丹有评价:"历任国立北京医专校长、教育次长、教育总长、财政厅长兼盐务署督办、俄国庚款委员、东北边防军司令长官公署参议等职,其在民国学术史、教育史、政治史上却更像是影子般的存在。很少在公众场合听见他的声音,只有在某些关键时刻,从局中者的事后追述或书信、日记这类材料中,间或能窥见他的身影。"[2]不过,也有人这样评说:"他创办了民国时期第一所中国政府出资,中国学人主持的模范高等医学院校,力倡人体解剖、制定《解剖条例》,组织学术团体中华民国医药学会、推动医政改革,1916年受教育部的委托,汤尔和参与了医学名词的统一工作。他在翻译、介绍西方医学著作方面也卓有建树。他倾其所学,翻译、出版了大量日本医学名著。"[3]

在汉译日文图书方面,汤尔和确实留下了众多的作品,而在民国时期的

---

[1] 袁一丹:"汤尔和:民国学术圈的'里子'",《东方早报》,2015年4月19日。
[2] 袁一丹:"汤尔和:民国学术圈的'里子'",《东方早报》,2015年4月19日。
[3] 王一方:"汤尔和与中国近代医学教育",新华网,http://www.bj.xinhuanet.com/zt/2012-07/15/c_112440129.htm,2016年10月20日。

第二章 战争阴影下的图书翻译(1912—1949)

译者之中能排名第三。毫无疑问,汤尔和的译作中,确实有部分是鼓吹日本的东北殖民统治,如《满铁外交论》(商务印书馆,1930)、藤冈启的《东省括目论》(商务印书馆,1930)、南满铁农事试验场的《到田间去》(商务印书馆,1930)、中东铁路局商业部的《黑龙江》(商务印书馆,1930)、哈尔滨满铁事务所的《北满概观》(商务印书馆,1930),等等。但是,汤尔和译作精华部分,还应该是其所翻译的医学图书。如下平用彩的《诊断学》(商务印书馆,1919),官原虎的《齿牙的病理及疗法》(商务印书馆,1925),木下正中、清水由隆的《近世妇人科学》(商务印书馆,1926),西成甫的《精选解剖学》(商务印书馆,1926),志贺洁的《近世病原微生物及免疫学》(商务印书馆,1928),冈村周谛的《生物学精义》(商务印书馆,1929),茂木藏之助的《外科学总论》(新医书局,1947),木下正中的《助产学》(新医书局,1949)、《组织胚胎学》(新医书局,1949),等等。这些医学图书不仅涉及内科、外科、妇产科、牙科以及生物、免疫、组织胚胎等不同学科,而且汤所译的"《解剖学提纲》和汤尔和自著的《组织学》(东京北风堂,1940)是北洋时期医学院校的主要教材和参考书。《近世妇人科学》和《生物学精义》被收入在当时影响极大的《大学丛书》"[①]。因此,就创办北京医学专门学校、翻译引进日文版医学图书这两方面而言,汤尔和对中国近代的医学教育还是有一定贡献的。

施复亮(1899—1970),原名施存统,浙江省金华人。是上海共产党创始人之一,曾任团中央书记。1927年脱党。1949年后曾出任劳动部副部长,全国政协委员兼副秘书长,民建中央副主任委员。

从政治的角度,曾有人评说施复亮的一生"走了一个怪圈","以虔诚的孔孟之徒为起点,接着却是反孔斗士。一篇《非孝》让他一夜成名,忽然又以彻底的无政府主义者形象出现在中国政治舞台上,再不久却服膺马克思主义,是中国共产党的创始人之一和第一代中国马克思主义理论家。当中国革命问题丛生时他宣告退出共产党,却继续在'革命的国民党'中寻找中国革命的最佳途径,后又在不安、沮丧和痛苦中埋头著译,自甘处于时代和革命的边缘。然而时代的峻急和救世的性格,又使他致力于开辟战后中国的'第三条道路'亦即中间道路。而后,现实的严酷终于使他向年轻时回归了——这次他是以民主人士的身份与中共合作共事的"[②]。

[①] 郝尔中:"日本废除汉医与中国近代医学的影响",《皖西学院学报》,2005年第6期。
[②] 散木:"行走了一个怪圈的施复亮",《文史精华》,2002年7月第146期。

日文图书汉译出版史

不过,在汉译日文图书领域,由于施复亮曾是中共上海组(马克思主义研究会)的早期成员之一,在赴日养病期间(1920—1921),又成为中共日本小组的创始人,故而,很自然地成了最早介绍日本马克思主义的图书译者。传说施到日本不过三月,就能"翻译河上肇创办的《马克思主义》和山川均创办的《社会主义研究》上的文章,寄稿到国内《觉悟》、《向导》等报刊发表了。那时东京警视厅专门派一特务警察到宿舍来监视施君,早上来夜深才去"[①]。在1922年,施复亮翻译出版了高畠素之的《马克思学说概要》(商务印书馆)。

因为从事马克思主义的宣传活动,施复亮没能在日本逗留太久。1921年10月,他被东京警视厅拘捕,随后被遣送回国。回国后的施复亮化名方国昌,任青年团中央执行委员会书记,并主编团刊《先驱》。随后,于1923年出任中共上海区委委员长等。大革命期间,施复亮又南下广州,先后在中山大学、黄埔军校、广州农民运动讲习所等任教。在这期间,他又翻译了山川均的《资本制度浅说》(上海书店,1925)等。不过,由于社会活动太多而令其无法潜心翻译。

大革命失败后,施复亮于武汉《民国日报》刊登《悲痛中的自白》一文,宣布退出共产党,决心"做一'书生'而不再过问政治",并"希望从学术上有所贡献社会"。于是,他在写作《中国革命的理论问题》、《中国现代经济史》、《社会问题大要》等著作的同时,还留下有20余部汉译日文图书,其中包括高畠素之的《资本论大纲》,山川均的《辩证法与资本制度》、《转型期底经济理论》、《工会运动底理论与实际》、《农证法与资本主义》等,以及石滨知行的《唯物史观经济史》、《经济史纲》、《美国资本主义发达史》,上田茂树的《世界社会史》、《世界史纲》,永田广志的《现代唯物论》,平林初之辅的《近代社会思想史要》,福本和夫的《社会进化论》,等等。可见,在这一时期,施复亮的翻译关注点主要集中在经济学以及社会学方面,也即要为他所追寻的所谓"第三条道路"寻找理论依据。

施复亮的译作在当时还是有一定社会影响的,如《世界史纲》、《唯物史观经济史》二书,在短短的二三年间就迅速再版至4版。

张我军(1902—1955),台湾台北县人,被誉为台湾新文学运动的开拓

[①] 张景:"安那其主义在中国的传播活动片断",《文史资料选辑》第31卷第90辑,北京:中国文史出版社,2000年,第104页。

者、奠基者,曾于1920—1940年代定居北京,主要从事文学创作、日语教学及日本文学的翻译工作。

出身台湾的张我军,自幼就读于日本人创办的"板桥公学校",奠定了良好的日语基础,用他自己的话就是"日本话说得和日本人一样的自由"。在当时也有人评论:"在北京除了周作人外,我军是个'日本通',他的日语很了不起。"①不过,"作为一名背负着日本国籍,受到日本总动员法约束的台籍人"②,在抗日战争时期,他滞留在北京,并出任日伪北京大学文学院的日本文学系、北京大学工学院日本文学系教授,还在1942—1943年两度以中国作家代表身份前往日本出席第一、第二届"大东亚文学者大会",因而在战后曾被质疑为汉奸。

张我军的翻译活动始于1926年,他所翻译的第一部日语小说是著名作家武者小路实笃的《爱欲》,发表在台湾的报刊上。1929年,北新书局率先推出了张我军译和田垣谦三的《社会学概论》、有岛武郎的《生活与文学》、丘浅次郎的《烦闷与自由》三部作品,此后,他又接连翻译了叶山嘉树的《卖淫妇》(北新书局,1930)、千叶龟雄等的《现代世界文学大纲》、夏目漱石的《文学论》(神州国光社,1931)等作品。而武者小路实笃的《黎明》应该是张我军在国内出版的最后一部翻译作品。

对于张我军在文学创作及日语教学方面的工作,国内学术界给予了高度的评价。如王升远等就称张为"台湾新文学运动的开创者"、"中国日语教育史上具有划时代意义的教育家"③。不过,对于其日本文学翻译,却有不同的认识。如张泉认为:"他的日本文学翻译,是建立在对翻译对象的渗入研究和总体把握上的。除此之外,对日本文学翻译和翻译技巧问题,以及日本文化和中日文化关系问题,张我军都发表过值得研究的见解。"④而王向远在分析了张所翻译的夏目漱石的《文学论》后则认为:"张译存在着不少误译甚至漏译,但最主要的还是由缺乏'翻译度'的'机械翻译'方法所造成的诸多'缺陷翻译',加上语言本身的发展变迁,致使许多表述与表达已经与今

---

① 盛成:"心中的一个伤痕——张我军之死",张光正编:《近观张我军》,台北:台海出版社,2002年,第38页。
② 张泉:"张我军与沦陷时期的中日文学关联",《中国现代文学研究丛刊》,2000年第1期。
③ 王升远、周庆玲:"中国日语教育史视阈中的张我军论",《台湾研究集刊》,2009年第3期。
④ 张泉:"张我军与沦陷时期的中日文学关联",《中国现代文学研究丛刊》,2000年第1期。

天高度成熟的现代汉语有了相当距离,令人读之会觉得滞涩不畅,恍如隔代。"①

此外,还有丁福保、许达年、陈清泉、舒贻上等4名译者,丁福保在第一章中已经有所介绍,而许达年、陈清泉、舒贻上等人则是因缺乏相关资料,在此就不逐一介绍了。

2. 大师鲁迅

对于鲁迅,人们称颂其为文学家、思想家、革命家,中国现代文学的开拓者和奠基人,也是一位颇有成就的翻译家。有研究者统计,鲁迅一生曾翻译有各国文学作品31部,360万余字,超过其文学创作的数量。其中,日本文学的翻译字数为68.8万字。虽说日本文学的翻译字数并不占优势,但是,"倘若依据鲁迅翻译时所依据的原语,则日语翻译无疑应占据最高比例。因为鲁迅在翻译各国文字时相当程度上是依据日语重译"②。对此,许广平就有回忆,还在1920年代后期,鲁迅曾教她日语,在学了一段时间后,就让她边学边译匈牙利作家妙伦所著童话《小彼得》的日文译本,"在批阅我试译的稿件之后,更示范地亲自译出一遍,这就是现在收入《鲁迅译文集》里的译本了"③。由此而言,鲁迅入选民国时期汉译日书的代表,可谓当之无愧。

鲁迅的翻译可分为前后两个时期:前一时期为1913—1927年,以翻译日本文学作品及日本文学理论为主体;后一时期为1927—1936年,则以翻译俄国与苏联文学作品及苏联文学理论为主体。事实上,从鲁迅的文学翻译情况来看,也具有非常典型的鲁迅特色。

表2-5 鲁迅的汉译日文图书书目统计

书名	作者	译者	出版地	出版社	出版时间
一个青年的梦	武者小路实笃著	鲁迅	上海	商务印书馆	1922年
苦闷的象征	厨川白村著	鲁迅	北京	新潮社	1924年
出了象牙之塔	厨川白村著	鲁迅		未名社	1925年
苦闷的象征	厨川白村著	鲁迅		北新书局	1926年

---

① 王向远:"'翻译度'与缺陷翻译及译文老化——以张我军译目漱石《文学论》为例",《日语学习与研究》,2015年第6期。
② 鲍国华:"鲁迅翻译日本文学之总成绩",《汉语言文学研究》,2014年第2期。
③ 马蹄疾辑录:《许广平忆鲁迅》,广州:广东人民出版社,1979年,第646页。

续　表

书名	作者	译者	出版地	出版社	出版时间
芥川龙之介集	芥川龙之介著	鲁迅等	上海	开明书店	1927 年
思想·山水·人物	鹤见祐辅著	鲁迅		北新书局	1928 年
壁下译丛		鲁迅		北新书局	1929 年
近代美术史潮论	板垣鹰穗著	鲁迅		北新书局	1929 年
现代新兴文学的诸问题	片上伸著	鲁迅	上海	大江书铺	1929 年
浮士德与城	尾濑敬止等著	鲁迅等	上海	神州国光社	1930 年
苦闷的象征	厨川白村著	鲁迅	上海	商务印书馆	1930 年
文艺政策	藏原惟人、外村史郎辑译	鲁迅重译	上海	水沫书店	1930 年
出了象牙之塔	厨川白村著	鲁迅	上海	商务印书馆	1932 年
竖琴		鲁迅	上海	现代书局	1933 年

本表根据《汉译日文图书总书目：1719—2011》第 1 卷（社科文献出版社，2015）相关资料编制。鲁迅翻译的相当一些外国文学作品，如望·蔼覃的《小约翰》、卢那卡尔斯基的《文艺与批评》、雅各武莱夫的《十月》、果戈理的《死魂灵》、契诃夫的《坏孩子和别的奇闻》等都是经由日文转译的，本表没有列入统计

首先，在翻译选材上，鲁迅非常注重作品对读者的激励与指导作用。他对日本文学可以说非常熟识，因为他在各类文章中所论及的日本作家就有 80 多人。但是，"鲁迅对日本文化的评价不甚高。他既未曾选择日本文化作为自己的研究对象，也未曾从一位文学家的立场对日本文学表示关心"[①]。因此，体现在翻译作品的选择上，就有了"随意性很强，他似乎不在意名家的名篇或是代表作，只要他认为好，对读者会产生作用他就翻译"的评价。这是因为，鲁迅的翻译是想"借助外国的情形来刺激中国的人生，这是和他致力于改造中国国民性的理想相一致的"[②]。因此，尽管鲁迅的文学翻译的起点是在日文，但其最终将翻译的重点放在了俄国与苏联文学作品及苏联文学理论上。用鲁迅自己的话说就是："俄国的文学，从尼古拉斯二

[①] 竹内实："鲁迅的日本文化、日本文学观"，《鲁迅研究动态》，1986 年第 11 期。
[②] 张铁荣："鲁迅与周作人的日本文学翻译观"，《鲁迅研究月刊》，2003 年第 1 期。

世时候以来,就是'为人生'的,无论它的主意是在探究,或在解决,或者堕入神秘,沦于颓唐。而其主流还是一个:为人生。"①而鲁迅对翻译的社会作用的看重,由此也可见一斑。

其次,在翻译理念上,鲁迅非常强调"直译"或"硬译"。他曾说过:"凡是翻译,必须兼顾着两面,一当然是力求其易解,一则保存原作的丰姿。但这保存,却又常常和易懂相矛盾。"②鲁迅的这种直译或硬译,用他自己的话来讲,常常是"大抵连语句的前后次序也不甚颠倒"。如其所译的《苦闷的象征》,"也和现在一样,是按板规逐句,甚而至于逐字译的"③。在给瞿秋白的信中,鲁迅对自己的"硬译"是这样解释的:"这样的译本,不但在输入新的内容,也在输入新的表现法。中国的文或话,法子实在太不精密了。……要医这病,我以为只好陆续吃一点苦,装进异样的句法去。"④而在给曹聚仁的信中,也有相类似的话:"中国原有的语法是不够的。"⑤也即意在通过翻译,"不但要从外语输入新字眼,还要输入新语法"。不过,"硬译"的译本,因为不同于国人的阅读习惯,读起来也就特别地拗口。这在当年也曾引起过争议,如时任青岛大学图书馆主任梁实秋曾诟病鲁迅在《艺术论》和《文艺与批评》中的"硬译"之伤"近于死译",并指责"死译之风也断不可长"。对此,鲁迅便以"'硬译'与'文学的阶级性'"一文予以回应。⑥ 固然,"硬译"确实存在拗口难懂之弊病,但通过将译文"装进异样的句法去"的法子来输入新字眼、新语法,这位具有现代开放意识的翻译家确实表现出了超越其时代的远见。

第三,鲁迅不仅对日本文学有所翻译,并且还有效地传播其思想。如当年他在北大授课时,就将自己翻译的《苦闷的象征》作为教材,向学生讲授文艺理论。通过北大的讲坛,鲁迅将"世界文学理论的前沿信息介绍到中国,尤为广大文学青年关注并接受,……《苦闷的象征》以及厨川白村的文艺思想,则在中国名声大噪,实现了更有效的传播"⑦。

事实上,作为翻译家的鲁迅,如今正在得到国内学界越来越多的认可。

---

① 转引自程帆主编:《我听鲁迅讲文学》,北京:中国致公出版社,2002年,第243页。
② 鲁迅:"且介亭杂文",《鲁迅全集》第4卷,北京:人民文学出版社,1973年,第204页。
③ 鲁迅:《鲁迅杂文经典全集》,哈尔滨:哈尔滨出版社,2013年,第204页。
④ 鲁迅:"且介亭杂文",《鲁迅全集》第4卷,北京:人民文学出版社,1973年,第391页。
⑤ 鲁迅:《鲁迅自编文集 且介亭杂文》,南京:译林出版社,2013年,第63页。
⑥ 鲁迅:《鲁迅杂文经典全集》,哈尔滨:哈尔滨出版社,2013年,第199页。
⑦ 鲍国华:"鲁迅翻译日本文学之总成绩",《汉语言文学研究》,2014年第2期。

在王友贵的《翻译家鲁迅》(2005)之后,又有顾钧的《鲁迅翻译研究》(2009)与吴均的《鲁迅翻译文学研究》(2009)等。而孙郁教授的评价更是将鲁迅的翻译推崇到了至高的地位:"鲁迅首先是个翻译家,其次才是文学家。"[①]不过,孙郁也承认,这些年来人们对鲁迅翻译作品的漠视,"想来有很复杂的原因。一是所译的作品多是隐曲的灰色之作,与社会主流文化隔膜。1958年的《鲁迅译文集》的编辑说明指出,'这些译文,现在看来,其中有一些已经失去了译者介绍它们时所具有的作用和意义;或者变为有害的东西了'。于是像托洛茨基那样的人物的文章就被抽掉了。尼采的文字竟遭批判。也有学者说鲁迅思想里有虚无的东西,译作不乏小资产阶级的遗绪。言外不过转瞬即逝的旧物。鲁迅译文不被看好的另一个原因是,译笔苦涩,难以卒读。从梁实秋到李敖都是这个看法。澳门有个学者还专门著文论述鲁迅句法的不通,直到现在微词不绝。这是个学术理念的问题,涉及严复以来翻译理念的诸多难点,直到钱锺书这一代依然看法不一,大家有各自的眼光也无可非议。但鲁迅的只'信'不'顺'的译笔伸展着另一个主题,只是不被世人明了罢了,他也因此成了少数派,影响了大众的阅读。那本《死魂灵》,后来就没有多少人看,引用这个版本的人甚为寥落。"[②]

3. 名家戴季陶

对于戴季陶,是否将其列入民国时期汉译日文的代表人物,一直是令人犹豫的。反对的理由有二,一是政治性,戴季陶早年虽曾任孙中山机要秘书兼日语翻译,信仰三民主义。但是,在孙中山去世之后,他却渐次转为国民党右派,并成为蒋介石的谋士。二是所翻译的作品确实太少,只有一部《资本论解说》(民智书局,1927),而有失翻译家之称。这是硬伤。

但是赞成的理由也有二,第一是思想性,戴季陶译书虽少,但其确是国内最早着手翻译引进马克思主义作品的译者之一,就新思想的传播而言,20世纪初的戴季陶,可以说是国内的先行者;第二还是思想性,戴季陶作为国内日本问题的研究专家,在1920年代,撰写了"具有划时代意义的《日本论》(1927)"[③],书中对日本的一些认识及对国人的一些劝勉,时至如今都不断地为国人所援引。

[①] 孙郁:"鲁迅首先是翻译家",《北京日报》,2008年9月30日。
[②] 孙郁:"鲁迅首先是翻译家",《北京日报》,2008年9月30日。
[③] 张玉萍:"戴季陶的日本观——以'五四'时期为中心",《史林》,2012年第6期。

就马克思主义在中国的早期传播而言,戴季陶的主要贡献有三点:第一,从日文版翻译了考茨基著《马克思资本论解说》,发表在 1919 年的《建设》杂志及《民国日报》之上,并且编写《资本论用语释义》,对马克思经济学加以解读。第二,从日文版转译了威廉·里布列希所著的《马克思传》。如果说,《马克思资本论解说》是中国最早介绍马克思经济学的翻译著作,那么《马克思传》则是中国最早介绍马克思的翻译著作。第三,以《星期评论》的名义,约请陈望道翻译《共产党宣言》。而陈望道翻译所依据的日文版《共产党宣言》也是戴季陶提供的。① 由此而言,戴季陶应该是马克思主义在中国最早的传播者之一。对此,李大钊早有评论:"'五四'运动之际,《新青年》及《星期评论》等杂志,风起云涌地介绍马克思的理论。我们的前辈陈独秀同志,甚至于李汉俊先生,戴季陶先生,胡汉民先生及朱执信先生,都是中国第一批的马克思主义者。"②

而就《日本论》而言,书中对日本的民族特性以及日本当时所奉行的国家策略进行了深入的探讨。不过,给人印象最深也是引用最多的却是第一章第一节"中国人研究日本问题的必要"中的那段话:"'中国'这个题目,日本人也不晓得放在解剖台上,解剖了几千百次,装在试验管里化验了几千百次。我们中国人却只是一味地排斥反对,再不肯做研究工夫,几乎连日本字都不愿意看,日本话都不愿意听,日本人都不愿意见,这真叫作'思想上闭关自守'、'智识上的义和团'了。"③因此,他随后恳切地"劝中国人,从今以后,要切切实实地下一个研究日本的工夫。他们的性格怎么样?他们的思想怎么样?他们的风俗习惯怎么样?他们国家和社会的基础在哪里?他们的生活根据在哪里?都要切实做过研究的工夫。要晓得他的过去如何,方才晓得他的现在是从哪里来的。晓得他现在的真相,方才能够推测他将来的趋向是怎样的。拿句旧话来说,'知彼知己,百战百胜',无论是怎样反对他攻击他,总而言之,非晓得他不可"④。

戴季陶的《日本论》,为他留下了"20 世纪的中国最懂日本的人"之称。社科院文学所的李兆忠先生评论说:"外国人撰写的日本文化著作中,有一

---

① 张玉萍:"戴季陶的日本观——以'五四'时期为中心",《史林》,2012 年第 6 期。
② 瞿秋白:"瞿秋白论文集·自序"。转引自朱正编著:《名人自述》,北京:东方出版社,2009 年,第 269 页。
③ 戴季陶:《日本论》,北京:九州出版社,2005 年,第 1 页。
④ 戴季陶:《日本论》,北京:九州出版社,2005 年,第 1 页。

部可以凌驾于《菊与刀》之上,这就是戴季陶的《日本论》。"①而日本学者竹内好也将他与黄遵宪、周作人并称为"知日三白眉"。令人遗憾的是,80多年前,戴季陶在书中所说的"整个批评日本的历史,足以供治国者参考的,依然不多见"②的状况,即使到了今天也都没任何的改观。

考虑到翻译日文图书的主要目的,是想更多地介绍日本新思想,也是为了让更多的读者去了解日本。而在解读日本方面,戴季陶做到了真正的深刻。于是,知日的戴季陶便由此进入了翻译家的圈子。

第三节 商务印书馆的璀璨

民国时期,国内有相当一些出版社从事着西文的翻译出版。据统计,仅在"1912—1935年,中国350家出版机构、团体出版的哲学、社会科学、人文科学、自然科学和工程技术科学的译著(不包括古籍、文学作品、儿童读物)为13 300多种,仅商务印书馆就占了3 350多种,即25.2%"③。在汉译日文图书方面也是同样,不仅有超过200家出版社的参与,甚至有一些团体、学校、个人也都积极地参与了日文图书的翻译出版。在这一过程中,毫无疑问,商务印书馆的表现是最为璀璨的:前后出版有936种汉译日文图书,约占民国时期汉译日文图书总数的23.1%。

一、民国年间的出版社排序

在此,我们也采用SPSS系统对参与汉译日文图书出版的出版社进行了排序(详见表2-6),其间,商务印书馆可以说是一枝独秀,紧随其后的是中华书局、军用图片社、开明书店、北新书店等。就各社出版的汉译日文图书内容分析,在这一时期,除商务印书馆在各个方向均有所涉及之外,其余各社大都形成了专业的分工。如中华书局、北新书店、大江书铺主要是文学、社会科学,华通书局是社会科学、经济,太平洋书店是社会科学、历史,神

---

① 李兆忠:"日本论导读",《看不透的日本 中国文化精英眼中的日本》,北京:东方出版社,2006年,第158页。
② 戴季陶:《日本论》,北京:九州出版社,2005年,第1页。
③ 熊月之主编:《上海通史》第10卷"民国文化",上海:上海人民出版社,1999年,第253页。

州国光社是历史、经济等。特别要指出的是,其中有3家出版社,军用图片社、新学会社以及开明书店,它们的翻译图书可以说是完全地限定在专业方向之内。换句话说,它们只出和自己方向相关的翻译图书。

表2-6 汉译日文图书出版社排序(1912—1949)

排序	出版社	出版种数	出版方向
1	商务印书馆	936	全面
2	中华书局	183	文学、社会科学、医学
3	军用图片社	101	军事
4	开明书店	85	文学
5	北新书店	74	文学、社会科学
6	新学会社	62	农林
7	华通书局	61	社会、经济
8	太平洋书店	51	社会、经济
9	神州国光社	50	历史、经济、文学
10	大江书铺	47	社会科学、文学

本表由根据《汉译日文图书总书目:1719—2011》第1卷相关资料整理制作

然而,在民国时期,汉译日文图书的数量多达4 050种,而排序前十的出版社也仅出版有1 650种,约占总数的40%。而占总数60%汉译日文图书,是由其他出版社以及学校、机构、社会团体甚至是个人承担的。由此构成了这一时期汉译日文图书在出版方面两个较为典型的特征:一是参与翻译出版日文图书的出版社数量众多,甚至超过了200家;二是社会各方面对汉译日文图书出版的广泛参与。

在这之中,有学校的参与,比较典型的有翻译出版《黑白记》、《体温生理学》、《医学拉丁语》在内的近10种图书的山西省立农专学校,以及翻译出版《西洋伦理学史》的北京大学出版部、出版《中华民族之国外发展》的暨南大学南洋文化事业部、《宇宙》的武昌大学地学会、《刑法总论》的朝阳大学出版部以及出版《日本南进论》的湖南育才中学校、《藤田式调和法前传略解》的集美学校,等等。有工矿企业的参与,如翻译出版《改造汉厂一号二号化铁炉报告书》的汉阳大冶钢铁厂,《蜂群管理法》、《蜜蜂人工养生法》的北京兴农园,《最新日用化学》的民生养蜂场等。有政府机构的参与,如翻译出版

《铁道行政泛论》的交通部、《西藏通览》的陆军部、《伦勃罗梭犯罪人论》的立法院编译处、《都市问题之研究》的昆明市政公所等。还有众多社会团体,如翻译出版《帝国主义》的国耻宣传部、《妇人问题十讲(上卷)》的学术研究会总会、《废止货币问题》的社会经济学社、《日本对华投资》的太平洋国际学会,等等。

此外,还有个人出版,如王廷愈译的《战术学教程讲授录》、罗家衡译述的《普通选举论》、周梵公译的《科学原理》、梁之相译述的《教育行政法》、明道子译的《武士道论语》、戴坚译的《纸战术集》,等等。这些被标注为"自刊"的图书,其译者同时也是图书的印行与发行者。不知道这种个人出版是主动还是被动,无论如何,这都是民国时期汉译日文图书的时代特色,因为在民国后的汉译日文图书领域,就很少有个人出版的身影了。

由此而言,民国时期的汉译日文图书真可称是一个有着广泛社会参与的事业。

二、商务印书馆的璀璨

商务印书馆成立于1897年,是由夏瑞芳、高凤池、鲍咸恩、鲍咸昌、张桂华、沈伯曾、郁厚坤等7人共同出资3 750元(银圆)而创设,也是近代中国历史上最具特色的出版机构之一。与传统的家族企业不同,商务印书馆从一开始就实行了股份制(每股500元计),其中,高凤池一股,鲍氏兄弟各一股,鲍氏兄弟的两位妹夫夏瑞芳、张桂华各一股,再加上张桂华的同事沈伯曾二股以及郁厚坤半股。这使商务印书馆的经济关系不再受到家族关系的局限,因而为商务后来的发展提供了条件。

在成立之初,商务印书馆只是一家印刷企业,因而会在1900年盘下日本人所经营的修文印刷局。而商务印书馆所淘的第一桶金,是出版谢洪赉译注的《华英初阶》、《华英进阶》以及马建忠所著的《马氏文通》。1901年,商务吸收张元济、印有模投资,并将股本扩大至5万元,开始了从印刷企业向出版企业的华丽转身。

如果说,吸收张元济、印有模的投资并聘用张元济为商务印书馆编译所所长,是商务印书馆转型出版企业的初始。那么,在1903年,与日本出版企业金港堂的合资,即双方各自出资10万元,组建股份有限公司,就成了商务印书馆转型为出版企业之后腾飞的初始。

作为"中国历史上第一个合资企业"①，合资后的商务印书馆，虽然在协议中有所规定：1. 经理及董事长都是中国人，只推日本人一人为理事；2. 聘用的日本人可随时辞退。但是，因为有日本人及日本管理方式的进入，在技术上得到了日方的帮助，如引进了图版雕刻、照相落石、五彩石印、黄杨木刻等相关印刷技术，其中五彩石印是国内首次采用的技术。而在管理方面也有所改变，其将编译所、印刷所和发行所三位一体，采用新的资本主义式经营模式。此外，日方还推荐长尾正太郎等人参与教科书的编辑事宜。这一切均使得商务印书馆在合资后受益匪浅。

商务印书馆与日本金港堂的合资仅仅维续了11年。辛亥革命后，随着日本对华野心的表露以及国民民族自尊心的觉醒，而且在同业中也出现有对商务印书馆合资的非议，于是在1914年，经过双方协商，商务印书馆以赎买的形式收回了金港堂所持的股份，并且辞退了馆中所有的日本雇员。

然而，这合资的11年，是商务印书馆完成资本积累的重要时期，如在1903年合资初始，商务印书馆的资本金仅为20万，在1905年时便增加到了100万元，到1914年清退日本股份时资本金已达200万元，也就是在10年间增长了10倍。而且，合资也促成商务印书馆迅速地完成了从印刷业到出版业的转型，就在1914年商务印书馆的营业额中，出版比例上升到了60%，而印刷下降至40%。

在清退了日资之后，商务印书馆继续保持了快速的上升势头。陆费逵曾说："商务作为中国近代最大的出版企业，从清末到1949年间，其出版量一直占据着中国出版量的很大比例。在1930年代，它的营业额约是全国出版业的十分之三。"②不过，如果从市场占有率上看，在1930年代，商务印书馆在全国出版业中所占的比例应该更高，甚至超过了50%左右（详见表2-7）。

---

① 肖东发、杨虎、刘宝生："论晚清出版史的近代化变革与转型"，《北京联合大学学报》（人文社科版），2008年第6卷第2期。
② 陆费逵："六十年来中国之出版业与印刷业"，《陆费逵与中华书局》，北京：中华书局，2002年，第421页。

表 2-7 1930 年代商务印书馆的图书市场占有率

年份	全国出版(种)	商务出版(种)	商务所占比(%)
1934	6 197	2 793	45
1935	9 223	4 293	46
1936	9 438	4 933	52

本表根据张志成"创新与商务印书馆早期成长关系探析"一文表 6 编制

事实上,在 1932 年"一·二八"事变商务印书馆被日军炮火焚毁前,其资产总值已经达到 2 000 万元。当时的商务印书馆"在出版主业之外,经营范围主要有两翼:一翼是一系列的教育机关,幼儿园、小学、中学、师范园和商业讲习所,以及函授学校,另一翼是一系列的文化设施,电影厂、玩具厂、文具标本仪器厂、印刷机械制造厂等"[①]。如此辉煌的成就被认为是"国人经营事业之最尖端者",其规模、技术、人员也不仅位居全国之冠,而且在世界同行业中也已位居一流的地位。

然而,抗日战争的全面爆发,彻底阻挡了商务印书馆的规模发展之路。特别是印刷业,如果说在"卢沟桥事变"后,商务丧失了其地处北京的京华印书局的话,那么在"珍珠港事变"后,商务在上海租界以及香港两地的工厂也同样沦陷了。"不是损失掉多少台机器,多少铜模、字铅等器材,多少张纸油墨原材料,而是使这三处的大中型厂丧失了生产可能。……仅剩重庆、赣县两个微不足道的小厂为之服务。"[②]加之"抗战时期,特别到后来,通货膨胀,物价飞涨,做买卖的往往卖掉货的钱补不进原来数量的货。经营十分困难,加以货物运输既艰难花费又大"[③]。

在此背景下,商务印书馆不仅依然坚守在出版第一线,而且还基本保持了在"八·一三事变"后,其对读者的"每日暂出版新书一种"的承诺。据统计,在整个八年的抗战过程中,商务印书馆共出版各类新书达 2 827 种(详见表 2-8),如果加上各类丛书与教材,其出版总数多达 6 248 种。

[①] 陈原:"商务印书馆创业百年",《人民日报》,1997 年 5 月 7 日。
[②] 汪家熔:"抗日战争时期的商务印书馆(四)",《编辑学刊》,1995 年第 6 期。
[③] 汪家熔:"抗日战争时期的商务印书馆(三)",《编辑学刊》,1995 年第 5 期。

表 2-8　1937—1945 年间商务印书馆出版图书统计

时间	分类	种数	册数
1937—1941	出版新书	2 352	3 695
	新出大部书	3 266	4 698
	丛书集成第 3—6 期书	2 311	2 300
	万有文库第 5 期书	172	452
	万有文库简编	500	1 200
	缩本四部丛刊初编第 3 集书	105	200
	东方文库续编	46	50
	国立北平图书馆善本丛书	12	70
	民众基本丛书	64	80
	中学国文补充读本	50	80
	百衲本二十四史第 6 期书	6	366
	新出教科书	155	247
	5 年合计	5 773	8 640
1942—1945	出版新书	475	502
	9 年合计	6 248	9 142

本表根据汪家熔:"抗日战争时期的商务印书馆(三)"一文中表 9 的数据编制

虽然有此努力，但在整个抗战期间，商务印书馆还是蒙受了极大的损失。1947 年，按照当时国民政府发布的《工矿运输事业重估固定资产价值调整资本办法》，商务印书馆对其资产进行了重估："可估价增值国币八十亿零五千五百二十五元。比原来股本 500 万元增值 1 611 倍。而当时纸币贬值为 4 900 倍，则 80 亿实有资产仅及股本 500 万元的 1/3,证明战争给带来的创伤之严重。"[①]抗战胜利后，由于商务印书馆"首先碰到的是抗战期间形成的种种隔阂所产生的恩恩怨怨。其次是不久发生的内战，使生灵涂炭、民不聊生"[②]。加之原总经理王云五因故辞职，因此，其恢复及发展要比"其他同行，比如中华、开明、世界、大东整整慢了一步"[③]。直到 1947 年才开始恢

---

① 汪家熔:"抗日战争时期的商务印书馆(四)",《编辑学刊》,1995 年第 6 期。
② 汪家熔:"抗日战争时期的商务印书馆(五)",《编辑学刊》,1996 年第 1 期。
③ 汪家熔:"抗日战争时期的商务印书馆(五)",《编辑学刊》,1996 年第 1 期。

第二章 战争阴影下的图书翻译(1912—1949)

复出版新书。然而,从 1948 年起,"又因为通货膨胀的速度一是太快,二是无法预计。一本书快印好时定的价觉得利润很高,等装订出书算算已经补不进原材料。……所以 1948 年 11 月后不仅没有新书,连坚持 30 多年的《东方杂志》,以及其他杂志部都做出了停刊的决定。"[1]这不能不说是悲剧式的结局。

就商务印书馆所出版的汉译日文图书而言,其早年的兴起与发展,可以说是与编译所的出现紧密相关的。如前所述,商务印书馆本来是一家印刷厂,因为出版有《华英初阶》、《华英进阶》这样的热销教材,感觉到出版业有利可图而转向。不过,在其最初进入出版业时,鉴于当时翻译图书的走红,因此斥资购买了一批译自日文的书稿。不曾料到这些翻译书稿在出版后,因翻译水准过次,而无人问津。于是,当时的商务老总夏瑞芳在不得已中求助张元济,后在张元济的帮助下对书稿进行了处理,这批翻译图书方得以起死回生。夏瑞芳由此而形成了"经营出版事业,非自设编译所不可"的认识。

于是,1902 年夏瑞芳正式邀请时任南洋公学译书院总办的张元济出任商务印书馆编译所所长,商务印书馆也由此成为集编译所、印刷所、发行三位一体的新型出版企业。如果说,1903 年与日本企业的合资,改变了商务印书馆经营模式,提高了印刷技术的话,那么,1902 年编译所的设立,则毫无疑问,成了商务印书馆在出版业崛起的契机。据邹振环统计,在 1902—1910 年商务印书馆共出版图书 865 种,其中译著就多达 330 种。[2]

张元济主持商务印书馆编译工作期间,基本奠定了商务印书馆的出书风格和地位。他"扩大编译人员名额,健全组织,设立国文部、英文部、理化教学部,任命各部主任"[3]。在这一过程中,张元济非常重视对西方著作的翻译与出版,如他给予严复《原富》的翻译稿酬是 2 000 银圆加上 20%的版税;给予林纾小说的翻译稿酬是 6 元/千字,远高于当时译界每 2 元/千字的稿酬标准。由此而奠定了商务印书馆在翻译出版界的领先地位。时人称商务印书馆的译作"数量之多,质量之高,影响之大,为其他书局所不及"[4]。

---

[1] 汪家熔:"抗日战争时期的商务印书馆(五)",《编辑学刊》,1996 年第 1 期。
[2] 邹振环:《20 世纪上海翻译出版与文化变迁》,桂林:广西教育出版社,2000 年,第 47 页。
[3] 贾平安:"记商务印书馆创始人夏瑞芳",《商务印书馆九十年》,北京:商务印书馆,1987 年,第 545 页。
[4] 熊月之、周武主编:《上海——一座现代化都市的编年史》,上海:上海书店出版社,2007 年,第 383 页。

到了1921年,王云五接任商务印书馆编译所所长一职后,又对编译所进行了改组,"按照新科学的学科门类分设各部,延聘专家主持各部。经过两三年发展,编译所规模扩大了一倍,总数近300人,各类人才济济一堂,其中包括顾颉刚、叶圣陶、竺可桢、郑振铎、黄宾虹等,均一时之选"①。出版译著也从教科书向各类丛书发展,从而继续保持了商务印书馆在翻译出版界的领先地位。

　　然而,就从这时起,埋下了因编译所营运成本居高不下而最终裁撤的伏线。郑贞文在1921年说:"卖稿给商务,每千字约三元或四元;现在编译所中得的薪俸与出的书稿字数平均起来,每千字约在十元以上。"②其言下之意是,在经营上,外买译著成本只有编译所自行编译图书成本的2/5。正因为此,到了1930年,商务印书馆的图书编译便以外包为主了。1932年,编译所正式被裁,取而代之的是由编审6人、编辑11人组成的编审委员会,主要负责组织和审阅稿件,而不再具体参与图书的编译事务了。

　　虽然商务印书馆的编译所只存在了30年,但是,对民国时期日文图书的翻译出版而言,编译所的存在是不可或缺的。这不仅因为商务印书馆编译所的译书功能,即直接参与众多日文图书的翻译过程,更重要的是编译所的选书功能,编译所"所藏图书相当完备,供编译所备用的中外各种参考用书,已相当丰富,凡中外(包括西文日文)最新出的书,往往能及早购进"③,也即能够及早购入最新出版的日文图书及其他语种图书,从中选择适合于国内读者的翻译对象图书。

　　在整个民国时期,商务印书馆所翻译出版的日文图书多达936种,约占这一时期国内汉译日文图书总数的1/4。由此而言,商务印书馆不愧为近代以来汉译日文图书出版领域的领头羊。

三、其他出版社

　　出版业总是用出版物来说话的。在民国时期,虽说有超过200家的出版社涉足汉译日文图书的出版,但是,80%以上的出版社,其所出版的汉译

---

　　① 刘火雄:"云五与商务印书馆",《钟山风雨》,2014年第1期。
　　② 胡适:《胡适日记全编》第三册,合肥:安徽教育出版社,2001年,第380页。
　　③ 董涤堂:"我在商务印书馆编译所工作时期的片段回忆",《商务印书馆馆史资料之三十三》,北京:商务印书馆,1985年,第11页。

日文图书甚至不足 10 部。在这一时期的汉译日文图书领域,真正有影响的出版社也就是在列表中出现的商务印书馆、中华书局、军用图片社、开明书店、北新书店、新学会社、华通书局、太平洋书店、神州国光社、大江书铺等这几家了。因为商务印书馆与军用图片社已经或将有专门的介绍。在此,就简单介绍一下中华书局、开明书店、北新书店、新学会社、华通书局、太平洋书店、神州国光社、大江书铺这 8 家出版社。

1. 中华书局

成立于 1912 年的中华书局,曾被誉为近代中国与商务印书馆并称的出版双雄。"中华与商务的并世而立是近代中国出版的基本格局,讲近代文化机构对于社会文化与教育的贡献确实舍此两家莫属,中华与商务双雄会,彼此的存在使对方具有意义与价值。"①不过,就出版规模以及社会影响力而言,还应是商务印书馆稍胜一等。

从中华在民国期间的出版物内容来看,书局的特色主要表现在教材与辞书方面。在教材方面,因为中华开创者和掌门人陆费逵,从一开始就明确了书局的宗旨:"国立根本,在乎教育,教育根本,实在教科书;教育不革命,国基终无由巩固;教科书不革命,教育目的终不能达到也。"②在实际操作中,陆费逵也是抓住民国初立,教育部规定"清学部颁行之教科书,一律禁用"的时机,以"教科书革命"的口号,一举推出了宣扬共和主张的《中华教科书》,占尽了市场先机。以致当时《中华教科书》几乎独占市场,达到了日间摆出,未晚即售完,架上无隔宿之书的地步"③。由此而奠定了中华书局在民国期间教科书大户的地位。中华的教科书地位之强大,在抗战时期,其出版有各类教科书多达 435 种。在抗战胜利后,还是国民党政府指定的教科书出版机构。

在辞书方面,中华书局编辑出版有《中华大字典》、《辞海》等,并刊印《聚珍仿宋版二十四史》、《四部备要》、《古今图书集成》等大部图书,而受到学术界、教育界的欢迎。

从汉译日文图书的出版情况分析,在民国期间,中华书局共翻译出版有 183 种图书,主要分布在社会科学、文学、医学等领域。如在社会科学方面

---

① 王建辉:"近现代时期中华书局的文化意义",《中华读书报》,2012 年 8 月 22 日。
② 陆费逵:"中华书局宣言书"。转引自冯春龙:《中国近代十大出版家》,扬州:广陵书社,2005 年,第 34 页。
③ 何媛媛:《紫兰小筑 周瘦鹃的人际花园》,北京:东方出版社,2011 年,第 76 页。

有赤松的《日本劳动运动发达史》(1930)、平林初之辅的《近代社会思想史》(1931)、林癸未夫的《社会政策新原理》(1932)、山川均的《转型期的经济理论》(1933)等；文学方面有武者小路实笃的《武者小路实笃戏曲集》(1929)、米田庄太郎的《现代文化概论》(1930)、小泉八云的《文艺论》(1930)、芥川龙之介的《芥川龙之介集》(1934)、佐藤春夫的《更生记》等，还有许达年译的一套童话集，其中包括《日本童话集》(1931)、《印度童话集》(1933)、《土耳其童话集》(1933)、《法国童话集》(1933)、《丹麦童话集》(1934)、《西班牙童话集》(1934)、《伊朗童话集》(1937)、《埃及童话集》(1937)[①]等；在医学方面，则有今村荒男的《肺结核之常识》(1937)、三条慎悟的《简明口腔外科学》，以及在战争期间推出的田原正人的《细胞学总论》(1941)、西川义方的《实用看护学》(3卷本，1945)等。

2. 开明书店

开明书店成立于1926年，其创办人为章锡琛。1929年改组为股份有限公司，由杜海生任经理，后为章锡琛接任。开明书店也是民国时期上海出版界涉足教科书出版的五大书店之一，当时"书业中人对规模较大的商务印书馆、中华书局、世界书局、大东书局、开明书局这五家，简称为'商中世大开'。这是以印售中小学教科书数量之多寡而排列次序的"[②]。而开明书店比较经典的教科书有林语堂的《开明英文读本》等。除此之外，当年开明的文学出版也极负盛名，其新文学作品的经典之作有茅盾的《子夜》，巴金的《家》、《春》、《秋》等。

在汉译日文图书的出版方面，民国期间，开明书店共翻译出版有85种图书，主要分布在社会科学、文学领域。如社会科学有波多野鼎的《近世社会思想史》(1929)、加田哲二的《近世社会学成立史》(1931)、小栗度太郎的《进化思想十二讲》(1933)、野口保一郎的《人文地理学概论》(1935)；在文学方面则有鲁迅译的《芥川龙之介集》(1927)，夏丏尊译的《近代的恋爱观》(1928)，章克标选译的《菊池宽集》(1929)、《谷崎润一郎集》(1929)、《夏目漱石集》(1932)、钱君匋译的《西洋艺术史话》(1932)，陈望道译的《苏俄文学理论》(1933)等。从开明的译者名单便可以看到当时其在译界的底蕴。

---

① 许达年译的这套童话影响之大，直到2014年，海豚出版社还以《世界经典童话集》(全9册)为名，重新包装后推出。

② 朱联保："漫谈旧上海图书出版业"，《出版发行研究》，1986年第5期。

3. 北新书店

北新书店是一家成立于1924年的小书店,创业者为李小峰、孙伏园。其最初店址在北京翠花胡同,因发行鲁迅主编的《语丝》杂志,被军阀张作霖查封。随后迁往上海营业。在1930年代,北新曾多次遭遇国民党当局的查封,一次是在1931年,因销售中共地下书店——华兴书局的图书而被查封;另一次是在1932年,因出版《小猪八戒》一书涉及民族宗教问题,再度被查封。1934年2月,"国民党当局在上海查禁书籍149种,刊物76种。鲁迅、郭沫若、茅盾等人的作品都在查禁之列,共涉及书店25家。北新9种:鲁迅《而已集》、《三闲集》、《伪自由书》;潘梓年《文学概论》;篷子译《处女的心》;柔石《旧时代之死》;冯雪峰译《新俄的戏剧与跳舞》;蒋光慈《一周间》、《冲出云围的月亮》"[①]。由此而言,民国期间的北新书店应该是一家政治立场偏左的文学书店。

在汉译日文图书的出版方面,民国期间,北新书店共翻译出版有74种图书,主要分布在社会科学、文学领域。在社会科学方面,主要有堺利彦的《社会主义学说大要》(1927)、《辩证法的唯物论》(1927),高畠素之的《剩余价值论》,河上肇的《劳资对立的必然性》,林癸未夫的《显微镜下的资本主义》,波多野鼎的《社会思想史概论》(1929)等;在文学方面,周作人译的《狂言十番》(1926),鲁迅译的《近代美术史潮论》(1927),有昇曙梦的《新俄文艺的曙光期》(1927)、《新俄的无产阶级文学》(1927),二阶堂招久的《初夜权》(1929),菊池宽的《恋爱病患者》等。可见,无论是在社会科学领域,还是在文学领域,北新书店的汉译图书俨然站在了引领新思想新文化的前列。

4. 新学会社

新学会社是1904年创办于宁波的一家老牌书店,其坐落于宁波日新街,最初主要经营各类书刊买卖。主要创办人是孙振麒(表卿),发起人为周石虞。在辛亥革命前夕,因乡邻矛盾,且书店经营亏本,孙振麒便向亲友筹集资金又在上海棋盘街的交通路另设了新学会社(上海),由庄嵩甫主持业务。

上海新学会社创办后,孙振麒一方面邀请留日学生们翻译日文图书,印书发行;另一方面又与同盟会上海负责人陈英士一起组织国民公报社,出版杂志。就这样新学会社在"无形中成为沪浙辛亥革命的秘密机关。而孙表

[①] 陈树萍:"北新书局:新文化运动的推动者",《新文学史料》,2006年第1期。

卿作为新学会社的董事对这些革命活动都给予大力支持和援助,对上海和杭州的光复独立,无疑做出了重大贡献"①。

民国期间,有关上海新学会社的出版经营资料极为罕见,而学界目前对其也无专门的研究。仅有《民国时期出版书目汇编》第 15 册中列有"(上海新学会社)图书汇报"一栏②,从中可窥见一斑新学会社所经营的图书内容。

而在汉译日文图书的出版方面,民国期间,新学会社翻译出版有 62 种图书,主要分布在农林、中小学教材二个领域。在农林方面,有野野垣淳一的《实验养蜂历》(1920)、内田郁太的《实验葡萄栽培法》(1926)、川濑的《森林管理学》(1929)、但部富之助与千叶幸藏的《副业养鸡法》(1930)、岛村继夫与大岛甚三郎的《竹林培养法》(1931)等;在中小学教材方面则有林鹤一等人主编的《级数概论》(1928)、《算数(整数及小数)》(1929)、《代数学(数及代数式之四则)》(1930)、《平面几何学(比例及相似形)》(1931)等 10 余种中小学数学教材。尤其值得一提的是,在抗战期间,新学会社(湖南)曾出版有包括《养羊全书》、《养猪全书》、《养鱼全书》、《养蜂新书》、《养鸡全书》在内的 30 余种汉译日文图书。

5. 华通书局

对于上海华通书局,史料甚少,仅有"1927—1945 年间,先设在望平街(今山东中路),后迁福州路 331 号,经理汪太玄"③。对此,在朱联保的《漫谈旧上海图书出版业》一文中,有"在福州路上,……店面朝北的有作者书社、光华书局、中学生书局、勤奋书局、华通书局、北新书局"④等,也可引为佐证。

在汉译日文图书的出版方面,民国期间,华通书局翻译出版有 61 种图书,主要在社会科学、经济领域。在社会科学方面,有石原纯的《自然科学与现代思潮》(1929)、石川三四郎的《西洋社会运动史六讲》(1930)、市村今朝藏的《政治思想史》(1930)、安部矶雄的《土地公有论》(1932)、小林良正的

---

① 民革中央官网:"孙表卿:新学会社董事",http://www.minge.gov.cn/mgzy/mgqbyxhgm/201312/dada6db7c87243fdab1506a411d01b25.shtml?time=0.36370376823469996,2016 年 10 月 20 日。
② 刘洪权:"《民国时期出版书目汇编》及其出版史料价值",《出版科学》,2011 年第 3 期。
③ 上海地方志办公室官网:"1843—1949 年上海出版机构一览表",http://www.shtong.gov.cn/newsite/node2/node2245/node4521/node29048/node29050/node29052/userobject1ai54457.html,2016 年 10 月 20 日。
④ 朱联保:"漫谈旧上海图书出版业",《出版与发行研究》,1986 年第 5 期。

《俄国社会经济史》(1936)等。在经济方面,有高畠素之的《经济学上的主要学说》(1929)、《政治经济常识丛书》(1933),福田德三的《日本经济史论》(1930),阿部贤一的《财政政策论》(1930),蜡山政道的《同盟经济》等。

6. 太平洋书店

对于上海太平洋书店,同样史料甚少,仅有"1926年,白克路(今凤阳路)88号,张秉文"[①]。

但是,在汉译日文图书的出版方面,民国期间,太平洋书店也翻译出版有51种图书,主要分布于社会科学及经济领域。在社会科学方面,有波多野影的《共同社会与利益社会》(1928)、平林初之辅的《资本主义文化与社会主义文化》(1928)、安部乱雄的《普通选举与无产政党》(1928)、浅利顺次郎的《国际劳工问题》(1928)、庄原达的《农民与政治运动》(1928)等。在经济方面,则有安部矶雄的《经济学新论》(1927)、马场锳一的《财政学新论》(1928)、上田贞次郎的《产业革命史》(1928)、小川市太郎的《经济学史》(1929)等。

7. 神州国光社

上海神州国光社成立于1901年,其创始人为黄宾虹、邓实,最初地址在河南路(今河南中路)136号。1930年改组后,迁至福州路384弄4号,由黄居素任经理,王礼锡任总编辑。

神州国光社成立之初,主要"以编辑国学丛书和古典画册为主。新文化运动兴起之后,经营逐年亏损,到20年代已经无力回天。1930年,时任广东省政府主席的陈铭枢花费40万盘下神州,出版新思潮著作"[②]。也就是从这一时期起,神州国光社开始"大量出版学术和思想著作,不仅介绍了新的学术成果,还对革命史进行了科学的反思。其中大部头的哲学、美学、社会学著作占了很大的比重,其中不乏共产主义经典著作,包括马克思的《政治经济学批判》、马克思恩格斯的《德意志意识形态》、列宁的《唯物论与经验批判论》等"[③]。不过,随着陈铭枢反蒋抗日路线的失败,失去政治靠山的神

[①] 上海地方志办公室官网:"1843—1949年上海出版机构一览表",http://www.shtong.gov.cn/newsite/node2/node2245/node4521/node29048/node29050/node29052/userobject1ai54457.html,2016年10月20日。

[②] 鞠新泉:"论神州国光社的政治意图与文化策略(1930—1933)",《历史教学》,2009年第4期。

[③] 鞠新泉:"论神州国光社的政治意图与文化策略(1930—1933)",《历史教学》,2009年第4期。

州国光社,"在经济上受到致命的打击,并由于经营不善,到了破产的边缘",最后,甚至都"无力收购稿件出版新书了"①。

神州国光社的这一编辑方针的转换,同样也反映到了汉译日文图书的出版方面。在民国期间,神州国光社翻译出版有 50 种图书,其主要分布在社会科学、经济及文学领域。在社会科学方面,有河上肇的《马克思语义批判者之批判》(1930)、《通俗剩余价值论》,杉山荣的《社会科学理论之体系》,金子马治的《哲学概论》(1930),那须浩的《农村问题与社会思想》。经济方面有河上肇的《新经济学之任务》(1930)、小林丑三郎《各国财政史》(1930)、阿部贤一的《财政学史》(1930)、高畠素之的《地租思想史》(1931)等。而在文学方面有千叶龟雄《现代世界文学大纲》(1930)、鲁迅等译的《浮士德与城》(1930)、夏目漱石的《文学论》(1931)、木村毅的《小说底创作和鉴赏》(1931)、木村庄八的《少年艺术史》(1931)等。

8. 大江书铺

大江书铺由陈望道、施复亮、汪馥泉、冯三昧等人合作创办于 1928 年,地址在上海东横浜路景云里 4 号。大江书铺由陈望道任经理,施复亮任编辑主任。主要出版文艺类图书,特别是以出版包括陈望道、鲁迅、茅盾、丁玲、冯雪峰、沈端先等在内的众多"左翼作家"的作品而著称,是当年上海左翼作家联盟的一个重要据点。后因为出版物遭国民党政府查禁,造成亏本,加之自身经营不善,于 1933 年停业,其财产与存书盘给开明书店。

在汉译日文图书的出版方面。1928—1933 年间,大江书铺翻译出版有 47 种图书,其主要分布在社会科学、文学领域。在社会科学方面,有高畠素之的《资本论大纲》(1930)、波多野鼎的《社会政策原理》(1930)、石滨知行的《经济史纲》(1932)、福本和夫的《社会进化论》(1932)、高桥清吾的《社会制度发展史》(1933)等。在文学方面,有佐藤春夫的《近代日本小品文选》(1929)、中野重治的《初春的风》(1929)、小林多喜二的《蟹工船》(1930)、冈泽秀虎的《苏俄文学理论》(1930)、宫岛新三郎的《日本文学评论》(1930)等。

---

① 霍贺:"1930 年代初'第三种人'对中国出路的探索——以胡秋原与神州国光社为中心的考察",《江汉论坛》,2014 年第 2 期。

第四节 译品之争

所谓"译品",应该包括两个方面的内容,一是对原著,即所引进的著作本身的品位,是否属于有思想、有内容、有社会影响力的作品;二是对译者,即对所引进作品的翻译,是否真正达到了所谓信达雅的翻译水准。不过,民国时期的"译品"之争,应该是围绕着译者的作品翻译技巧及理论而展开的。

说及"译品"之争,事实上,在清末民初,国内译界就已经有了相关的争论,这就是1900年代发生在翻译大家严复与梁启超之间有关图书翻译用语应该用"文言"还是用"白话"的"译语之争"。在20世纪头20年,先后有杨端六的《关册汉译正误》、傅斯年的《译书感言》、郭沫若的《理想的翻译之我见》,说的都是对译者的翻译标准,如杨端六所说:"苟译者真能了解原文,则文笔虽稍逊,亦不难勉强达之。惟己所不能解者,决不能解之于人,加以修辞无术,遂不能行之于世。"① 而到了1930年代,在同为翻译大家鲁迅与梁实秋之间,爆发了一场历时8年之久的"硬"、"顺"之争。

两场论战的孰是孰非暂且不论,但论战所涉及的作品翻译技巧与相关翻译理论方面的探讨,不仅给中国的翻译界留下了深刻的思考,构成了中国近现代翻译理论流派的源头,而且,也在事实上建树起了对译者翻译行为的最初规范。如在鲁、梁有关"重译"论争之前,一度广为流行的从日译本转译西方名著的做法,在论争之后就销声匿迹了。

一、问题的由来

中国的近代意义上的图书翻译,应该始于19世纪五六十年代开始的洋务运动。陈晓玲有言:"西方自然科学书籍翻译成汉语始于16世纪的耶稣会士,但他们的影响到19世纪衰落了。第一次鸦片战争和太平天国运动重新激起了中国人对西方军事技术以及作为其基础的自然科学的兴趣。清政府机构于19世纪60年代末开始系统地翻译西方科学书籍。同时,西方传

---

① 杨端六:"关册汉译正误"。转引自黎难秋:"民国时期科学翻译理论述评",《中国科技翻译》,1995年第8卷第3期。

教士也在做着他们自己的翻译工作。科学翻译当时产生的直接影响比较小，但它对下个世纪学术界、政治界的风云变幻起到了催化作用。"①陈晓玲所说的清政府机构，实际上是指在19世纪60年代，由清政府或洋务派官员所设立的一些培养翻译人才的学校和译书机构，如京师同文馆、俄罗斯文馆、上海广方言馆、广州同文馆、江南制造局翻译馆、福州船政学堂等。在培养翻译人才的同时，这些机构也开始着手翻译西方的著作，传播西方的社会科学以及科技文化。

到了1890年代中期，国内已经有数以百计的翻译图书出现。据黄庆福统计，"从1850年至1899年的半个世纪中，在中国出版的外文译书大约有567种，其中译自西文的共410种，占72%"②。1896年，梁启超收录了部分已出版的翻译图书目录，约350种，编成《西学书目表》，刊登于《时务报》上，同时撰文鼓吹："国家欲自强，以多译西书为本。"③

然而，在当时的背景下，图书翻译并无"译品"可言。因为一是原著稀缺，二是译者稀缺。以原著稀缺为例，有说当年江南制造局翻译馆收藏"西字格致书有数百部"，已是"中国所有西字格致书最多之处"④。至于译者稀缺，同样以江南制造局翻译馆当年的翻译模式为例："馆内译书之法，必将所译者，西人先熟览胸中而书理已明，则与华士同译。乃以西书之意，逐句读成华语，华士以笔述之。若有难言处，则与华士斟酌何法可明。若华士有不明之处，则讲明之。译后华士将初稿改正润色，令合于中国文法。有数要书，临刊时华士与西人核对，而平常书多不必对，皆赖华士改正。"⑤对此翻译模式，梁启超也有确认，当时"译书率皆一人口授，一人笔述"⑥。在此模式之下，不仅可以选择的翻译图书有限，而且，整个翻译的过程又是由口述的西人为主导，华人只是笔述及核对，也就无从谈及所谓的翻译技巧及理论。

---

① 陈晓玲："中国对近代西方科学书籍的翻译"，《河南教育学院学报：哲社版》，2000年第3期。

② 转引自胡海迪："《西学书目表》与《日本书目志》的比较"，《沈阳师范大学学报》（社科版），2012年第1期。

③ 梁启超：《西学书目表》。转引自刘剑涛：《编辑出版史研究》，开封：河南大学出版社，2014年，第179页。

④ 宋原放：《中国出版史料近代部分》，武汉：湖北教育出版社，2004年，第551－552页。

⑤ 傅兰雅："江南制造局翻译西书事略"。转引自张美平："江南制造局翻译馆的译书活动及影响"，《中国科技翻译》，2009年第22卷第4期。

⑥ 梁启超：《西学书目表》。转引自刘剑涛：《编辑出版史研究》，开封：河南大学出版社，2014年，第179页。

二、严、梁的"文"、"白"之争

中国近代意义上的图书翻译家,首推严复。曾留学英伦的严复,不但精通中西语言,而且,对当时包括英法在内的西方先进国家的一些经典名著也了如指掌。从 1890 年代起,他陆续翻译了英国生物学家赫胥黎的《天演论》(1897)、亚当·斯密的《原富》(1901)、斯宾塞的《群学肄言》(1903)、孟德斯鸠的《法意》(1904)等经典名作。将西方的社会学、政治学、经济学、哲学甚至自然科学等系统地介绍到中国,被毛泽东称为"中国共产党出世以前向西方寻找真理的一派人物"。在翻译西方名著过程中,他也提出了"信、达、雅"的翻译标准,对后世的图书翻译产生了深远的影响。

但是,严复所译的那些名著,都是首次译成中文,鉴于中西文化的差异以及语言的隔阂,在翻译过程中,在对名词翻译的把握以及对语言风格的把握等方面就出现有一些偏差。正因为此,在 1900 年代,当严复译著《原富》新鲜出笼之际,就因其语言风格刻意"模仿先秦文体",而受到了同为翻译大师梁启超的尖锐批评,进而引发出中国近代翻译史上的最初一场"译语"之争。必须指出的是,这场"译语"之争并不以汉译日文图书为背景,而是围绕着广义的西书翻译而展开的。

毫无疑问,这场争论的挑起者是梁启超。作为维新派领袖人物的梁启超,不仅是维新运动的倡导与实践者,而且有着"译著之业,将以播文明思想于国民"[①]的执念,为此,他一方面编写《西学书目表》,罗列出已经翻译出版的那些西学作品,并在各篇书目上加上自己的"圈识"、"识语",即对书的优劣、程度深浅、读法等的点评。用梁自己的话,"圈识"、"识语"是"为学者购读而设,体例不能雅训,所不计也"[②],也即通过"圈识"、"识语"这样的点评,有意识地诱导国民去阅读汉译西学作品。另一方面,他还躬亲力行地参与对西学作品的翻译。如翻译有中国最早的政治小说《佳人之奇遇》(1898)以及最早的科幻作品《海底 2 万里》(1902)、《十五小豪杰》(1903)[③]等。

作为中国第一批留英学生的严复与传统中式教育下成长起来的梁启

---

① 梁启超:"绍介新书《原富》",《新民丛报》第 1 号,北京:中华书局,2008 年,第 113 页。
② 梁启超:"西学书目表序例"。转引自杨修兰:"梁启超的《西学书目表》及其在目录学史上的地位",《安徽教育学院学报》,1997 年第 3 期。
③ 系法国著名科幻作家儒勒·凡尔纳的作品,由梁启超由日文版转译。

超,二人之间不仅出身不同,而且年龄间差距也有19岁。不过,在通过以西学译介开启民智这一理念上,二人应该是有共同语言的。故而梁、严二人会在相识之后,不约而同地在南北二地创办报纸,共同译书,以传播维新思想。而梁启超也会在给严复的信中如此这般地推崇道:"今而知天下之爱我者,舍父师之外,无如严先生;天下之知我者而能教我者,舍父师之外,无如严先生。"①真可谓惺惺相惜。

虽然如此,当梁启超在看到严复所译《原富》之后,一方面是称赞严复"中学、西学皆第一流人物",称赞其所翻译的《原富》"精美更何待言"。而另一方面却忍不住抱怨:"其文笔太务渊雅,刻意模仿先秦文体,非多读之人,翻殆难所解。夫文界之宜革命久矣,况此等学理深顾之书,非以流畅锐达之笔行之,安能使学童受其益乎?译著之业,将以播文明思想于国民也,非为藏山不朽之名誉也。文人结习,吾不能为贤者为讳矣。"②诚然是"吾爱吾师,吾更爱真理"。

对此指责,作为翻译界的先辈又自持翻译理念的严复当然不同意。在给梁启超的回信中,严复明确阐述了自己的观点:"学理邃赜之书也,非以饷学童而望其受益也,吾译正以待多读中国古书之人。使其目睹中国之古书,而欲俾贩吾译者,此其过在读者,而译者不任责也。夫著译之业,何以非以播文明思想于国民?第其为之也,功候有深浅,境地有等差,不可混而一之也。"③

表面上看,严、梁之争,是围绕在图书翻译过程中的语言选用"文言"还是"白话"的"译语之争",但细细品来,就可以发现,在这"译语之争"的背后,还有更深层次的考量——涉及作品的社会功用以及读者群划分。

梁启超反对"太务渊雅"的译文,是因为他认为"译著之业,将以播文明思想于国民也",即图书翻译是为了向国民传播文明的思想。所以应该尽可能"以流畅锐达之笔行之",才能够让作品得到普及,使那些稚龄学童也能理解传颂。因此,他的译书风格是"凡译者,将使人深知其意,苟其意非失,虽去其之而删增之,颠倒之,未为害也"④。也即要"将使人深知其意",译文自然需要浅易通俗,且内容也可以"删增""颠倒"。这是宣传普及的态度,势

---

① 梁启超:《梁启超全集》,北京:北京出版社,1999年,第71页。
② 梁启超:"绍介新书《原富》",《新民丛报》第1号,北京:中华书局,2008年,第113页。
③ 王轼:《严复集》,北京:中华书局,1986年,第513-514页。
④ 梁启超:"论译书",《饮冰室文集》,北京:中华书局,1989年,第72页。

第二章 战争阴影下的图书翻译(1912—1949)

必以读者为主体,让译作跟着读者走。

严复却不以为然,也是因为他觉得"著译之业,何以非以播文明思想于国民",即他存有疑问,为什么著译就必须承担起传播文明思想的功能呢?而且严复认为,他所翻译的是"学理邃赜之书",也就是今天所说的学术图书。学术图书的读者对象自然要有一定的学识,当然就不能与小学生们"混而一之也"。从严复的翻译风格来看,他之所以会提出"译事三难",是因为他认为:"学术之事,必求之初地而后得其真,自奋耳目心思之力,以得之于两间之见象者,上之上者也。其次则乞灵于简策之所流传,师友之所授业。然是二者,必资之其本用之文字无疑也。最下乃求之于翻译,其隔尘弥多,其去真滋远。"①所以,他才会在翻译时"太务渊雅",以体现求"真"去"尘"。这是学术的态度,势必以译者为主体,让读者跟着译作走。

采用什么样的译语,本来就是仁者见仁智者见智的事。因此,严、梁之间的"译语之争"也引起了众多学者的参与。在当时,支持严复主张的有康有为、郑太夷、吴汝纶等人,特别是吴汝纶对严译《原富》给予了高度评价:"淘能穷极事理,镂刻物态,得我公雄笔为之,追幽凿险,抉摘奥赜,真足达难显之情,今世盖无能与我公上下追逐者也。……二千年高文略具于此,以为《六经》之后第一书。"②而支持梁启超观点的有黄遵宪、裘廷梁等人,而裘廷梁在其《论白话为维新之本》中明言:"愚天下之具,莫文言若;智天下之具,莫白话若。"③不过,在当时科举制度尚未退出,白话文也没有得到社会广泛认可的背景下,这场"译语之争"随即也就不了了之了。

事实上,真正为"译语之争"盖棺定论还要到新文化运动之后。在新文化运动的推动下,到了1920年代,白话文就已经较为完全地取代了文言文,成为大众用语。在此背景下,再回首曾经的"译语之争",人们对于坚守"渊雅"之道的严复译文,也就多了些抱怨与责疑。其中,傅斯年之说就带有几分苛责:"严几道先生译的书中,《天演论》和《法意》最糟……这都是因为他不曾对于原作者负责任,他只对自己负责任。"④蔡元培之说还比较委婉:"……他的译文,又很雅驯,给那时候的学者,都很读得下去。所以他所译的

---

① 王轼:《严复集》,北京:中华书局,1986年,第561页。
② 吴汝纶:《吴汝纶全集》第三卷,合肥:黄山书社,2002年,第231页。
③ 裘廷梁:"论白话为维新之本"。转引自舒芜等编:《中国历代文论选 近代文论》,北京:人民文学出版社,1999年,第180页。
④ 转引自罗新璋、陈应年编:《翻译论集》,北京:商务印书馆,2009年,第218页。

书在今日看起来或嫌稍旧,他的译笔也或者不是普通人所易解。"①张君劢之说更多了几分无奈:严译"以古今习用之说译西方科学中之义理,故文字虽美,而义转歧"②。

严复当年所翻译那些图书的书名,在后世或多或少地都有所修正,如《天演论》被改名为《进化论》,《原富》被改名为《国富论》,《法意》被改名为《论法的精神》,等等。不仅如此,他当年"冥思苦索、刻意创立的名词……绝大多数都竞争不过从日本转译的新名词……商务印书馆在严复名著八种后附《中西译名表》,共收词 482 条,经考察,其中被学术界沿用的只有 56 条(包括严复沿用以前的译名如'歌白尼'、'美利坚'等),占不到 12%"③。

虽然如此,这场"译语之争"还是给译界留下了深刻的思考,也即翻译究竟应该以谁为中心,是读者还是译者? 而这其实也是后世直译与意译、欧化与归化之论争的最初发轫。

三、鲁、梁的"硬"、"顺"之争

在 1930 年代的中国近代文学史上,在鲁迅和梁实秋两大学者之间,曾经发生过一场非常著名的论战。这场论战可以说是当时文坛的一个奇观,首先,双方对垒的时间长达 8 年之久,从 1929 年起一直延续到 1936 年鲁迅去世。其次,双方论战的内容十分丰富,涉及教育、文学、翻译、批评、政论等多个方面,论题也包含有人性、阶级性、普罗文学、翻译理念、文艺政策等诸多内容。当然主要还是围绕着文学的阶级性问题和文学翻译中的"硬译"等问题展开。最后给世人留下了 100 多篇文章和 40 多万字。

有意思的是,鲁、梁两位学者之争的时间恰好与 20 世纪 20—30 年代的那场"新社会科学运动"相吻合,而且,就在鲁、梁围绕着文学与翻译展开论争的时候,国内也同时爆发了一场有关中国社会史的论战。就像鲁、梁之争在围绕着文学的阶级性论争时有"左联"(中国左翼作家联盟)的参与一样,在社会史大论战中,围绕着中国社会性质、中国革命性质等问题,也有"社联"(中国社会科学家联盟)的参与。显然,这样的论战都是有其深刻政治背

---

① 转引自罗新璋、陈应年编:《翻译论集》,北京:商务印书馆,2009 年,第 218 页。
② 转引自罗新璋、陈应年编:《翻译论集》,北京:商务印书馆,2009 年,第 218 页。
③ 熊月之:《西学东渐与晚清社会》,上海:上海人民出版社,1994 年,第 700－701 页。

景的。

　　由于主题所限,在此并不打算对鲁、梁之争展开全面的评述,而仅就鲁、梁之间有关文学翻译的论争而展开。毫无疑问,鲁迅是中国近代文学史上极为特别的作家,也是一个出色的翻译家。在其一生中,曾经翻译出版有14个国家近100位作家的作品,翻译字数多达360万字。① 其中比较著名的有《一个青年的梦》([日]武者小路实笃)、《苦闷的象征》([日]厨川白村)、《出了象牙之塔》([日]厨川白村)、《桃色的云》([俄]爱罗先珂)、《小约翰》([荷]望·蔼覃)、《文艺与批评》([俄]卢那卡尔斯基)、《十月》([俄]雅各武莱夫)、《死魂灵》([俄]果戈理)、《坏孩子和别的奇闻》([俄]契诃夫)、《俄罗斯的童话》([俄]高尔基)、《毁灭》([俄]法捷耶夫)等。以至于后人会有"鲁迅首先是一个翻译家,其次才是一个作家"②之说。

　　而且,在翻译领域,鲁迅有着自己的系列翻译理论:"翻译——除出能够介绍原本的内容给中国读者之外——还有一个很重要的作用:就是帮助我们创造出新的中国的现代言语。"③"翻译应当把原文的本意,完全正确地介绍给中国读者,使中国读者所得到的概念等于英俄日德法……读者从原文得来的概念。"④"凡是翻译,必须兼顾两个方面,一则求其易解,一则保存原作丰姿。"⑤在具体翻译的过程中,鲁迅也有着自己的实践,最主要表现在直译上,也就是他所说的"宁信而不顺",即"为了保存原作精神,多少的不顺,倒可以容忍"⑥。用鲁迅自己的话说就是:"我自己的译法,是譬如'山背后太阳落下去了',虽然不顺,也决不改作'日落山阴',因为原意以山为主,改了就变成太阳为主了。"⑦

　　梁实秋也是近代史上著名的作家、文学评论家和翻译家。他在1915年

---

① 2008年福建教育出版社出版了孙郁等编撰的《鲁迅译文全集》,全书共有8卷,共计360多万字。
② 张弘:"鲁迅译作首次出版全集",《中国新闻出版报》,2008年6月19日。
③ 鲁迅:"关于翻译的通信",《鲁迅全集》编年版第6卷,北京:人民文学出版社,2014年,第611页。
④ 鲁迅:"关于翻译的通信",《鲁迅全集》编年版第6卷,北京:人民文学出版社,2014年,第615页。
⑤ 鲁迅:《鲁迅全集》第6卷,北京:人民文学出版社,2005年,第280页。
⑥ 鲁迅:"关于翻译的通信",《鲁迅全集》编年版第6卷,北京:人民文学出版社,2014年,第611页。
⑦ 鲁迅:"关于翻译的通信",《鲁迅全集》编年版第6卷,北京:人民文学出版社,2014年,第623页。

至1923年间就学于清华,毕业后赴美留学,1924年入哈佛大学研究院,1926年回国任教于南京东南大学,此后历任暨南大学、青岛大学、北京大学、北京师范大学等校外文系教授。在他一生中出版有《英国文学史》、《略谈中西文化》等多部学术著作,写过大量的散文及文学评论,主编过《远东英汉大辞典》。在翻译界,梁实秋的最大成就是翻译了《莎士比亚全集》40卷本。由此而言,梁也是一位有着自己翻译理念与翻译实践的翻译家。

这场论战是由梁实秋挑起的。1929年9月,梁实秋在《新月》杂志第六、七期的合刊上发表了两篇文章,其中,一篇是"论鲁迅先生的'硬译'",另一篇是"文学是有阶级性的吗?"。在"论鲁迅先生的'硬译'"一文中,梁实秋指责鲁迅所译卢那察尔斯基的《艺术论》与《文艺与批评》是"从头至尾的死译,读了等于不读,枉费精力"。"读这样的书,就如同看地图一般,要伸着手出来寻找句法的线索位置。"[①]而在"文学是有阶级性的吗?"一文中,则明确表示"文学就没有阶级的区别,'资产阶级文学'、'无产阶级文学'都是实际革命家造出来的口号标语,文学并没有这种的区别"[②]。后来,在《所谓"文艺政策"者》一文中,梁实秋还进一步将其对鲁迅的指责概括为:"第一,鲁迅先生的译文还是'晦涩,甚而至于难解之处也真多',第二,举我所能了解的来说,文艺政策根本上是一种无益而又不必要的东西。"[③]如果说,梁实秋的"论鲁迅先生的'硬译'"还只是一篇翻译层面的语言与技巧的讨论,那么,"文学是有阶级性的吗?"一文则带有明显的思想倾向性,即通过否定文学的阶级性,否定"左联"发起的无产阶级文学运动。[④]

事实上,在鲁、梁之争的当初,一方面,梁实秋不过是一位20来岁的毛头小伙,著书有如《浪漫的与古典的》、《骂人的艺术》、《文学的纪律》等寥寥几本评论集,译作也只有一本《阿伯拉与哀绿绮斯的情书》,这些评论集以及

[①] 转引自黎照:《鲁迅梁实秋论战实录》,北京:华龄出版社,1997年,第182页。
[②] 转引自黎照:《鲁迅梁实秋论战实录》,北京:华龄出版社,1997年,第182页。
[③] 转引自徐静波编:《梁实秋批评文集》,北京:中国工人出版社,1998年,第152页。
[④] 在事后,梁实秋自己也承认,其文章带着"政治兴趣"。用梁的原话是:"以文学理想来讲,我从来没有和徐志摩完全站在一个立场上。政治思想的文章是后来慢慢添进去的,由于胡适之先生的领导以及后来罗隆基先生的加入,大家的政治兴趣也渐渐浓厚起来,当时讨论最热烈的问题便是人权的拥护——这依然是自由主义的另一方面。在当时文艺界中所谓'普罗文学家'和所谓'左翼作家'看来,这自由主义的小小集团是正好成为一个攻击目标,于是先轻轻地给这一班人戴上一顶帽子——'新月派',其罪名为'资产阶级的'、'妥协的'、'反动的'、'落伍的',他们自己呢,是'无产阶级的'、'彻底的'、'革命的'、'前进的'。鲁迅先生大概就在这个时候投入了'普罗文学家'和'左翼作家'的阵线,且无形中成为盟主。"

翻译图书的出版商也都是新月社,而其成名译作——《莎士比亚戏剧八种》的出版还要等到1936年后。因此,对于梁实秋所主张的翻译理论,鲁迅自然有轻视的理由。而另一方面,在二三十年代,国内翻译文坛派别林立,有新月社、太阳社、创造社等,也还有左翼作家联盟等,"不同流派、不同思想的作家,为着增加自己一派的势力,扮演着译者的角色,各自翻译自己所认同的作品,向中国的读者大力推销"①。由此也引发了翻译领域的意识形态斗争的尖锐化,而当时的新月社就代表了"右翼资产阶级的思想政治倾向",他们"拒绝所谓的'革命文学'、'普罗文学',不迷信'为人生而艺术'或'为艺术而艺术',更不赞同以文学为政治宣传工具"。在此背景下,才会有梁实秋"文学是有阶级性的吗?"的非难。也正因为此,作为左翼作家旗手的鲁迅才会果断地站了出来,予以迎头痛击。于是,在鲁迅的回复中,便将梁实秋指责的"硬译"与"文学的阶级性"合而为一了。这么一来,这场翻译论争就平添了几分政治的色彩。

对于梁实秋的挑战,在时隔半年之后,鲁迅发表了"'硬译'与'文学的阶级性'"予以回应。此后,双方便你来我往地在刊物上先后发表了100多篇文章。对于鲁、梁在翻译方面的争论焦点,国内译界近期的认识比较一致,主要聚集在1. 翻译标准(硬译),2. 翻译与汉语发展(欧化),3. 重译(译向)等三个方面。②

应该说来,在这场争论中,在翻译领域鲁迅是属于防守的一方。如针对梁实秋的"死译"的指责,"翻译要忠于原文,如能不但对于原文的意思忠实,而且还对'语气'忠实,这自是最好的翻译。虽能使读者懂,而误译原文,这种翻译是要不得的;既误译原文,而还要令读者'硬着头皮'去懂,这是太霸道了",鲁迅的回复是:"我自信并无故意的曲译,打着我所不佩服的批评家的伤处了的时候我就一笑,打着我的伤处了的时候我就忍疼,却决不肯有所增减,这也是始终'硬译'的一个原因。自然,世间总会有较好的翻译者,能够译成既不曲,也不'硬'或'死'的文章的,那时我的译本当然就被淘汰,我

---

① 王宏志:《重释"信达雅"——20世纪中国翻译研究》,上海:东方出版中心,1999年,第40-44页。

② 详细可见刘全福:"鲁迅、梁实秋翻译论战焦点透析",《中国翻译》,2000年第3期;张琳琳:"鲁迅与梁实秋的翻译之争及对翻译批评的意义",《沈阳师大学报(社会科学版)》,2008年第3期(第32卷);胡翠娥、李云鹤:"殊途不同归:鲁迅与梁实秋翻译思想比较",《解放军外国语学院学报》,2013年第36卷第4期等。

就只要来填这从'无有'到'较好'的空间罢了。"①在这里,鲁迅显然是以一个翻译界前辈的身份,既表述了"自己并无故意的曲译",而且,又明确了那两部被梁指责为"死译"、"硬译"的译作,是在填补这译界"无有"空白。

而在"重译"的争论方面,因为有两部被梁实秋指责为"硬译"的作品,都是经由日译本转译的,对此,梁是很不以为然的:"本来译者的译笔无论如何的灵活巧妙,译出来的东西和原文相比,总像是掺了水或透了气的酒一般,味道多少变了。若是重译,与原作隔了一层,当然气味就容易变得更厉害一些。"②而"鲁迅所译,系根据日译本转译的,日译本虽然许是直接译自俄文,但俄文原本所引用的达尔文的文章又是译自英文。所以达尔文的原文,由英而俄,由俄而日,由日而鲁迅,经过了这三道转贩,变了原形自是容易有的事"③。对于梁所指责的转译的俄罗斯作品,鲁迅的反击带有甚为尖锐的讽刺,因为"这些东西,梁实秋先生是不译的,称人为'阿狗阿猫'的伟人也不译,学过俄文的蒋先生原是最为适宜的了,可惜养病之后,只出了一本《一周间》。……所以暂时之间,恐怕还只好任人笑骂,仍从日文来重译,或者取一本原文,比照了日译本来直译罢。我还想这样做,并且希望更多有这样做的人,来填一填彻底的高谈中的空虚,因为我们不能像蒋先生那样的'好笑起来',也不该如梁先生的'等着,等着,等着'了"④。说到底,也还是因为按原文来译者的"无有"、"空虚",所以,鲁迅来不及"等着,等着,等着",就这样的译了。

至于翻译与汉语的发展关系,此前,鲁迅曾承认自己的译本读起来"晦涩",并将原因归咎为"译者的能力不够和中国文本来的缺点",于是,他只能够"硬译",但希望"读者还肯硬着头皮看下去"⑤。这本来是鲁迅对自己译作的一种自谦。没有料到的是,鲁迅的这一自谦却遭到了梁实秋切实的指责:"中国文和外国文是不同的,有些种句法是中文里没有的,翻译之难即难在这个地方。假如两种文中的文法句法词法完全一样,那么翻译还成为一

---

① 鲁迅:《二心集》,北京:人民文学出版社,1980年,第23-24页。
② 梁实秋:"翻译",《新月》1928年12月10日1卷10号。转引自黎照:《鲁迅梁实秋论战实录》,北京:华龄出版社,1997年,第543页。
③ 转引自黎照:《鲁迅梁实秋论战实录》,北京:华龄出版社,1997年,第601页。
④ 鲁迅:"关于翻译的通信",《鲁迅全集》编年版第6卷,北京:人民文学出版社,2014年,第325-326页。
⑤ 鲁迅:《鲁迅全集》第10卷,北京:人民文学出版社,2005年,第299页。

第二章 战争阴影下的图书翻译(1912—1949)

件工作吗？我们不能因为中国文有'本来的缺点'便使'读者硬着头皮看下去'。"①对此，鲁迅的回复是："这样的译本，不但在输入新的内容，也在输入新的表现法。"要克服中国文固有的那些缺点，"只好陆续吃一点苦，装进异样的句法，古的，外省外府的，外国的，后来便可以占为己有了"②。这就是鲁迅在翻译论上的"拿来"主义，即借用外国的文法，来装中文翻译的酒。虽然，它没有能克服让读者不"硬着头皮看"的问题。

由此可见，在翻译论方面的论争，鲁迅还是有所克制的。然而，在言及"文学的阶级性"时，鲁迅却表现得异常激烈，这也许是因为此前受到过太多的伤害，因而尽显出自己文化斗士的风采，没有丝毫的怜悯，也没有任何的妥协。如针对梁实秋所说的"现在还没有一个中国人，用中国人所能看得懂的文字，写一篇文章告诉我们无产文学的理论究竟是怎么一回事"③，鲁迅就清晰地定义："穷人决无开交易所折本的懊恼，煤油大王那会知道北京捡煤渣老婆子身受的酸辛，饥区的灾民，大约总不去种兰花，像阔人的老太爷一样，贾府上的焦大，也不爱林妹妹的。……倘说，因为我们是人，所以以表现人性为限，那么，无产者就因为是无产阶级，所以要作无产文学。"同时他还明确地宣告："无产者文学是为了以自己们之力，来解放本阶级并及一切阶级而斗争的一翼，所要的是全般，不是一角的地位。"④

而"文学的阶级性"论争的高潮，应该是鲁迅那篇著名"'丧家的''资本家的乏走狗'"了。正因为牵涉到了"文学的阶级性"，到后来，论争的队伍也就渐渐地扩大了起来。在这过程中，创造社的冯乃超很不客气地给梁加上了"资本家的走狗"的称号，原话是："然而，梁实秋却来说教……对于这样的

---

① 杨迅文主编:《梁实秋文集》第1卷，厦门：鹭江出版社，2002年，第349页。
② 鲁迅:"关于翻译的通信"，《鲁迅全集》编年版第6卷，北京：人民文学出版社，2014年，第622页。
③ 鲁迅:"'硬译'与'文学的阶级性'"，《鲁迅全集》编年版第6卷，北京：人民文学出版社，2014年，第313页。其实，如果细细通读该文，可以发现，鲁迅点出了许多人的名字，除新月社的梁实秋之外，还有太阳社的成仿吾、郑伯奇、蒋光慈、钱杏邨等人。这是因为"从前年以来，对于我个人的攻击是多极了，每一种刊物上，大抵总要看见'鲁迅'的名字"。所以，在说到文学的阶级性时，鲁迅就做了一个总清算："假如在'人性'的'艺术之宫'（这须从成仿吾先生处租来暂用）里，向南面摆两把虎皮交椅，请梁实秋钱杏邨两位先生并排坐下，一个右执'新月'，一个左执'太阳'，那情形可真是'劳资'媲美了。"
④ 鲁迅:"'硬译'与'文学的阶级性'"，《鲁迅全集》编年版第6卷，北京：人民文学出版社，2014年，第317页。

说教人,我们要送'资本家的走狗'这样的称号的。"①梁实秋自然不愿接受:"《拓荒者》说我是资本家的走狗,是哪一个资本家,还是所有的资本家?我还不知道我的主子是谁,我若知道,我一定要带着几份杂志去到主子面前表功,或者还许得到几个金镑或卢布的赏赉呢。"②于是,鲁迅便接过了话题,形象化地将"资本家走狗"之名套在了梁实秋的头上:"凡走狗,虽或为一个资本家所豢养,其实是属于所有的资本家的,所以它遇见所有的阔人都驯良,遇见所有的穷人都狂吠。不知道谁是它的主子,正是它遇见所有阔人都驯良的原因,也就是属于所有的资本家的证据。即使无人豢养,饿的精瘦,变成野狗了,但还是遇见所有的阔人都驯良,遇见所有的穷人都狂吠的,不过这时它就愈不明白谁是主子了。"③

论争到此也就论无可论了,因为,鲁、梁之间的分歧已不再是用简单的说理能够解决的了。在此之后,双方虽然还有些零碎的交手,但是,那些只不过是论战后的些许余波了。

发生在二三十年代的这场鲁、梁之争,在某种意义上也是 1900 年代严、梁之争的一种延续。对于这场论争的意义,早在 1929 年,谭正璧在《中国文学进化史》一书中就曾有过非常精辟的论述:"这一时期的翻译文学,和文学革命以前的翻译文学有一个不同之点,就是:从前的翻译,大都着重原作的趣味,而不问原作她本国文坛上的地位,更不问原作在世界文坛上的价值。实在也因为译者大概是些名士派的文人,他们从不曾想去探索世界文坛上情形,他们只择他们所爱好的来翻译。即在文字方面,大都不能保持原作特有的神味。……文学革命开始后,周作人等先生出来提倡直译,以不失原作神味为主,不惜以中国文字屈就外国文法,当时有人称为'欧化语体'。这种文体,后来不仅用来翻译,在创作家笔下也时常流用起来。"④文中以"文学革命"为界,对 1900 年代的翻译与 1920 年代的翻译加以区分,表明了"欧化语体"式翻译的进步性。

有意思的是,在时隔 80 余年的今天,说起这场论争,人们居然对争论双方都加以了肯定。如张琳琳所说:"二人虽然翻译原则相左,却都认为'信'

---

① 转引自黎照:《鲁迅梁实秋论战实录》,北京:华龄出版社,1997 年,第 301 页注③。
② 转引自黎照:《鲁迅梁实秋论战实录》,北京:华龄出版社,1997 年,第 302 - 303 页。
③ 鲁迅:"'丧家的''资本家的乏走狗'",《鲁迅全集》编年版第 6 卷,北京:人民文学出版社,2014 年,第 366 页。
④ 谭正璧:《中国文学进化史》,上海:光明书局,1929 年,第 341 页。

第二章 战争阴影下的图书翻译(1912—1949)

是翻译的重要原则。在此基础上,鲁迅提出的硬译,即直译的翻译观,成为中国近代翻译理论的一个重要流派。……而梁实秋提出的几个翻译原则也都对翻译理论的丰富和发展起到了重大作用。"[1]刘全福也说:"时至今日,梁、鲁论战所涉及的方方面面的论题仍不失其自身的价值。就翻译而论,两人在论战过程中对翻译标准及翻译与民族语言发展等问题所展开的争论,意义已跨越了时空因素。自30年代以来,关于直、意译这一翻译标准的大讨论应该说都是这场论争的深入和继续。……此外,长期以来,欧化与归化现象也一直是人们关注的问题之一。"[2]

综上所述,就汉译日文图书而言,由于严、梁之争的时代还处于一个初始的阶段,并无多大的发力与影响。然而,到了二三十年代,汉译日文图书不仅成了翻译类中出版图书最多的语种,而且,因为中日文汉字的相通,以及翻译过程中大量日文现代汉字名词的引入,在此基础上所形成的"欧化语体",加之在鲁迅等人倡导之下的"以不失原作神味"的"硬译"等。于是,在1930年代的鲁、梁之争中,汉译日文便成了争论的焦点。

如果我们从历史角度去回顾,便可以发现,第一,在翻译标准方面,随着时间的流逝,当年曾坚守文言文立场的严复译作也都被改头换面,事实上,坚持"硬译"立场的鲁迅的译作业已被人所遗忘。就像当代鲁迅研究学者孙郁所说:"五十年间人们对他的翻译的漠视,想来有很复杂的原因。一是所译的作品多是隐曲的灰色之作,与社会主流文化隔膜。……鲁迅译文不被看好的另一个原因是,译笔苦涩,难以卒读。从梁实秋到李敖都是这个看法。澳门有个学者还专门著文论述鲁迅句法的不通,直到现在微词不绝。"[3]第二,在"欧化"问题上,所谓的欧化,主要体现在汉语的句法和词汇上,受到翻译作品的影响而改变。经过鲁迅以及其他所有译者们的努力,大量外来语的进入不仅扩充了汉语的词汇量,也丰富了汉语的表达能力。时至如今,这种进入仍在进行着。第三,而在重译的问题上,在经过梁实秋"三道转贩,变了原形"的指责之后,自1930年代起,国内译界就很少有人再借日译本进行转译的事情发生。这一点,甚至可以从表2-10中得到佐证,在引进的77种日文版的马克思主义社会主义的图书中,由原著译成日文后转

---

[1] 张琳琳:"鲁迅与梁实秋的翻译之争及对翻译批评的意义",《沈阳师大学报(社会科学版)》,2008年第3期(第32卷)。
[2] 刘全福:"鲁迅、梁实秋翻译论战焦点透析",《中国翻译》,2000年第3期。
[3] 孙郁:"一生与三种势力对话 鲁迅首先是翻译家",《北京日报》,2009年9月27日。

译成中文的译作,只有5种。但这大都发生在1930年之前(包括1930年)。而这正是发生在1930年代的鲁、梁之争,留给中国译界的最大遗产。

第五节 新文化、新思想与备战

事实上,民国时期的汉译日文图书的出版,在版块特色之外方面,还存在有三大亮点,那就是对日本京都学派作品的翻译引进、对日本马克思主义学说作品的翻译引进以及对日本军事作品的翻译引进。而这三大亮点,正是这一时期汉译日文图书社会影响力的所在。

一、京都学派学者的作品翻译

向燕南说:"1920年代末兴起的新社会科学运动,从学术发展的角度讲,其影响最巨大、最直接者莫过于史学。"[①]而就史学方面的影响而言,在这一时期,汉译日文图书的最大贡献是对日本京都学派早期成员作品的翻译引进。

京都学派是20世纪初以京都大学学者为核心形成的一个学术流派。以学派成员桑原骘藏的《东洋史要》(会文学社,1899)的汉译为起点,在及至1940年代的40多年间,国内学界翻译出版有11位京都学派学者的71部作品,在史学与文学领域,产生了积极的社会影响。

1. 京都学派的划分

自20世纪初京都大学文科大学创设至今,京都学派已有了百余年的历史。然而,多年来,无论是日本还是国内,对于京都学派的派别以及成员的构成,都没有一个明确的定义。在日本哲学界,最早提出"京都学派"概念的是户坂润,其在"京都学派的哲学"(1932)一文中,称"当代学院派的这些资产阶级的代表西田哲学(或田边哲学)"为"京都学派的哲学",这一学派的代表人物有西田几多郎、田边元和三木清。[②]

而到了20世纪末年,在《岩波哲学、思想事典》(1998)一书中,"京都学

[①] 向燕南:"20世纪二三十年代中国新社会科学运动与史学发展的新境界",《江海学刊》,2008年第3期。

[②] 户坂润:"京都学派的哲学",《户坂润全集》第3卷,东京:劲草书房,1966年,第171页。

派"又被定义为"以京都帝国大学哲学系为依托的西田几多郎及其后继者田边元,以及继承了他们哲学的弟子们的总称,成员有西田几多郎、田边元、被称为'京都学派第二代'的高坂正显、高山岩男、西谷启治、下村寅太郎和铃木成高,以及三木清和户坂润"①。

不过,日本史学界却另有自己的说法,如江上波夫主编的《东洋学的系谱》中,就有"文科大学(今之文学部)是在第一任文学院长狩野亨吉等人的构想下,以中国为中心的东洋学受到重视。其后以狩野直喜、内藤湖南为起始的支那学派,与始自桑原骘藏的东洋史学派,形成两大潮流尽力于教育与研究,而形成了国内外所称之为'京都学派'的精密之风,直至今日"之说。②而有着京大血缘的台湾学者邱添生先生对此解释道,京都学派"系指以日本京都大学为中心之学者的研究,他们奉内藤虎次郎为泰斗,对于中国的历史文化有深刻的理解,其研究成果在国际学术地位上获有相当高度的评价,甚至说京都学派是日本东洋史学界的主流,亦不为过"③。与京都学派的哲学一脉相比,东洋史的人脉名单似乎更多,从狩野直喜、内藤湖南和桑原骘藏,到羽田亨、铃木虎雄、滨田耕作、矢野仁一、高濑五次郎、小川琢治、那波利贞、田村实造、宫崎市定、武内义雄、小岛祐马、本田成之、青木正儿、仓石武四郎、吉川幸次郎、小川环树等,长长的名单令人咋舌。

其实,在哲学与史学之外,还有新京都学派、近代经济学京都学派、宪法学京都学派、精神医学京都学派等之说,他们也都有各自的学派定义与领军人物。如新京都学派主要指的是国际日本文化研究中心和京都大学人文科学研究所的一群学者,主要成员包括桑原武夫、梅棹忠夫、梅原猛、上山春平、今西锦司、贝冢茂树、鹤见俊辅等人。近代经济学京都学派的代表人物有柴田敬、高田保马和青山秀夫等。宪法学京都学派的代表人物有佐佐木惣一、大石义雄、阿部照哉、佐藤幸治等。精神医学京都学派的代表人物有今村新吉、村上仁、加藤清、笠原嘉、木村敏、藤绳昭等。④ 对此,藤井让治在其《京大东洋学的百年》一书的后记中是这样解释的:"'京大东洋学'决不是

---

① 广松涉等编:《岩波哲学、思想事典》,东京:岩波书店,1998年,第346页。
② 江上波夫:《东洋学的系谱》,东京:大修馆书店,1992年。转引自砺波护、藤井让治编:《京大东洋学的百年》,京都:京都大学学术出版会,2002年,第iii页。
③ 邱添生:"论唐宋变革期的历史意义——以政治、社会、经济之演变为中心",《台湾师大历史学报》,1979年第7期。
④ https://ja.wikipedia.org/wiki/%E4%BA%AC%E9%83%BD%E5%AD%A6%E6%B4%BE,2016年10月20日。

磐石一块，在政治上也不带有特定的方向性，毋宁说由于每个领域都自由奔放地主张并洋溢其个性，才给学问的世界带来了丰硕的果实。"①

在中国学术界，对"京都学派"的认识，同样也存在哲学京都学派与东洋史学京都学派的划分。前者有刘及辰（1993）、吴光辉（2009）、龚颖（2013）等人，其代表观点有："'京都学派'被公认为近代日本哲学史上的典型代表，它提出的哲学主张和参与过的思想实践不仅对当时日本社会影响甚大，余波所至超越时空，至于当今。"②后者有钱婉约（2000）、刘正（2011）等人，如刘正直接发声："我们历来固有的习惯是把'京都学派'看成'东洋史学京都学派'的简称。"甚至宣称："这一理解已经具有了十分明显的中国特色。而且，这一特色的理解经过近百年来中日学术界之间的理解、互动和交流，至今也已经极大地影响到了日本学术界。"③而国内学界所以也会出现这样的派别之争，实际上是与研究者各自的传承相关。显然，刘、吴、龚三位均出身于哲学专业，而吴光辉更是京都大学日本哲学史专业的博士。至于钱、刘两位自然就该是史学出身，且钱婉约也有过京都大学人文学部的留学经历，刘正的导师田中正美则是东洋史学京都学派的研究者之一。

不过，由于在二战期间，哲学京都学派接受日本军部的要求，提出大东亚共荣圈的理论构想，为战争鼓吹。吴光辉自己也承认："西田几多郎的哲学思想曾经对近卫文麿、东条英机的大东亚共荣圈的思想产生了一定的影响，因而遭到日本思想界的批判。"④正因为哲学京都学派所有的这种政治与军部阴影，长期以来，在其学术著作的译介方面，受到了国内学界的抵制。在20世纪，哲学京都学派的领军人物如西田几多郎、田边元、户坂润等，都各自只有一部著作得到译介：《善之研究》（西田几多郎，上海开明、新生命书局，1929初版⑤）、《最近自然科学》（田边元，上海商务印书馆，1926）以及《科

---

① 砺波护、藤井让治编：《京大东洋学的百年》，京都：京都大学学术出版会，2002年，第290页。
② 龚颖："哲学与政治之间：近二十年京都学派研究概述"，《世界哲学》，2013年第3期。另有刘及辰：《京都学派哲学》，北京：光明日报出版社，1993年。吴光辉："日本京都学派的四个特性"，《国际社会科学杂志》（中文版），2009年第1期。
③ 刘正：《京都学派汉学史稿》，北京：学苑出版社，2011年，第2页。
④ 吴光辉、吕绮锋："'哲学之道'将走向何处？——京都学派哲学研究的动态与断想"，《日本问题研究》，2012年第4期。
⑤ 20世纪，西田几多郎的《善之研究》于1965年上海商务印书馆以内部出版的名义再版，1981年又由上海商务印书馆以汉译学术名著的名义再版。《最近自然科学》与《科学方法论》无再版记录。

学方法论》(户坂润,上海中华、辛垦书局,1935)。由此,京都学派在中国的学术影响力远不如东洋史学京都学派。

由此,出于学术影响力的角度,本书以东洋史学京都学派成员的汉译作品为分析模型。不过,必须声明的是,这种选择并不代表赞同钱、刘的"京都学派"就是"东洋史学京都学派"的主张。而且,本书对东洋史学京都学派的认定,虽参照了钱、刘之说以及日本学术界的界定,但主要还是依据京都大学人文学部著名的八大讲座[①]教授来认定,即在历史上凡出任过东洋史学第一讲座、东洋史学第二讲座、东洋史学第三讲座、支那语学支那讲座、支那语学支那第二讲座、支那哲学史讲座、地理学讲座、考古学讲座的教授者,均被视作京都学派的成员。

在此,我们按照任职顺序,列出了早期(1930年代前)东洋史学第一讲座的内藤湖南、矢野仁一、那波利贞;东洋史学第二讲座的桑原骘藏、宫崎市定;东洋史学第三讲座的羽田亨、田村实造;支那语学支那讲座的狩野直喜、青木正儿、吉川幸次郎;支那语学支那第二讲座的铃木虎雄、仓石武四郎;支那哲学史讲座的高濑武次郎、小岛祐马;地理学讲座的小川琢治、石桥五郎、小牧实繁;考古学讲座的滨田耕作、梅原末治等。共计19人。

2. 京都学派作品的汉译

那么,在这19位京都学派的成员中,有哪些学者的哪些作品在什么时间被引介到了中国?它们是如何进入的?这些作品又产生了哪些社会影响?还有哪些作者的作品没有得到介绍?这又是为什么?事实上,只有了解京都学派有哪些学者的哪些作品进入,才能够去解读京都学派在中国的传播、影响及意义。同样,也只有通过对那些没有得到介绍的作者与作品分析,才能够看到这样的选择之后的文化认同度。

为此,我们根据《汉译日文图书总书目(1719—2011)》第1卷,对上述19位京都学派学者著作的汉译情况进行了统计(详见表2-9)。

[①] 实际上这八大讲座的教授们所从事研究的内容基本上都与中国有关,与其说是东洋史学京都学派,倒不如说是中国学京都学派。其实国内也已有学者这么定义,如宫敬茹(2009)、胡宝华(2014)等。

表2-9　京都学派汉译作品统计

讲座名	教授名	部数	书名	作者	译者	出版社	出版时间
史学第一讲座	内藤湖南	2	周公彝释文	内藤虎次郎著			
			先秦经籍考（上、中、下）	内藤虎次郎等著	江侠庵编译	商务印书馆	1931
	矢野仁一	1	最近东亚百年小史	矢野仁一著	三通书局编辑部译	三通书局	1939
史学第二讲座	桑原骘藏	17	东洋史要	桑原骘藏著	樊炳清译	东文学社石印	1899
			（增补）东洋史要	桑原骘藏编著	屠长春、樊炳清译	文学图书公司	1899
			中等东洋历史地图	桑原骘藏编	舆地学会译	舆地学会	1899
			历代中外史要（二卷）	桑原骘藏著	樊炳清译		1903
			史要（历代中外史要）	桑原骘藏著	樊炳清译		1903
			东亚史课本	桑原骘藏著	泰东同文局编译	泰东同文局石印	1904
			中等东洋史教科书（上、下册）	桑原骘藏著	周同愈译	文明书局	1905
			东亚新史	桑原骘藏编著	泰东同文局编译	泰东同文局	1905
			（重译考订）东洋史要（四卷）	桑原骘藏著	金为译	商务印书馆	1908
			中学堂教科书东洋史要	桑原骘藏著	金为译	商务印书馆	1913
			蒲寿庚考	桑原骘藏著	陈裕菁译	商务印书馆	1929
			蒲寿庚考	桑原骘藏著	陈裕菁译	中华书局	1929
			唐宋元代中西通商史	桑原骘藏著	冯攸译	商务印书馆	1930

续 表

讲座名	教授名	部数	书名	作者	译者	出版社	出版时间
			中国阿剌伯海上交通史	桑原骘藏著	冯攸译	商务印书馆	1930
			张骞西征考	桑原骘藏著	杨炼译	商务印书馆	1934
			张骞西征考	桑原骘藏著	杨炼译	中华书局	1934
			唐宋贸易港研究	桑原骘藏著	杨炼译述	商务印书馆	1935
史学第三讲座	羽田亨	5	西域文明史概说	羽田亨著	钱稻孙译	泉寿东文书藏	1932
			西域文明史概论	羽田亨著	郑元芳译	商务印书馆	1934
			西域文明史概论	羽田亨著	郑元芳译	中华书局	1934
			元代驿传杂考	羽田亨著	何健民译	国立武汉大学	1935
			中央亚细亚的文化	羽田亨著	张宏英译	商务印书馆	1941
文学第一讲座	青木正儿	17	中国近世戏曲史	青木正儿著	王古鲁译	商务印书馆	1931
			中国古代文艺思潮论	青木正儿著	王俊瑜译	新京满日文化协会	1933
			中国古代文艺思潮论	青木正儿著	王俊瑜译	人文书店	1933
			中国近代戏曲史	青木正儿著	郑震译	北新书局	1933
			中国近代戏曲史	青木正儿著	郑震译	现代书局	1933
			中国文学发达	青木正儿著	郭虚中译	商务印书馆	1936
			中国文学思想史纲	青木正儿著	汪馥泉译	商务印书馆	1936

续 表

讲座名	教授名	部数	书名	作者	译者	出版社	出版时间
			中国文学思想史纲	青木正儿著	汪馥泉译	开明书店	1936
			中国近世戏曲史	青木正儿著	王古鲁译	商务印书馆	1936
			中国文学概论	青木正儿著	隋树森译	开明书店	1937
			中国文学思想史	青木正儿著	汪馥泉译	商务印书馆	1937
			南北戏曲源流考	青木正儿著	江侠庵译	商务印书馆	1938
			诗经的星·从西湖三塔说到雷峰塔	野尻抱影、青木正儿著	张我军译	北京近代科学图书馆	1938
			中国文学概说	青木正儿著	隋树森译	开明书店	1938
			元人杂剧序说	青木正儿著	隋树森译、徐调孚校补	开明书店	1941
			中国文学与日本文学	青木正儿著	梁盛志编译	国医书社	1942
			中国文学与日本文学	青木正儿著	梁盛志编译	(伪)国立华北编译馆	1942
文学第二讲座	铃木虎雄	6	沈约年谱	铃木虎雄著	马导源编译	商务印书馆	1935
			赋史大要	铃木虎雄著	殷石臞译	正中书局	1942
			中国文学论集	铃木虎雄著	汪馥泉译	商务印书馆	1930
			中国文学论集	铃木虎雄著	汪馥泉译	神州国光社	1930
			中国古代文艺论史	铃木虎雄著	孙俍工译	北新书局	1932
			中国古代文艺论史	铃木虎雄著	孙俍工译	译者自刊	1932

续 表

讲座名	教授名	部数	书名	作者	译者	出版社	出版时间
哲学讲座	高濑武次郎	2	中国哲学史（上、中、下）	高濑武次郎著	赵兰坪编译	国立暨南学校出版部	1925
			支那哲学史	高濑武次郎编著	赵正平译		1945年前
地理讲座	小川琢治	4	战争地理学总论	小川琢治、太田喜久雄著	张其春译	钟山书局	1933
			地理学序论	小川琢治著	何忆译	商务印书馆	1936
			穆天子传地名考	小川琢治著	刘厚滋译		1937
			地理学序论	小川琢治著	何忆译	中西医药书局	1940
	石桥五郎	2	人口地理学	石桥五郎著	沐绍良译	商务印书馆	1938
			日本人文地理（上下册）	石桥五郎著	张其春译	商务印书馆	1940
	小牧实繁	2	民族地理学	小牧实繁著	郑震译	艺文书店	1935
			民族地理学	小牧实繁著	郑震译	商务印书馆	1936
考古讲座	滨田耕作	12	法隆寺与汉六朝建筑式样之关系·玉虫厨子之建筑价值	滨田耕作著	刘敦桢译、补注	中国营造学社	1931
			考古学通论	滨田耕作著	俞剑华译	商务印书馆	1931
			东亚文化之黎明	滨田耕作著	汪馥泉译	黎明书局	1932
			东亚文化之黎明	滨田耕作著	汪馥泉译	中日文化协会	1932
			东亚文化之黎明	滨田耕作著	孟世杰译	儿童书局	1932
			东亚文化之黎明	滨田耕作著	孟世杰译	文化学社	1932
			考古学通论	滨田耕作著	俞剑华译	太平书局	1933

续表

讲座名	教授名	部数	书名	作者	译者	出版社	出版时间
			东亚文明之黎明	滨田耕作（原题滨田青陵）著	徐翔穆译	神州国光社	1934
			东亚文明的曙光	滨田耕作著	杨炼译	商务印书馆	1935
			古物研究	滨田耕作等著	杨炼译	商务印书馆	1936
			古玉概说	滨田耕作著	胡肇椿译	商务印书馆	1936
			古玉概说	滨田耕作著	胡肇椿译	中华书局	1936
	梅原末治	1	中国青铜器时代考	梅原末治著	胡厚宣译	商务印书馆	1936

本表根据《汉译日文图书总书目：1719—2011》第1卷相关资料整理制作

统计结果显示出三个典型的特征，其一，在历史上国内学界对京都学派学者作品的汉译时间要早于京都学派形成。也就是说早在京都学派的形成之前，就已经对京都学派学者的作品有所汉译了。如桑原骘藏是在1908年才出任东洋史学第二讲座教授的，而国内早在1899年就对其《东洋史要》、《中等东洋历史地图》等作品进行了翻译。然而，有意思的是，这一时期虽然翻译有桑原骘藏的作品，却又忽视了对同为京都学派奠基者的内藤湖南及狩野直喜作品的汉译。这一现象表明早期的汉译选本并不是以京都学派为选项的。

其二，1930年代是京都学派学者作品翻译出版的高峰期。具体而言，全部的71部汉译作品中，有49部作品是在1930年代出版。从作者的构成来看，在曾任京都大学八大讲座教授的19位京都学派学者中，有11位学者出版了71部汉译作品，但也有8位学者没有任何作品得到翻译出版。出版有5部以上作品的学者有桑原骘藏、羽田亨、青木正儿、铃木虎雄、滨田耕作等5人，其中翻译作品最多的是桑原骘藏(17部)与青木正儿(17部)。而在哲学与地理学讲座一共只有10部作品得到译介。这一现象表明在不同领域的学者之间，作品的译介存在有很大的不平衡性。

其三,从京都学派的作者与中国的关联度情况分析,作品的引进与作者和中国的亲密程度似乎没有太大的关联。桑原骘藏被称为"一个最讨厌支那的支那学家",在其作品中,《东洋史说苑》录入 24 篇汉学论文,其中"支那人辫发的历史"、"支那人的食人肉风习"、"支那的宦官"、"支那人的文弱和保守"、"支那人的妥协性和猜疑性"等"公开蔑视中国人种和中国文化"[①],而其作品却有广泛的引进。反之,有过留学中国经历,并与王国维、罗振玉等国内学界人士有密切交往,并对中国有着较高的关注度与亲密关系的狩野直喜,却没有任何作品引进。同样的是,一生之间曾 9 次访华,与沈曾植、文廷式、刘鹗、夏曾佑、胡适、黄侃、章太炎、陈寅恪等国内学界人士有着密切交往的内藤湖南,在当时也没有作品引进。

由此而言,当时国内对京都学派学者作品的引进是有所选择的,不是说每一个京都学派学者的作品都有引进,而且作品的引进也是随着时代的变迁而不断地变化着的。如果对这种引进的情况进行具体分析的话,就可以清晰地看到这种变迁的痕迹。

3. 京都学派作品的汉译及传播背景

说起国内对京都学派学者作品的引进就不得不提桑原骘藏。因为,桑原骘藏不仅是作品引进最早的京都学派学者(《东洋史要》,1899),也是引进作品最多的京都学派学者之一(不过,1899—1900 年间所出版的 10 部作品实际上都是《东洋史要》的不同译本)。

事实上,对桑原骘藏的作品引进纯属偶然。以《东洋史要》的汉译出版为例,日文原书 1898 年才在日本国内出版,1899 年便由东文学社推出了汉译版,即便在今天也称得上是罕见的翻译出版速度了。更有意思的是译者樊炳清当时只是东文学社 1898 年入学的一名日语新学员,此前从未去过日本。那么,他怎么会选择桑原骘藏的作品翻译?而其原版书又从何而来?

在此,就不得不提及樊炳清的老师藤田丰八。时任东文学社日语教员的藤田丰八,毕业于东京大学文学部(1895 届本科),不仅是桑原骘藏(1896 届本科)同一学部的先辈,而且还是东洋史研究同好,其在 1897 年就出版有《东洋史》(文学社,1897)。因此,很有可能是藤田丰八推荐并且提供了桑原骘藏的《中等东洋史》(《东洋史要》的日文版原名,大日本图书,1898)样书,才会有樊炳清的翻译以及东文学社的出版。

---

① 刘正:《京都学派》,北京:中华书局,2009 年,第 74 页。

为扩大《东洋史要》的影响，王国维在序言中，甚至将《东洋史要》推崇到了近代科学的高度："自近世历史为一科学，故事实之间不可无系统。抑无论何学，苟无系统之智识者，不可谓之科学。中国之所谓'历史'，殆无有系统者，不过集合社会中散见之事实，单可称史料而已，不得云历史。……桑原君之为此书，与中国及塞外之事，多据中国正史。其印度及中央亚细亚之事，多采自西书，虽间有一二歧误，然简而赅、博而要，以视集合而无系统之事实者，其高下得失，识者自能辨之。余尤愿读是书者，就历史上诸般之关系，以解释东方诸国现时之社会状态，使毋失为科学之研究，乃可贵耳。"①

《东洋史要》一经刊出，立刻引发国内知识界、学界的追捧。梁启超在《东籍月旦》的论文中，称《东洋史要》"条理整顿，繁简得宜，论断有识"，为"现行东洋史之最良者"。也因为此，在1899—1913年间，不算其他社的各类版本，仅东文学社版的《东洋史要》就曾先后再版过6次。

不过，《东洋史要》的成功，并没有引发国内学界、译界对其他京都学派学者作品的追捧。尽管在20世纪头20年，京都学派学者的代表人物，如狩野直喜、内藤湖南、桑原骘藏、羽田亨、青木正儿、吉川幸次郎、铃木虎雄、滨田耕作等都先后走访中国，并且与中国学界建立了良好的学术关系，但是，他们的学术作品在当时都没有得到推荐与出版。

事实上，京都学派学者的作品在中国走红一直要等到1930年代。原因是在1920年代末至30年代初，中国学界兴起了一场"新社会科学运动"，这场运动"促进了社会科学理论对史学的渗入，特别是扩大了历史唯物主义在中国历史学界的影响"②，反映在当年的图书翻译领域，则建构出了五大典型特色："第一，是新兴的社会科学抬头。这是新兴阶级的抬头的必然的反应。新兴的社会科学在这一年里，可以说已经确确实实地树立起它的存在权了。第二，是关于经济学的书籍特占多数。第三，是关于方法论——尤其是唯物辩证法这一类书籍的流行。这就意味着中国的读书界已经有了更进一步去研究社会科学的需要之表示。第四，是关于苏联的研究书籍和关于帝国主义的书籍，占了不少数目。第五，是关于历史方面——如经济史，及

---

① 陈鸿祥：《王国维年谱》，济南：齐鲁书社，1991年，第356页。
② 向燕南："20世纪二三十年代中国新社会科学运动与史学发展的新境界"，《江海学刊》，2008年第3期。

经济学史、社会思想史,等等——也占了相当的数目。"①而日本京都学派的学术作品显然与其中的第一及第五项相关联,故而,从1930年代开始,学派的一些主要成员的作品就渐渐地得到了译介,以至于在短短的10年间,就翻译出版了49种相关图书。

从这一时期所译介的作者及作品来看,其主要作者有桑原骘藏(5部)、羽田亨(4部)、青木正儿(14部)、铃木虎雄(6部)、小川琢治(3部)、滨田耕作(12部)等。作品主要为历史及考据类,如桑原骘藏的《唐宋元代中西通商史》、《中国阿剌伯海上交通史》、《张骞西征考》等,羽田亨的《西域文明史概论》、《元代驿传杂考》等,青木正儿的《中国近世戏曲史》、《中国古代文艺思潮论》、《南北戏曲源流考》等,铃木虎雄的《中国古代文艺论史》、《沈约年谱》等,小川琢治的《战争地理学总论》、《穆天子传地名考》等,滨田耕作的《考古学通论》、《东亚文明之黎明》、《古物研究》等。这一现象也许与当时的人们对京都学派的认识相关,因为他们以为京都学派"更多地由清代乾嘉考证学发展而来。乾嘉考证学更发展到'二重证据法'。即京都学派的所谓'考证学',十分强调要发现能与原有的文献资料相印证的新文献和新文物,如甲骨、金石文、古碑等为前提"②。严绍璗先生也认为:"这一学派在对中国文化的研究中,强调确实的事实,注重文献的考订,推行原典的研究。"③

不过,在这一时期,作为东洋史学京都学派开创者之一的狩野直喜却没有任何作品得到译介。狩野直喜是"京都支那学"的三大创始人之一,早在1900年便作为日本文部省奖学金获得者留学中国,1901年又在上海一带访学3年之久。在这期间,与王国维结识并且有着深度的交往,与罗振玉等也有深切的友谊,可以说是一个对中国社会文化有着深切交往与关注的人物。狩野直喜"先后写下《中国哲学史》、《两汉学术考》、《魏晋学术考》、《支那文学史》、《清朝的制度和文学》、《支那小说戏曲史》、《论语孟子研究》、《支那学文薮》等汉学研究名作,还留下了大量的汉文古体诗"④。然而,这么一个人物,却没有一部作品被国内译介。这也许与狩野直喜当时的社会身份有关,

---

① 君素:"1929年中国关于社会科学的翻译界",《新思潮》第2、3期合刊。转引自向燕南:"20世纪二三十年代中国新社会科学运动与史学发展的新境界",《江海学刊》,2008年第3期。

② 煮酒君:"日本汉学——京都学派与东京学派",http://blog.sina.com.cn/s/blog_9ae454b30102x90i.html,2016年10月20日。

③ 严绍璗:《日本中国学史》,南昌:江西人民出版社,1991年,第373页。

④ 刘正:《京都学派》,北京:中华书局,2009年,第47页。

因为就在1923年至1938年,他曾经担任过日本外务省的"对支文化事业调查会委员",鼓吹"日满合作"。无独有偶,作为东洋史学京都学派开创者之一的内藤湖南,在此时也仅有一部作品《先秦经籍考(上、中、下)》得到译介,这很有可能是因为其所谓的"科学的学术研究"中,有一主张:"单从财政上看,把满洲分离出去,是有益的。因为(支那)现在的财政没有继续占有满洲的实力。"①显然,这一类披着学术外衣为日本的侵略涂脂抹粉的作品,受到了当时国内学术界的抵制。

此后,受中日战争(1937—1945)因素的影响,加之在战争中,一些京都学派的学者们所表现出的对战争的支持或呐喊态度,其中,不仅仅是京都哲学学派学者,还包括有京都东洋史学派学者,如内藤湖南、矢野仁一等②。在此背景下,国内的学术界对京都学派学者的作品译介就此转入低潮。

4. 京都学派作品的社会影响

从桑原骘藏的《东洋史》(东文会社,1899)到青木正儿的《中国文学与日本文学》(国医书社,1942)及铃木虎雄的《赋史大要》(正中书局,1942),这40多年间,可以说国内的出版界对京都学派作品的译介一直都在不断地持续着。从图书出版的角度而言,如果图书的翻译引进不产生任何的社会影响,引进就不可能持续。换句话说,京都学派学者的作品还是有着一定的社会影响的。

从京都学派八大讲座教授的专业方向来看,包括有历史、文学、语言学、哲学、地理学、考古学等。然而,一旦具体到有哪些教授的哪些作品得到译介,便可发现,其实,这40多年京都学派在国内学界的影响主要还是集中在历史与文学方面。

说起京都学派作品的社会影响,首先表现在对中国近代科学意义上的史学、文学的构建上。梁启超在《格致学严格考略》中曾说:"吾中国之哲学、政治学、生计学、伦理学、史学、文学等,自二三百年以前皆无,已远逊于欧西。"③当然,梁启超所说的"皆无"的史学、文学等,是指近代科学意义上的

---

① 内藤湖南:《支那论——附支那新论》,第93页。转引自王向远:《日本对中国的文化侵略——学者文化人的侵华战争》,北京:昆仑出版社,2015年,第130页。
② 在王向远先生《日本对中国的文化侵略——学者文化人的侵华战争》一书中,专门有一章叙述了"东洋史"、"支那史"研究中的侵华图谋,内中就列有内藤湖南、矢野仁一等京都学派学者的名字。
③ 梁启超:《梁启超全集》,北京:北京出版社,1999年,第951页。

史学、文学,故而在晚清之前都还不存在。事实上,在清末民初,有很多人都持与梁启超相同的观点。如历史,有王国维的"中国之所谓'历史',殆无有系统者,不过集合社会中散见之事实,单可称史料而已,不得云历史"之说;[1]在文学,也有钱锺书的"在传统的批评上,我们没有'文学'这个综合的概念,我们所有的只是'诗'、'文'、'词'、'曲'这许多零碎的门类"[2]的判断。

在历史学方面,日本的京都学派,虽在学术方法上比较西化,但其研究切入的点,又非常"东洋"。袁咏红曾这样评说道:"日本近代中国学起先包含较多的西学元素,尤其深受兰克学派实证主义的影响。他们运用环境论、社会学、人种学与民族学的方法,对中国的地理环境、种族起源与民族关系、社会制度、经济结构、思想文化等加以研究。产生了一批宏观的'通史'、'文明史'、'开化史'等成果。……章太炎在1903年计划编写中国通史,夏曾佑、刘师培各自编出'中国历史教科书',都明显受到日本近代中国学相关史著的影响。"[3]有意义的是,袁咏红还具体点明了当时中国史学界对狩野直喜、青木正儿、内藤湖南和桑原骘藏等人的态度,如对"狩野直喜以及更年轻的武内义雄、青木正儿等人",是"非常友好,尊重他们的研究成果"。而对内藤湖南、桑原骘藏,则是"高度重视内藤的'宋代近世说'和'文化中心移动说',当时讨论到相关问题的著述,都引用其言而不掩其功。在日本有'最厌恶支那的支那研究者'之称的桑原骘藏,在1910—1920年间曾热衷研究中国的宦官、发辫,以及中国人的'文弱与保守'、'妥协性与猜疑心'等'劣根性'问题。但他的《东洋史要》因王国维的推崇而依旧流行,加之桑原对东西方交通和文化交流的研究很有造诣,陈垣等著名史学家对他也很赞赏"[4]。由此,京都学派对中国近代史学构建方面的意义也就不言而喻了。

至于京都学派对中国近代文学构建方面的意义,潘德宝借用鲁迅之说,即"文学"一词"不是从'文学子游子夏'上割下来的,是从日本输入,他们的对于英文 Literature 的译名"[5]之后,更进一步证明文学的概念是周作人在日本读到 William Heinemann 等人的著作后,"将西方有关文学的定义引用到《论文章之意义暨使命因及中国近时论文之失》(1908)一文中,并将西方

---

[1] 转引自陈鸿祥:《王国维年谱》,济南:齐鲁书社,1991年,第356页。
[2] 钱锺书:《写在人生边的边上》,北京:三联书店,2002年,第249页。
[3] 袁咏红:"中国史学界对日本近代中国学的迎拒",《光明日报》,2009年6月2日。
[4] 袁咏红:"中国史学界对日本近代中国学的迎拒",《光明日报》,2009年6月2日。
[5] 鲁迅:《鲁迅全集》第6卷,北京:人民文学出版社,2005年,第95-96页。

的文学概念输入中文语境"①。遗憾的是,潘德宝没有能就京都学派对中国近代文学的构建进一步展开。

其实,在京都学派中,关联到文学领域的有支那语学第一讲座与支那语学第二讲座,其领军人物应该是第一讲座的狩野直喜、青木正儿等人。对于京都学派在文学领域的奉献,严绍璗先生曾有这样的高度评价:"把文学从经学的奴仆中解放出来,使它作为一种独立的学术而成为文化研究的一个类别,又在传统的以诗文为文学主干的观念中把文学研究的重心移向小说、戏剧这样一些通俗文学之中……这是近代日本中国学在其形成过程中作为'文学研究'而被确立的两大标志。狩野直喜是第一位对中国文学进行具有近代科学意义的研究的学者。"②与此同时,他还将青木正儿所撰写的《中国近世戏剧史》称为"日本学者在20世纪中国古典戏剧研究中树起的丰碑,至今仍然没有失去它的光辉"③。而该作品之所以会被称为"丰碑",是因为它"真正填补了我国戏剧史的空白,使我国具有现代性的中国戏剧史研究真正确立和完善"④。由此,京都学派对中国近代文学构建方面的意义同样就不言而喻了。

二、日本马克思主义学说作品的翻译引进

说及马克思主义在中国的早期传播,目前学界所公认的渠道有三条。第一条渠道就是日本,其代表人物有李大钊、陈启修、李达、李汉俊等;第二条渠道是西欧,代表人物有周恩来、蔡和森等。第三条渠道是苏俄,代表人物有杨明斋、瞿秋白等。如果说及日本渠道在早期马克思主义传播过程中的地位与作用,学界也有公认:"大约直到1919年,即'五四运动'那一年,中国人对欧洲各社会主义流派的了解。包括对马克思、恩格斯创立的社会主义学说的了解几乎全部来自日语,或是欧洲语言原著的日文翻译,或是日语

---

① 潘德宝:"现代中国文学观念的形成与日本中介",复旦大学博士论文,2013年,第25页。
② 严绍璗:"日本近代中国学中的实证论与经院派学者——日本中国学家狩野直喜、武内义雄、青木正儿研究",《岱宗学刊》,1997年第2期。
③ 严绍璗:"日本近代中国学中的实证论与经院派学者——日本中国学家狩野直喜、武内义雄、青木正儿研究",《岱宗学刊》,1997年第2期。
④ 郝蕊:"翻译出版于中日学术交流——以青木正儿《中国近世戏剧史》为中心(上)",《国际中国文学研究丛刊》(第2集),2013年。

的社会主义著作。"[①]"在马克思、恩格斯著作的中文翻译方面,日文本和俄文本曾经是中国人的主要文本依据,这是不可否认的事实。"[②]

然而,如果我们对1900—1930年代国内出版的涉及马克思主义和社会主义学说的汉译日文图书加以考察的话,就会发现这一时期的汉译日文图书中几乎都是日本早期马克思主义者对马克思主义理论学说的解读与转录,却没有一部马克思恩格斯经典著作是经由日文版转译的。即便如此,日本作为早期马克思主义传播的主渠道地位仍然不可动摇。因为通过日本的译本借鉴及"新汉语词汇"帮助,不仅为马克思主义的经典著作翻译奠定了基础,而且,通过日本早期马克思主义者对马克思主义理论学说的阐述,也为马克思主义中国化及通俗化解读与转录奠定了基础。

1. 汉译日文马克思主义理论作品概说

按照出版顺序,我们对1900—1930年代在国内出版的涉及马克思主义和社会主义学说的汉译日文书目进行了初步梳理,共整理出图书77种(详见表2-10)。其中,最早在国内宣传社会主义思想的汉译日文图书,是幸德秋水所著的《社会主义广长舌》(国民丛书社,1902),而最早在国内介绍马克思《资本论》的,应该是由远藤无水译、李汉俊重译的《马格思资本论入门》(文化印务局,1920)。

表2-10　译自日文的马克思主义作品书目表(1900—1930年代)

序号	书号	作者	译者	出版地	出版社	出版时间
1	社会主义广长舌	幸德秋水著	赵必振译		国民丛书社	1902
2	社会主义	村井知至著	侯士绾译	上海	文明书局	1903
3	社会主义	村井知至著	罗大维译	上海	广智书局	1903
4	社会主义概评	岛田三郎著	译者不详	上海	作新社	1903
5	近世社会主义	福井准造著	赵必振译	上海	广智书局	1903
6	广长舌	幸德秋水著	商务印书馆编译所译	上海	商务印书馆	1912

[①] 李博:《汉语中的马克思主义术语的起源与作用》,北京:中国社会科学出版社,2003年,第79页。

[②] 徐素华:《马克思恩格斯著作在中国的传播》,北京:中国社会科学出版社,2013年,第73-74页。

续 表

序号	书号	作者	译者	出版地	出版社	出版时间
7	马格思资本论入门	马尔西著	远藤无水译，李汉俊重译		文化印务局	1920
8	近世经济思想史论	河上肇著	李培天译	上海	泰东图书局	1920
9	救贫丛谈	河上肇著	杨山木译	上海	商务印书馆	1920
10	贫乏论(原名：贫乏物语)	河上肇著	李凤亭译	上海	泰东图书局	1920
11	马克思学说概要	高畠素之著	施存统译	上海	商务印书馆	1922
12	社会主义与进化论	高畠素之著	夏丏尊、李继桢译述	上海	商务印书馆	1922
13	社会组织与社会革命	河上肇著	郭沫若译	上海	商务印书馆	1925
14	资本论解说	[德]考茨基著；高畠素之译	戴季陶译，胡汉民补译	上海	民智书局	1927
15	辩证法的唯物论	堺利彦著	吕一鸣译	北京	北新书局	1927
16	社会主义学说大要	堺利彦著	吕一鸣译	上海	北新书局	1927
17	资本主义文化与社会主义文化	平林初之辅著	阮有秋译	上海	太平洋书店	1928
18	社会主义哲学史要	河田嗣郎著	潘大道译	上海	商务印书馆	1928
19	马克思主义经济学	河上肇著	温盛光译	上海	启智书局	1928
20	社会改革底必然性	河上肇著	沈绮丽译	上海	创造社出版部	1928
21	资本主义经济学之史的发展	河上肇著	林植夫译述	上海	商务印书馆	1928
22	基尔特社会主义	北泽新次郎著	佘叔奎译	上海	太平洋书店	1928
23	基尔特社会主义	北泽新次郎著	佘叔奎译	上海	华通书局	1928
24	经济学大纲	河上肇著	陈豹隐译	上海	乐群书店	1929
25	经济学大纲	河上肇著	陈豹隐译	上海	商务印书馆	1929
26	人口问题批评	河上肇著	丁振一译	上海	南强书局	1929
27	社会主义经济学	河上肇著	邓毅译	上海	光华书局	1929

续 表

序号	书号	作者	译者	出版地	出版社	出版时间
28	政治学大纲	河上肇著	陈豹隐译	上海	乐群书店	1929
29	马克思经济学说的发展	河西太一郎等著	萨孟武等译	上海	商务印书馆	1929
30	马克思经济学说的发展	河西太一郎等著	萨孟武等译	上海	新生命书局	1929
31	唯物史观经济史（下册：社会主义经济之发展）	河野密著	钱铁如译	上海	昆仑书店	1929
32	辩证法与资本制度	山川均著	施伏量译	上海	新生命书局	1929
33	唯物史观经济史（上册：资本主义以前经济史）	山川均著	熊得山译	上海	昆仑书店	1929
34	唯物史观经济史（上册：资本主义以前经济史）	山川均著	熊得山译	上海	江南书局	1929
35	棒喝主义	高畠素之著	龙绍臣译	上海	华通书局	1929
36	经济学上的主要学说（上册）	高畠素之著	邓绍先译	上海	华通书局	1929
37	剩余价值学说概要	高畠素之著	吕一鸣译	上海	北新书局	1929
38	资本论概要	[德]考茨基著；石川准十郎改编	洪涛译	上海	神州国光社	1930
39	社会主义原理	波多野鼎著	刘侃元译	上海	联合书店	1930
40	地租思想史	高畠素之著	夏维海、胡一贯译		新使命出版社	1930
41	经济思想主潮	高畠素之著	朱一民译		国立编译局	1930
42	经济思想主潮（原名：经济至上之主要学说）	高畠素之著	朱一民译	上海	乐群书店	1930
43	马克思十二讲	高畠素之著	萨孟武、陈宝骅、邢墨卿译	上海	新生命书局	1930

续表

序号	书号	作者	译者	出版地	出版社	出版时间
44	资本论大纲	高畠素之著	施存统译	北京	金华书局	1930
45	马克思底经济学说	[德]考茨基著	高畠素之译 汪馥泉重译	上海	神州国光社	1930
46	马克思资本论大纲	山川均著	陆志青译	上海	未明社	1930
47	资本论大纲	山川均著	傅烈译	上海	辛垦书店	1930
48	资本论大纲	山川均著	傅烈译	上海	广州方圆社	1930
49	乌托邦社会主义	土田杏村著	刘下谷译	上海	春明社	1930
50	乌托邦社会主义	土田杏村著	刘下谷译	上海	辛恳书店	1930
51	马克思语义批判者之批判	河上肇著	江半庵译	上海	申江书店	1930
52	马克思主义经济学基础理论	河上肇著	李达等译	上海	昆仑书店	1930
53	唯物论纲要	河上肇著	周拱生译	上海	乐华图书公司	1930
54	唯物史观的基础	河上肇著	巴克译	上海	明日书店	1930
55	唯物史观研究	河上肇著	郑里镇译	上海	文华书局	1930
56	新经济学之任务	河上肇著	钱铁如译	上海	昆仑书店	1930
57	新经济学之任务	河上肇著	钱铁如译	上海	神州国光社	1930
58	唯物辩证法者的理论斗争	河上肇著	江半庵译	上海	星光书店	1931
59	唯物辩证法者的理论斗争	河上肇著	江半庵译	上海	申报馆	1931
60	地租思想史	高畠素之著	王亚南译	上海	神州国光社	1931
61	地租思想史	高畠素之著	王亚南译	上海	商务印书馆	1931
62	资本论大纲	高畠素之著	施存统译	上海	勤奋书屋	1932
63	马克思主义经济学大纲	河上肇著	江伯玉译		著者刊	1932
64	通俗剩余价值论(社会科学之部)	河上肇著	钟古熙译,施复亮校	上海	神州国光社	1932

续 表

序号	书号	作者	译者	出版地	出版社	出版时间
65	马克思主义经济论初步问答	河上肇著	潘敬业编译	北京	华北编译社	1933
66	人口问题批评	河上肇著	丁振一译	上海	中华书局	1933
67	社会主义讲话	山川均著	徐懋庸译	上海	生活书店	1933
68	正统学派的价值学说	波多野鼎著	杨及玄译述	上海	商务印书馆	1934
69	正统学派的价值学说	波多野鼎著	杨及玄译述	上海	神州国光社	1934
70	资本主义经济学之史的发展	河上肇著	林植夫译述	上海	长沙商务印书馆	1935
71	新社会科学讲话（原名：第二贫乏物语）	河上肇著	雷敢译	北京	朴社	1936
72	新社会主义讲话	河上肇著	雷敢译	上海	商务印书馆	1936
73	唯物史观的文学论	森山启著	廖必光译	上海	上海杂志公司	1936
74	通俗资本论读本	川上贯一著	林文译	上海	潮锋出版社	1937
75	通俗资本论读本	川上贯一著	林文译	上海	商务印书馆	1937
76	社会主义社会学	留伊斯著	高畠素之译，刘家笃重译	上海	华通书局	1945年前版
77	资本论大纲	高畠素之著	刘侃元译			1945年前版

本表根据《汉译日文图书总书目：1719—2011》第1卷相关内容编制

根据表2-10的统计数据，如果考虑到中国在1920年方有马克思恩格斯的经典作品《共产党宣言》（社会主义研究社，1920）的翻译出版，要到1930年才有马克思的《资本论》第一卷（昆仑书店，1930）的翻译出版，那么，一个不争的事实就是，在真正的马克思恩格斯的经典原著进入中国之前，中国人主要是通过日本早期马克思主义者的阐述，来接受马克思主义以及社会主义思想的。为此，早在1990年代，左玉河等人就已经指出："中国人最先宣传接受的是日本马克思主义者阐述的马克思主义;中国的先进知识分子如吴玉章、李达、李大钊等均是通过学习和研究日本马克思主义典籍而接受马克思主义的。因此,日本成为马克思主义传入中国的最早渠道。"[1]

根据表 2-10 的数据统计,在汉译日文图书方面,虽然在 1902—1903 年间,就有马克思主义和社会主义学说译作的引进。但是,在 1904—1919 年间,却出现了长达 17 年的译作引进空白期。期间,虽有 1912 年商务印书馆对幸德秋水的《社会主义广长舌》进行重新翻译,却拿走前面的"社会主义"而改其名为《广长舌》。由此可知,在清末民初,日文版马克思主义和社会主义学说译作的引进并不为社会广泛认同。

在中国,马克思主义和社会主义学说译作的真正引进要在新文化运动之后,当时受俄国十月革命以及新文化运动的影响,国内的一批先进知识分子开始从思想上追寻马克思主义,从而出现了以《新青年》、《每周评论》为群体的马克思主义介绍热点。反映在汉译日文图书方面,在 1920 年之后,就渐次出现了对日本早期马克思主义者高畠素之、河上肇等人介绍马克思主义学说的作品翻译。不过,这些日文版译作的出版高峰期,还要到 1928—1937 年,表 2-10 的数据显示,80%以上的马克思主义和社会主义学说译作是出现在这 10 年间的。

同样是根据表 1 的数据,还可以看到,在这些翻译的书目中,绝大部分是日本早期马克思主义者对马克思主义和社会主义学说的解读与转录。其中,真正由原著译成日文后转译成中文的译作,只有 5 种。即马尔西(?)著的《马格思资本论入门》,考茨基所著的《资本论解说》、《资本论概要》、《马思底经济学说》以及留伊斯(?)所著的《社会主义社会学》。由此而言,国人并没有从日译本直接转译马克思恩格斯的经典著作,而那些日译本所引进的马克思主义和社会主义学说译作,90%以上是日本早期马克思主义者对马克思主义和社会主义学说的解读与转录。

2. 马恩经典著作的缺失

事实上,日本学者对马克思恩格斯经典著作的翻译远早于国内。如《共产党宣言》,据史料记载早在 1904 年 11 月 13 日,日本的《平民新闻》第 53 号就刊登了"由幸德秋水与堺利彦共同翻译的《共产党宣言》,这是根据サミ

---

[1] 左玉河、王瑞芳:"论马克思主义在中国的传播",《史学月刊》,1991 年第 4 期。

ュエル・ムーア(Samuel Moore)的英译本所译的最早的《共产党宣言》"①。至于《资本论》,不仅有河上肇翻译的1卷本《资本论》(弘文堂,1921),甚至还有高畠素之翻译的3卷本《资本论》(第1卷,大镫阁,1920—1921;第3卷,大镫阁,1921—1922;第2卷,而立社,1923—1924)等。既然如此,为什么没有国内译者直接从日译本去转译马克思恩格斯的经典著作呢?

一个不争的事实是,国内译者在对马克思恩格斯著作的早期翻译过程中,的确参照和借鉴了日译本的相关内容。如陈望道所翻译的《共产党宣言》,"在实际翻译时是把英译本和日本翻译家幸德秋水和堺利彦1906年的日译本《共产党宣言》进行对照之后才慎重下笔的"②。同样的还有陈豹隐翻译的《资本论》第1卷,"一般认为以德文版为依据,也有人说是以日文本为依据。至少参照了日本学者高畠素之的日文全译本和河上肇、宫川实合译的日语版《资本论》。在《译者序》后面的《资本论旁释》标题下,还附上了考茨基的法文本导言和河上肇的日文本《资本论入门》序说"③。此外,如彭嘉生所译的《费尔巴哈论》(1929),吴亮平所译的《反杜林论》(1930)以及许德恒所译的《哲学的贫困》也都参考了日译本。④

由此而言,在早期马克思恩格斯著作的翻译过程中,国内译者就已经意识到日译本并不能准确表达经典著作原意的问题。因而采用了将英文本、德文本、法文本甚至俄文本作为原本,并参照日译本进行翻译的做法。毫无疑问,这一做法体现出当时的译者在图书翻译文本学认识上的一种进步,也体现出译者对马克思恩格斯经典著作翻译的慎重。在这种进步与慎重之后的是,国内这些译者应该对马克思主义已具有一定的认识。对此,李白玲曾有解释说:"1921年7月中国共产党成立以后,明确把马克思主义作为党的指导思想。在翻译方面,一些在国外的共产主义者陆续回国,扩大和加强了国内译介马克思主义的理论队伍。他们把俄、德、日、法等语种的马克思主

---

① 堺利彦:维基百科日文版,https://ja.wikipedia.org/wiki/%E5%A0%BA%E5%88%A9%E5%BD%A6,2016年10月20日。
② 王东风、李宁:"译本的历史记忆:陈望道译《共产党宣言》解读",《中国翻译》,2012年第3期。
③ 田永、田梦霞:"日本马克思主义研究对中国的传播贡献",《日本问题研究》,2014年第4期。
④ 田永、田梦霞:"日本马克思主义研究对中国的传播贡献",《日本问题研究》,2014年第4期。

义著作译介到中国,并且具备研究和宣传马克思主义理论的能力。"①

必须指出的是,在这一时期,国内译者之所以采用参照日文译本来进行经典著作翻译的做法,一个重要的原因是对日文词汇以及翻译手法的借用。如王东风等人就列举出了陈望道所译《共产党宣言》与幸德秋水、堺利彦所译日文本《共产党宣言》中完全相同的词汇有怪物、徘徊、共产主义、神圣同盟等,总计 70 个,而相近的词汇也有法皇—法王、探侦—侦探、富豪—豪富等 16 个。②而田永等也说:"陈豹隐的(《资本论》)译文有许多日语的痕迹,甚至有的翻译语言直接取自日语译本。"③所以如此,是因为自明治维新以来,日本学者在对包括马克思恩格斯著作在内的西方作品进行翻译时,有过很多斟酌,并创造了许多新的词汇。马克思恩格斯的著作中有很多独创的用语,如果没有一定的文字创造力及理论水准,是无法从容地展开翻译的。其实,日本早期的社会主义运动者安部矶雄也曾在 1909—1910 年间对《资本论》进行过部分翻译,就因为对"马克思主义经济学那些独创的用语理解有困难,译文也不能够满足读者的需求"而不得不放弃。④

对此,胡槙也曾指出,早在 1882 年,"井上哲次郎、和田谦之、有贺长雄等人,以东京大学三个院系共同编发的形式,出版了《哲学字汇》,奠定了各科学术译词的雏形"⑤。胡槙随之将这种学术词汇称为日本的"新汉语词汇"。其实,侯外庐先生在谈及《资本论》翻译时也承认:"在中国当时的译界,不采用日译本用语的,实在非常少见。我们的翻译无论为便利起见,还是为适应习惯起见,都得求助于日译本。我们翻译《资本论》的时代,理论界通用名词和概念早已日本化了。"⑥

毫无疑问,在早期马克思主义和社会主义学说的传播过程中,这些来自日本的"新汉语词汇",确实有效地帮助了人们翻译并体会其中的韵味,进而引发出中国知识文化界特别是年轻一代对马克思主义学说的极大兴趣。而

---

① 李白玲:"马克思主义在中国的早期翻译及传播",《江苏行政学院学报》,2008 年第 5 期。
② 王东风、李宁:"译本的历史记忆:陈望道译《共产党宣言》解读",《中国翻译》,2012 年第 3 期。
③ 田永、田梦霞:"日本马克思主义研究对中国的传播贡献",《日本问题研究》,2014 年第 4 期。
④ 高畠素之:维基百科日文版,https://ja.wikipedia.org/wiki/%E9%AB%98%E7%95%A0%E7%B4%A0%E4%B9%8B,2016 年 10 月 20 日。
⑤ 胡槙:"严复的择词与日本的'新汉语'",《福建师范大学学报(哲社版)》,2002 年第 1 期。
⑥ 转引自郭大力、彭迪先:《〈资本论〉补遗勘误》,上海:读书出版社,1940 年,第 3 页。

这也是虽然没有一部马克思恩格斯经典著作是经由日文版直接翻译的,但人们还是将日译本视作为经典著作翻译"主要文本依据"的原因所在。

3. 对马克思主义的通俗化解读

从表2-10的作者名单中可以看到,这77部译自日文的介绍马克思主义和社会主义学说的图书,源自20名不同作者,其中有17人是日本人。按其作品出版时间的顺序排列是:幸德秋水、林井知至、岛田三郎、福井准造、河上肇、高畠素之、堺利彦、平林初之辅、河田嗣郎、北泽新次郎、河西太一郎、河野密、山川均、波多野鼎、土田杏村、森山启和川上贯一。就其作品的内容而言,涉及马克思主义经济学,代表人物有河上肇、高畠素之、堺利彦、山川均等;有唯物史观,代表人物有河上肇、堺利彦等;有马克思主义哲学,代表人物有河田嗣郎等;有社会主义文学,代表人物有平林初之辅、森山启等;有社会主义原理,代表人物有波多野鼎等;还有基尔特社会主义、乌托邦社会主义,代表人物有北泽新次郎、土田杏村等。如果就作者作品的翻译情况来看,当时作品被比较广泛翻译的有河上肇(28部)、高畠素之(15部)和山川均(7部)等人。

必须指出的是,虽然当时国内翻译的都是河上肇、高畠素之、山川均、堺利彦等作者介绍马克思主义和社会主义学说的作品,但其中的某些认识可能与马克思恩格斯的经典原著的陈述有所不同。诚如张琳所说的:"当时对中国影响较大的日本学者有幸德秋水和河上肇。幸德秋水的《社会主义神髓》和河上肇的《马克思的唯物史观》在中国均有译文出版,且非常具有影响。书中关于马克思唯物史观的一些基本思想的理解,在当时可以说是十分出色的。但是,在日本资本主义尚未发达的历史条件下,他们无法深刻理解马克思主义的唯物史观,也不能够把握马克思关于辩证法的思想。因而只能把唯物史观等同于自然成长论或社会进化论。"[①]但是,日本这些早期的马克思主义者对马克思主义基本思想的理解,特别是在对这些思想的日本化、通俗化解读方面起到了不可或缺的积极作用。

事实上,像河上肇、高畠素之、山川均、堺利彦等人,作为日本早期的马克思主义者,也都有过翻译马克思恩格斯经典著作的经历。如河上肇翻译出版有马克思《资本论》第1卷,是日本最早进行《资本论》翻译的学者之一。

[①] 张琳:"马克思主义在中国早期传播过程中的文本问题",《毛泽东邓小平理论研究》,2009年第5期。

高畠素之更是以一己之力,翻译出版了《资本论》全3卷,是日本在1945年之前出版的唯一一部《资本论》全译本。而被称为"日本马克思主义的源头——堺利彦与山川均",不但合作出版了《马克思传》(白杨社,1920),还翻译有多部马克思恩格斯经典原著,如恩格斯的《社会主义从空想到科学的发展》(大镫阁,1921)、马克思的《雇佣劳动与资本》(无产社,1922)、马克思的《利润的来源》(1926)、恩格斯的《唯物论与宗教思想》(无产社,1927)、马克思恩格斯的《共产党宣言》(白杨社,1931)等。

由此而言,有着马克思恩格斯经典原著翻译的经历,再加上作者自身对马克思主义理解与解读,这些作者的作品,在当时日本社会产生了极其广泛的影响。以河上肇的《贫乏物语》为例,这是一部对一次大战中日本社会贫困化现象进行批判的评论集,最初为大阪《朝日新闻》所连载,1917年由弘文堂推出单行本,迅即成为畅销书,到1919年就已经再版有30次之多。在时隔91年后,林直道在解读这部作品时,仍将其评论为"日本最早的经济学著作","不仅有趣,而且论理明快且文字格调优雅,得到当时日本民众压倒性的好评"[1]。

而在中国,当时的国人对日本社会主义者、马克思主义者关于社会主义学说及马克思主义思想的解读,也是给予积极呼应的。就像河上肇的《贫乏物语》,在日本推出仅3年,国内就出现了李凤亭所译的泰东图书局译本。据说在当时的中国,书店中介绍社会主义理论的作品,可以说大受欢迎。上海内山书店的店主内山完造在谈及河上肇作品受欢迎的程度时,是这样形容的:"《社会组织与社会革命》这部大作,在好几位中日顾客的争相抢购下大为畅销。""而说到《贫乏物语》,简直就像小说一样好卖。"[2]这种"像小说一样好卖"的说辞,正是当时国人对经由日本转道而来的马克思主义理论解读与转录作品的一种社会评判。

对此,李泽厚先生曾有"十月革命的成功和河上肇等日本人的第二手的翻译著作,便足以使中国这些知识分子抓住马克思主义的某些基本要点,迅速和果断地接受了它,成为中国第一批马克思主义者"[3]的评论。也正因为此,国内学界对早期马克思主义传播渠道的评价就有"从日本而来的主要是

---

[1] 河上肇:《贫乏物语》,东京:新日本出版社,2008年,第1页。
[2] 转引自刘庆霖:"民国时期河上肇的论著在中国译介及译书版本之比较",《第八届北京大学史学论坛论文集》,2012年3月。
[3] 李泽厚:《中国思想史论》(下),合肥:安徽文艺出版社,1999年,第967页。

一般学理方面的,从西欧而来的主要是无产阶级历史使命方面的,从苏俄而来的主要是无产阶级革命理论与实践和辩证唯物主义的理论构架"之说。[①]

毫无疑问,当时日本早期的马克思主义者们对马克思主义理论学说的阐述在国内所产生的社会影响是极为广泛的,也是这一时期这些学者介绍马克思主义和社会主义学说的作品得以在国内翻译和出版的重要因素,进而也奠定了汉译日文图书在马克思主义早期传播过程中通俗化解读与转录方面的地位与作用。

三、日本军事著作的翻译引进

1. 军事类图书的引进

在民国时期的汉译日文图书中,对日本军事著作的翻译引进可以称得上当时一个非常突出的亮点。虽然,在19世纪五六十年代开始的军事近代化过程中,洋务派的海军模式是以英法为师,如当年福州船政学堂、北洋水师的学生都是送到英法留学的。而洋务派的陆军模式则是以俄德为样板,如袁世凯在天津小站练兵就是以德国军制为蓝本的。但是,在清末民初的汉译西书领域,一个非常有意思的现象就是,这一时期译自日本的军事著作的数量,却远远超过了对英法德美各国军事著作的翻译。

对此,我们根据张晓编著的《近代汉译西学书目提要:明末至1919》(北京大学出版社,2012),对在1850—1919年间出版的全部224种军事译著进行了国别统计,发现其中译自日本的最多,有80种;其次是德国,56种;第三是英国36种(详见表2-11)。

表 2-11 1850—1919 年军事著作的翻译统计

国名	日本	英国	法国	德国	俄国	美国	其他	总数
数量	80	36	4	56	0	16	32	224

本表根据张晓编著《近代汉译西学书目提要:明末至1919》相关资料编制

对此现象,关捷在评说1896—1911年间汉译日文图书的翻译侧重时,也曾强调当时翻译最多的是社会科学类图书,其次是政治类图书,第三是教

[①] 参见李其驹、王炯华、张耀先主编:《马克思主义哲学在中国》,上海:上海人民出版社,1991年,第61页。

育类图书,而军事类图书排在第四位:"为45种,诸如论述军事史的《大日本创办海军史》(1906)、《日本陆军大学校论略》(1898),阐述战术理论的《战法学》(1897)、《日本军队的给与法》(1902),也有论述战争的《普奥战史》(1902)、《日俄战时纪要》(1905)等。这些书籍引入中国,不仅丰富了图书市场,使中国人了解日本乃至欧洲,而且对中国各项事业起了借鉴、仿效的作用。"①

在此,我们对整个民国期间引进的日本的军事类图书也进行了专项统计,总数为284种(详见表2-12)。在总量排序上,其位列文学语言(587种)、政治法律(547种)、经济(466种)、自然科学总论(378种)、史地(364种)以及医药(341种)之后,可以说在总量上并不占先。而且,如果按年份来细析的话,在1912—1949年的38年间,除了在1914年及1931—1936年是2位数引进外,其余年份都只是单位数的引进,其中还有11年的空白。

表2-12 1912—1949年军事类图书的汉译统计

年份	1912	1913	1914	1915	1916	1917	1918	1919	1920	1921	1922
军事E			27	3	1	2	1	2		1	
年份	1923	1924	1925	1926	1927	1928	1929	1930	1931	1932	1933
军事E						1	7		14	24	21
年份	1934	1935	1936	1937	1938	1939	1940	1941	1942	1943	1944
军事E	32	27	22	7	7	2	6	6	4	4	1
年份	1945	1945年前	1946	1947	1948	1949	无出版年代	总计			
军事E	2	37	2	1			14	284			

本表根据《汉译日文图书总书目:1719—2011》第1卷相关资料整理制作

然而,如果仔细解读1931—1936年引进的那些日本军事类图书的话,还是可以看到当时的国民政府在对日备战上的用心。如在引进的图书中有系统的训练教材,如《实战的步兵操典之研究》(军用图书社,1930)、《步兵排

---

① 关捷:"1896—1945年中日间书籍翻译之考察",《中日文化交流研究》,北京:世界知识出版社,2002年。不过,关捷是依据传统的10分类法(总类、哲学、宗教、自然科学、应用科学、社会科学、中国史地、世界史地、语文、艺术)进行分类的,没有专门的军事类图书的统计。

之战斗教练》(军用图书社,1931)、《步兵连之战斗教练》(军用图书社,1931)、《步兵营之战斗教练》(军用图书社,1931)、《短刀术及应用劈刺术之研究》(军用图书社,1933)、《晚近步兵部队长之战斗指挥》(军用图书社,1935)、《骑兵操典研究之参考》(军用图书社,1935)等。有各军兵种的战术介绍,如《炮兵战术讲授录(原则之部)》(军用图书社,1936)、《野战炮兵之运用与战斗原则图表解》(军用图书社,1936)、《舰队航海术讲义》(海军部,1935)、《海军战术讲义第1编》(缺)、《海军战术讲义第2编》(缺);《空中战》(军用图书社,1935)、《空中战争论》(军用图书社,1935)、《现代空军》(航空委员会第二处第八科,1936)等。有战略战术的介绍,如《战略战术谈(军事科学讲座第1编)》(军用图书社,1934)、《现代之战略战术》(军用图书社,1936)、《海军战略讲义第3编》(缺)等;还有武器及应用说明,如《步兵重火器之运用》(军用图书社,1933)、《步枪、轻机关枪、手枪射击教范之研究》(军用图书社,1934)、《新兵器之知识》(军用图书社,1935)、《轰炸瞄准具概念》(军用图书社,1935)等。此外,还有对日本的军事政策及国防政策的介绍,如《日本之国防》(军用图书社,1933)、《日本军事政策(军事科学讲座第2编)》(军用图书社,1934)、《日本军部之国防论》(军用图书社,1934)等;以及对日本军队的一些说明,如《日本航空兵侦察及战斗原则》(军用图书社,1931)、《日本陆军读本》(军用图书社,1936)等。

必须指出的是,当初选择翻译出版这些图书的主要是国民政府训练总监部下属的军学编译处。成立于1928年11月的训练总监部,系南京国民政府直属机构,首任总监为何应钦。下设有步兵监、骑兵监、炮兵监、工兵监、辎重兵监、交通兵监、通信兵监和总务、国民军事教育、军学编译、政治训练等处,处长为中将衔。主要负责军事教育、校阅、督练等事宜。而军学编译处,则主掌军事参考图书编辑、翻译审核及搜集保管事项。

考虑到当时日本军队的素质整体高于国民党军队,因此,军学编译处选择翻译出版上述这类图书,不仅有助于提升国民党军队的整体战术水平,有助于对人们了解并掌握日本的军事战略及即时的军备动态,同时也因为其的官方身份而凸示了国民政府对日备战的一种用心。

2. 军事类图书的翻译出版机构

在清末民初,对日本军事类图书的翻译引进,因为大多是一些战史,如《世界海军力》(通社,1905)、《日俄战记全书》(商务印书馆,1907)、《中东战史》(玫瑰轩,1911年前版)等,还有一些是军事教练书、军事章程汇编、军事教育摘要等,所含的军事成分不多,所以主要就由一些学校、出版社负责,如南洋公学、北洋武备学堂、武学书局、商务印书馆等。而南洋公学就是其中最主要的负责者。

南洋公学是中国近代历史上最早的新式学校之一,以"学习中国传统的经史大义为基本、学习西方各国的科学技艺为旨归"①为教学方针。因当时社会上有关科学技艺类的西方教材极为少见,故在1899年专门成立译书院,由张元济主持,主要从事"图书院购藏东西各国新出之书课,令择要翻译,陆续刊行"②等相关事宜。

南洋公学译书院仅仅存续了4年的时间,后因与南洋公学的关系变更而被废止。但就在这短短的四年多时间中,为配合晚清军事、政治变革及公学自身人才培养的需要,从西方、日本翻译并出版了大量军事、政法类书籍及教材。其中译自日本的军事类著作占了近半数的比例(详见表2-13)。

表2-13 南洋公学翻译出版的日本军事著作

书名	作者名	译者名	出版社	出版年份
日本军政要略	陆军经理学校编,稻村新六校订	细田谦藏译	南洋公学	1898年
步兵部队战斗教练	稻村新六著,户山学校编	孟森译,刘世珩校	南洋公学	1902年
步兵部队教练书	[德]阿屋土记著	户山学校译编,稻村新六缉补,孟森译	南洋公学	1911年前
日本陆军教育摘要	稻村新六校订	卢永铭译	南洋公学	1911年前
日本宪兵制		孟森译;稻村新六校订	南洋公学	1911年前
日本陆军学校章程汇编	陆军省编	孟森译;稻村新六校订	南洋公学	1911年前
步兵操典		孟森译	南洋公学	1911年前
作战粮食给养法		杨志洵译	南洋公学	1911年前

---

① 陈先元:"张元济与南洋公学译书院",《中华读书报》,1999年8月4日。
② 《南洋公学章程》。转引自陈先元:"张元济与南洋公学译书院",《中华读书报》,1999年8月4日。

续 表

书名	作者名	译者名	出版社	出版年份
军队内务书		杨志洵译	南洋公学	1911年前
野外要务令		卢永铭译	南洋公学	1911年前
战争	中泽三夫著		南洋公学	1911年前
战术学	陆军士官学校编	细田谦藏译	南洋公学	1911年前
战术学讲话	中村定吉著	唐天闲等译	南洋公学	1911年前
骑兵斥候答问	陆军教导团编	王鸿年译	南洋公学	1911年前

本表根据《汉译日文图书总书目:1719—2011》第1卷相关资料编制

　　进入民国之后,对日本军事类图书的翻译引进,呈现出大幅下滑的趋势。但期间北洋政府陆军训练总监处的军学编辑局还是承担起了对日本军事类图书的翻译出版事务。陆军训练总监处设置于袁世凯掌权时期的1912年,由原陆军部军学司、军学编辑局与参谋本部第五局合并而成,故设陆军训练总监,主掌全国的陆军教育训练。[①] 袁世凯的本意是想让陆军训练总监处成为最高的军事教育机关,以分地方军阀对军队的教育训练之权,故受到地方军阀的坚决抵抗。在袁氏死后,重掌军政大权的段祺瑞,于1917年8月裁撤了该机构。

　　尽管陆军训练总监处仅存续了不到5年的时间,其下属的军学编辑局还是在1914年推出了系列的汉译日本的军事著作(详见表2-14),其内容包括军事操典、勤务令及部分的专业教范等。也许是由专业人士选择及专业出版社出版的缘故,与清末南洋公学翻译出版的军事著作相比,这一时期翻译出版的日本军事著作,在内容上更系统化和专业化,也更为适应军队的教育训练。可惜的是,这些译著都没有能列出原作者名,而且也就推出了一期。

表2-14　军学编辑局翻译出版的日本军事著作

书名	作者名	译者名	出版社	出版年份
日本步兵机关枪操典草案		军学编辑局编译	军学编辑局	1914
日本兵站勤务令		军学编辑局编译	军学编辑局	1914

[①] 张建军:"民国北京政府陆军训练总监始末",《民国档案》,2011年第1期。

续 表

书名	作者名	译者名	出版社	出版年份
日本兵站弹药纵列勤务令		军学编辑局编译	军学编辑局	1914
日本兵站粮秣纵列勤务书		军学编辑局编译	军学编辑局	1914
日本要塞防御教科书		军学编辑局编译	军学编辑局	1914
日本陆军动员计划令		军学编辑局编译	军学编辑局	1914
日本船舶输送勤务令		军学编辑局编译	军学编辑局	1914
日本野战兵器厂勤务令		军学编辑局编译	军学编辑局	1914
日本野战金柜处勤务书		军学编辑局编译	军学编辑局	1914
日本野战炮兵射击教范		军学编辑局编译	军学编辑局	1914
日本辎重重兵操典		军学编辑局编译	军学编辑局	1914
日本战时步兵短期教育		军学编辑局编译	军学编辑局	1914
日本战时高等司令部勤务命		军学编辑局编译	军学编辑局	1914
日本战时补充令		军学编辑局编译	军学编辑局	1914
日本战时辎重兵营勤务令		军学编辑局编译	军学编辑局	1914
日本战时弹药补给令		军学编辑局编译	军学编辑局	1914
日本战时卫生勤务令		军学编辑局编译	军学编辑局	1914
日本预备马场勤务命		军学编辑局编译	军学编辑局	1914
日本筑营教范		军学编辑局编译	军学编辑局	1914
日本骑兵射击教范		军学编辑局编译	军学编辑局	1914
日本骑兵操典		军学编辑局编译	军学编辑局	1914
日本步兵机关枪操典草案		军学编辑局编译	军学编辑局	1914

本表根据《汉译日文图书总书目：1719—2011》第1卷相关资料编制

  1928年，在北伐顺利结束并初步实现了国家统一目标的蒋介石南京国民政府，在召开编遣会议、着手裁减军阀势力之前，先行对国民政府的军事系统进行改编，撤销了军事委员会，设立参谋本部（隶属于行政院）、海军部（隶属于行政院）、军政部（直隶于国民政府）、训练总监部（直隶于国民政府）和军事参议院等分掌其责。这一改编的目的是通过府（国民政府）、院（行政院）分治的方式，诱导各方军阀同意升职中央，而放手军队参与"国军编遣"，以剥夺地方实力派军阀的军权。

这样的编遣会议自然遭到各地方实力派军阀的反抗。随后,以蒋为首的南京国民政府,先后与各地方军阀之间爆发战争,其中有蒋桂战争(1929)、蒋冯战争(1930)、蒋冯阎李中原大混战(1930)等。在此背景下,为统一军事指挥权,蒋又于1932年重新设置了军事委员会,隶属国民政府,为全国最高军事机关,而将军政部、海军总司令部、参谋本部、训练总监部、军事参议院等均归属于军事委员会之下。

然而,就在这战火纷飞的年代中,国民政府训练总监部下属的军学编译处,毅然决然地担负起了对日本军事图书的翻译引进工作。在1929—1936年间,总共翻译出版有100余种日本军事图书(详见表2-15),这些日本军事图书的出版,不仅为国民党军队的战术素质的提升,也为对日本军事战略及军备动态的把握,做了较为充分的先期准备。

表2-15 军学编辑处翻译出版的日本军事著作

书名	作者名	译者名	出版社名	出版时间
阵中要务令之参考	教育总监部	军学编译处	军学图书社	1929
日本军队教育令		军学编译处	军学图书社	1929
步哨斥候教育	山崎庆一郎	田松溪译	军学图书社	1929
三、四人哨之教育法	吉井芳村	军学编译处	军学图书社	1929
小部队教练计划指南	池田	军学编译处	军学图书社	1929
步兵战时短期教育与平时补充兵教育对照研究		军学编译处	军学图书社	1929
实战的步兵操典之研究	榎本宫	军学编译处	军学图书社	1930
步兵射击	步兵学校	军学编译处	军学图书社	1930
步兵排之战斗教练	工藤豪吉	军学编译处	军学图书社	1931
步兵连之战斗教练	工藤豪吉	军学编译处	军学图书社	1931
步兵营之战斗教练	工藤豪吉	军学编译处	军学图书社	1931
国际军事通论	铃木一马	军学编译处	军学图书社	1931
航空战术讲授录	山本健儿	军学编译处	军学图书社	1931
日本航空兵侦察及战斗原则	陆军航空部	军学编译处	军学图书社	1931
日本航空兵射击教育暂行规则	陆军航空部	军学编译处	军学图书社	1931
日本航空兵侦察教育暂行规则	陆军航空部	军学编译处	军学图书社	1931

续　表

书名	作者名	译者名	出版社名	出版时间
日本航空兵照相教育暂行规则	陆军航空部	军学编译处	军学图书社	1931
日本飞机队教练暂行规则（除徒步）		军学编译处	军学图书社	1931
步兵炮班教练（射击操作）主要着眼表		军学编译处	军学图书社	1931
日本兵役法（征兵令对照）		军学编译处	军学图书社	1931
赤军野外教令		军学编译处	军学图书社	1931
第二期连教练检阅计划		军学编译处	军学图书社	1932
第二期营教练检阅计划（军队教育参考资料）		军学编译处	军学图书社	1932
日本步兵学校战车讲话		军学编译处	军学图书社	1932
通信概说	川并	军学编译处	军学图书社	1932
日本兵役法纲要	中井良太郎	军学编译处	军学图书社	1932
空地连合演习必携		军学编译处	军学图书社	1932
日本陆军演习令		军学编译处	军学图书社	1932
步兵团教育计划		军学编译处	军学图书社	1932
日本步兵操典改正理由书		军学编译处	军学图书社	1932
日本辎重勤务之参考		军学编译处	军学图书社	1932
初级战术讲座	教育总监部	军学编译处	军学图书社	1932
基本班教练（机关枪教育参考书 第1卷）	陆军步兵学校	军学编译处	军学图书社	1932
战斗班教练（机关枪教育参考书 第2卷）	陆军步兵学校	军学编译处	军学图书社	1932
机关枪夜间教练（机关枪教育参考书第3卷）	陆军步兵学校	军学编译处	军学图书社	1932
小战例集（第1、2辑及附录）	陆军士官学校	军学编译处	军学图书社	1933
日本之国防	和田龟治	军学编译处	军学图书社	1933
世界列强战备比较论	神田孝一	军学编译处	军学图书社	1933

第二章 战争阴影下的图书翻译(1912—1949)

续 表

书名	作者名	译者名	出版社名	出版时间
步兵操典、战斗纲要教程	教育总监部	军学编译处	军学图书社	1933
短刀术及应用劈刺术之研究	教育总监部	军学编译处	军学图书社	1933
世界大战史讲话	森五六	军学编译处	军学图书社	1933
西伯利亚出征私史	西川虎次郎	军学编译处	军学图书社	1933
英国阵中要务令(第2卷)		军学编译处	军学图书社	1933
昭和五年日本陆军大学校初试问题答解		军学编译处	军学图书社	1933
军舰及潜水艇之新智识	平田润雄、秋田保郎	军学编译处	军学图书社	1933
步兵重火器之运用	富永	军学编译处	军学图书社	1933
战争	中泽三夫等	军学编译处	军学图书社	1934
战争	渡边等著	军学编译处	军学图书社	1934
军队教育要论	沼田德重	军学编译处	军学图书社	1934
列强现在之军势	西垣新七	军学编译处	军学图书社	1934
日本陆军大学校满鲜战史旅行讲话集	牛岛贞雄	军学编译处	军学图书社	1934
步枪、轻机关枪、手枪射击教范之研究	小川喜一	军学编译处	军学图书社	1934
白纸战术之演习法与研究法	军学指针社	军学编译处	军学图书社	1934
夜战大讲座(战史引证)	前田岩太郎原	军学编译处	军学图书社	1934
夜战大讲座(战史引证)(下篇)	前田岩太郎原	军学编译处	军学图书社	1934
战术学讲话	中村定吉	唐天闲、李国良译	军学图书社	1934
战斗之实相	志歧守治	军学编译处	军学图书社	1934
小部队之想定作为及统裁要领并范例	萩原	军学编译处	军学图书社	1934
想定作为及战术统裁法讲义录		军学编译处	军学图书社	1934

165

续 表

书名	作者名	译者名	出版社名	出版时间
赤军防空教令	陆军航空部	军学编译处	军学图书社	1934
国防原论	佐藤六平	军学编译处	军学图书社	1934
战略战术谈(第1编)	西田恒夫	军学编译处	军学图书社	1934
日本军事政策(第2编)	冈田铭太郎	军学编译处	军学图书社	1934
炮兵操典问答	内山雄二郎	军学编译处	军学图书社	1934
日本陆军法规辑要(1—4集)		军学编译处	军学图书社	1934
陆军法规	太田公秀	军学编译处	军用图书社	1935
大兵棋学	林部一次	宗明杰编译	军用图书社	1935
晚近步兵部队长之战斗指挥	井正雄	军学编译处	军用图书社	1935
骑兵操典研究之参考	骑兵学校	军学编译处	军用图书社	1935
阵中勤务参考书	教育总监部	军学编译处	军用图书社	1935
空中战	大场弥平	军学编译处	军用图书社	1935
轰炸瞄准具概念	爱岩通英	军学编译处	军用图书社	1935
轰炸对防空	山田新吾	军学编译处	军用图书社	1935
空中时代(防空教育)	野品昂	军学编译处	军用图书社	1935
空中战争论	楢崎敏雄	军学编译处	军用图书社	1935
大军之统帅	荻洲立兵	军学编译处	军学图书社	1935
倍勒科哺之战	崛毛	军学编译处	军学图书社	1935
日俄战术原则对照		军学编译处	军学图书社	1935
日本之防空	水岛周平等	军学编译处	军学图书社	1935
兵器篇	藤堂高象	军学编译处	军学图书社	1935
新兵器之知识	佐藤清胜	军学编译处	军学图书社	1935
野战筑城学讲授录	吉原矩	军学编译处	军学图书社	1935
日本陆军读本	平田晋策	军学编译处	军学图书社	1936
初年兵教育之参考	山崎庆一郎	军学编译处	军学图书社	1936
世界大战概史	川原贞男编	军学编译处	军学图书社	1936
现代之战略战术	佐藤清胜	王旭夫译	军学图书社	1936

第二章　战争阴影下的图书翻译(1912—1949)

续　表

书名	作者名	译者名	出版社名	出版时间
教练之参考(步兵用)	教育总监部	军学编译处	军学图书社	1936
将来战兵团之防空	大谷清磨	军学编译处	军学图书社	1936
教练之参考(骑兵用)	教育总监部	军学编译处	军学图书社	1936
炮兵战术讲授录(原则之部)	畑勇三郎、宝藏寺久雄	军学编译处	军学图书社	1936
战术教育之指导研究法图表解		王旭夫译	军学图书社	1936
日本陆军士官学校丛谈	本村武佐	军学编译处	军学图书社	1936
空军	大场弥平	军学编译处	军学图书社	1936
白纸战术集(第1辑)	偕行社	军学编译处	军学图书社	1936
国防之知识	竹内荣喜	军学编译处	军学图书社	1936
野战炮兵之运用与战斗原则图表解		高德昌编译	军学编译处	1936
化学兵器	中村隆寿	军学编译处	军学图书社	1936
日本阵中要务令详解(第1、3、4、5、7卷)		军学编译处	军学图书社	1936
敌国战车队教练规定		军学编译处	军学图书社	1938
步兵重火器十讲	近藤孝义	军学编译处	军学图书社	1939
近接战	[德]劳伯尔著，[日]吉永义尊译	军学编译处重译	军学图书社	

本表根据《汉译日文图书总书目:1719—2011》第1卷相关资料整理制作。原书中有20余种图书在出版者一栏中标注为"自刊"或由"军学编译处"出版，在本表中统一为军学图书社出版

从表2-15中可以看出，在1929—1936年间，国民政府通过训练总监部军学编译处有意识地系统地翻译了一批日本的军事著作。从军事学的角度来看，这些图书中有战略论著，有战术教材，有军事法规，还有各类兵器的介绍；而且，图书内容也涵盖了海、空、陆各个兵种，其中有陆军的如《步兵排(连、营)之战斗教练》(1931)、《小部队之想定作为及统裁要领并范例》(1934)等战术教材，有空军的《航空战术讲授录》(1931)、《空中战争论》(1935)、《将来战兵团之防空》(1936)等战术教材，有海军的《军舰及潜水艇之新智识》

167

(1933),还有其他兵种的《日本步兵学校战车讲话》(1932)、《野战筑城学讲授录》(1935)、《野战炮兵之运用与战斗原则图表解》(1936)等。应该说这些军事图书无论在军事理念、军事战术,还是在军事法规、武器使用等方面都是领先于国内的。

此外,从图书出版的层面来说,由军学编译处所推出的这些军事图书,也是比较规范的。如有80%的图书标注了原作者的名字,100%的图书标注了译者的名字,尽管其中93%的图书译者是军学编译处,再有一点就是有99%的图书标注了出版年份。

第六节 战争的影响与汉译日文图书的影响力变迁

一、战争对汉译日文图书的影响

1. 解放区、国统区、沦陷区三地在抗战时期的汉译出版

有关战争期间汉译日文图书业的消退与失落的原因,学界有着基本一致的公论,即在主观上,国人对日憎恨,直接影响到了日书翻译的热情。而客观上的因素则有二,其一,两国间的战争对峙,影响到了译品的来源;其二,战争带来的物质资源的困乏,令图书的出版变得越发困难。

说及国人在情感上的对日憎恨,最大的负面因素应该是来自战争的伤害,这种伤害包括心理的和物质的。所谓心理的伤害,主要表现在中国知识分子对日本以及日本文化的那种决裂上。这种决裂的态度是如此坚定,以至于战争期间,依然滞留在沦陷区并从事着日文图书翻译和文学创作的那些人,如张资平、周作人等,在战争期间就已经被定性了。最早是郁达夫在新加坡《星洲日报·晨星》上发表的《文人》一文中,表达了对张资平、周作人等人所作所为的痛心:"从这一张同人合写成的信中看来,我们可以知道,张资平在上海被敌人收买的事情,确是事实了。本来,我们是最不愿意听到认识的旧日友人,有这一种丧尽天良的行为的:譬如周作人的附逆,我们在初期,也每以为是不确,是敌人故意放造的谣言。但日久见人心,实在是中国人千古洗不掉的羞耻事,以春秋的笔法来下评语,他们该比被收买的土匪和政客,都应罪加一等。"①下的判断是"中国人千古洗不掉的羞耻事"。随后毛泽东在《在延安文艺座谈会上的讲话》中也进行了直接点名:"文艺是为帝国主义者的,周作人、张资平这批人就是这样,这叫作汉奸文艺。"②对张资平、周作人等人做了事实上的盖棺论定——汉奸。

正因为在这样的对日心理憎恨背景下,注定了战争期间汉译日文图书的凋落。在抗日战争期间,以延安为代表的解放区可以说是整个地忽略了对日文图书的翻译。对此现象,陈言曾说:"解放区指的是延安以及华北、华中、华南敌后抗日根据地,以受马克思主义和苏联文化影响为主。"③而袁西玲更在《延安时期的翻译活动及其影响的研究》中进一步总结:"通过史料整理,笔者分析延安时期的翻译活动中更倾向于应用翻译、口语翻译,在形成展示宣传与外交模式方面做出了探索与努力。因此,延安时期的翻译活动,除过马列著作翻译和国际新闻翻译活动在译文内容上是文化输入以外,其余都立足于文化输出,致力于树立延安的正面客观形象。"④事实上,除"致力于树立延安的正面客观形象"之外,还有一个重要因素是当年的延安缺少日语图书翻译的人才。袁西玲也曾专门列有当年延安的翻译家名单,大约有40余人,其中马列著作的翻译有曹保华、张闻天、王学文、吴亮平、艾思奇、何思敬等16人,新华社的翻译有余光生、廖承志、博古、吴文涛、陈庶、沈建国、徐南云(日语)、孙亚明(日语)、陈雅光(日语)、丁拓(日语)、陈英(日语)、王发泰(日语)、杨明远(日语)等13人,文学翻译有萧三、赵洵、陈学昭、戈宝权、任以沛等5人,还有领导人口译翻译师哲、龚澎、章文晋、黄华等9人。懂日语的7人都在新华社,主要从事电讯翻译。⑤

于是,这一时期的汉译日文图书只留有国统区与沦陷区的记录。然而,即便在国统区与沦陷区,这种翻译的力度也是不可能与战前相提并论的。就以多年来汉译日文图书数量一直保持第一的商务印书馆为例,为了避嫌,其在抗战期间所出版的80余种外译文学图书中,译自日文的图书只有3种。

必须指出的是,对汉译日文图书在国统区与沦陷区的具体过程,学术界

---

① 郁达夫:《郁达夫文集》,杭州:浙江大学出版社,2010年,第199页。
② 毛泽东:《毛泽东选集》第三卷,北京:人民出版社,1991年,第812页。
③ 陈言:"抗战时期翻译文学述论",《抗日战争研究》,2005年第4期。
④ 袁西玲:"延安时期的翻译活动及其影响的研究",上海外国语大学博士论文,2014年,第182页。
⑤ 详见袁西玲:"延安时期的翻译活动及其影响的研究",上海外国语大学博士论文,2014年,第63-90页。

有着各自不同的看法。其中,谭如谦先生的观点是:"这时期(1938—1945)的中译日书几乎全在沦陷区出版。译品依然以社会科学类为多,共42种,大都是宣传日本国策或与日本国策不相抵触的东西。……介绍新思想、新学问的译品几乎绝迹。"①而王奇生则认为:"在笔者统计的418中译书中,沦陷区出版物只占一小部分,多数仍为大后方所出。译品类别仍以文学为多,其次为史地、政治、经济、医学、工业技术、自然科学等。"②

对此,我们根据1912—1949年间汉译日文图书的学科分布(参见表2-2)的相关资料,统计出在1938—1945年间出版有521种汉译日文图书。从翻译图书的类别上看,13种类别图书门门皆有。如果加以排序的话,排在前五位的是文学(90种)、政治(78种)、史地(68种)、自然科学(60种)以及经济(41种)。如果依据出版地排序分析的话,其中,上海出版162种、北京48种、南京24种、天津0种、沈阳9种、长春26种、大连12种,总数相加就有281种。考虑到在1938—1945年间,上海、北京、南京、天津、沈阳、长春、大连这些城市都在日本的殖民统治之下,由此而言,在这期间的汉译日文图书的出版,既非谭之说"几乎全在沦陷区出版",也非王之说"沦陷区出版物只占一小部分,多数仍为大后方所出",而应该是沦陷区及国统区各据半壁天下。

2. 战争期间的"译品论"

这里所说的"译品论",是指在战争期间所引进的日文图书品位的讨论。因为在战争时期,在汉译日文图书领域,沦陷区及国统区各据半壁天下。由此而延伸出当时所翻译出版的图书是否是为战争服务的问题。而这也切实关系到对当时的汉译日文图书的整体评价。

战争爆发后,翻译活动也就成了抗战文化的一个组成部分。在1938年3月成立的中华全国文艺界抗敌协会,就明确号召国内的翻译界:"在增多激励与广为宣传的标准下,有我们的翻译——把国外的介绍进来,或把国内的翻译出去。"③正因为有着救亡的主流意识,解放区与国统区的翻译界,便自觉地开始着眼于具有积极思想的外国作品。只不过因为彼此立场的缘故,解放区以翻译马列著作以及苏联文艺作品为主;国统区则以站在同盟国

---

① 谭如谦:《中国译日本书综合目录》,香港:香港中文大学出版社,1981年,第86页。
② 王奇生:"民国时期的日书汉译",《近代史研究》,2008年第6期。
③ 《中华全国文艺界抗敌协会宣言》。转引自孔令云:"救亡:抗战时期翻译文学的主流价值取向",《现代语文》,2013年第10期。

一边以英美为代表的西洋作品及苏联作品的翻译为主,也有部分日本作品翻译;而在沦陷区,因为"殖民者明确规定要移植优于本土文艺的日本艺文"[①],所以是以日本的作品翻译为主体。

就在战争期间的汉译日文图书而言,因为存在国统区出版及沦陷区出版之分,所以就有了"译品"之说。在当时的沦陷区,"日本殖民当局为了凸显宣扬本民族的优越性,鼓吹其文化纯粹论,扶植日本文化和文学在沦陷区的译介研究,从而造成沦陷区日本文学翻译的畸形繁荣"[②]。因此,在战争期间确实也出现了一些谭如谦先生所说"宣传日本国策或与日本国策不相抵触的"翻译图书。其中,有高田保马的《民族结合为人类平等途径》(人民会出版部,1938)、杉浦晴男的《东亚联盟建设纲领》(新民印书馆,1939)、杉浦武雄的《全体主义的理论和实际》(中日文化协会,1940)、谷口吉彦的《东亚综合体之原理》(三通书局,1941)、马渊逸雄的《东亚之解放》(汪伪宣传部,1942)、谷口吉彦的《大东亚经济建设原理》(太平书局,1943)、大川周明的《美国侵略东亚史》(绥靖总署宣导局,1944)等。

但是,应该承认,沦陷区也翻译出版了部分日本经典的社科类学术图书,其中,有青木正儿的《中国文学与日本文学》(伪国立华北编译馆,1942)、木村泰贤的《原始佛教思想论》(上海商务印书馆,1943)、实藤惠秀的《日本文化带给中国的影响》(新申报馆,1944)等。而且,在1942年,由沦陷区的中日文化协会推出的学术丛书,其中包括《日本现代科学论文集》、《地形测量》、《东亚大地形论》、《日本教育史》、《文化社会学》等。作为专门介绍日本学术著作的丛书,在晚清乃至民国时期都极为罕见。

而在当时的国统区,受战争影响,日文图书的翻译数量出现了急剧的下降。据当时的出版统计,仅在文学翻译领域,"40年代,苏、美等文学翻译最多。其中,苏联文学费用出版数量425种,美国文学256种,还不包括战争爆发最初两年的译作。而德国仅有69种,日本38种,两国翻译数量不仅较之战前减少,与同期其他国家相比更是差距悬殊"[③]。因为在当时抗日救亡的意识下,不仅文学作品的"中国化"、"民族化"等问题得到了强调,而且,"民族形式"问题也被提了出来。在此背景下,译者们对战争策源地的德国、

---

① 陈言:"抗战时期翻译文学述论",《抗日战争研究》,2005年第4期。
② 陈言:"抗战时期翻译文学述论",《抗日战争研究》,2005年第4期。
③ 转引自李今:《三四十年代苏俄汉译文学论》,北京:人民文学出版社,2006年,第3页。

日本的作品敬而远之是完全可以理解的。

　　虽然如此,在当时也还是翻译出版了一些有相当学术品位的日本社科类图书,如武内义雄的《中国哲学思想史》(上海商务印书馆,1939)、羽田亨的《中央亚细亚的文化》(长沙商务印书馆,1941)、土屋乔雄的《日本经济史》(长沙商务印书馆,1941)、龙川熊之助的《中国经学史概说》(长沙商务印书馆,1941)、鹤见佑辅的《英雄史诗》(民族正气出版社,1943)、加藤繁的《唐宋时代金银之研究(上、下册)》(中国联合准备银行,1944年)、铃木荣太郎的《农村社会学史》(正中书局,1944年)等。由此而言,谭如谦先生此前所说的"介绍新思想、新学问的译品几乎绝迹"说法并不确切。

　　说起"译品",在战争期间,由长沙商务印书馆推出的译自日文的一套实用工艺丛书特别值得介绍,丛书包括《清凉饮料制造法》、《罐头及食品制造法》、《香料及化妆品制造法》、《肥皂制造法》、《胶接剂制造法》、《醋及调味料制造法》等,这套丛书对提高并规范国内相关企业的生产工艺,具有一定的指导性。只不过,当时由于战争,这套丛书并没有能产生如想象中的社会影响。但是,在1949—1952年间,上海商务印书馆对这一套丛书进行了再版,这对帮助新中国的工业建设起到了应有的积极作用。

　　此外,在此也补充说明一下战争期间日文原著的进入渠道问题。虽然,战争为中日之间的民间交往竖起了深深的屏障,但是,依然存在着包括学术交往在内的各类民间交往,"就在东北沦陷之后,大量的中国人依然赴日访问、学习、旅游。作曲家聂耳1935年7月在日本藤泽市游泳时溺水身亡;1936年,作家萧红为摆脱情感纠葛东渡日本,在那里,她的文学产量丰富,写下了《孤独的生活》、《砂粒》和《牛车上》等散文、组诗、小说;文化巨匠郭沫若直到1937年抗战爆发才归国,他在日本的10年正是他一生中学术著述最为丰盛也是最有成就的10年"[①]。而在战争期间也有相当数量的留日学生滞留日本。"据1937年12月日本外务省调查,'七七事变'后留在日本的中国留学生有403人。其中外务省给予庚款补助的占94人。"而且,自1940年起,汪伪政权也开始向日本公派留学生并鼓励学生自费留日。因此,到1946年,"散布在日本各大城市的各省留学生有434人"[②]。

　　由此推论,即便在战争期间,日本的各类学术著作还是有其渠道进入国

[①] 顾土:"20世纪好像大杂烩——重读百年中国人的国家观",《书屋》,2010年第1期。
[②] 转引自周孜正:"汪伪的留日学生教育",《抗日战争研究》,2004年第3期。

内的。

3. 战争对出版业的直接灾害

抗日战争爆发之前，中国国内就已经形成了以上海为中心，由商务、中华、世界、开明四大书局领衔，兼之数以百计的诸如生活、新知、北新、美华、黎明书局等中小出版企业的出版格局。其中的佼佼者商务印书馆在1936年甚至达到了日出新书3.33册（种）的规模。"据统计，在1936年，全国各家书店共出书9 438种，1亿多册，若按当时全4亿人口计算，约合每两人就有一本书。"①

然而，因为战争的爆发，中国的出版业遭受了前所未有的沉重打击。其主要表现为战争造成的出版社流离或者倒闭，出版资源包括厂房、机器以及纸张的匮乏。因为战争，上海的印刷业在1937年的年营业额只有1928年的1/2。而"到了1938年，全国所有的机器造纸厂也只剩下14家，年产量1万吨左右，农村的手工纸业也几近停产，造纸业的损失高达总量的84%"②。

与此同时，战争也给予了当时出版业的中坚如商务、中华、世界、开明等书局以直接的重创。以商务印书馆为例，在日军进占上海租界后，就"立即查封了商务印书馆的发行所、工厂和栈房，没收销毁图书462万余册，掠走大量纸张、铅字、铜模等，仅铅字即达50吨以上；而在香港，工厂和栈房部分毁于战火，部分为日寇查封，图书数百万册被日军抢走，机器被运走120余台，铜模几十箱。损失极为惨重。可以说，商务印书馆所赖以生产经营的主要资产均被日寇损毁和控制"③。

在战争初期，中华书局因地处租界而受损较小。但是，自1941年12月太平洋战争爆发，日军进占租界之后，马上对中华书局进行了直接的抢掠，其"发行所和书栈中的书籍文具，被日军拉走和销毁者，数量多达60余卡车，……设于香港的印刷厂，1941年12月8日，先是中弹两枚，接着房屋及货栈被日军侵占，所有机器材料及账册文件等，均陷于敌手"④。

开明书店，就在日军进攻上海的第二天，损失就高达"全部资产的80%以上，它设在虹口的总办事处、编译所、货栈及专印开明出版物的美成印刷厂被日军炮火摧毁，所有图版纸型、几百万册存货毁于一旦。开明受此重创

---

① 转引自沈旻："抗战时期国统区文化出版及产业发展分析"，《艺术百家》，2008年第3期。
② 转引自沈旻："抗战时期国统区文化出版及产业发展分析"，《艺术百家》，2008年第3期。
③ 宋丽荣："国难时期的商务印书馆"，《中华读书报》，2005年7月20日。
④ 王静："抗战时期我国出版业遭遇的重创"，《出版科学》，2008年第1期。

几乎一蹶不起,出版业务被迫停顿,发行部门存款尚不足千元"①,损失极为惨重。

还有世界书局,战争爆发后,也遭到了日军无耻的抢掠。对此,《申报》曾在1938年11月21日写有专题报道:"在虹口大连湾路世界书局印刷总厂内,装订完成之大量书籍,前曾由日方先后选出两批,总数约达四百万册,一并运驶回日。昨日上午六时,又有第三批书籍装入麻袋,约共一千余袋,总数又有百万册上下,……转运赴日。"②

其实,中国出版企业在战争中遭受的灾难远非如此。就在战争爆发之后,为了避免文化企业被日军抢劫掠夺,当时国民政府"曾补贴包括商务、中华、大东、开明、中华科学图书仪器公司及十余家印刷厂在内的文化企业迁移费5万元,并指定教育部负责监督相关的搬迁工作"③。而其他没有得到政府搬迁补偿的其他中小出版企业,也都随之做出了自己相应的对策。及至上海及南京沦陷时,"上海其他的大、中、小书局,如大东书局、世界书局、开明书店、生活书店、读书出版社、新知书店、上海杂志公司、亚东图书馆、北新书局、美华书局、儿童书局、黎明书局、文化生活出版社等,或者与商务、中华一样,将指挥机关——总管理处移至他处,或者全部撤离了上海。北京、天津、南京等战前为出版次中心地区的情况,也大致与上海相似,除了歇业和被接管的外,余者大多迁往战争后方"④。

然而,这些出版企业迁移之路不是那么顺当的。因为战争还在不断地发展,在1937年底跟随国民政府一起迁到武汉的光明书局、儿童书局、上海杂志公司、新亚书店等57家出版企业,在1938年10月武汉沦陷之前,又不得不随国民政府再次迁往重庆。而另一路曾经南下长沙、广州的诸如商务印书馆、中华书局、生活书店、新知书店、上海书店等出版企业,也在日军炮火的威胁下,或转道香港,或再度南下至桂林、重庆等地,可以说是一路的颠沛流离。

不过,即便是企业搬迁到了重庆,也不能说就此安然无恙了。在抗战期间,作为国民政府的陪都,重庆是遭受日军飞机轰炸最多的城市。于是,当时就有"白象街商务客栈中弹,房屋被毁;冉家巷的生活书店总管理处,陷入

---

① 转引自沈旻:"抗战时期国统区文化出版及产业发展分析",《艺术百家》,2008年第3期。
② 王静:"抗战时期我国出版业遭遇的重创",《出版科学》,2008年第1期。
③ 转引自沈旻:"抗战时期国统区文化出版及产业发展分析",《艺术百家》,2008年第3期。
④ 吴永贵:"抗战时期我国出版业的后方大转移",《出版科学》,2008年第2期。

火海包围;读书出版社新装修的门面房,成为一片瓦砾"的报道。① 而最为悲惨的是广益书局,"所有货物于 1938 年 5 月 25 日被敌机悉数炸毁,这个前后曾印行 1 000 多种图书的老牌书局,亦就此歇业"②。

除战争的直接破坏之外,战时的出版业还面临严重的资源匮乏。首先是纸张,由于印刷用纸供不应求,政府就实行纸张的配给制。在此背景下,有了传统手工业作坊的"改良土纸",这些"改良土纸虽然色黄质粗,却填补了机制纸的短缺,一定程度缓解了纸荒"③。其次是铅字等印制设备的短缺,"当时印刷所资金普遍短缺,而置备一套铅字需银圆 1—2 千元以上,铜模更贵,因此排印书籍时常出现铅字不够或字种不全的情况,因陋就简的现象屡见不鲜。如缺'吼'字,就排一个'孔'字,再在括弧内注明'加口旁'"④。抗战时铅字的匮缺,开明书店的叶至善也曾有所回忆:"历史学家缪钺的一部著作要出版,叶圣陶自愿帮他校对,校样每次只给 50 页。为什么不能多给呢? 原来是排字房的铅字有限,要等到这 50 页铅字打了纸型,把铅字还到架子上,才能排后边的 50 页。"⑤

由于战争期间出版企业颠沛流离,加之生产资源的匮乏,因此而导致了两大恶果。其一,是因为企业自身的颠沛流离,致使企业缺乏稳定的生产场所及销售渠道,从而影响了企业的规模发展。以商务印书馆为例,早在 1936 年就已经日出新书 3.33 种,到了 1938 年,受战争影响,不得不通告读者:"自十月一日起,每日暂出版新书一种。"新书出版量只有原来的 1/3 了。这且不说,"1942 年以后,就连旧书重印加在一起,商务也达不到'日出一种'的地步了"⑥。其二,是生产资源的匮乏,一些出版企业为了降低生产成本,不仅选用劣质土纸,甚至还采用原始的印刷工艺,从而造成了图书质量的低下。文字印在又黄又脆的土纸上,往往模糊不清,很难阅读。加上有的图书就连作者名、出版日期都省略不印。对此,当年就有人抱怨:"新书不免有模糊、断句、残篇之感,精读一过,更弄得体无完肤,或竟通体肢解,于是乎

---

① 王静:"抗战时期我国出版业遭遇的重创",《出版科学》,2008 年第 1 期。
② 张定华等:《中国抗日战争大后方出版史》,重庆:重庆出版社,1999 年,第 374 - 375 页。
③ 参见韦斐斌:"中国造纸工业概述",《企业季刊》,1943 年 3 月卷一第 4 期。
④ 沈旻:"抗战时期国统区文化出版及产业发展分析",《艺术百家》,2008 年第 3 期。
⑤ 罗琳:"'老出版'纵谈抗战出版事业",《中国出版》,1995 年第 8 期。
⑥ 汪家熔:《商务印书馆史及其他——汪家熔出版史研究文集》,北京:中国书籍出版社,1998 年,第 159 - 167 页。

在擦洋灯、抹桌子、包花生等等之下散佚了。"①

而这无疑是抗日战争期间中国图书出版业真实而悲哀的写照。

二、汉译日文图书的地位与影响

1. 汉译日文图书的地位变迁

辛亥革命的胜利,本应该使汉译日文图书事业进入更为辉煌的时期。因为,当时的留日学生大都成了革命党甚或立宪派的主力军,而他们中间的许多人也因为鼓吹革命或改良的缘故,积极投身于日文图书的翻译事业。然而,由于此时日本对中国所表现出的咄咄逼人的扩张政策,其具体表现为在一次大战中,一方面向袁世凯当局提出侵犯中国主权的"二十一条"主张,另一方面在战后对中国的山东进行实际的进占,致使当时的中国人在心理上渐渐地疏离日本而转向西方。

其后,由于受文学革命、新社会科学运动等影响,加之政府的对日战争准备等因素,汉译日文图书一度出现爆发式的增长,在1928—1937年的10年间,翻译的图书多达2 289种。不过,随着抗战的全面爆发,因为战争与心理的双重因素,汉译日文图书事业急剧衰落。即便在战争胜利之后,因为战争本身没能得到彻底的清算,加之胜战后人们心态的转换,汉译日文图书事业同样也受到了漠视。在1945—1949年间,每年翻译的日文图书还不到40种。

虽然如此,因为受惠于1928—1937年的10年译书黄金期,汉译日文图书仍旧占据了民国期间汉译西书事业的首位(详见表2-16)。

表 2-16 1911—1949 年汉译西书来源构成

国别语种	英	美	法	德	俄	日	其他和不详	总计
数量	2 243	3 062	97	805	1 941	4 110	2 008	14 266
百分比	15.7	21.5	0.7	5.6	13.6	28.8	14.1	100

本表中英、美、法、德、俄等国译本数据来自王奇生"民国时期的日书汉译"一文中的表5,日文译本数据来自田雁主编《汉译日文图书总书目:1719—2011》第1卷

必须指出的是,在1920—1930年代,因为新文化运动的推动,国内对外

---

① 扬中:《大后方的通俗文艺》,成都:四川教育出版社,1990年,第5页。

文图书的翻译进入了一个"黄金时代"。"翻译界空前繁荣,译作层出不穷,译论竞相杂陈,文体解放,范围扩大,并在30年代中叶达到高潮。"[①]特别是1934年及1935年还有所谓"翻译年"[②]之说。

与清末民初时梁启超等所鼓吹的"译著之业,将以播文明思想于国民"的理念不同,1920—1930年代的人们之所以注重翻译,是因为意识到翻译能带给社会"多样性文化,加深人们对西方文化的理解,培养一种博大的'世界意识'"[③],并针对当时出版业流行的复古思潮,提出了"翻译比整理国故重要得多,因为翻译来的是中国所没有的东西,而国故则古已有之"[④]。可见,这一时期的人们对翻译作品的认识要更为理性。

就在这一时期,美国因以庚子赔款创设"留美预备学堂(1909)",兼之其在二次世界大战之间所主张的"门户开放"政策,引致国内民众的明确好感。而到了1920年代,包括梅贻琦、胡适、赵元任、竺可桢、胡刚复、秉志、张子高在内的"留美预备学堂"学子们纷纷回国,加上汤用彤、梅光迪、林语堂、梁实秋、吴宓、陶行知、郭秉文、蒋梦麟、陈鹤琴、张伯苓等其他留美学子也都回国就职,形成了有广泛影响的留美学生群体。他们在中国近现代科学体系、教育体系的构建方面起到了非常积极的作用,如林孝庭曾有言:"中国近现代整个科学体系的构建,留美学生起了基础作用。他们的传统文化素养很高,知道中国的实用主义价值体系有别于美国的价值体系,更知道故步自封不可能带来文明的活力。"[⑤]与此同时,他们在文化翻译界也积极地展开了对欧美文化的翻译介绍。如在1920年代,由胡适所主持的"中华教育文化基

[①] 邹振环:"西书中译史的名著时代在上海形成的原因及其文化意义",《复旦学报》(社会科学版),1992年第3期。
[②] 参见杨义:《中国现代小说史》第2卷,北京:人民文学出版社,1988年,第29页。
[③] 邹振环:《20世纪上海翻译出版与文化变迁》,桂林:广西教育出版社,2000年,第204－205页。
[④] 邹振环:《20世纪上海翻译出版与文化变迁》,桂林:广西教育出版社,2000年,第208页。
[⑤] 转引自于颖:"近代中国最早的留美海归",《文汇报》,2016年7月8日。

金董事会编译委员会"①就与商务印书馆合作推出了"世界文学名著"(1928)项目等。

事实上,为了适应国内读者对欧美文化的追捧,在商务印书馆之外,国内的其他出版社也都相应推出各自的外国文学名著翻译丛书。其中有上海新文化学会的"世界名著提要丛刊"(1928)、世界书局的"世界名著丛书"(1929)、春潮书店的"世界名著丛书"(1929)、神州国光社的"世界历史名著丛刊"(1930)、启明书店的"世界文学名著"(1931)、北新书局的"世界文学名著丛书"(1931)、湖风书局的"世界文学名著译丛"(1931)、鸡鸣书局的"世界名著小说丛书"(1933)、春光书局的"世界文学名著译丛"(1934)、中国文化学会的"世界名著丛书"(1934)、复兴书局的"世界文学名著译丛"(1936)、启明书局的"世界短篇名著丛刊"(1937)、生活书店的"世界名著译丛"(1938)等。②

在这些所谓的"世界名著"中,显然,欧美文学占据了绝大部分。以上海生活书店在1935—1936年间推出的"世界文库"第一集的62种图书为例,其中,原作有美、英、法、俄、德、西班牙、希腊、挪威、波兰、比利时等,全部来自欧美国家,却没有一部是译自日本的作品。要知道,在译本的选择方面,留美派的代表胡适,就已经提出"只译名家著作,不译第二流以下的著作"③的主张,在他主持"中华教育文化基金董事会编译委员会"期间,所做的第一件事就是"组织人力将《莎士比亚全集》译过来。1930年12月23日,胡适致函梁实秋,提出由梁与闻一多、陈源、徐志摩、叶公超等五人'翻译Shakespeare

---

① 1924年5月,美国国会通过议案,决定将中国庚子赔款的余额及利息约1 200万美元返还中国,用作中国文化教育事业的发展基金。当时中国正值军阀混战,政局多变,为防止政府将其挪作军费或为政府开支,于是,组织了一个由中美两国民间知名人士为主体的中华教育文化基金董事会,共同管理和使用这笔款项。中基会首期董事由中国大总统令派中美14人当选,其名单有:颜惠庆(内阁总理)、顾维钧(外交总长)、施肇基(驻美公使)、范源廉(北京师范大学校长)、黄炎培(江苏省教育会会长)、蒋梦麟(北京大学代理校长)、张伯苓(南开大学校长)、郭秉文(东南大学校长)、周诒春(财政整理委员会秘书长)、孟禄(哥伦比亚大学师范学院国际研究所主任)、杜威(哥伦比亚大学教授)、贝克(交通部铁道管理局顾问)、顾临(洛氏基金会中华医药董事会驻华代表)、贝诺得(北京国际银行总裁,清华基金董事会董事)。随后又增补丁文江为董事(第15人)。按规定基金会每年会有三名董事任满,届时由董事会选举继任董事。在此之后,蔡元培、胡适、任鸿隽、孙科、汪精卫、伍朝枢、李石曾、翁文灏、司徒雷登等也都出任过董事一职。
② 邹振环:《20世纪上海翻译出版与文化变迁》,桂林:广西教育出版社,2000年,第174页。
③ 邹振环:《20世纪上海翻译出版与文化变迁》,桂林:广西教育出版社,2000年,第198页。

全集,期以五年十年,要成一部莎氏集定本'"①。与此同时,留日派的代表郭沫若等,也有了"国内各大书坊多采办海外的名著"②之感慨。可见,至少在文学领域,当时的人们已将日本的文学作品排斥在世界名著之外了。

2. 汉译日文图书的影响力分析

与清末民初时所占有图书翻译的主流地位不同,到了民国时期,汉译日文图书的地位出现了明显的下降。

据邹振环的《影响中国近代社会的一百种译作》统计,在 1912—1949 年间,入选的汉译西文图书有 39 种。若是从原作者的国别来看,德国入选作品最多有 12 种,其后为英国 8 种,美国 7 种,法国 6 种,俄国 3 种,日本、意大利、挪威三国各 1 种。日本的原作仅占 1/39。考虑到民国期间,汉译日文图书的数量一直位居各语种的首位。由此而言,在汉译西文图书中,有影响的汉译日文图书的原作比例,的确过低。这同时也标志着汉译日文图书社会影响力的下降。其中一个重要原因,可能是日本自身缺乏有重大影响的名著。事实上,日本近代的学术思想体系,也都是自欧美引进的。

不过,若是就作品的文本而言,在全部的 39 种汉译西文图书中,有 4 部作品系译自日文。其中有包笑天所译的《苦儿流浪记》([法]艾克多马洛著,黑岩泪香日译,1915)、鲁迅所译的《苦闷的象征》(厨川白村著,1924)、夏丏尊所译的《爱的教育》([意]德亚米契斯著,据日译本翻译,1924)以及段洛夫、陈非璜所译的《钢铁是怎样炼成的》([俄]尼·奥斯特洛夫斯基著,据日译本翻译,1937)。此外,还有 3 部作品系参照日译本所翻译的图书,即《创化论》([法]柏格森著,原文系法文,由张东荪依据美国密启尔的英译本及日本金子桂井二的日译本翻译,1919)、《共产党宣言》([德]马克思、恩格斯著,由陈望道参照英译本及日译本翻译,1920)和《资本论》([德]马克思著,陈启修以德文本为基础,参照英译本及日译本翻译,1930)。

由此而言,民国时期的日译本依然还是国人在翻译引进西方作品的重要媒介。之所以如此,一个重要因素是来自日本的"新汉语词汇"的存在,正如侯外庐先生此前所说的,在"我们翻译《资本论》的时代,理论界通用名词和概念早已日本化了"。这些日本化的"名词和概念",不仅能够帮助人们去

---

① 崔德胜:"胡适与中华教育文化基金董事会研究(1924—1949)",南京大学硕士论文,2015 年,第 25 页。

② 邹振环:《20 世纪上海翻译出版与文化变迁》,桂林:广西教育出版社,2000 年,第 198 页。

顺利地翻译应对西文原文,同时还能够协助人们去创新组建并应用新的汉语词汇。也正为此,鲁迅才会有"因为讲话倘要精密,中国原有的语法是不够的,而中国的大众语文,也决不会永久含胡下去。譬如罢,反对欧化者所说的欧化,就不是中国固有字,有些新字眼,新语法,是会有非用不可的时候"①的主张。

除此之外,如果结合时代的背景,民国时期的汉译日文图书还存在亮点,那就是此前所述的对京都学派作品、对马克思主义学说作品以及对军事作品的翻译引进。在当时,这种翻译引进可以说非常具有特色,首先是成规模的大批量引进,无论是京都学派作品、马克思主义学说作品还是军事作品,其翻译引进的数量都在50种以上。如果说,军事作品的翻译引进,具有备战、抗战方面的社会意义的话,那么,对京都学派作品以及马克思主义学说作品的翻译引进,可以说在介绍新思想、新文化方面起到了不可或缺的率先之功。

其次,如果从选题的角度,去对京都学派作品、对马克思主义学说作品以及对军事作品的翻译引进加以分析的话,便可以发现这些作品的引进,已经渐次突破了传统学术语境的阻隔。如果说在晚清时期日文图书初入中国之际,选择翻译引进图书还只是一种随意行为或偶然事件,缺乏内在的逻辑,也就是梁启超所说的:"本末不具,派别不明,唯以多为贵。"②那么,在民国时期,特别是京都学派作品及马克思主义学说作品的翻译引进,所介绍的都是当时日本最新的学术思想和成果。事实上,其他版块的翻译引进,也同样在有选择、有方向地进行。如在文学领域,王向远先生就曾有评说:"在那不到二十年的时间里,日本文学中的许多中长篇名著,都有了中译本,还编译出版了多种日本短篇小说名作的选本,这都是一个值得称道的成绩,它表明我们的翻译家,在翻译的选题上已经具备了文学角度的、历史角度的敏锐的眼光。"③

综上所述,在民国时期,就社会影响力而言,与晚清时期相比,汉译日文图书的地位确实出现了明显的下降。但是,就翻译引进作品的文本而言,民

---

① 鲁迅:"答曹聚仁先生信",《鲁迅全集》编年版第8卷,北京:人民文学出版社,2014年,第177页。
② 梁启超:《梁启超全集》,北京:北京出版社,1999年,第3105页。
③ 王向远:《日本文学汉译史》,王向远著作集第三卷,银川:宁夏人民出版社,2007年,第42页。

国时期的日译本依然还是国人翻译引进西方作品的重要媒介,而且,如从翻译引进作品的版块以及选题的角度来看,这一时期的汉译日文图书在介绍新思想、新文化方面起到了不可或缺的表率作用。而这也正是民国时期汉译日文图书的魅力以及其社会影响力的所在。

三、小结

在前面的叙述中,我们就民国时期汉译日文图书的历史进程做出了说明,但是,并没有能对汉译日文图书的历史地位予以整体的评价。事实上,在对任何事物进行评价的时候,都存在有正面或负面的意义。

就正面意义而言,首先,民国时期的汉译日文图书,即便存在有战争的因素,但是,因受惠于1928—1937年间的10年译书黄金期,汉译日文图书仍然占据着民国期间汉译西书事业的首位。如果从翻译引进作品的版块分析,特别是在文学作品、京都学派作品、马克思主义学说作品以及军事作品等版块的翻译引进方面,其在介绍新思想、新文化以及应对战争的爆发方面起到了不可或缺的率先作用。

其次,民国时期的汉译日文图书,从选题的角度,也已经开始突破学术语境的阻隔,以介绍当时日本领先或者说主流的学术思想和成果为主旨,而不再是晚清时期译者自身的随意或偶然选择,甚至缺乏内在逻辑的引进。在对待翻译作品的态度上,也超越了晚清时期梁启超等人"译著之业,将以播文明思想于国民"的主张,而有了鲁迅的"翻译——除出能够介绍原本的内容给中国读者之外——还有一个很重要的作用:就是帮助我们创造出新的中国的现代言语"这样的说法。也正因为此,这一时期的汉译日文图书依然拥有着相应的社会影响力。

第三,民国时期的汉译日文图书,从文本翻译的角度,也已超越晚清时期那种简单直译的方式,而开始采用日本的文体。鲁迅自己对当年的翻译曾有如此评价:"初学日文,文法并未了然,就急欲看书,看书并不很懂,就急于翻译,所以那内容也就可疑的很。"[①]而在"('五四')文学革命以后,文学学术各方面的翻译,都是用现代文,其采用日本语和日本文体,更在'梁启超式'以上。只要颠倒目的语,改换助词,便成为日本式的文章。这种文章很

---

① 鲁迅:《鲁迅全集》第7卷,北京:人民文学出版社,1981年,第4页。

被一般应用,尤其议论文,更为显著"①。实藤惠秀在这里所说的"日本式的文章",如果用今天的翻译文本理论来解读,实际上就是对翻译文本的一种套用。此外,在民国时期,特别在军事及医学领域,甚至出现了专业方向的翻译分工,这同样也体现出了这一时期的日文翻译水准的整体进步性。

第四,民国时期的汉译日文图书,从出版的角度,也已经开始呈现出出版社之间的分工。如中华书局、北新书店侧重文学、历史,华通书局关注社会、经济方向等,以及军用图片社对军事、新学会社对农林、开明书店对文学的专一。这种对翻译图书专业方向的限定,既有利于出版社对专业译者的培养,也有益于对翻译质量的保证。

至于负面的影响,首先,民国时期的汉译日文图书,最大负面因素应该是侵略战争的伤害,这种伤害包括心理的和物质的。所谓心理的伤害,主要表现在中国知识分子对日本以及日本文化的决裂上。这种决裂的态度是如此坚定,以至于战争期间,依然滞留在沦陷区并从事着日文图书翻译和文学创作的那些人,如张资平、周作人等,在当时就已经被定性为"汉奸文艺"。由此也就注定了战争期间汉译日文图书的凋落。以商务印书馆为例,在抗战期间出版的 80 余种外译文学图书中,译自日文的图书只有 3 种。②

而所谓物质的伤害,主要表现在战争造成的出版社流离或者倒闭,出版资源包括厂房、机器以及纸张的匮乏。同样是以商务印书馆为例,"八年抗战中,给商务印书馆最严重的直接打击是珍珠港事变。继北平京华印书局之后,上海租界、香港两处的工厂也完全陷于敌手。不是损失掉多少台机器,多少钢模、字铅等器材,多少纸张油墨原材料,而是使这三处大中型厂丧失了生产可能"③。由此可见战争的伤害力度之大。

其次,民国时期的汉译日文图书,从各语种比较的角度,与晚清时期相比,其地位已经呈现出明显下降。谭如谦先生坚持:"民国最初的 28 年间,若论翻译语种,日文次于英文;若论翻译国别,似乎日本——中国当时头号敌人——依然是最大的近代文化的'借出者'。"④而且,表 2-16 的统计也显示出在民国时期汉译日文图书的数量仍占据有第一的位置。不过,有影响的汉译日文图书原作所占的比例过低,标志着这一时期汉译日文图书的

---

① 实藤惠秀:"现代中国文化的日本化",《国立华北编译馆馆刊》,1943 年第 2 卷第 10 期。
② 转引自陈传芝:"抗战时期商务印书馆外国文学译作出版",《编辑之友》,2010 年第 9 期。
③ 汪家熔:"抗日战争时期的商务印书馆(四)",《编辑学刊》,1995 年第 6 期。
④ 谭如谦:《中国译日本书综合目录》,香港:中文大学出版社,1981 年,第 76 页。

社会影响力正在下降。

第三，民国时期的汉译日文图书，重复出版现象极为严重。这种重复，不仅仅是不同译者、不同出版社对同一作者作品的重复，更是同一译者将同一译本送往多家出版社的重复。其中，比较典型的有鲁迅所翻译的厨川白村《出了象牙之塔》的译本，就先后在未名社(1925)、昆仑书店(1925)、商务印书馆(1932)以及北新社(1932)4家出版社分别出版；有半粟翻译的布施胜治《苏俄的东方政权》，被送到了商务印书馆(1928)、太平洋书店(上海，1928)、太平洋书店(北京，1928)同时出版；还有施复亮、钟复光与许亦非不同译本的平林初之辅的《近世社会思想史》，在被送到了商务印书馆(1929)、中华书局(1931)出版的同时，又将译本改名《近世社会思想史要》，分别送至了大江书铺(1929)、正中书局(1931)出版。经统计，这种将同一译本送往多家出版社重复出版的图书种类甚至多达797种，比例之高令人咋舌。

第四，民国时期的汉译日文图书，翻译水准参差不齐。就汉译日文图书而言，就在当年，既有傅斯年的褒："论到翻译的书籍，最好的还是几部从日本转贩进来的科学书。"[1] 也有慧子的骂："我疑心李先生(《近世社会成立史》的译者李天培)是在和我们寻开心呢! ……这本译书无论你指定哪一页哪一面，我都可以保证指出谬误来。"[2] 平心而论，翻译水准是图书出版业一直存在的顽症，至今依然如此。其实，说起民国时期汉译日文图书的翻译，王向远曾有一段妙言："在1920—1930年代的日本文学译文中，我们很难看到现在所要求的那种流畅、优美的文字，翻译家们不是不能把汉语说得更漂亮一点，而是宁愿译得生硬、拗口一些，也要把日文中可以借鉴的东西直接移译到汉语中来。"[3] 也许，这样的解读更符合汉译日文图书历史发展的真实意境。

由此而言，民国时期，虽然受到战争的强烈冲击，但是，汉译日文图书的事业也都一直在进行着。在这些汉译日文图书引进之际，日本的主流学术思想和文化成果得到了切实的介绍。与此同时，在那些试图将"日文中可以借鉴的东西直接移译到汉语中来"的译者们努力下，社会进入白话文时代的步伐加快，包括出版文化在内的中国文化向近代的转型亦得到了推动。这正是民国时期汉译日文图书的意义或者说是亮点所在。

---

[1] 傅斯年："译书感言"，《新潮》，1919年第1卷第3号，第533页。
[2] 慧子："李天培译《近世社会成立史》纠谬举例"，《一般》，1931年第9卷第3号，第584页。
[3] 王向远：《日本文学汉译史》，王向远著作集第三卷，银川：宁夏人民出版社，2007年，第48页。

第三章　文本操控与译者操控
（1949—1976）

1949—1976年间汉译日文图书的出版，可分为两个时期，即1949—1966年的"十七年"时期以及1967—1976年的"文革"十年。对于汉译日文图书的翻译出版而言，1949—1976年是一个非常特殊的时期，因为在当时中国的政治历史背景下，日文图书的翻译选材被高度意识形态化了。这种高度的意识形态化先是通过出版社的社会主义性质改造而实现了对文本的操控，与此同时，政府还通过对翻译工作的"组织化、计划化、制度化"等程序，实现了译者操控，而使这一时期的汉译日文图书具有了鲜明的阶级性和服务性。与其他时期相比，这一时期日文图书的翻译出版，具有四个典型特征：一、图书翻译整体重"理"而轻"文"；二、政府完成对图书翻译出版的操控；三、有公开译作、内部译作和潜在译作之分；四、译作中缺乏主流作家的代表作。

在这种双重操控的时代背景下，日文图书的翻译数量出现了大幅下滑，在1949—1966年的17年间，日文图书的翻译出版年均数为39.2本。而此后的"文革"十年(1967—1976)，更是落至近代以来的最低点，年均出版数只有13.7本。

第一节　被疏离的日本

一、中日邦交正常化前的日本观——疏离

新中国成立之际，两个因素决定了中日两国关系的疏离，也由此带来了国人对日本认识的疏离。

第一个因素源自中国。在新中国建立初始，国内还存在有尖锐的社会

第三章 文本操控与译者操控(1949—1976)

对立,国民党残余势力依然留存,地主阶级尚未得到彻底的清算;国外又有美苏两大阵营的激烈对抗,整个国家还处于帝国主义的"新月形"包围之中。因此,毛泽东会在《论人民民主专政》中,明确提出"一边倒"的主张:"深知欲达到胜利和巩固胜利,必须一边倒。积四十年和二十八年的经验,中国人不是倒向帝国主义一边,就是倒向社会主义一边,绝无例外。"①与此同时,在整体国策方面,也采取一边倒的外交方针,即倒向以苏联为首的社会主义阵营。这样一来,紧跟美国站在西方资本主义阵营中的日本,自然就在中国的选项之外。

第二个因素来自日本。1950年代初的日本,其政治、军事、外交各个方面都唯美国马首是瞻,不仅在朝鲜战争期间作为美军的后勤基地,而且在对待中国的态度上,也采取了与美国一样的敌视政策。特别是1952年1月,日本在美国的支持下宣布将与台湾当局签订和约的"吉田书简"发表后,引起国内舆论一片哗然:"'吉田书简'是战败的日本反动政府与美帝国主义互相勾结,对中国人民与中国领土重新准备侵略战争的铁证,是片面的对日和约后,又一次对中华人民共和国最严重、最露骨的挑衅行为。"②随后,日本与台湾国民党政府于同年4月签订了《华日和平条约》,彻底地站到了美台的一方。

正是源于这两个方面的因素,尽管此后中国政府一方面表示出对日本的关切,表示愿意在和平共处的原则基础上,恢复中日两国间的外交关系。如周恩来总理在1953年9月28日接见日本友人大山郁夫时就说:"我们是主张恢复与世界各国的正常关系,特别是与日本的正常关系的。"还说:"中国人民深刻了解因被外国军队占领而陷于水深火热中的日本人民的痛苦,这种痛苦是日本历史上未曾有过的。中国人民希望日本人民能够得到他们祖国的新生和独立,希望中日两国在和平共处的基础上真正能够共存共荣。"③1954年10月12日再次重申,中国政府愿意"同日本按照互利的条件发展广泛的贸易关系,并同日本建立密切的文化联系",同时使"自己同日本的关系正常化"④。

但另一方面,当时的日本"已经完全在美国占领和美国垄断资本的控制

---

① 毛泽东:"论人民民主专政",《毛泽东选集》第4卷,北京:人民出版社,1990年,第1410页。
② 《日本问题文件汇编》第1集,北京:世界知识出版社,1957年,第90—91页。
③ 《日本问题文件汇编》,北京:世界知识出版社,1955年,第116,118页。
④ 《日本问题文件汇编》,北京:世界知识出版社,1955年,第26页。

之下,成为一个经济军事化和殖民地化的国家了"①。尤其在1957年岸信介出任首相之后,他一方面与美国相勾结,准备新的《日美安保条约》;另一方面又与台湾的国民党当局眉来眼去,不仅以首相的身份前往台湾鼓动蒋介石"反攻大陆",而且,还十分任意地将金门、马祖纳入《日美安全条约》的防御范围之内。因此,国内舆论对日本渐渐有所警惕,认为"日本正在被拖上军阀主义复活的道路"②,与此同时,还通过民间舆论发出:"因此我们为着拱卫全人类和平幸福的生活,已掀起了反对重新武装日本的怒潮。"③

由此而言,1950年代的中日关系,实际上处在政治上的敌对阶段,两国间的民间交流也因此基本中止。鉴于当时中国在政治上正处于被以美国为首的西方阵营排斥,经济上被封锁,信息上也缺乏交流,因此,对于紧跟美国的日本,国内人们在对其行径加以批判的同时,更多的是一种淡淡的疏离。具体表现为这一期间,很少见到有关日本研究的著作及论文,而且对日本引进的翻译图书也有明确的限制。

进入1960年代后的日本,因为池田内阁推行的国民收入倍增计划,加之1964年东京奥运会的推动,进入了经济高速增长期,社会面貌也随之发生了翻天覆地的变化。短短几年间,就从一个战败国而一跃成为仅次于美国、苏联的世界第三大经济强国。但因其在政治上依然保持着与美台的良好关系,中日邦交正常化的进程仍受到了干扰。

此时的中国,在经历了中苏关系的破裂之后,一度也曾有缓和与日本关系的想法。就在1964年6月,国务院副总理兼外长陈毅在回答日方有关"日本的赔偿问题"时,曾说:"中国人民在日本军国主义侵略中国的战争期间,曾经遭受了巨大的损失。对此,中国人民有权要求赔偿。但是,战争已过去快20年了,现在中日两国连和平条约都还没有缔结,这个问题从何谈起,中国政府和中国人民对待中日关系,从来是向前看,而不是向后看。目前中日两国政府需要共同努力来解决的,首先是如何促进两国关系正常化的问题,如果日本政府尊重日本人民的愿望,就应该有诚意、有准备、有步骤地来解决中日两国邦交正常化的大问题。当两国邦交恢复时,其他具体问

---

① 陈桥驿:《日本》,北京:新知识出版社,1956年,第70页。
② 《人民日报》社论,1959年11月27日。转引自倪学新:"新中国日本研究发展轨迹考察",《日本学》第五辑,北京大学出版社,1995年,第293页。
③ "北四川区中心小学女员工致书日本妇女",《新闻日报》,1951年3月8日。

题是容易通过友好协商加以解决的。"①此后,1965年5月,廖承志在会见日本客人时也说:"中国不准备靠他国的战争赔款来建设国家,而且要求没有战争责任的一代人为前人支付战争赔款是不合理的。"②这段话,为陈毅副总理的"友好协商"添加了备注,同时也表明中国有意图通过放弃战争赔偿来加快实现两国关系的正常化。然而,1960年代后半期开始的"文化大革命",搁置了这一想法的落实。曾表态"有诚意、有准备、有步骤"来解决中日邦交正常化的陈毅与廖承志,都在"文革"中靠了边。

在此背景下,与1950年代相比,官方对日本的态度,一方面因1960年通过的《日美安保条约》,越发严厉了起来,认为"战后十几年来,日本军国主义在美帝国主义长期扶植和怂恿下已经东山再起",并指责"重新抬头的日本军国主义由于有美帝国主义扶植和两者的狼狈为奸,因为是比战前更凶恶更危险的军国主义"③;另一方面,却在通过引进的翻译图书,塑造出另类的"红色日本"形象。所谓"红色日本",是通过日本人的作品,来"虚构的一个乌托邦,在这个乌托邦的想象中,日本人民成了中国人民反抗美帝国主义的坚强盟友,他们处于与美帝国主义斗争的最前线,整天生活在阶级矛盾的火热战斗中"④。而这"红色日本"的典型代表作有1950年代的《箱根风云录》(高仓辉著,1954)、《愤怒吧,富士(日本斗争诗抄)》(山岸外史等著,1956)、《广岛的一家》(大田洋子等著,1957)、《广岛日记》(蜂谷道彦,1958)等,1960年代有《愤怒吧,富士(日本人民反美爱国斗争诗选)》(渡边顺三等著,1965)、《日本人民的英雄气概》(日本报告文学集)(中本高子等著,1965)等。

正因为存在有这样的政治上的矛盾认识,这一时期民间与日本经济文化的交流几近为零,兼之1960年代后半期开启的"文化大革命",让国人自顾不暇。因此,这一时期国人的日本观,大致等同于1950年代,也即其外在表现为对日本的批判,内心是深度的疏离。

二、邦交正常化的日本观——趋同

1970年代国际关系中的重大事件,莫过于中美关系与中日关系的变

---

① 《日本问题文件汇编》第5集,北京:世界知识出版社,1965年,第10页。
② 转引自郭瑞民:《日落时分日本投降全记录》,沈阳:白山出版社,2011年,第412页。
③ 万峰:《日本军国主义》,北京:三联书店,1962年,第134页。
④ 刘舸:"百年中国文学中的日本形象演变研究",《中国文学研究》,2014年第4期。

化。在1969年,中苏两国因"珍宝岛事件"而将双方对立冲突从意识形态扩展到了领土方面,紧张局势的急剧升级;与此同时,美国尼克松总统在上台之后,制定了希望摆脱越南战争、收缩美国全球义务、调整国际关系的外交新方针,被称为"尼克松主义"。在此背景下,中国在外交上有了"中苏矛盾大于中美矛盾,美苏矛盾大于中苏矛盾"的判断,一方面以中国乒乓球队访美为契机,选择民间交流的方式与美国进行接触,中美关系从此解冻;另一方面,恢复了在联合国的合法地位之后,中国也采取了"以民促官"这种民间交流的方式,即通过邀请一些持友好态度的日本政界人士来访,尝试性地探索中日邦交正常化的路径。

由此,1970年代便成为中日关系出现大转折的时期。就在田中角荣出任首相的1972年,中日两国签订了《联合声明》,恢复了邦交的正常化。此后,双方又签署了贸易、航运、海运、渔业、文化交流等一系列协定。在谈到中日邦交正常化的背景时,日本学者毛里和子认为,中日建交,中国的考量,首先是中美关系解冻的结果,其次是出于毛泽东的联合美日"共同对付苏联的扩张势头"的构想;而日本方面的考量,则是为了"强有力的安全保障"。对此,她曾借用了毛泽东在1973年2月会见基辛格时所说的:"随着中美在反霸权问题上意见趋于之一,以及中日关系正常化逐步实现,中国方面对日本的看法已经发生了根本转变。中国实际上已经把日本视为反霸(反苏)斗争中的一支重要力量……我说要搞一条横线,就是纬度、美国、日本、中国、巴基斯坦、伊朗、土耳其、欧洲(的联合抗苏)。"二是毛泽东在1974年1月5日会见大平正芳外相时所说的:"团结包括美国和日本在内的国家上一切可以利用的力量,共同对付苏联的扩张势头。"①以此表明,首先因为中美关系的解冻,中日关系才可能正常化;其次是出于毛泽东的联合美日"共同对付苏联的扩张势头"的构想。当然,从日本方面来说,毛里和子也借用了田中角荣的话:"如不解决中日关系,就不可能有日本的稳定。第三,日本的安全保障……对日本来说,不仅依靠日美安保条约,还要与中国结成友好关系。如中日美三国形成等边三角形关系的话,远东的和平就能实现。日本与中国建立正常国家关系,比在亚洲建立NATO(北大西洋公约组织),更能成为强有力的安全保障。"②这表明当时日本在恢复中日邦交正常化方面最主

---

① 毛里和子:《中日关系:从战后走向新时代》,北京:社会科学文献出版社,2009年,第77页。
② 毛里和子:《中日关系:从战后走向新时代》,北京:社会科学文献出版社,2009年,第69页。

要的考量就是"强有力的安全保障"。

然而,中日邦交正常化并非一个容易的决策。毕竟此前双方敌视并对峙了20多年,而且又有战争责任与战争赔偿的实际问题。在田中角荣到达北京之前,日方最担心的问题就是能否结束与中国的战争状态问题以及如何应对战争赔偿。然而,对中方来说,所关注的是,双方能否就导致中日两国断交的那场战争的认识达成共识,且作为加害国的日本能否就战争表示反省与道歉。

据说,在前往中国之前,在与大平外相对谈之时,田中首相曾留下过这样的豪语:"大平君,我们搞恢复(日中)邦交正常化问题,不知道结果会怎样。人生一世,花开一季,人总是要死的,要死就一起死吧,我是有这个准备的。"① 而在田中到访之前,周恩来也专门指示外交部起草《关于接待日本田中首相访华的内部宣传提纲》,要求向群众做出宣传和解释。提纲主要围绕两大问题展开:为什么邀请田中访华?田中为什么要访华?其中特别强调说:"一些干部群众见到太阳旗就满腔愤慨……要从大局出发,理解邀请田中访华的意义,认真准备,做好接待田中一行的工作。"并且强调说这是"毛主席、党中央的一个主要战略部署",是"中日两国人民长期共同斗争的结果"②。

事实上,这种担心也并非杞人忧天。在双方谈判的第一天,双方围绕着对战争的道歉用词就产生了冲突。在当天的欢迎晚宴上,田中首相就战争责任一事致辞表示:"我国给中国国民添了很大的麻烦,我对此再次表示深切的反省之意。"对此,在第二天的会谈中,周恩来总理专门指出:田中首相用"添了很大的麻烦"这句话,引起了中国人民的强烈反感,中国被侵略而遭受巨大损失,决不可以说是"添了麻烦"③。同样的冲突还发生在战争赔款的表述上。

尽管谈判过程中发生有多次的争执,但是,出于不同考量的中日双方,最终在各自让步的基础上,正式签署了《中日联合声明》,进而开启了中日邦

---

① 转引自康鑫、高金卿主编:《1949—1976共和国外交秘闻录》,北京:农村读物出版社,1993年,第362页。

② "关于接待日本田中首相访华的内部宣传提纲"(1972年9月4日),中共中央文献研究室:《周恩来年谱(1949—1976)》下卷,北京:中央文献出版社,1997年,第548页。

③ 转引自《周恩来军事活动纪事》编写组编:《周恩来军事活动纪事》下卷,北京:中央文献出版社,2000年,第755页。

交正常化进程。对此,孙立祥曾以三个鲜明特点来总结中日邦交正常化这一过程,即:1."通过'民间先行、以民促官'这条特殊的'国民外交'路线最终完成建交大业";2."当年的被侵略国和战胜国中国积极主动,而侵略国和战败国日本反而处于被动地位";3."日本政府与中国恢复邦交需事先征得第三国美国的理解和同意"[①]。

正因为在中日邦交正常化进程中,中国出于主动,并且做出了诸多的让步,故而,也有观点认为:"中国的对日邦交正常化,主要动机还是出于对抗苏联的战略考虑,另一方还是力图利落地一刀斩断日本与台湾当局的关系,谋求日本确认政权的合法性。这种战略确实提高了中国在国际政治中的战略地位,但是也使得在中国在谈判过程中对日本做出了诸多让步。在整个谈判过程中,领导意志过重,民意被排除在外,诸多实质性问题被搁置或被以'政治方式'解决,而这也给日后中日关系留下后患。中国民间对日索赔就是其中一例。"[②]无论如何,《中日联合声明》的签订以及中日邦交正常化的实现,不仅标志着中日两国之间自 1949 年以来不正常状态的结束,同时也为中日和平友好条约的签订以及中日的经济合作关系创造了良好的条件。

就在《中日联合声明》之后,在日文图书的翻译出版上,出现了明显的改善。《中日联合声明》签署前 5 年间(1967—1971)总共翻译出版 11 部日文图书,在《中日联合声明》签署后 5 年间(1972—1976),则翻译出版有 122 部日文图书。只不过,这一时期的汉译日文图书,仍然受到了文艺"为无产阶级政治服务"、"为工农兵服务"口号下的文本和译者的操控。由此而言,真正的汉译日文图书的繁荣,还需要等到 1980 年代"实践是检验真理标准"的社会大讨论之后。

第二节 重理而轻文

就历史发展的经纬而言,1949—1976 年间汉译日文图书的出版,大致可以分为两个时期,即 1949—1966 年的建国前 17 年以及 1967—1976 年的

---

① 孙立祥:"中日邦交正常化的历史轨迹及其启示",《中国浦东干部学院学报》,2010 年 9 月第 4 卷第 5 期。

② 腾讯网:"解密 1972 年中日邦交正常化",http://view.news.qq.com/zt2012/zrbj/index.htm? pgv_ref=aio2012&ptlang=2052,2016 年 10 月 20 日。

"文革"10年。如果进一步分析这一时期的汉译日文图书的年均出版量,可以发现,在1949—1966年的17年间,日文图书的翻译出版的年均数仅为39.2本,甚至低于晚清及民国时期。这是因为在建国初期的1950年代,受"一边倒"的国策影响,当时的社会主流意识形态开始对译者及翻译文本的选择实施了强有力操控,日文图书的翻译出版因此而受到了极大的冲击。而在此后的"文革"期间(1967—1976),更是落至近代以来汉译日文图书出版史上的最低点。在"念念不忘阶级斗争,念念不忘无产阶级专政,念念不忘突出政治,念念不忘高举毛泽东思想伟大红旗"的"'文革'意识"的指导下,社会主流意识对译者及文本的操控被发挥到了极致,特别是在1967—1969年的3年间,仅翻译出版了1部日文图书,而10年间的年均出版数也低至13.7本,这还是建立在所谓的"白皮书"、"黄皮书"等内部文本以及被称为"潜在译作"的手抄本等文本基础之上的。为此,在《新中国科学翻译60年》一文中,黎难秋先生将这一时期称为中国科学翻译史上的"特殊发展期"。必须指出的是,黎难秋所说的"科学翻译",其范围是广义的,其中还包括"哲学、自然科学、技术工程及除宗教、文学艺术以外其他社会科学内容的翻译"[①]。

一、出版统计与构图

1949—1976年间汉译日文图书的书目统计源自作者主编的《汉译日文图书总书目:1719—2011》第2卷(社科文献出版社,2015),而第2卷中建国初及"文革"时期的汉译日文图书的原始书目主要来源于《全国总书目》(1949—1976)及《全国内部发行图书总目1949—1986》。必须加以说明的是,《全国总书目》的1949—1954年版以及1967—1969年版均为合订版,而1959年版则分有上、下二册。其中,从《全国总书目》(1949—1976)所录得的汉译日文图书书目为689种,而从《全国内部发行图书总目1949—1986》中录得的1949—1976年间的汉译日文图书书目96种,二者合计书目总数为785种(具体年份分布见表3-1)。

[①] 黎难秋:"新中国科学翻译60年",《中国翻译》,2010年第1期。

表 3-1　1949—1976 年汉译日文图书统计(共 785 种)

年份	出版种数	年份	出版种数
1949	51	1963	49
1950	1	1964	45
1951	11	1965	49
1952	35	1966	16
1953	24	1967	0
1954	16	1968	0
1955	47	1969	0
1956	28	1970	2
1957	53	1971	9
1958	75	1972	12
1959	59	1973	17
1960	16	1974	25
1961	32	1975	36
1962	45	1976	32

本表由根据《汉译日文图书总书目:1719—2011》第 2 卷相关资料整理制作。其中,1949 年出版的 51 种译作均为 1920—1940 年代旧时译作的再版

在研究方法上,采用 SPSS 软件系统,将全部的 785 种图书书目数据输入系统,对这些书目所构成的学术版图,如图书的学科构成、作者及译者群体、传播范围、影响力等方面,通过不同对象体系的指标分析、比对及统计,并且列出图表,在此基础上梳理这 27 年来汉译日文图书的出版及传播路径,并对汉译日文图书在不同时期的社会影响加以分析、解读。

如果就这一时期汉译日文图书的学科特色分析,不难发现,重"理"而轻"文"是最为突出的倾向特征(详见表 3-2)。这不仅是因为在全部的 785 种图书中,自然科学类与社会科学类的图书翻译出版之比是 470∶315。而且,在排名前五的学科中,自然科学类的工业技术、医药卫生、数理化学和农业科学分别位居一、三、四、五位。应该说,这种重"理"轻"文"倾向特征,也是与当时社会的大背景相吻合的。

表 3-2　1949—1976 年汉译日文图书出版的学科分布

年份＼分类	1949	1950	1951	1952	1953	1954	1955	1956	1957
马克思主义 A									
哲学 宗教 B									
社会科学总论 C									
政治 法律 D						1		1	1
军事 E									
经济 F			1		1		1		1
文科教体 G									2
语言 文字 H	1					1			1
文学 I					1	5	6	7	11	13
艺术 J				2	2	1	1	1	4
历史 地理 K							1	2	4
自然科学总论 N	1								
数理化学 O	16								
天文 地球 P	4								
生物科学 Q	5								1
医药 卫生 R	10		2	3	11	7	36	10	17
农业科学 S					2		1	1	1
工业技术 T	14		9	29	3			1	8
交通运输 U									
环境 安全 X									
总数	51	1	11	35	24	16	47	28	53

年份＼分类	1958	1959	1960	1961	1962	1963	1964	1965	1966
马克思主义 A		1		1					
哲学 宗教 B	2		1	1	1	2	1	1	
社会科学总论 C							1		

· 193 ·

续 表

年份＼分类	1958	1959	1960	1961	1962	1963	1964	1965	1966
政治 法律 D	2	2		1	4	6	7	7	4
军事 E									
经济 F		2		1		4		1	
文科教体 G	1					3	6	1	2
语言 文字 H									
文学 I	20	21	4	6	10	6	3	6	
艺术 J	3	2		3	2	1	2	1	
历史 地理 K	6	4		2	3	7	7	3	
自然科学总论 N		0							
数理化学 O	1		1	10	14	10	4	4	
天文 地球 P	2	3	1				1		
生物科学 Q	2	5	2	3	1	1			1
医药 卫生 R	10	2			1		1	3	
农业科学 S	7	9	1	2	4	6	7	10	2
工业技术 T	19	14	5	2	5	3	5	12	6
交通运输 U		1	1					1	
环境 安全 X									
总数	75	59	16	32	45	49	45	49	16

年份＼分类	1967—1969	1970	1971	1972	1973	1974	1975	1976	总计
马克思主义 A									2
哲学 宗教 B									9
社会科学总论 C									1
政治 法律 D				2	2	1	2	1	44
军事 E						2	2		4
经济 F					1	2		1	17

续 表

分类／年份	1967—1969	1970	1971	1972	1973	1974	1975	1976	总计
文科教体 G					1	3			19
语言 文字 H									3
文学 I			2	1	5	1	5	5	138
艺术 J									25
历史 地理 K				6	1	3	3	1	53
自然科学总论 N									1
数理化学 O						1		3	64
天文 地球 P					1				10
生物科学 Q						1	1	4	26
医药 卫生 R									113
农业科学 S							1	2	55
工业技术 T		2	7	3	4	9	15	13	186
交通运输 U						2	2	4	10
环境 安全 X					1	1	2	1	5
总数	0	2	9	12	17	25	36	32	785

本表由根据《汉译日文图书总书目：1719—2011》第2卷相关资料整理制作

二、图书出版业的社会主义改造

回顾1949年后日文图书翻译出版的发展历程,就不能不提及当年在整体国策方面所实施的"一边倒"方针。

在新中国建立初始,一方面国际形势出现了急剧的变化,随着冷战的出现并逐步升级,最终形成以美苏为首的两大阵营的激烈对抗;另一方面,国内的国民党残余势力依然留存,地主阶级也未能得到彻底的清算。面对中国的未来走向,特别是国家与社会的建设与发展方向,不同的阶层有着各自不同的看法,加之敌对势力所进行的扭曲、反动宣传,也造成了国民思想上的混乱。在此背景下,毛泽东在1949年发表的《论人民民主专政》中,明确地提出了"一边倒"的方针:"深知欲达到胜利和巩固胜利,必须一边倒。积四十年和二十八年的经验,中国人不是倒向帝国主义一边,就是倒向社会主义一边,绝无例外。骑墙是不行的。第三条道路是没有的。我们反对倒向帝国主义一边的蒋介石反动派,我们也反对第三条道路的幻想。"①现在看来,这种"一边倒"的外交是把双刃剑,它在保障国家利益的同时,也局限了突破封锁的战略战术,令国内的经济建设付出了沉重的代价,而在当时,却是新中国延续革命理念和目标的最直接选择。

毫无疑问,这种在整体国策方面的向苏联、向社会主义的"一边倒"方针,也反映到国家的图书出版政策方面来。事实上,共产党对新中国的出版政策在1949年初便已经开始着手规划,为此,1949年2月在中央宣传部之下设立出版委员会(新闻出版总署前身)。随后计划从华北开始,统一全国的出版业。1949年3月,出版委员会主要负责人胡愈之(也是国家出版总署首任署长)向周扬(中宣部副部长)明确提出了有关新中国出版事业的五点建议:"(一)书报贩卖事业即书店、书刊出版社及印刷业,此三者应实现分工,总原则应以国营事业处领导地位,民营出版业及印刷业应在党领导之下。(二)三联应该为国营最大书店,控制全国文化商业,在城市、乡村普遍建立分店、分销处,在学校工厂社里书报合作社,但自己不出版任何书刊,政府控制了全国发行事业则进步书刊可大量行销而反动书刊不待命令禁止,自可限制其流行。(三)出版社除由国营党营的以外,应按照出版自由原则准许私人自由经营,对人民有害之出版物,只要国营书店不替他推销,自然无法行销。(四)印刷业照普通工业办理,大印刷厂由国营,小印刷厂由私营而受国营管理。(五)以上办法的好处可使出版自由得到保障,反动书刊受到障碍,书刊出版业趋向计划化,书刊成本降低,著作人报酬可以大大提高,书业及出版业干部可统筹分配不至于成为无政府状态。"②

胡愈之的这五点建议,在其本人出任首届出版总署署长之后,"最终变成了领导全国出版事业的指导性思想。1949年11月1日出版总署成立之后所制定和推行的一系列影响深远的出版政策,包括在第一届全国出版会议上通过的五项重要决议,以及统一全国新华书店,加强专业化和企业化经

---

① 毛泽东:"论人民民主专政",《毛泽东选集》第4卷,北京:人民出版社,1990年,第1410页。
② "周扬对胡愈之关于出版问题之意见至中共中央电",中国出版科学研究所、中央档案馆编:《中华人民共和国出版史料(1949年)》,北京:中国书籍出版社,1995年,第48-49页。

营,实行出版、印刷、发行分工和出版专业化,对私营出版业的整顿和改造等,均直接或间接地源于这个思想"①。

事实上,自 1950 年起,出版总署就已经开始逐步部署对私营出版业的改造举措。先是在 1950 年 3 月,对全国私营出版业进行调查统计,调查发现当时全国大城市(北京、天津、上海、南京、杭州、武汉、长沙、广州、重庆、西安)中共有出版社及书店 1 057 家,"其中自行出版书刊者 269 家,计公营 15 家(包括新华书店总、分店 6 家),公私合营 6 家,私营 244 家。专门贩卖的书店 788 家,计公营 15 家,公私合营 7 家,私营 765 家"②。可见国内此时的出版业中还是以私营为主体。

随后在 1950 年 9 月的第一次全国出版会议上,由胡愈之代表总署提出了"统筹兼顾、分工合作"的八字方针。所谓的"统筹兼顾、分工合作",即由国营的新华书店成为专营的发行机构负责全国公私出版业的书刊发行工作;实行出版与发行的分工、印刷与出版的分工,推行出版专业化。时任出版总署副署长的叶圣陶将此八字方针解释为:"全国图书杂志的出版、发行、印刷事业统筹兼顾、分工合作。统筹,才不至于偏在某些方面,兼顾,才不至于亏了某些方面,分工,才可以精益求精,合作,才可以相辅相成,这样才是新民主主义之下的出版事业的方向。"③

根据第一次全国出版会议精神,在 1950 年 10 月,总署对国营新华书店进行了专业分工的调整。在出版方面,将中央及省一级的新华书店的编辑与出版机构统一改组为中央及省级人民出版社,为总署直属的出版单位;印刷方面,京津两地的新华印刷厂合并为总署直属印刷单位,而省一级的新华书店原有的印刷企业,统一改组为独立的地方企业;在发行方面,将剥离了出版及印刷业务后的新华书店,整体编组成总店(中央)、支店(省)、分店(市)三级,成为全国统一经营与管理的书刊发行机构。

由于国营的新华书店彻底地掌握了图书发行的渠道,即便是商务印书馆、中华书局这样的私营巨头"也无法再像过去那样,通过利用旗下广泛的

---

① 刘喆:"共和国初期上海私营出版业的改造与国营垄断体系的形成(1949—1956)",华东师范大学硕士论文,2010 年,第 28 页。
② "出版事业中的公私关系和分工合作问题(胡署长在京津出版工作会议开幕式上的报告)",中国出版科学研究所、中央档案馆编:《中华人民共和国出版史料(1950 年)》,北京:中国书籍出版社,1996 年,第 403 页。
③ "叶圣陶副署长在第一次全国出版会议的开幕辞",中国出版科学研究所、中央档案馆编:《中华人民共和国出版史料(1950 年)》,北京:中国书籍出版社,1996 年,第 504 页。

资源来确定自己的优势地位,再加上其主营的教科书为国家所垄断,基本决定了他们只能作为国营出版业的配角"①。随后,在1951年,国家又出台了两项规定——《管理书刊出版业印刷业发行业暂行条例》及《关于加强领导和管理私营出版业的指示》。如果说《暂行条例》明确了国家对出版业全行业的审核准入制度的话,即通过行政机关核发营业许可证的方式来掌控出版全行业,那么,《指示》则清晰地描绘出了出版业的社会主义改造前景,即"将一切真正愿意为发展人民出版事业而努力的力量,引导到联合经营或公私合营的正确轨道上来,发挥其积极性,确定或巩固其专业方向,逐步健全其组织机构和工作制度,使其树立认真严肃的工作作风,按照国家与人民的需要有计划地出版书刊,成为国家文化建设事业的一个组成部分。在五年以内逐渐将其中的大部分改组为公私合营,完全为国家和人民的需要而服务"②。

在此背景下,从1953年起,出版总署对1952年10月"登记后尚存的252家私营出版社继续分成三类采取不同的办法。第一类是可发给营业许可证,共53家,……第二类是暂时保留的51家,……通过观察,业务和机构组织上确有改进者则发给许可证,按照第一类的办法进行改造。……第三类则是投机性的出版机构,……须转业和歇业"③。这种改造一直持续到了1955年底,到了1956年初,包括上海在内的国内各大城市的出版业都实现了"全行业的公私合营"。

如果说在公私合营之前,"出版事业掌握在私营出版商手里,翻译作品能否出版,主要是由出版商人来决定的,这些出版商人及其雇佣的编辑工作者,不可能对文学艺术有较高的理解。而对于作品的政治、思想、教育的意义,则更少考虑,他们的决定就很难符合读者的利益;同时既然译稿的取舍由出版商人来决定,许多译者就不得不迁就商人的要求,而不可能周虑地考虑自己的志趣、能力和读者的利益"④。而公私合营后的出版业,"已无多少自由的空间,只能依附国家。这也意味自晚清开始到民国发展之巅峰的上

---

① 刘喆:"共和国初期上海私营出版业的改造与国营垄断体系的形成(1949—1956)",华东师范大学硕士论文,2010年,第49页。

② "关于加强领导和管理私营出版业的指示(草案)",中国出版科学研究所、中央档案馆编:《中华人民共和国出版史料(1951年)》,北京:中国书籍出版社,1997年,第495-496页。

③ 刘喆:"共和国初期上海私营出版业的改造与国营垄断体系的形成(1949—1956)",华东师范大学硕士论文,2010年,第56页。

④ 茅盾:"为发展文学翻译事业和提高翻译质量而奋斗",《译文》,1954年10月号。

海出版业,被强行归入中共的政治话语传播体系之中,几乎丧失了原有的独立的商业性和文化性,转而成为中国话语建构的传播者和宣传者,成为其政治控制下的棋子"[1]。一个不争的事实是,从公私合营开始,在日文图书的翻译出版方面,无论是文本的选择还是译者的确定,都完全听从并服务于国家的政策导向。

三、文本操控、译者操控的完成

事实上,在对图书出版业进行公私合营的社会主义改造的同时,在图书的翻译出版方面,政府也早就明确了政策导向——那就是加强对马克思主义理论宣传以及对社会舆论的引导。与此同时,在翻译出版的"组织化、计划化、制度化"口号下逐步实现了文本操控与译者操控。而这一切又都是在"人民出版事业是为人民服务的,要普及和提高人民大众的文化特别是工农群众的文化"[2]的意识指导下展开的。

1. 文本操控

所谓的文本操控,是指出版社或译者对翻译作品的选择以及翻译策略的选择等。毛泽东一直以来十分注重对思想理论的宣传与掌控,诚如马克思所说:"统治阶级的思想在每一个时代都是占统治地位的思想,这就是说,一个阶级是社会上占统治地位的物质力量,同时也是社会上占统治地位的精神力量。"[3]毛泽东也认为:"掌握思想领导是掌握一切领导的第一位。"[4]在之后的全国人大一届一次全会上,毛泽东又进一步声明:"领导我们事业的核心力量是中国共产党。指导我们思想的理论基础是马克思列宁主义。"[5]

在此背景下,时任国家出版总署署长的胡愈之在《出版总署一九五〇年工作总结和一九五一年工作计划要点》中明确在图书翻译出版方面:"为着供应新解放区的需要,大量出版了马克思、恩格斯、列宁、斯大林和毛泽东的

---

[1] 刘喆:"共和国初期上海私营出版业的改造与国营垄断体系的形成(1949—1956)",华东师范大学硕士论文,2010年,第66页。

[2] "全国出版事业概况",中国出版科学研究所、中央档案馆编:《中华人民共和国出版史料(1949年)》,北京:中国书籍出版社,1995年,第257-258页。

[3] 中共中央编译局编:《马克思恩格斯选集》第1卷,北京:人民出版社,1995年,第98页。

[4] 中共中央文献研究室编:《毛泽东文集》第2卷,北京:人民出版社,1993年,第435页。

[5] 中共中央文献研究室编:《毛泽东文集》第6卷,北京:人民出版社,1993年,第350页。

著作以及有关政策性的书籍。……出版总署编译局翻译了外文书籍85种，其中苏联著作占最大部分。翻译局并开始联系和组织了全国的翻译工作者，使原来无计划的分散进行的翻译工作逐步走向计划化。"①此后，在第二届全国出版行政会议上，胡愈之又就1953年的出版工作计划进一步强调说："一般书籍……应以马克思列宁主义和毛泽东思想的著作出版为第一位。……应有计划地编辑和翻译若干种宣传和解释马克思列宁主义和毛泽东思想的书籍。第二位是自然科学、工农业生产技术的书籍以及文艺书籍。应该努力组织翻译人才，翻译苏联的科学技术书籍，以应国家建设和学校教育的急切需要。"②

由此而言，在建国初期，国家的图书翻译方面的政策倾向十分明确：第一位是翻译宣传和解释马克思列宁主义和毛泽东思想的书籍；第二位是翻译自然科学、工农业生产技术的书籍及文艺书籍，尤其是翻译苏联的科学技术书籍。受此政策倾向的影响，出版社及译者在选择翻译作品方面就显得格外地慎重。对于这种慎重，《静静的顿河》的译者同时也是总署编译局副局长的金人将其表为为："第一，要考虑我国政治与文化环境的需要，翻译哪一种书是最迫切需要的，哪一种是较次需要的，哪一种是现在不需要而将来需要的。其次就要考虑一本书的作者，他是哪国人，他是进步的，反动的，还是中间的。最后再把书的内容仔细看一遍，是否合于我们的需要，然后决定是否译出。"③

于是，在图书翻译出版方面，自1950年起，也就呈现出了"一边倒"的倾向。据出版总署编译局计划处统计，1950年，全国共译图书2 147种，其中译自苏联的图书有1 662种，约占总数的77.5%。而日文的翻译图书，1950年仅出版1种。这一势态一直持续到了整个50年代末。"仅从1949年10月到1958年12月止，我国翻译出版的苏联（包括俄国）文学艺术作品共3 526种，占这个时期翻译出版的外国文学艺术作品总种数的64.8%强；总印数8 200.5万册，占整个外国文学译本总数74.4%强。"④与此同时，日文图书的翻译就显得比较尴尬了。"据茅盾在1954年全国翻译工作会议上所做的报告中的统计，从1949年10月到1953年，全国出版的文学翻译书籍

---

① 胡愈之：《胡愈之出版文集》，北京：中国书籍出版社，1998年，第200-201页。
② 胡愈之：《胡愈之出版文集》，北京：中国书籍出版社，1998年，第224页。
③ 金人："论翻译工作的思想性"，《翻译通报》，1951年1月15日第2卷第1期。
④ 卞之琳等："十年来的外国文学翻译和研究工作"，《文学评论》，1959年第5期。

(包括青少年儿童的文学读物)总数达二千一百多种。但是,在这统计数字中,日本文学的读本除了 1953 年 12 月出版的德永直的《静静的群山》一部作品外,几乎等于零。"①

就在苏联(包括俄国)的图书翻译一家独强的情形之下,"许多精通英、法、德、意、日、希腊、拉丁文的专才,都觉得无书可译,英雄无用武之地"②。而受此影响,为了配合国家图书翻译出版的政策倾向,在这 10 年间,各出版社对日文图书文本的选择,也就较多地偏重于自然科学领域。其中,翻译的日文文学艺术类作品甚至不足 50 部。尽管如此,在文学领域,仍然还有诸如《农民之歌》、《广岛一家》、《夏目漱石选集》、《小林多喜二选集》1—3 卷、《宫本百合子选集》1—3 卷、《德永直选集》1—4 卷、《壶井荣小说集》、《黑潮》等文学作品,《狼》、《暗无天日》等电影文学剧本,以及《元人杂剧概说》、《敦煌琵琶谱的解读研究》、《元曲概说》、《日本农民运动史》、《日本工人运动史话》、《日本近代史》等社科图书的翻译出版。

自 1960 年起,随着中苏政治关系的恶化,"一边倒"的倾向开始得到扭转。但是,随着"苏联文学被定义为修正主义,极'左'思潮开始在我国的外国文学研究领域蔓延,其核心思想便是'以阶级斗争为纲'。也正是在 1960 年,我国的外国文学界在批判修正主义的同时,也给西方文学普遍戴上了帝国主义或资产阶级意识形态的帽子"③。特别是在 1963 年,中共中央宣传部召开全国出版工作座谈会,会议将图书的出版工作视作"意识形态领域无产阶级同资产阶级斗争的重要阵地之一",同时强调图书出版业也要"进行'兴无灭资'的斗争",具体表现为"对外国文学作品和理论片面强调批判,忽视或不谈吸收"④。在此背景下,不仅苏联及西方的图书翻译出版受到强烈的政治干预,汉译日文图书出版同样也遭遇了相当程度的影响。

虽然如此,就日文图书的翻译出版而言,在这一时期仍有诸如《壶井繁治诗抄》、《石川啄木诗歌集》、《二叶亭四迷小说集》、《樋口一叶选集》、《黑岛传治短篇小说集》等文学作品,《日本的音乐》、《日本浮世绘木刻》、《日本歌曲集》1—2 卷、《夕鹤》(剧本)等艺术作品,以及《经济学大纲》、《日本部落解放运动史》、《日本农村阶级分析》等社科图书的翻译出版。

---

① 王向远:《20 世纪中国的日本翻译文学史》,银川:宁夏人民出版社,2007 年,第 181 页。
② 王宗炎:"对于全国翻译工作会议的建议",《翻译通报》,1951 年 8 月 15 日第 3 卷第 2 期。
③ 陈众议:"外国文学翻译与研究 60 年",《中国翻译》,2009 年第 6 期。
④ 叶水夫:"大陆改革开放时期的外国文学翻译工作",《中国翻译》,1993 年第 1 期。

2. 译者操控

所谓译者操控，其本意是指在翻译过程中，译者的意识形态对原文本的选取、翻译对象的设定以及翻译策略的选择等。而这里所说的译者操控，是指建国初期政府通过对翻译工作的"组织化、计划化、制度化"等程序，而实现了对译者的操控，即让译者对译本的操控听从并服务于国家的政策导向。

在这一过程中，政府对译者的操控主要表现在以下几个方面。

首先，建立专门的行业协会。1949年11月在上海成立了新中国第一个翻译工作者组织——上海翻译工作者协会，简称"上海译协"。协会在成立之初有成员153人，2年后就扩大到了300多人。首任会长是董秋斯，副会长有姜椿芳、冯宾符等。成员中有很多都是知名的翻译家，如巴金、李健吾、李青崖、冯雪峰、陈伯吹、施蛰存、蒋孔阳、蒋学模、叶水夫等。而这个名义上属于上海的翻译工作者协会，其中也有北京的吕叔湘、袁水拍、冯亦代、柳无垢、叶至美、楼适夷等，还有天津的廖叔辅、南京的焦敏之、长春的穆木天、广州的王宗炎等人参与，其实际范围及影响是全国性的。作为群众性学术团体，协会的宗旨是："团结翻译工作者，促进国际文化交流，培植翻译人才，提高翻译水平，参加新民主主义文化建设。"[1]协会同时还出版有《翻译》月刊。不过，从宗旨即可看出，协会实际上就是去团结翻译工作者为"新民主主义文化建设"服务的。

其次，创办《翻译通报》以掌控舆情。在1950年，"为了改进和发展翻译出版工作"，国家出版总署翻译局专门创办了《翻译通报》，而其"中心任务就是要使全国的翻译工作者能够逐渐走上有组织有计划的道路"[2]。由此而言，政府是期望通过《翻译通报》的出版来引导及掌控舆情，进而完成对译者的思想改造，让译者最终听从并服务于国家的主流意识形态。

在此背景下，"《翻译通报》第一卷尚是内部刊物，从1951年1月15日第二卷起公开发行。它不刊载译文，而是发表国内作者的文章，内容主要是翻译批评。50年代初，对翻译家的思想改造，翻译家的批评与自我批评，就是主要在这个《翻译通报》上展开的"[3]。在当时，《翻译通报》上的翻译家们的这种思想改造是如此深刻，最后，连董秋斯、穆木天、叶水夫等翻译名家都

---

[1] 转引自《上海翻译工作者协会特辑》，《翻译月刊》，1949年12月第1卷第4期。
[2] 李春："《翻译通报》与建国初的翻译改造"，《文艺理论与批评》，2016年第4期。
[3] 赵稀方："思想改造与翻译转型"，《中国翻译》，2015年第1期。

成为自我批评、自我检讨的对象。于是,这样的"思想改造的结果是大大限制了翻译家的翻译选择,其结果是造成了中国现代翻译的转折性变化"①。这种变化,事实上也是得到政府方面的背书的,当时中央宣传部主管领导之一胡乔木就曾有过这样的指示:"翻译工作需要管理,不是依靠翻译的兴趣和主观判断来决定翻译什么,而应该有审查。"②

第三,是召开全国性翻译工作会议。针对当时翻译界所存在的重译复译、抢译乱译、质量低、盲目性、粗制滥造等问题,出版总署分别在1951年和1954年两次召开了全国性翻译工作会议。如果说第一次全国翻译会议的主题是将翻译工作组织化、计划化、制度化的话,那么,第二次全国翻译工作会议的任务就是具体落实在文学领域的有组织、有计划的翻译。

在第一次全国翻译工作会议(1951)上,出版总署编译局局长沈志远做了《为翻译工作的计划化和提高翻译质量而奋斗》的报告,报告指出:"在人民政权的鼓励和扶植下,翻译工作已经发生了本质的变化。"③其中包括翻译地位的提高、数量的增加、方向的正确等,但也存在部分译作缺乏正确的政治立场、粗制滥造、抢译乱译等质量问题。为此,沈志远提出了"为了要克服上面我们所列举翻译工作中的种种缺点,我们今后的翻译工作必须走上计划化和制度化的道路"④。所谓的计划化,实际上就是"建立组织,编制计划,彼此连贯,互相配应,集体执行"⑤。而其核心是让翻译在政府的掌控下有组织地进行。会议最终制订了全国性的翻译工作计划,发布了两个"草案":《关于公私合营出版翻译书籍的规定草案》和《关于机关团体编译机构翻译工作的规定草案》。对此,出版总署副署长叶圣陶在大会总结时高度赞扬:"大家得到一个共同的认识,就是:适应国家建设的需要,翻译工作必须加强领导,当前的中心任务是提高翻译品的质量,使翻译工作走向计划化。"⑥

而1954年的全国翻译工作会议是为了发展文学翻译工作而召开的。

---

① 赵稀方:"思想改造与翻译转型",《中国翻译》,2015年第1期。
② 转引自邹振环:《20世纪上海翻译出版与文化变迁》,桂林:广西教育出版社,2000年,第284页。
③ 沈志远:"为翻译工作的计划化和提高翻译质量而奋斗",《翻译通报》,1951年12月15日第3卷第5期。
④ 沈志远:"为翻译工作的计划化和提高翻译质量而奋斗",《翻译通报》,1951年12月15日第3卷第5期。
⑤ 申伏:"翻译的计划化",《翻译通报》,1951年5月15日第2卷第5期。
⑥ 叶圣陶:"第一次全国翻译工作会议闭幕辞",《翻译通报》,1951年12月15日第3卷第5期。

在会上，茅盾做了《为发展文学翻译事业和提高翻译质量而奋斗》的报告，虽然，茅盾的报告中指责："翻译作品的选择，常常是凭译者个人主观的好恶来决定，而往往很少考虑所翻译的作品，是否值得翻译，是否于读者有益，为读者所迫切需要；有些译者甚至对自己是否胜任这一翻译，也考虑得很少。"因而坚持"文学翻译工作必须有组织有计划地进行"①。显然，这是符合当时国家的政策指导方向的。但是，在报告中茅盾有关"必须把文学翻译提高到艺术创造的水平"的提法，以及对文学翻译的方法表述，即"通过原作的语言外形，深刻地体会了原作者的艺术创造的过程，把握住原作的精神，在自己的思想、感情、生活体验中找到最适合的印证"，"用另一种语言，把原作的艺术意境传达出来，使读者在读译文的时候能够像读原作时一样得到启发、感动和美的感受"②，凡此种种，确实代表了建国初期文学翻译在理论方面的最高水准，并产生了深远的影响。

　　无论如何，通过1951年及1954年的两次全国性翻译会议，国家实现了翻译要为新民主主义文化建设服务、要为政治服务的政治目标下翻译工作的组织化、计划化、制度化，而最终完成了对译者的操控。在这样的背景下，译者与出版社之间的关系逐渐发生了变化。执掌有选题（文本）以及译者选择权的出版社，开始凌驾于译者之上。作家、翻译家的萧乾曾经描述过他在1930年代与出版社以及在1949年后与出版社交往的不同感受。他说，在1930年代，虽然"'那个是纯资本主义式的关系'，但出版商替作者服务的意识是很强的，给人'非常尊重作家权益的印象'"。而到了1949年后，"出版社约稿时，口气上它时常让人感到是种恩赐；稿子一旦送到它手里，它时常让人感到是粗暴；书出了以后，它让人感到它对著译者的权益毫不关心。这也就是人民文学出版社社长冯雪峰所说的'出版社好像衙门'"③。就连萧乾这样的著名作家、翻译家在与出版社交往时都会有那种"恩赐"、"粗暴"、"毫不关心"的感觉，那些没有多少社会地位的年轻译者在当时也就更加显得弱势了。

　　反映在汉译日文图书方面，由于受国家的意识形态及政策导向的影响，不仅在翻译作品的选择上偏"理"而轻"文"，而且，还需要对作者甚至是译者

---

① 茅盾："为发展文学翻译事业和提高翻译质量而奋斗"，《译文》，1954年10月号。
② 茅盾："为发展文学翻译事业和提高翻译质量而奋斗"，《译文》，1954年10月号。
③ 转引自陈伟军："论建国后十七年的出版体制与文学生产"，《文学评论》，2006年第5期。

的政治身份加以认同。也即无论是文本还是译者都在"为新民主主义文化服务"(在1956年的社会主义改造完成之后,则修正为"为无产阶级政治服务")旗帜下被操控了。对此,方长安曾经有过这样的评论:"十七年外国文学译介,虽已成为历史,但其嬗变的基本形态与特征所呈示给我们的经验教训,却是深刻的。十七年外国文学译介,由于主要取决于政治意识形态与民族国家话语,以至于认同、择取外国文学,变成了一种有计划的政治行为,文学话语被遮蔽,外国文学译介偏离了文学自身的轨道。另外,十七年外国文学译介从一开始便是排拒西方资本主义文学,译介社会主义阵营文学,是政治意识形态对作家的一种要求,一种给定性的任务。这样,译介何种外国文学不再是一种个人兴趣的问题,而是一种政治行为,致使十七年外国文学译介数量虽多,但类型单一集中,且重复译介现象严重,尤其对苏联文学,在相当长的时期内,全盘介绍、接受,缺乏必要的批判意识,以至于新中国文学一度重蹈了苏联文学的某些覆辙,教训是深刻的。"①

四、"文革"时期的汉译日文图书

对中国的图书出版业来说,"文化大革命"的十年,就是一场文化的大灾难。在"文革"前一年的1966年,全国共有87家出版社,出版有20 143种图书,其中新书是12 352种;到了1971年,全国只剩下了46家出版社,出版图书7 771种,其中新书6 473种。而在"文革"风暴最为猖獗的1967年,全年仅出版图书2 925种,其中新书2 231种。②

在整个"文革"时期,一切与社会的主流意识形态(极"左"意识形态)相悖的图书作品全都遭到了彻底的批判与封杀。在当时,除马克思、恩格斯、列宁、斯大林的经典著作以及毛泽东著作、鲁迅著作、政治读物("两报一刊"社论等)、"样板戏"图书之外,其他图书的出版都受到了限制。其中,毛泽东著作、"样板戏"图书成为出版的主要内容。以毛泽东著作为例,"从1966年到1968年11月底,中国共出版发行汉、蒙古、藏、维吾尔、哈萨克、朝鲜等各种民族文版的《毛泽东选集》1.5亿多部,《毛泽东著作选读》1.4亿多册,《毛主席语录》7.4亿多本,'毛著'的各种汇编本、单篇本近20亿册,《毛泽东诗

---

① 方长安:"论外国文学译介在十七年语境中的嬗变",《文学评论》,2002年第6期。
② 田雁:《图书出版产业之中日比较》,北京:社会科学文献出版社,2014年,第195–196页。

词》9 600万册"①。至于"样板戏"图书,在"1966年至1970年5年全国文艺读物出版仅137种,总印数42 177万册,其中'样板戏'剧本、曲谱本就印了8 292万册"②。

受此影响,日文图书的翻译同样成了重灾区,"十年动乱期间,我国翻译出版属于重灾区,那时除了翻译出版马列著作,以及像越南的《南方来信》这样极少数所谓外国进步文学以外,翻译出版几乎成了空白"③。辽宁大学的王凌更是将之表述为"日本文学翻译史上荒芜的十年。在噩梦般的十年中,日本的作家和作品遭到批判,日本文学的译书和译文遭到封禁,日本文学翻译工作者遭到程度不同的迫害……日本文学史上的名家巨匠和当时日本文坛上的主要作家全遭冷落,以致造成了我国译介日本文学工作的长时间的中断和大幅度的落后"④。

这是因为在建国17年间,国家通过对出版业的社会主义改造,已经将图书的出版纳入了先期为"新民主主义服务",后期"为无产阶级政治服务"的范畴,也就是实现了文本操控;与此同时,又通过对翻译工作的组织化、计划化、制度化的过程,最终完成了对译者的操控。因此,在1950—1960年代,社会的主流意识形态已经能够对图书翻译加以任意的操控。而这种操控在"文革"时期,达到了前所未有的极端。

在"文革"时期,赞助人(主要是"四人帮")与当时主流意识形态——极"左"意识形态达到了高度一致,他们采取了多种操控手段,诸如文本选择、内部发行、出版说明、删节省略等来迎合主流意识形态。将图书翻译变成为构建、强化主流意识形态,对民众进行政治教化的工具。具体而言就是通过对作者及作品进行政治审查而实现文本选择,通过内部发行而限定读者对象,通过出版说明对作品意义进行操控,通过删节省略对作品内容加以操控,等等。凡此种种,这一时期图书翻译就成了"四人帮"进行国内外政治斗争的政治武器。这种操控的后遗症,甚至延续到了改革开放初期,那些旧的政治意识形态以及极"左"意识形态的影响仍在不断地试图操控图书翻译。

如果对"文革"十年的汉译日文图书进行细分的话,那就是"文革"早期

---

① 章宏伟:"雪泥几鸿爪　苔庭留履痕——新中国60年出版大事记",《编辑之友》,2009年第9期,第165页。
② 莫伟鸣、何琼:"'文化大革命'时期的'样板戏'图书出版物",《党史文苑》,2007年第5期。
③ 李景端:"翻译出版事业风雨三十年",《中华读书报》,2008年6月2日。
④ 王凌:"战后日本文学翻译简论",《日本研究》,1985年第4期。

的 1967—1969 年间,是一空白期,仅有一部新的日文译作出版,而这也是被社会主流意识所接受的经典作品。而到了 1972—1976 年间,也就是"文革"的后期,图书翻译开始呈现出"复苏"的状态。不过,这种"复苏"也是有所限定的,因为就在这 5 年间总共翻译出版了 124 部日文译作,而且,其中有 50 部还是以内部发行,也即以"皮书"的形式呈现在人们面前的。

翻译家叶渭渠先生曾经评论说:"50 年代末期以后,在文艺指导工作上有过'左'的错误,十年动乱期间实行闭关自守、排外主义和文化上的虚无主义,给翻译外国文学带来极大的困难,日本文学翻译的道路也越走越窄。"[①]

第三节 内部发行、皮书和潜在译作

在 1950 年代,在国内出版领域,一个比较特例的现象就是内部发行图书的出现。"'内部发行'是指在一定范围内可控制地出版和流通内容具有潜在危害性又有参考研究价值的出版物。自新中国成立以来,内部发行的出版物约有 1.8 万余种,主要包括具有潜在保密价值的科学技术资料以及与当时主流意识形态和社会价值观相左的国内外人文著作,其中第二类内部出版物至少有 9 766 种。"[②]内部发行图书包括古典图书、翻译图书、影印图书等,而对翻译图书来讲,通过内部发行的渠道而出版的翻译图书,就是所谓的"皮书"。至于潜在译作,说的是那些已有翻译但没有能公开出版或者进入内部发行序列,而只能滞留在译者手上的书稿。

一、内部发行

对于内部发行图书的起始,刘阳根据自己手中的资料,认为国内最早出现的内部发行图书是在 1953 年,"当年 12 月,新亚出版社发行了 3 000 册《大地花开》,其原版是芬伯格(J. Fine Berg)1951 年完成的英译本,这本书其实是一本以赞扬米丘林生物学为内容的科学文艺作品,之所以内部发行

[①] 叶渭渠:"日本文学翻译的过去和现在",《翻译通讯》,1984 年第 5 期。
[②] 蒋华杰、刘阳:"冷战背景下新中国内部发行制度的演变与影响",《中共党史研究》,2013 年第 5 期。

是因为当时苏联国内开始批判李森科主义"①。刘阳还点名1957年中央文化部编印的1956年全国总书目计划中的"专门目录"栏中所设定的"内部发行(凭证发行)图书目录",以及1956年中央文化部通知名单中"只供应我国的机关、团体、企业、图书馆等单位和我国确有需要的个人读者"、"不向外国人提供,不得出口"的影印书刊等,都属于内部发行图书。②

按照官方的说法,内部发行图书的入选需遵循以下标准:"1. 内容涉及党和国家的机密,不能公开;2. 内容关系到对外关系,公开传播对国际交往不利;3. 图书的一些观点有错误或内容不当,公开传播,对一般读者无益,但资料丰富,有研究参考价值。"③正因为内部发行图书有着以上的特性,因此在通常的情况下,对图书的供给对象就有所限定。如1957年由上海古籍刊行社出版的内部发行图书《金瓶梅》,就对购读对象有明确的限制。"对购书者有三条规定:一是年满45岁,二是已婚,三是只发行给省军级的高级干部或研究专家。对购书者的姓名、单位名称都要记录下来,套书还要编号发行。"④

内部发行图书制度自1950年代起初创,一直延续至今。期间,经历了三个阶段。即1950年代的早期发行阶段,1960—1970年代的"皮书阶段"以及1980年代以来的规模性"内部发行"阶段。

1. 在1950年代的早期阶段,内部发行图书的出版内容主要分三类,a. 党内学习参考资料;b. 有参考价值的国外人文类图书;c. 内容不成熟的教科书。这些图书的印数一般都在800—1 000册左右,主要摆放在新华书店内部专柜销售,由购书者凭证件购买。如在"1953年到1956年,新华书店北京分店及其所辖的外文书店内部发行组共发行了570种内部出版物"⑤。

2. 1960—1970年代的"皮书阶段",在这一时期,内部发行图书的出版开始分有"灰皮书"(社科类)与"黄皮书"(文学类)等。所谓"皮书"是为了配合当时的"国际反修斗争,特别是中苏大论战的需要,根据中宣部的指

---

① 刘阳:"'内部发行':冷战背景下的一种特殊的文化现象(1951—1978)",华东师范大学硕士学位论文,2010年,第10页。
② 刘阳:"'内部发行':冷战背景下的一种特殊的文化现象(1951—1978)",华东师范大学硕士学位论文,2010年,第10-11页。
③ 中轩初:"内部图书需在'内部发行'",《中国出版》,1984年第10期。
④ 方厚枢:"内部发行图书出版的历史记忆",《党史博览》,2010年第12期。
⑤ 蒋华杰、刘阳:"冷战背景下新中国内部发行制度的演变与影响",《中共党史研究》,2013年第5期。

示,……组织翻译出版了一批所谓的新老修正主义和机会主义者的著作,作为'反面材料'"①。就在1960—1970年代,曾经两次大规模地出版过内部发行图书。"第一次是在60年代初的中苏论战期间,为了使各级干部在'反修斗争'中扩大视野,由世界知识出版社、人民出版社、三联书店等有计划地出版了一批介绍国际共运中各种思潮流派或称'修正主义'思潮及他们认为有助于了解苏联修正主义、西方资本主义的著述及文艺作品。第二次是20世纪70年代初期,随着毛泽东'三个世界'理论的提出,中苏关系紧张,而中美关系开始解冻,开始举办《摘译》(1973—1976),介绍国外自然科学,社会科学思潮及文艺作品,又一次出版了不少'供参阅和批判'的苏修理论和文艺作品,以及和中美关系有关的历史传记等。中国出版界知识分子抓住了这一天赐良机,去尽可能地译介异域文化。"②

在1960—1970年代,对于被视为"修正主义毒草"的皮书的发行,有着比1950年代的早期阶段更为严格的规定。"1963年7月,中共中央在原则上明确而严格地规定了这些材料的发行范围和办法。一般性黄皮书的印数严格控制在500册至2 000册,内容敏感的黄皮书印数极少,其发行对象由中宣部直接审批和管理。灰皮书最初分甲、乙、丙三类限定发行范围,伯恩斯坦、考茨基、托洛茨基等人的著作因为'反动性'最大而被列为甲等,只供应省军级以上的干部;后两类灰皮书发行对象为党内地委级以上、政府处级以上干部、校官以上的军官以及高校研究机构人员。"③

上述发行范围和办法一直延续到1973年,在当时据说连荣毅仁、王芸生、董其武等人都看不到灰皮书与黄皮书。于是,在周恩来的直接干预下,皮书发行范围和办法有所改善,"内部发行分两类,一类可公开发行,一类内部发行加份数,购书范围应扩大"④。自1973年6月起,在新的内部发行政策之下,"仅北京新华书店内部图书服务部在重新开放的4个月内,就发出购书证1 166个,接待1 695人次,共销13 546册"⑤。

不过,据新华书店的记录,在1970年代初期,内部发行图书的发行已经

---

① 张慧卿:"国际反修斗争和'灰皮书'",《炎黄春秋》,2009年第9期。
② 莫伟鸣、何琼:"'文革'中后期图书恢复出版纪事",《党史博览》,2014年第1期。
③ 蒋华杰、刘阳:"冷战背景下新中国内部发行制度的演变与影响",《中共党史研究》,2013年第5期。
④ 莫伟鸣、何琼:"'文革'中后期图书恢复出版纪事",《党史博览》,2014年第1期。
⑤ 蒋华杰、刘阳:"冷战背景下新中国内部发行制度的演变与影响",《中共党史研究》,2013年第5期。

不再局限于干部自身,一些干部的家属及其朋友违规借证购书的现象屡有发生,以至于相当一部分内部发行图书渐渐流入民间。一份昆明军区政治部保卫部所编的内部资料显示,"1974年前后,在偏远的云南。流传于下乡知青之间的内部图书甚至通过转借进入当地部队"①。这也从侧面表明了这些内部发行图书已成为当年广泛的民间阅读所不可或缺的精神食粮。

3. 1980年代至今的规模性"内部发行"阶段,在这一时期,内部发行图书依然存在。如1984年2月,中央宣传部在《关于加强国内出版的内部书刊管理工作的通知》中明确有五项规定,①"出版单位出版的所有内部书刊,必须归确规定读者对象和供应范围";②"内部书刊一律由新华书店或出版单位自办发行部门出售";③"所有内部书刊,不得在公开报刊、广播、电视上宣传和刊登广告,不得在门市部书架、书橱上公开陈列";④"古旧书店回收的内部发行的书刊,亦须按规定的发行范围出售,一律不得在门市部陈列";⑤"各级发行部门和自办发行的出版单位,对内部发行的书刊要进行严格管理,并建立定期检查制度"。而到了2004年,新闻出版总署在《关于加强内部发行图书管理的通知》中又次明确:"内部发行图书是指在某一领域具有一定研究价值,但不宜公开发行和传播,仅供部分特定读者阅读的出版物。"②其中还特别强调:①"严格控制内部发行图书出版";②"内部发行图书不得采取合作出版方式";③"出版内部发行图书,出版社要在封底或版权页上注明'内部发行'字样,并根据图书内容,明确读者对象和发行范围,限量定向发行";④"内部发行图书不得交新华书店、古旧书店、民营书店等批发和零售。不得在社会上公开征订"③。

不过,到了1980年代以后,内部发行逐渐开始变异,一些出版社甚至将内部发行图书视作吸引读者的招牌。为此,在1984年,中宣部曾专门发文指责某些出版社借内部发行之名而行销售之实:"第一,总数多,印数大。据统计,北京地区1983年内部发行的图书达270种,发行380万册,平均每种1万4千册。同年,上海共进货内部发行图书382种,发行144万7千册,

---

① 蒋华杰、刘阳:"冷战背景下新中国内部发行制度的演变与影响",《中共党史研究》,2013年第5期。

② 新闻出版总署图书出版管理司:"关于加强内部发行图书管理的通知",《图书出版管理手册》(2006年修订),北京:中国法制出版社,2006年,第336页。

③ 新闻出版总署图书出版管理司:"关于加强内部发行图书管理的通知",《图书出版管理手册》(2006年修订),北京:中国法制出版社,2006年,第336页。

其中反映特工、间谍、破案和秘闻的图书展相当一部分。例如《苏联间谍在法国》印数为10万册;《蒋后主秘录》印数在25万册以上。第二,名曰内部发行,实则公开发行。少数出版、发行单位为了扩大发行量,擅自将内部发行的图书分配给集体、个体的书店出售;有的国营书店管理不善,将公开发行与内部发行的图书一同出售。因而产生了一些不良影响。第三,视内部发行的图书为'摇钱树'。极个别的出版社把少数不健康的图书,先冠以内部发行出版以探反应,一旦造成'影响'便扩大印数,扩大内部发行或变为公开发行,以便获利。"①由此可见,这一时期的内部发行图书已经成了出版社招徕读者的"利器"。

到了1990年代以后,内部发行的图书,便渐渐淡出图书的销售市场,主要在系统内部消化。如由新闻出版署办公室编辑出版的《新闻出版工作文件选编(1992—1994年卷)》(1995)就只是在编辑出版系统内部发行。此外,还如由江苏省新闻出版局编的《马克思主义新闻出版观——重要文献选编》(2014)等,也都只是在编辑出版系统的内部发行。

二、皮书的出现

"在'文革'期间,文化生活中存在一种十分奇特的现象,按级别分配内部书。某些书'限省军级',某些书'限地师级',似乎级别越高,保险系数越大,而真正需要它们的研究机关和科研工作者,却常常望书兴叹。据有关资料表明:从1975年到1977年,北京各出版单位内部发行的图书就近1 500种,有的出版社50%以上的图书都是内部发行。"②这些内部发行的图书大多是灰色或黄色的封面,也就是人们所说的灰皮书与黄皮书。

1. 灰皮书

灰皮书的翻译出版,是与中苏两党政治分歧的公开化密切相关的。灰皮书的直接参与者张慧卿回忆:"从20世纪60年代开始,中共中央发动了一场针对苏共的世界范围的反对现代修正主义的斗争,声势浩大,全球瞩目。为了配合支持国际反修斗争,特别是中苏大论战的需要,根据中宣部的指示,在中央编译局等有关单位的共同合作和配合下,由人民出版社、商务

---

① 中轩初:"内部图书需在'内部发行'",《中国出版》,1984年第10期。
② 莫伟鸣、何琼:"'文革'中后期图书恢复出版纪事",《党史博览》,2014年第1期。

出版社、世界知识出版社和上海人民出版社四家出版单位组织翻译出版了一批所谓新老修正主义者和机会主义者的著作,作为'反面材料',封面一律用灰色纸,不做任何装饰,大家习惯上就称为'灰皮书'。"①

曾在中央编译局国际室工作过的郑异凡也回忆说:"60年代初,我刚到中央编译局新成立的国际共产主义运动史资料室(简称'国际室')工作,最主要的任务就是编译'灰皮书'。""'灰皮书'的编译出版,是根据毛泽东的指示,由当时主管宣传的康生具体负责。毛泽东历来重视'反面教员'的作用,重视'反面材料',包括'老机会主义、修正主义分子'作品的翻译出版工作,对此有过多次指示。"②随后,郑异凡具体回忆了他在当时主要工作:"一开始我们编出'修正主义者、机会主义者'主要著作目录,包括考茨基、伯恩斯坦、拉萨尔、托洛茨基、布哈林等人的著作,连普列汉诺夫的著作也算在内。……根据我们的推荐,人民出版社组织翻译出版了一批'老机会主义、修正主义分子'著作的单行本,如考茨基的《社会民族主义对抗共产主义》、《陷入绝境的布尔什维主义》,伯恩斯坦的《社会主义的前提和社会民主党的任务》,鲍威尔的《布尔什维主义还是社会民主主义》,托洛茨基的《俄国局势真相》、《被背叛的革命》、《斯大林评传》、《苏联的发展问题》等。"根据郑异凡的回忆,灰皮书的"名称和发行方法是康生提出来的。康生说,这些'坏书'用一种颜色纸做封面,人们一看就知道是坏书了。"③由此而言,所谓灰皮书,是为了配合中苏大论战,由中宣部指示中央编译局国际室开列书单,由被指定的人民、商务、世界知识和上海人民四家出版社负责翻译出版的,而被定义为"老修正主义者、机会主义者"——则是诸如考茨基、伯恩斯坦、托洛茨基、布哈林等人的著作。

灰皮书从1961年开始出版,第一本灰皮书是人民出版社借用三联书店名义出版的《伯恩斯坦、考茨基著作选录》,"到1966年上半年'文化大革命'开始被迫中断,1972年起又继续出版,到1980年结束,先后共出版了二百多种"④。

2. 黄皮书

黄皮书是指在1960—1978年间出版的翻译文学作品,因其封面大多是

---

① 张慧卿:"国际反修斗争和'灰皮书'",《炎黄春秋》,2009年第9期。
② 郑异凡:"中苏论战中的'反面材料'——'灰皮书'之来龙去脉",《百年潮》,2006年第7期。
③ 郑异凡:"中苏论战中的'反面材料'——'灰皮书'之来龙去脉",《百年潮》,2006年第7期。
④ 张慧卿:"国际反修斗争和'灰皮书'",《炎黄春秋》,2009年第9期。

用黄色胶版纸,其封面或封底会印有内部发行的字样,有时书中还会夹上一张小纸条:"本书为内部资料,供文艺界同志参考,请注意保存,不要外传。"①开本大都为 32 开。

与灰皮书的翻译出版一样,在黄皮书的身后,也有着"防修反修"的政治考量。"1959 年至 1960 年以后,中苏关系逐步恶化,中宣部要求文化出版界配合反修斗争。人民文学出版社作为国家级文学专业出版社,为反修工作是责无旁贷的。根据当时苏联文学界争论的一些问题,如描写战争、人性论、爱伦堡文艺思想等,出版社确定了一批选题,列选的都是在苏联或受表扬或受批判的文学作品。"②而到了 1962 年,为了解苏共二十大之后的国际政治形势的演变及把握国际上最新的思想文化动态,"中宣部专门成立了一个文艺反修小组,经周扬与林默涵研究,具体负责人是林默涵。这个小组主要是起草反修文章,同时抓'黄皮书'的出版"③。

由此而言,黄皮书的启动顺序是人民文学出版社列书目在先,随后再是中宣部林默涵主持。而且,在最初出版的那些翻译图书并没有使用黄色的封面,如 1961 年出版的翻译诗集《山外青山天外天》的封面就是绿色的,封面上也未见"内部发行"的字样,只是在书中夹印了"本书为内部资料"的小纸条。这也是业界至今都难以确定第一本黄皮书出版时间的原因所在。④当然,也有人说 1957 年由作家出版社翻译出版的《不是单靠面包》是第一本黄皮书。⑤

据张福生回忆:"'黄皮书'的出版基本上可以分为两个历史阶段。第一阶段是'文革'之前,主要在 1962 年至 1965 年间集中出版了一批'黄皮书',其中如小说《苦果》(1962)、诗歌《人》(1964)、剧本《第聂伯河上》(1962)、理论著作《苏联文学与人道主义》(1963)等。第二个阶段是'文革'中期到'文革'结束,主要在 1971 年至 1978 年间出版了一批,但这时'黄皮书'已经'名不符实',一些书的封面改为了'白皮'、'灰皮'等,其中如《人世间》(1971)、

---

① 张福生:"我了解的'黄皮书'出版始末",《中华读书报》,2006 年 8 月 23 日。
② 张福生:"我了解的'黄皮书'出版始末",《中华读书报》,2006 年 8 月 23 日。
③ 张福生:"我了解的'黄皮书'出版始末",《中华读书报》,2006 年 8 月 23 日。
④ 张福生:"我了解的'黄皮书'出版始末",《中华读书报》,2006 年 8 月 23 日。
⑤ 详见刘阳:"'内部发行':冷战背景下的一种特殊文化现象(1951—1978)",华东师范大学硕士论文,2010 年,第 11 页;另有王有贵:"20 世纪中国翻译研究:特殊年代的文化怪胎'黄皮书'",《广东外语外贸大学学报》,2010 年 5 月第 21 卷第 3 期。

《白轮船》(1973)、《滨河街公寓》(1978)等。"①不过,王有贵认为:"'黄皮书'前后历时约19年,正式启动前的1957—1959年可谓预备期,'文革'初期4年(1967—1970)停译,1977—1978年是其尾声。"②

与灰皮书不同,黄皮书的发行对象有明确的针对性——司局级以上干部和著名作家。在黄皮书的出版单位人民文学出版社总编办专门有购书名单,这个名单是经过严格审核的,还送交"周扬、林默涵等领导过目"。在黄皮书出版后,就由总编办通知名单上的单位和个人购买。③此外,与灰皮书还有不同的是,黄皮书的出版单位主要是人民文学出版社、中国戏剧出版社和作家出版社。不过,在"文革"前,戏剧出版社与作家出版社在所属关系上都是人民文学出版社的副牌,因此,也可以认为主要是人民文学出版社负责。此外,在后期,又有了上海译文出版社与上海人民出版社的参与。

综上所述,黄皮书与灰皮书除了在图书翻译出版领域的不同外,还有着参与出版社、发行对象以及起始时间不同等区别。

3. 日文图书翻译过程中的皮书系列

就日文图书的翻译而言,在1950—1970年代,除公开渠道的出版之外,也有一些图书是通过皮书系列而得到翻译出版的。这些皮书的书目后来都被收录于《全国内部发行图书总目:1949—1986》。

不过,在1966年之前的皮书书目中,日本文学类的翻译图书也即黄皮书仅有一种,是松本清张的《日本的黑雾》(作家出版社,1965)。倒是一些有较大影响的社科类图书,如日本历史学研究会编、金锋等译的《太平洋战争史》(五卷本),小山弘健、浅田光辉著,许国俤等译的《日本帝国主义史》(三卷本),岩崎昶著、钟理所译的《日本电影史》,日本学术会议编的《日本人文科学现状》,贵岛正道的《日本"结构改革"论》等,都是在灰皮书的名目下得到了翻译引进。显而易见,这些被称为皮书的内部出版物实际上就成为公开出版的翻译图书的补充。

日文图书翻译过程中重社科轻文学的现象,到了"文革"后期出现改观。这是因为"文革"后期皮书推出的"直接起因是日本右翼作家三岛由纪夫1970年11月25日政变不成并切腹自杀,举世震惊,周恩来指示尽快译出

---

① 张福生:"我了解的'黄皮书'出版始末",《中华读书报》,2006年8月23日。
② 王有贵:"20世纪中国翻译研究:特殊年代的文化怪胎'黄皮书'",《广东外语外贸大学学报》,2010年5月第21卷第3期。
③ 张福生:"我了解的'黄皮书'出版始末",《中华读书报》,2006年8月23日。

三岛的书"。因此,在"后期以三岛由纪夫的《忧国》、《晓寺》和《天人五衰》起手,以苏联和日本当代作品为主,间有剧本和电影脚本。1971—1976年这6年间单本凡49种,其中美国文学4种,其余多为苏、日当代文学,分别为25种和12种,苏日美合计41种。欧洲其他国家作品后期未见翻译"[①]。因此,与"文革"之前相比,在"文革"后期,日本的文学类图书翻译有了明显的增加。不过,在这一时期日本的社科类图书翻译仍在继续,如在1971—1972年间,就翻译出版有田中角荣的《我的履历书》(商务印书馆)、《日本列岛改造论》(商务印书馆)、户川猪佐武的《田中角荣传》(上海人民出版社)、马弓良彦的《田中角荣其人》(上海人民出版社)、福井治弘的《日本自由民主党及其政策的制定》(上海人民出版社)以及伊东峻一郎的《东条英机传》(商务印书馆)等。

根据《全国内部发行图书总目:1949—1986》的书目统计,在十年"文革"期间,属于皮书系列内部发行的日文翻译图书,共有50种(详见表3-3),约占"文革"十年日文翻译图书总量的36.7%。由此而言,皮书在延续日文翻译图书的传承方面,的确有着不可估量的作用。但是,作为内部发行的图书,皮书有其不可忽视的缺陷:1.其阅读的受众有所限制,规定是司局级以上的干部或高级知识分子;2.图书的印数也有所限制,一般只有300—800部;3.种类稀少,以日文翻译图书为例,"文革"十年间总共也只出了50种,年均只有5种。因此,不能对皮书的整体社会影响太过高估。

表3-3 内部发行的汉译日文图书(1956—1976)

年份	1956	1957—1958	1959	1960	1961	1962	1963	1964
数量	1	0	3	0	2	4	14	14
年份	1965	1966—1970	1971	1972	1973	1974	1975	1976
数量	7	0	1	8	7	12	13	9

本表根据《全国内部发行图书总目:1949—1986》相关资料统计制作

4. 潜在译作

"文革"期间,在公开出版物及皮书之外,还有"潜在译作"。对此,马士奎曾有明确说明:"人们习惯用'一片空白'来描述'文革'期间的外国文学翻译状况。实际上,在此期间文学翻译仍然以一种畸形的状态存在着。按当

---

① 张福生:"我了解的'黄皮书'出版始末",《中华读书报》,2006年8月23日。

时主流意识形态的接受程度,这期间外国文学译作的存在形式有三种——公开译作、内部译作和潜在译作。"①马士奎所说的潜在译作,实际上是指已经翻译完工,但限于当时社会局势而无法出版的翻译作品。

说起潜在译作,在"文革"期间的日文图书翻译的图谱中,有两个比较典型的事例。一是丰子恺,据其女儿回忆,丰子恺是在"文革"期间翻译《落洼物语》、《竹取物语》(1970—1972)、《伊势物语》(1972)和《旅宿》(重译,1974)等作品的。②而这些作品的出版,都要等到1980年代,如《落洼物语》、《竹取物语》和《伊势物语》都是在1984年才由人民文学出版社推出的。二是叶渭渠,据其回忆,1972年,当时他正在人民文学出版社做编辑,在"领导允许出版一些'进步的资产阶级'作品供内部参考的时候,又翻译了《木偶净琉璃》、《墨》、《青瓷瓶》"③。同样,叶渭渠所说的三部译作,也都是等到"文革"之后才得以出版,其中,《木偶净琉璃》和《墨》分别在1977年、1981年由人民文学出版社推出,而《青瓷瓶》则发表于《外国文学季刊》1982年第1期。

在此,有一点必须指出,因为"潜在译作"的出现,是译者对译作进行自主选择的体现。如果说在1950年代,政府通过对图书出版业进行公私合营社会主义改造之后的皮书的翻译出版,也还带有着主流意识形态对图书翻译出版方面完全的文本与译者操控痕迹的话,那么,潜在译作就是译者意志完全自主的自我体现。这在当时是难能可贵的。但必须理解的是,由于潜在译作在当时并没有得到出版,也就没能发挥出其真正的社会功用。

如上所述,在1950年代后期至1976年,国内的图书翻译出版领域经历了一个公开出版译作、内部发行译作以及潜在译作三者并存的"特别时期"。对外文图书的翻译出版而言,毫无疑问,这是一个非常艰难的时期。我们可以承认内部发行图书曾有过的社会效应:"这些内部图书促使阅读者在特定语境下形成一种与主流意识形态截然不同的思想认知。由于内部图书所发挥的介质作用,一些西方价值观和政治理念在经历了独立的个体性阅读后被引入读书会的讨论。由于相似社会经历所形成的相同阅读语境的作用,人们开始以集体方式理性地反思当时的中国社会政治,反思'文化大革命'

---

① 马士奎:"'文革'期间的外国文学翻译",《中国翻译》,2003年第3期。
② 丰一吟:《我和爸爸丰子恺》,天津:百花文艺出版社,2008年,第233页。
③ 叶渭渠:《扶桑掇琐》,武汉:湖北教育出版社,2002年,第135页。

及其所代表的革命意识形态的正当性。"①但是,回归到日文图书的翻译出版,首先,必须明确,这一时期日文图书的翻译出版,呈全面衰落的态势,尤其是"文革"十年,仅有137部日文译作出版,一落而成为近百年来日文图书翻译的最低潮;其次,内部发行图书有其不可忽视的缺陷,如图书发行量小、购读者有身份限制以及种类稀少等因素的存在;第三,在当时主流意识形态的操控下,大量优秀的日本现当代名家的代表性作品在有意无意间被忽视了,由此而造成了中日双方在文化交流及文化理解方面的缺失,也是不可否认的事实。

第四节 无法署名的译者们

按照勒弗维尔影响翻译的三原则之说,"意识形态决定了译者基本的翻译策略,也决定了其对原文中语言和论域有关的问题的处理方法"②。事实上,在1950—1970年代,经过了出版业的社会主义改造以及对翻译出版界的"组织化、计划化、制度化"后,社会的主流意识形态已经全面地实现了对文本甚至是译者的操控。其口号表现在前期是为"新民主主义革命服务",而在后期是为"无产阶级政治服务",而其具体表现为不仅这一时期的翻译书目是由出版社甚或是由中宣部确定(尤其是社会科学领域的皮书系列),而且译者的选择也是由出版社甚或是党内高层来确定的(如对周作人、钱稻孙等人的控制使用)。而在此背景下的译者,往往也就失去了在翻译策略的决定和语言表现时的那种灵动性。于是,便有周作人在其所翻译的日文图书中,通过加入大量注释来凸显译者的存在。如其所译的《枕草子》一书,全书译文20余万字,所作注释就多达6万字。这也算是当时的一个时代特色。

一、作者及出版社群像

虽然,在1949—1976年间仅仅翻译出版有785种日文图书。但是,本

---

① 蒋华杰、刘阳:"冷战背景下新中国内部发行制度的演变与影响",《中共党史研究》,2013年第5期。
② 转引自郭建中编著:《当代美国翻译理论》,武汉:湖北教育出版社,2000年,第162页。

书依然利用SPSS系统,对1949—1976年间的作者、译者及出版社进行了排序,并且确定了前十位的作者、译者及出版社的相关排名。

1. 作者群像

从作者的排名来看,因为有3人并列第十,所以总共有12位作者入选。其中,社会科学领域的作者有7位,而自然科学领域的作者仅有5位(详见表3-4)。然而,如果联系到这一时期的社会科学与自然科学图书翻译出版总量之比是315∶470,那么,这种作者排序与学科板块排序的背离,显然有深刻的社会意识形态的因素在起作用。

表3-4　汉译日文图书作者排序(1949—1976)

排序	作者名	出版种数	内容
1	德永直	16	文学
1	井上清	16	历史
3	丹波元简(坚)	14	医学
4	小林多喜二	13	文学
5	河口商次	7	中学数学
6	高仓辉	6	文学
6	户苅义次①	6	农学
6	宫本百合子	6	文学
6	坂本秀夫	6	医学
10	森口繁一	5	数理计算
10	河上肇	5	资本论
10	三岛由纪夫	5	文学

本表由根据《汉译日文图书总书目:1719—2011》第2卷相关资料整理制作

在所有的自然科学领域的作者中,丹波元简(1755—1810),是日本著名汉医学家,在传统汉方医学的传承方面有着非常突出的贡献。其父丹波元德,曾为江户时代著名的汉方医学教馆跻寿馆的主持,而其子丹波元胤和丹波元坚也都以汉方医术名于世。丹波元简的主要著作有《素问识》、《素问记闻》、《难经疏证》、《伤寒论辑义》、《金匮玉函要略辑义》、《脉学辑要》、《观聚方要补》等。

---

① 没能查询到有关户苅义次的任何资料,待后补。

第三章 文本操控与译者操控(1949—1976)

　　河口商次(1902—1984)，日本北海道大学数学研究室教授，TENSOR学会的首任会长，在微分几何学领域有着自己独特的贡献。其主要著作有《微分几何学》(1946)、《Vektor 解析学》(1946)、《空间识读》(1950)、《大学的数学》(1952)、《数学通论》(1958)、《图形教育》(1960)等。

　　坂本秀夫(?)，系东京大学医学部附属病院分院内科主任教授，在内科诊断学基准制定方面有着突出的贡献。其主要著作有《内科学(脑及脑膜疾患)》(1947)、《内科学(脊髓及末梢神经疾患)》(1947)、《肺结核外科的疗法》(1947)、《临床尿检查法》(1948)、《临床诊断学(上、下)》(1949)、《发热》(1952)、《头痛》(1952)、《人工气腹疗法》(1953)、《腹痛》(1958)等。

　　森口繁一(1916—2002)，日本东京大学工学部应用数学研究室教授，日本数理工学领域的创始人，曾任日本 OR 学会会长、统计审议会会长、国际统计协会会长等。其最大的成就是将数学与其他领域方向的融合，特别是在数学与品质管理、数学与统计、数学与计算机关联方面。主要著作有《品质管理用数值表(A、B)》(1954)、《岩波数学公式》(1956)、《初等数理统计学》(1957)、《线性计划法入门》(1959)、《统计的方法》(1961)、《电子计算机》(1964)、《JIS FORTRAN 入门》(1970)、《COBOL 的学习》(1979)等。

　　从入选作者的介绍中可以看出，在丹波元简之外，其他作者的一个共同特点是通识化，即将专门的领域知识通俗化，而为读者所接受。不过，就这些作者所处的领域地位而言，也都称不上最为顶尖。

　　这样的情况在社会科学领域表现得更为明显。在社会科学领域，共有德永直、井上清、小林多喜二、高仓辉、宫本百合子、河上肇、三岛由纪夫 7 位作者上榜。在这之中，德永直(1899—1958)，印刷厂工人出身，日本普罗文学的代表人物之一。1925 年以小说《无产者之恋》而进入文学创作领域，主要代表作有《不见太阳的街》(1929)、《劳动者一家》(1938)、《寻找光明的人们》(1943)等。均以描写日本劳动者的生活为特色，在 1950 年代，苏联文学界将其推崇为"日本文学的代表"。

　　井上清(1903—2001)，日本著名历史学者、讲座派马克思主义者、京都大学人文科学研究所教授。1930 年代加入日本共产党。其主要研究方向为部落解放运动与部落问题，并在钓鱼岛归属问题及天皇的战争责任问题也有相关研究，曾被称为"日本近代史研究的第一人"。其主要代表作有《日本女性史》(1948)、《日本的历史》(1963—66)、《日本帝国主义的形成》(1968)、《"尖阁"列岛——钓鱼诸岛的历史解明》(1972)、《天皇的战争责任》

(1975)等。

小林多喜二(1903—1933),日本普罗文学的代表人物之一。1921年以小说《变老的体操教师》而进入文学创作领域,主要代表作品有《一九二八年三月十五日》(1928)、《蟹工船》(1929)、《不在地主》(1929)、《党生活者》(1933)等。

高仓辉(1891—1986),日本马克思主义小说家,语言学家,社会活动家。1930年代加入日本共产党,战后曾当选日本共产党中央委员、顾问。主要代表作品有戏剧《烧死女人》(1922)、《坡》(1925)、《农民之歌》(1930)、《日本国民文学的建立》(1936)、《日语》(1943)、《箱根风云录》(1951)等。其描写农民生活的《猪之歌》(1951)曾在1953年被翻译为俄文。

宫本百合子(1899—1951),日本普罗文学的代表人物之一。1916年以小说《贫穷的人群》而进入文学创作领域。主要代表作品有《一个芽儿》(1917)、《伸子》(1924)、《一九三二年的春》(1932)、《乳房》(1935)、《杉垣》(1939)、《三月的第四个星期天》(1940)、《白色蚊帐》(1948)、《道标》(1948—1952)等。

河上肇(1879—1946),系日本著名的马克思主义理论研究者,日本共产党的早期党员。曾出任过京都大学经济学部教授、部长,在此期间,他不仅翻译有马克思的《资本论》(1928—1929)、《劳动、价格及利润》(1927)、《德意志意识形态》(1930)、《政治经济学批判》(1932)等著作,而且,自身也有众多著述,如《经济学上之根本观念》(1905)、《社会主义评论》(1906)、《经济学原论》(1907)、《贫乏物语》(1917)、《唯物史观研究》(1923)、《马克思主义经济学》(1928)、《资本论入门》(1929)、《狱中赘语》(1947)等。

三岛由纪夫(1925—1972),战后日本文学的代表性人物之一。1938年,只有14岁的三岛便在学习院《辅仁会杂志》上发表其第一部短篇小说《酸模》,此后便走上文学创作之路。其主要代表作有《虚假的告白》(1949)、《潮骚》(1954)、《志贺寺上人之恋》(1954)、《金阁寺》(1956)、《忧国》(1966)、《丰饶之海》(1966—1970)等。

由此可见,在上述7位作者中,除了三岛由纪夫,其余6位作者的出身都可谓"根正苗红"。其中,德永直、小林多喜二、宫本百合子三人被称为"无产阶级三大家",不仅有众多小说得到翻译引进,而且,还有三卷本或四卷本的选集,也都在1958—1960年间由人民文学出版社翻译出版。此外,井上清、宫本百合子、高仓辉等人都还是日本共产党的党员,其中,高仓辉曾经担任过日本共产党中央委员会顾问。至于宫本百合子,她还有一个身份是战后日本共产党委员长宫本显治的妻子。但这些作家的作品选择,也还需要根据作品的内容来决定。如同样是高仓辉,其早期作品《坂》(1922)、《高濑川》(1925)及晚期作品《佐仓义民传》(1960)就没有得到翻译引进。

相形之下,同时代的那些日本主流作家的作品,如1968年获诺贝尔文学奖的川端康成的作品在当时没能翻译出版,还有谷崎润一郎、安部公房、大江健三郎等人的作品也都没能翻译出版。只有三岛由纪夫,还是在周恩来总理的指示下才得以翻译出版。

由此表明,这一时期在日文图书的翻译选材方面,如果说在自然科学方面,表现出了一种"重通识而轻领域"的倾向,那么,在人文社会科学方面,则体现出了一种"重出身而轻作品"的倾向。在某种意义上,这两种倾向都是当时社会主流意识所主张的"为新民主主义革命服务"或"为无产阶级政治服务"的真实反映。

2. 出版社群像

在出版社排序(详见表3-5)方面,与1949年前相比,1949—1976年间日文翻译图书的出版社排序出现了较大的变化。除了商务印书馆和三联出版社是有着翻译出版历史的老社之外,其他各社均为拥有翻译出版权的新设的国营专业出版社。

表3-5 汉译日文图书的出版社排序(1949—1976)

排序	出版社	出版种数
1	商务印书馆	137
2	上海科技出版社	69
3	人民卫生出版社	58
4	人民文学出版社	53
5	科学出版社	52
6	作家出版社	27
7	三联书店	27
8	上海人民出版社	21
9	国防工业出版社	18
10	人民出版社	17

本表由根据《汉译日文图书总书目:1719—2011》第2卷相关资料整理制作

之所以如此,是因为自1949年以后,翻译出版机构的组织性得到了加强。早在1949年10月3日,胡愈之在全国新华书店出版工作会议上就明言:"所谓人民出版事业应该指国营的出版事业,在人民民主专政的国家,出版事业为人民民主专政的工具,出版事业的领导权必须操在人民政权管理下的国营出版业的手中。今天的出版业也同其他企业一样,有国营的,合作经营的,私人资本的,公私合营的,但主要的是国营。国营要领导其他出版业,按人民的需要的道路发展,使一切公私营的出版业都成为人民出版事业才好。"[①]

也就从此时起,在对全行业"资本主义工商业的社会主义改造"展开之前,国家就已经着手对出版社进行公私合营化改造。如上海在1951年4月,将原先的群益出版社、海燕书店和大孚出版公司合并改组为公私合营的出版社。还有北京的三联书店,也在1951年8月被并入人民出版社。不过,仍保留"三联书店"的名义,按需要出版"非马列"或"力图运用马列但还不纯熟"的学术著作,直到1986年三联书店方才恢复独立建制。

到了1954年,国家则进一步将"所有的民营出版企业与国营出版社合并,改造成公私合营的企业。如文化生活出版社、平明出版社、文艺联合出版社、光明书局、潮锋出版社、上海文艺联合出版社、上海出版公司等,都在1954年7月并入上海新文艺出版社"[②]。1954年5月,由中央宣传部牵头,将商务印书馆与高等教育出版社合并为高等教育出版社(1957年恢复商务印书馆独立建制),将中华书局改组为财政经济出版社(1957年恢复中华书局),与此同时,还将商务印书馆与中华书局的总部迁往了北京。

经过如此大规模的社会主义改造,国内的出版格局发生了重大变化。首先在公私合营后,出版社的性质发生了变化,大都转为国营性质出版社。其次,出版社的总体数量呈现出大幅下降(详见表3-6)。第三,随着三联书店、商务印书馆、中华书局等出版社迁移北京,全国出版业的重心开始由上海转到了北京。

[①] 《全国出版事业概况》,中国出版科学研究所、中央档案馆编:《中华人民共和国出版史料(1949年)》,北京:中国书籍出版社,1995年,第257-258页。

[②] 邹振环:《20世纪上海翻译出版与文化变迁》,桂林:广西教育出版社,2000年,第275-276页。

表 3-6 1949—1976 年中国图书出版统计

年份	出版社（家）	出版总数（种）合计	其中新出（种）
1949		8 000	
1950	211	12 150	7 049
1951	385	18 300	13 725
1952	426	13 692	7 940
1953	352	17 819	9 925
1954	167	17 760	10 685
1955	96	21 071	13 187
1957	103	27 571	18 660
1958	95	45 495	33 170
1959	96	41 906	29 047
1960	79	30 797	19 670
1961	80	13 529	8 310
1962	79	16 548	8 305
1963	78	17 266	9 210
1964	84	18 005	9 338
1965	87	20 143	12 352
1966	87	11 055	6 790
1967		2 925	2 231
1968		3 694	2 677
1969		3 964	3 093
1970		4 889	3 870
1971	46	7 771	6 473
1972	51	8 829	7 395
1973	65	10 372	8 107
1974	67	11 812	8 738
1975	75	13 716	10 633
1976	75	12 842	9 727

本表根据《图书出版产业之中日比较》附录的相关资料编制

1958年,在出版总署的指导规划下,国内的出版社又进行了相关的业务分工,限定各自的业务范围。如商务印书馆主要承担翻译出版国外哲学社会科学和编纂出版中外语文辞书等业务。三联书店则以哲学、经济、历史著作和翻译读物以及内部参考书出版为主要业务。而中华书局转为以整理古籍为主的专业出版社,主要从事古籍出版和学术著作方面的出版,渐次脱离了外文图书的翻译出版。此外,文学类图书的翻译就由人民文学出版社、作家出版社、人民出版社等负责承担。专业图书的翻译则由诸如科学、国防工业、科技、卫生等一些专业出版社负责承担。

正是因为上述原因,才会有表3-5中出版社的排序变化。必须指出的是,在这一时期,商务印书馆虽然仍以137种日文翻译图书而位居排行榜首位,但在实际上,这137种中至少有51种是其对1920—1940年代翻译图书的再版。在民国时期汉译日文图书中排名第二的中华书局,则因转型为以整理古籍为主的专业出版社而彻底退出翻译图书的领域。至于老牌的三联书店也因其翻译读物多以内部发行的形式出版而退居到第七位。另一方面,从新登场的上海科技、人民卫生、科学、国防工业等专业出版社的排名中,我们确实能体会到自然科学方面汉译图书的兴盛,也是与这一时期日文图书翻译的整体格局重"理"而轻"文"吻合的。

二、无法署名的译者们

1. 译者群像

这一时期的译者排序,呈现出四大特点,第一是出现了单位译者的署名;第二是出现了借名出版的译者;第三是出现了众多的新译者;第四是尽管图书翻译的整体格局是重"理"而轻"文",在译者排序中却是社会科学领域的译者多于自然科学领域的译者(详见表3-7)。

表3-7 汉译日文图书译者排序(1949—1976)

排序	作者名	出版种数	内容
1	萧萧	11	文学
2	李芒	8	文学
3	孙莲白	8	医学
4	赵力之	7	医学

续 表

排序	作者名	出版种数	内容
5	复旦大学历史系	7	历史
5	北京景山学校	7	中学数学
7	刘亦珩	6	工业技术
7	金连缘	6	农业科技
7	楼适夷	6	文学
10	金福	5	文学
10	金锋	5	历史
10	周丰一	5	文学
10	刘璋温	5	工程技术
10	北京翻译社	5	历史

本表由根据《汉译日文图书总书目:1719—2011》第2卷相关资料整理制作

就这一时期译者的具体排名情况分析,总共14位译者中,有3位是单位署名。所谓单位署名,是指在书中的译者署名上,有一些译者不署真名,而将自己所就职的单位名称署在书上。位列排行榜中的单位署名就有复旦大学历史系、北京景山学校和北京翻译社,将近1/4的比例。而在其余的11位译者中,还存在借名出版的现象,所谓借名出版,是指个别译者因为历史问题,而被禁止在译著上署名,只能借用化名或者亲属的名字。其中,最为典型的就是周作人被明令禁止在译注上署着真名,只能化名周遐寿或周启明,或者是借用自己长子周丰一的名字在译著上留名。

令人遗憾的是,在这11位译者的资料编写过程中,孙莲白、赵力之、金连缘、金锋等4位译者的资料竟然是一片空白,根本无从查询。

萧萧(又名鲍秀兰,1918—1986),文洁若称其为"从事日译中工作的日籍女翻译家",曾在文化生活出版社、人民文学出版社工作过。[①] 王向远则有评价说:"萧萧的译文忠实于原文,同时细腻流畅。"[②]其主要译著有《箱根风云录》、《静静的群山》(2卷本)、《真空地带》等。

李芒(1920—2000),毕业于奉天铁路学院机务专修科,曾任东北电影制

---

① 文洁若:"晚年的周作人",《读书》,1990年第6期。
② 王向远:《20世纪中国的日本翻译文学史》,银川:宁夏人民出版社,2007年,第181页。

片厂宣传科副科长。新中国成立后,历任文化部电影局秘书科科长、《世界文学》编辑部主任、社科院外国文学所研究员、日本文学研究会副会长等职。主要译著有《没有太阳的街》、《在外地主》、《港湾小镇》、《黑岛传治小说选》、《春雪》、《山头火俳句集》等。

刘亦珩(1904—1967),1924年赴日留学,1931年毕业于广岛文理科大学数学部。1932年,任北师大数学系讲师,抗日战争爆发后,先后在西北联大和西北大学出任教授。新中国成立后,担任西北大学数学系主任。1958年,受组织委托承担了《现代应用数学丛书》的日文翻译任务,1962年,该丛书由上海科技出版社出版。其中,刘亦珩的译著有《线性代数学》、《塑性论》、《有限变位弹性论变形几何学》、《工程力学系统》、《平面弹性理论》、《可压缩流体理论》、《黏性流体理论》等。

楼适夷(1905—2001),笔名适夷。作家、翻译家。1929年赴日留学,1931年回国后参与"左联"活动,为"左联"机关刊《前哨》、《文学导报》编辑。在抗战期间,任《新华日报》、《抗战文艺》、《文艺阵地》等刊编辑。新中国成立后,任人民文学出版社副社长、作家出版社总编辑等职。主要译著有《志贺直哉小说选》、《天平之甍》、《一九二八年三月十五日》、《小林多喜二小说选》等。

金福(1913—1989),原名吴元坎。早年就读于复旦大学,后留学日本,1937年毕业于日本中央大学,回国后任《大公报》记者和编辑。1941年,盟军亚洲司令部急需英日语翻译人才,他在应试后被聘为驻印盟军的高级翻译。抗战胜利后回到上海,先后在群联、新知识出版社等出版机构任编辑。新中国成立后,出任上海译文出版社的编审。主要翻译作品有《狼》、《农民之歌》、《跑道》、《冲绳岛》、《黑潮》等。

周丰一(1912—1997),周作人长子。曾就职于北京图书馆。其主要署名的翻译作品有:《反抗着暴风雨》、《明天》、《血的九月》、《广岛的一家》、《妻啊,安息吧》等。还有分别发表于1963年6月12—19日以及8月21日香港《文汇报》的西野辰吉的《美系日人》和《烙印》等。考虑到周作人当时不能在翻译作品上署名的实际情况,兼之在周作人去世之后也未见任何有周丰一署名的翻译作品,故可以认为这些作品事实上是周作人所译。

刘璋温(1926—2001),在抗日战争期间(1943)赴日留学,1956年毕业于东京大学理学院研究生院。同年受中央统战部副部长廖承志邀请回国,被分配到中国科学院数学研究所,主要从事现代概率论和数理统计领域的研究,他在现代概率论方面的发现被视为"20世纪50年代的代表性成果之一"。主要译著有《随机过程》、《随机过程的应用》、《概率论》、《实验设计法》等。

有意思的是,除刘璋温之外,资料缺失的孙莲白、赵力之、金连缘、金锋等4位译者,似乎都是新译者。同样是新译者的刘璋温之所以会留有相关资料,却是因为他在数学领域的贡献。而就在这些资料中,也只说刘璋温懂得日、英、德、俄多国语言,丝毫没有涉及他在图书翻译领域的成果。

在这一时期,之所以会有众多新译者的面孔出现,虽说是因时代变迁或者说存在新老译者自然交替的因素,但在另一个方面,确实也反映出了这一时期,在出版业社会主义改造完成后,强化对图书翻译出版的选题(文本)以及对译者操控的事实。有关图书翻译出版的选题(文本),此前已经有所介绍,自1950年代后期起,特别是涉及敏感问题的翻译图书,均由指定出版社或者是更高层次的中宣部以及中央编译局来确定,而且是以内部发行的形式出版。至于译者,像周作人、钱稻孙这样有历史问题的翻译名家都需经过上级领导认可,方才能从事翻译工作。如唐弢先生在《关于周作人》一文中就有记载:"毛主席说:'文化汉奸嘛,又没有杀人放火。现在懂古希腊文的人不多了,养起来,让他做翻译工作。'大概这就是人民文学出版社每月支二百元(以后改为四百元的依据)。"①

同样是民国时期的翻译名家汪馥泉,虽曾经翻译过伊达原一郎的《近代文学》(1922)、本间久雄的《新文学概论》(1925)、二阶堂招久的《初夜权》(1929)、铃木虎雄的《中国文学论集》(1930)、升曙梦的《现代文学十二讲》(1931)、滨田耕作的《东亚文化之黎明》(1931)、青木正儿的《中国文学思想史纲》(1936)等作品,但因为没有得到上级领导的认可,故而在1949年后没有机会参与图书的翻译。当然,还有一些民国时期的翻译名家,诸如郭沫若、夏衍、施复亮等人,因为担任了一定的领导职务,也就无暇顾及日文图书的翻译事宜了。

事实上,建国初期对译者选择的控制,主要是通过两次翻译工作会议而实施的。其一就是1951年11月召开的全国第一届翻译工作会议,在这次会议上,沈志远代表出版总署翻译局提出了:"对于全国翻译工作者,我们需要从经常的联系中去了解他们的人数、能力、专长、工作情况、译作时间等

---

① 唐弢:"关于周作人",《鲁迅研究月刊》,1987年第5期。

等,藉此可以统筹全国的翻译力量,按国家的需要来分配他们以适当的工作,俾收分工合作之效,避免重复浪费之嫌。"①会议随后通过了《关于公私合营出版翻译书籍的规定草案》及《关于机关团体编译机构翻译工作的草案》,对图书翻译出版的选题范围做出了规范。

其二是1954年8月召开的全国文学翻译工作会议,在会上茅盾做了《为发展文学翻译事业和提高翻译质量而奋斗》的报告,报告明确指出:"文学翻译必须在党和政府的领导下由主管机关和有关各方面,统一拟定计划,组织力量,有方法、有步骤地来进行。"对此,茅盾还列出了具体的方法和步骤:"首先我们必须有一个全国文学翻译工作者共同拟订的统一的翻译计划,然后由国家及公私合营的文学出版社和专门介绍外国文学的《译文》杂志,根据现有的力量和有可能发掘的潜在力量,分别依照需要的缓急、人力的情况和翻译的专长、素质和志愿,有步骤地组织翻译校订和编审的出版工作。"②就这样,通过所谓的"统一的翻译计划"、"需要的缓急"的工作实施,最终实现了对译者选择的控制。

这种对译者选择的控制,在"文革"期间达到了鼎盛。以至于在这一时期出版的翻译图书的封面上,一方面出现了大量的署名集体的译作,如日译本中所出现的复旦大学历史系译、北京景山学校译等;另一方面又出现了一些译者不愿真实署名的译作,诸如"斯人"(四人的谐音)、"五桐"(五位同志的隐语)、"齐干"(大家一起干的隐语),等等。对此,方平也曾回忆说:"在70年代早期,还是'四人帮'的黑暗统治下,上海曾翻译过一批内部参考书,译者是没有署名权的,代之以'五七干校翻译小组'等名义。"③事实上,图书翻译不仅需要表达出原作者个人的心血结晶,同时翻译的过程也都浸透着译者对作品的理解、阐释和认知,然而,一旦译者失去了对译作的署名权,或者说因为种种原因而不愿或不能够在书上署名,在此背景下,译者的翻译主体性也可以说已丧失殆尽了。

2. 翻译大家周作人

说起周作人,在中国现代文学史上,其作为文学家的名声,远远超过了

---

① 沈志远:"为翻译工作的计划化和提高质量而奋斗",《翻译通报》,1951年12月15日第3卷第5期。
② 茅盾:"为发展文学翻译事业和提高翻译质量而奋斗"。转引自罗新璋:《翻译论集》,北京:商务印书馆,1984年,第508页。
③ 方平:"谈译者的署名权",《中华读书报》,1999年5月12日。

第三章 文本操控与译者操控(1949—1976)

作为翻译家的他。如黄开发就有这样的论述:"我相信,过了若干个世纪以后,周作人和鲁迅等屈指可数的几个新文学作家会和历朝历代的代表作家一样,成为'现代'这一段的'地标'。你可以不喜欢周作人,甚至厌恶他,但是你无法忽视这个巨大的历史存在。"[①]也就是说,时至今日,周作人已经被视为中国现代文学的地标式人物。

然而,作为翻译家的周作人,早在 1900 年代就开始了他的文学翻译活动。从 1905 年的《侠女奴》,到 1966 年的《平家物语》(未完成),时间跨度达 60 余年。周作人的翻译,可分为两个时期,一是民国时期(1905—1949),二是建国初期(1949—1966)。他在民国时期的翻译,于 1918—1923 年间达到高峰,翻译的内容主要以东欧、苏俄、日本等地的短篇小说为主,题材也多与人道主义相关。不过,在这一时期,他还有着广泛的文学创作的兴趣。可以说是以创作为主,兼以翻译。而他在建国初期的翻译,却是以翻译为主业,用他自己的话就"是工作与职业合一",由此而爆发出了强烈的翻译热忱。据称,收集在《周作人译文全集》(止庵编订,上海人民出版社,2012)中 2/3 (11 卷中的 8 卷,400 多万字)的作品都是在这个时期完成的。于是,周作人被列为建国初期的翻译家代表也就属理所当然的事了。

周作人的翻译特色主要体现在三个方面。第一,是注重选材。与鲁迅注重作品的社会作用不同,周作人则比较看重作品的血统。对此,他在《苦口甘口谈翻译》中就提出了"要读外国文学须看名作"的观点,并且旗帜鲜明地主张要"为书而翻译"[②]。这具体表现为对译本的选择。即便在建国初期,也都是"周作人自己选目,出版社授命的作品,他若不愿意,一概拒译。所以他译的都是希腊和日本的经典文本,如欧里庇得斯的悲剧、路吉阿诺斯的对话,《古事记》、《枕草子》、日本狂言和'滑稽本'等,取舍精当自不待言"[③]。可惜的是,周作人所选译的这些作品虽属经典,却因在当时游离于时代的脉动之外,没有能产生出大的社会影响。还有一点须得说明,周作人也曾提出要翻译井原西鹤的《好色一代女》、《好色一代男》,或许是因为过于"色"的缘故,出版社最后没敢同意。由此可见,即便"周作人自己选目",也

[①] 黄开发:"周作人研究的十一部著作",《中国图书评论》,2010 年第 12 期。

[②] 周作人:"苦口甘口谈翻译"。转引自何辉斌、方凡、邹爱芳:《20 世纪浙江外国文学研究史》,杭州:浙江大学出版社,2009 年,第 77 页。

[③] 陈洁:"'唯暮年所译,识者当知之'——止庵谈《周作人译文全集》的出版",《中华读书报》,2012 年 5 月 23 日。

存在出版社不予许可的情况。

第二,是坚持直译,兼以注释为补充。在翻译的风格上,周作人与鲁迅一样都属"直译"派。《周作人译文全集》的编撰者止庵就说:"周作人一生都是直译派。1918年,周作人明确表达自己的观点,认为直译是'最为正当'的翻译方法。1925年又在《陀螺序》中谈到,没有比直译更好的方法。"①事实上,自有图书翻译以来,译界就有了直译与意译之争。直译自有直译的优点,那就是信,完全照搬原书的原文语法,不去考虑译文自身的语言表达方式。当然,直译也有其缺点,即译文读来晦涩且意思难解。对此,周作人心知肚明,也只能自嘲说:"我的翻译向来是用直译法,所以译文实在很不漂亮。"②不过,在周作人晚期的翻译中,为了克服译文的晦涩难解,在直译的同时,采用了大批量注释的方式,以帮助读者理解译文。如在《浮世澡堂》的翻译中,他就加了600来条的注释。对此,周作人解释说:"我译这《浮世澡堂》两编四卷,是当作日本古典文学作品办理的,竭力想保留它原来的意味,有时觉得译文不够彻透,便只好加注说明。这四卷书里,一共有了注六百条。"③最后,他自己也承认:"真是太多了。"同样的还有《枕草子》,在全书20余万字的译文中,周作人所作注释就达6万字之多,约占总篇幅的1/4强。未曾想到的是,他的这些注释,已成为今天的读者解读日本文化的重要知识来源。

第三,是其所留下的译文的前言及后记。作为一个学者型的翻译家,周作人有一个良好的习惯,对每一部译作,都会留有介绍译作的前言及后记。在这些前言及后记中,不仅会交代译作的前后由来,而且还会对原作做出思想、艺术、文学性评论。如在翻译武者小路的《婴儿杀害》一剧之后,他就在译后记中指出:"本剧的艺术价值和社会意义在于它是'动人的艺术',而非'一般的符咒或号令',更不是'流行一时的漂亮的绣房剧'所能比拟的。"④在翻译《古事记》时,他又写了《汉译〈古事记〉神代卷引言》,说道:"我这里所译的是日本最古史书兼文学书之一,《古事记》的上卷,即是讲神代的部分,

---

① 陈洁:"'唯暮年所译,识者当知之'——止庵谈《周作人译文全集》的出版",《中华读书报》,2012年5月23日。

② 周作人:"陀螺序",《语丝》,1925年6月22日第32期。

③ 周作人:"浮世澡堂译后记"。转引自张明高、范桥:《周作人散文(第三集)》,北京:中国广播电视出版社,1992年,第359页。

④ 刘全福:"周作人——我国日本文学译介史上的先驱",《四川外语学院学报》,2001年7月第17卷第4期。

也可以说是日本史册中所记述的最有系统的民族神话。《古事记》成于元明天皇的和铜五年(公元七一二年),当唐玄宗即位的前一年,是根据稗田阿礼(大约是一个女人)的口述,经安万侣用了一种特别文体记下来的。当时的日本还没有自己的字母,安万侣就想出了一个新方法,借了汉字来写,却音义并用,如他进书的骈体表文中所说,或一句之中交用音训,或一事之内全以训录,不过如此写法,便变成了一种古怪文体,很不容易读了。其实这就是所谓和文。"①将《古事记》内容、成文时间以及日文的由来一一道来。随后,他又去考证中日神话间的异同,还不忘告诉读者,《古事记》的价值不在于它对历史的记载,更在于它内中的文学性。由此而言,周作人的用心可为良苦。不仅在于译文自身,而且还有他那煞费苦心的导读。周作人曾在《平民的文学》中说自己:"在近时著作中,举不出什么东西,还只是希望将来的努力能翻译或造作出几种有价值有生命的文学作品。"②而在此后的人生中,他的确努力了,也卓有成效。

如果说,在文学上,他已经被视为中国现代文学的地标式人物,那么,在翻译上,他也已经被视为日本文学翻译史上的一座丰碑。要是周作人还能听到原人民出版社领导所说:"要趁着周作人、钱稻孙还健在,请他们把最艰深的古典作品译出来,并花高价买下。"③相信,他一定会更加欣慰的。

3. 翻译大家丰子恺

说起丰子恺,印象中首先是他的漫画,其次就是他的散文。所以会有这样的印象,是因为丰子恺的漫画与散文都极具个性。他的漫画,"往往是寥寥几笔,就勾画出一个意境,比如《人散后,一钩新月天如水》,几个茶杯,一卷帘笼,便是十分心情"④。而他的散文,如《白鹅》先后被选为初一、小学四年级课文,《竹影》被选为初一年级课文,而《手指》也被选为初一、小学六年级课程。因此,小学课本中出现的丰子恺就"是一个大文学家和大漫画家"。而最早提出丰子恺"也是翻译家"的,是他的儿子丰华瞻,理由是:"他一生的著译共有150多种,其中翻译有34种,译自日、英、俄文,涉及范围较广,有

---

① 周作人:"汉译《古事记》神代卷引言"。转引自止庵:《苦雨斋识小》,北京:东方出版社,2002年,第222—223页。
② 周作人:"平民的文学",《每周评论》1919年1月,第5号。转引自《名家精品阅读之旅 周作人散文》,长春:吉林文史出版社,2012年,第12页。
③ 文洁若:"晚年的周作人",《读书》,1990年第6期。
④ 董鹏:《民国 味·道》,北京:中国财富出版社,2013年,第113页。

· 231 ·

文学(小说、民间故事、文学理论)、美术(理论、教学法)、音乐(理论、传记、教学法)、宗教等方面。"[1]

与周作人一样,丰子恺的翻译经历也从民国一直延续到了1970年代。其间也分为两个阶段,第一阶段:1920—1930年代,共翻译有11部作品。源自日文的有《苦闷的象征》(厨川白村)、《孩子们的音乐》(田边尚雄)、《音乐的听法》(门马直卫)等8部作品。第二阶段:1950—1970年代,共翻译有20余部作品。源自日文的有《夏目漱石选集》第二卷(夏目漱石)、《石川啄木小说集》(石川啄木)、《不如归》(德富芦花)、《源氏物语》(紫式部)、《落洼物语》、《竹取物语》、《伊势物语》(佚名)等作品(详见表3-8)。而其中,真正确立丰子恺翻译大师级地位的,应该是其晚年所翻译的《源氏物语》。

表3-8 丰子恺早期汉译日文图书书目统计

书名	作者	译者	出版地	出版社	出版时间
苦闷的象征	厨川白村	丰子恺	上海	商务印书馆	1925
孩子们的音乐	田边尚雄	丰子恺	上海	开明书店	1927
孩子们的音乐	田边尚雄	丰子恺	天津	大公报社	1928
艺术概论	黑田鹏信	丰子恺	上海	开明书店	1928
生活与音乐	田边尚雄	丰子恺	上海	商务印书馆	1929
生活与音乐	田边尚雄	丰子恺	上海	开明书店	1929
现代艺术十二讲	上田敏	丰子恺	上海	开明书店	1929
现代艺术十二讲	上田敏	丰子恺	上海	神州国光社	1929
艺术概论	黑田鹏信	丰子恺	东京	改造社	1930
音乐的听法	门马直卫	丰子恺	上海	大江书铺	1930
音乐的听法	门马直卫	丰子恺	上海	太平洋书店	1930
苦闷的象征	厨川白村	丰子恺	上海	北京书店	1930
音乐概论	门马直卫	丰子恺	上海	大江书铺	1930

本表根据《汉译日文图书总书目:1719—2011》第1卷相关资料编制

《源氏物语》是日本的古典名著,被誉为日本文学的高峰。川端康成曾称誉其"是日本最优秀的一部小说,就是到了现代,日本也还没有一部作品

---

[1] 丰华瞻:"丰子恺与翻译",《中国翻译》,1985年第5期。

能和它媲美,在10世纪就能写出这样一部近代化的长篇小说,这的确是世界的奇迹,在国际上也是众所周知的"①。然而,由于"这部名著卷帙浩繁(近100万字)、人物众多(出场人物达440多人)、情节复杂,加上日本古语艰深以及时代、环境等客观原因,长期以来在中国几乎无人敢问津译事"②。1950年代,人民文学出版社最初聘请钱稻孙先生翻译此书,及至1957年,钱先生翻译的第一帖〈桐壶〉发表在了《译文》(1957年8月)上。但因钱先生的翻译进度缓慢,每月仅译4 000余字。且后期又患有白内障,中断了翻译。于是,人民文学出版社便将此重任交托给了丰子恺。

在1961—1965年间,丰子恺前后耗时4年1个月29天,终于完成了91万字的《源氏物语》(3卷)译稿。遗憾的是,在其完稿后,恰逢"文化大革命",被迫搁置了10数年之久。及至1980—1983年间,译稿经其女丰一吟整理后,才得以出版。此时丰子恺已去世多年,而台湾也在1978年推出了林文月所译的5卷本《源氏物语》。曾有研究者比较过丰版及林版《源氏物语》,而有"两个译本各有特色,而从学术研究上着眼,当以林文月的译本为佳。若从通俗性上考虑,丰子恺的译本或许更合适一般读者大众之口味"③。不过,国内出版界说起丰版《源氏物语》,无论是20世纪80年代的老编辑,还是21世纪初的新编辑,用的都是"无人超越"的字眼。前者有人民文学社的文洁若:"虽然丰子恺翻译的《源氏物语》算不上日译文学的丰碑,但至今无人超越。特别是里面的古诗,翻译得特别好,几乎无人可及。"④后者有上海译文社的姚东敏:"丰子恺译本已经达到相当高水准,很难再有人能够超越。"⑤

从翻译理念的来看,丰版及林版《源氏物语》的区别,当属"直译"与"意译"之争。在某种意义上说,丰子恺应该是"意译"的代表。这既可以从丰子恺自己阐述的翻译论中得到认证,如他说过:"必须翻译得又正确又流畅,使读者读了非但全然理解,又全不费力。要达到这目的,我认为有一种办法:译者必须深深地理解原作,把原作全部吸在肚里,然后用本国的言语来传达

---

① 川端康成:"我在美丽的日本——获诺贝尔文学奖时的演说"。转引自张恩辉:《诺贝尔奖获奖者传记丛书 川端康成传》,长春:时代文艺出版社,2012年,第160页。
② 陈星:"两代译者的两岸译事",《浙江社会科学》,1992年第4期。
③ 陈星:"两代译者的两岸译事",《浙江社会科学》,1992年第4期。
④ 吴浩然:"文洁若谈丰子恺",《第十二届全国民间读书年会特刊》《天涯读书周刊》,2014年12月。
⑤ 石剑峰:"上海出版《新源氏物语》译自现代日语版",《东方早报》,2008年10月9日。

给本国人。用一个比喻来说,好比把原文嚼碎了,吞下去,消化了,然后再吐出来。"①这种区别,也可以在丰版与林版《源氏物语》的译名比较中得到证实(表3-9):丰版的译名多有改写,而林版的译名大都保持书中原名。

表3-9 《赋光源氏物语诗》丰子恺译本与林月文译本译名比较

《赋光源氏物语诗》	丰子恺译本	林月文译本
第十帖 榊(今本作"贤木")	杨桐	贤木
第十七帖 绘合	赛画	绘合
第二十一帖 未通女(今本作"乙女")	少女	少女
第二十八帖 野分	朔风	野分
第三十帖 腾袴	兰草	腾袴
第三十一帖 被木柱(今本作"真木柱")	真木柱	真木柱
第三十四帖 若菜	新菜	若菜
第三十五帖 若菜	新菜续	若菜
第三十九帖 御法	法事	御法
第四十二帖 匂宫	匂皇子	匂宫
第四十六帖 椎本	柯根	椎本
第五十三帖 手习	习字	手习

此表引自王晓平:"日本汉文学与文化翻译——以论《源氏物语》诗为中心",《天津师范大学学报(社科版)》,2013年第1期

即便到今天,"直译"与"意译"到底哪个更为合理,确实难以解答。不过,从编辑的角度,事实上,似乎要更喜欢"意译"一些。本雅明在《译作者的任务》中曾说:"翻译依据的不是原作的生命,而是原作的来世。翻译总是晚于原作,世界文学的重要作品从未在问世之际就有选定的译者,因而它们的译本标志着它们生命的延续。如果译作的终极本质仅仅是挣扎着向原作看齐,那么就根本不可能有什么译作。原作在它的来世必须经历其生命的改变和更新,否则便不成其来世。"②就此而言,丰版的《源氏物语》,作为"意译"的代表,至少在合乎读者大众的口味上,已经无法超越了。

---

① 丰子恺:"漫谈翻译"。转引自罗新璋:《翻译论集》,北京:商务印书馆,1984年,第646页。
② 阿伦特:《启迪——本雅明文选》,北京:三联书店,2008年,第85页。

对于丰子恺,还有一点必须说明的是,他对翻译事业的执着。丰子恺晚年,正逢"文革",他那译好的《源氏物语》也已被搁置。就在这期间,因病在家休息的他,"仍不忘工作,不忘翻译,每天早上四点钟起床,在黎明前后的寂静时间里,坐在小书桌前,开了日光灯,伏案作画、写文或翻译。1970—1972 年间,他翻译了日本的民间作品《落洼物语》、《竹取物语》、《伊势物语》"①。此后,又在 1974 年重译了夏目漱石的小说《旅宿》。尽管,这些书都是到他去世多年后才得以付梓出版,然而,他的执着确实令人感动。

无论如何,丰子恺的译者生涯是从翻译日本的作品《苦闷的象征》开始,其生涯的最后又以翻译日本的作品《旅宿》而休止。由此而言,他的一生与日本文化的因缘至深。最后借用人民文学出版社原社长楼适夷的一句话:"难道丰子恺的文章需要修改吗?可以只字不改就发稿。"②这应该是出版界对丰子恺的文学及翻译素质的最高认可。

第五节 时代性作品的缺位

1949—1976 年间的日文图书的翻译出版,由于在国家主流意识形态的干预及强力控制下,也即"翻译必须在党和政府的领导下由主管机关和各有关方面,统一拟定计划,组织力量,有方法、有步骤地来进行"的政治主张下,不仅在翻译文本的选择(国别)、译者以及出版社的确定等方面受到了相当的限制。而且就日文图书翻译出版的量而言,在建国初的 17 年间,甚至都低于晚清及民国时期,而此后的"文革"期间,更是沦落至近代以来汉译日文图书出版史上的最低点。不仅如此,由于当时社会主流意识形态过于强调翻译图书作者的政治出身以及强调作品内容必须"为无产阶级政治服务",因而在有意无意之间就忽视了对当时日本社会的主流作家的作品引进。这种偏离了图书翻译出版自身的发展而政治化的走向,经验教训是极为深刻的。

---

① 丰华瞻:"丰子恺与翻译",《中国翻译》,1985 年第 5 期。
② 吴浩然:"文洁若谈丰子恺",《第十二届全国民间读书年会特刊》,《天涯读书周刊》,2014 年 12 月。

一、汉译图书产出最少的时代

在 1956 年,时任人民文学出版社编审的张梦麟先生,曾就建国初期对日本文学图书的翻译出版进行过专门的叙述:"战后日本的进步文学都是以保卫和平、争取民族解放和人民民主为主题。……对于这些作品,我们已经有重点地出版了一些。以保卫和平为主题的有宫本百合子的《播州平野》和《知风草》(文化工作社出版),德永直的《静静的群山》(文化生活出版社出版),高仓辉的《箱根风云录》(出版社同上)。"至于战前日本的进步文学作品,"我们只介绍了小林多喜二的《一九二八年三月十五日》、《蟹工船》(作家出版社出版)、《不在地主》,中野重治的《初春之风》,德永直的《没有太阳的街》"。而对于日本古典文学作品,"介绍的就更少了,仅仅在 1955 年由作家出版社出版了一部《日本狂言选》"①。在建国后的 10 余年间,仅仅翻译出版了不到 10 部的日本文学作品,这确实是一个很难令人满意的翻译成绩。于是,张梦麟自己也不得不承认"在这一时期,日本很多具有代表性的作品,我们还没有翻译或出版"②。

对此现象,王向远在其《20 世纪中国的日本翻译文学史》中也有论述:"从 1949 年到 1978 年三十年间的中国的日本文学翻译,除了头四五年是空白期,无话可说以外,其余的二十五年可以划为前后两个阶段。第一个阶段,是 1953 年底到 1965 年,这是此时期日本文学翻译最繁荣的阶段,共翻译出版作品单行本译本约九十五种,占三十年间全部译本的四分之三以上。……第二个阶段是 1966 年至 1977 年底,这基本上相当于为害中国十年之久的所谓'无产阶级文化大革命'时期。从 1966 年到 1970 年,也就是'文革'初期,日本文学的译介完全停顿下来,五年中没有一种日本文学译作出版。……1974 年至 1976 年,日本文学的译介又出现了三年的空白期。"他不禁感慨万分:"由此即可见'文化大革命'对'文化'的'革命'有多么厉害。"③

事实确实如此,1949—1976 年间日文图书的翻译出版,如果从大时代

---

① 张梦麟:"我们出版了哪些日本文学作品",《读书》,1956 年第 7 期。
② 张梦麟:"我们出版了哪些日本文学作品",《读书》,1956 年第 7 期。
③ 王向远:《20 世纪中国的日本翻译文学史》,北京:北京师范大学出版社,2001 年,第 182 - 183 页。

的比较角度而言,甚至都低于汉译日文图书初始阶段的清末民初,可以说是近代以来产出最少的一个时代(详见表 3-10)。一个更为不堪的数据是,如果将"文革"10 年间翻译出版的日文图书数量进行单列的话,其数值甚至低于抗日战争时期,竟是百年以来日文图书翻译的最低潮(详见表 3-11)。

表 3-10 不同时代汉译日文图书的产出统计表

时代分期	年代	数量(部)	年均产出量
清末民初	1851—1911	1 872	31.2
民国时期	1912—1949	4 050	109.5
建国初期	1949—1976	785	29.1

本表根据《汉译日文图书总书目:1719—2011》第 1、2 卷相关资料编制

表 3-11 "文革"与抗战时期汉译日文图书的产出比较表

时代分期	年代	数量(部)	年均产出量
"文革"时期	1966—1976	149	14.9
抗战时期	1937—1945	708	88.5

本表根据《汉译日文图书总书目:1719—2011》第 1、2 卷相关资料编制

在当时的时代背景下,这确实是一件无可奈何的事。在时隔半个世纪后,人们是这样回顾并总结建国十七年外国文学翻译历史的:"建国后十七年译介外国文学,与解放前译介外国文学相比,具有三大现代性特征:一是译介目的不在审美形式的输入,而在捍卫、建设社会主义民族国家这一中国社会主义现代性上;二是译介对外国文学的读解,服务于捍卫、建设社会主义民族国家这一现代性工程,忽视了作品的自由、民主、人权等资本主义文化启蒙主题;三是译介国家地区的多元性与译介作品类型的单一性,即主要译介了那些与十七年社会主义现代性精神相一致的作品。"[1]

至于"文化大革命"时期的外国文学翻译,人们使用的更多的是"陷入停滞"这样的评判。就如陈众议所说:"从 1960 年起中苏开始交恶。此后苏联文学被定义为修正主义。极'左'思潮开始在我国的文学研究领域蔓延,其核心思想便是'以阶级斗争为纲'。也正是在 1960 年,我国的外国文学界在批判修正主义的同时,也给西方文学普遍戴上了帝国主义或资产阶级意识

---

[1] 方长安:"建国后十七年译介外国文学的现代性特征",《学术研究》,2003 年第 1 期。

形态的帽子。……1964年以后的'四清'和'文化大革命',使我国的外国文学翻译和研究基本陷入停滞状态。"[1]毫无疑问,与建国初十七年外国文学的翻译"不在审美形式的输入","忽视了作品的自由、民主、人权等资本主义文化启蒙主题","译介作品类型的单一性"的指责相比,对"文化大革命"时期外国文学的翻译"基本陷入停滞状态"这样的评判,更是令人心痛。

二、时代性作品的缺位

就在我国1949年后的外国文学翻译从"偏离"轨道到"陷入"停滞的同时,我们的邻国日本却已经迅速地从战后的衰败中走了出来。在1945—1952年期间,在盟军司令部(GHQ)的实际统治下,日本通过社会的民主改革以及对垄断资本的大规模重组,实现了战后的重建。1950年代,因为朝鲜战争的爆发,在战争的"特需繁荣"推动下,日本经济就此进入了高速发展期。及至1964年,东京成功举办奥运会,并加入经济合作与发展组织,从而正式跻身于先进国家之列。到了1973年,由于遭受能源危机的冲击,日本经济由高速成长转入常态成长阶段,但其成长速度仍位于西方先进国家中的前列。

伴随着经济的快速恢复与成长,自1950年代起,日本可以说在各个领域都有了长足的发展。以文学为例,在战后的日本文学发展就诚如李德纯所说:"综观日本战后文学演变轨迹,薪尽火传,彼伏此起,几乎每一个思潮流派如过江之鲫都出现过,各领风骚三五年便淡出大部分人视线。……文学思潮更新换代快,作家作品通过多元化的创作景象,展示了文学的发展态势。不间断的探索,对扩展当代文学的视野与结构的变化,无疑起了开拓的作用。观念的更新有利于创作的选择。从战后初期单纯地倾泻法西斯所造成的痛楚,到试图探究日本社会政治生活中的黑暗面,以及其后题材等的迅速转换,标志着日本作家们不断追求发展罕见的创新。"[2]正是在"不断追求发展罕见的创新"的背景下,涌现出了诸如太宰治的《斜阳》(1947)、谷崎润一郎的《细雪》(1948)、川端康成的《雪国》(1948)、三岛由纪夫的《金阁寺》(1956)、松本清张的《点和线》(1958)、安部公房的《沙女》(1962)、司马辽太

---

[1] 陈众议:"外国文学翻译与研究60年",《中国翻译》,2009年第6期。
[2] 李德纯:"战后日本文学回顾与总结",《中华读书报》,2010年4月14日。

郎的《坂上云》(1968—1972)等优秀的作家作品。其中,川端康成、三岛由纪夫、安部公房等人还曾多次被提名诺贝尔文学奖。1968年,川端康成以《雪国》、《古都》、《千只鹤》三部代表作获当年诺贝尔文学奖,成为日本第一位获得诺贝尔文学奖的作家。

然而在1949—1976年的27年间,在当时社会的主流意识形态的干预下,在文学领域,除了三岛由纪夫的作品是在1970年代因周恩来总理的指示而有所翻译出版外,上述作家的代表作品没有得到任何的译介。非但在文学领域,在其他的社会科学研究领域,也缺少对主要代表作家的作品引进,诸如社会学领域的福武直、政治学领域的丸山真男、经济学领域的大冢久雄、历史学领域的家永三郎等。

同样的问题也发生在自然科学领域,尽管在这一时期,国内对自然科学领域的日文图书的翻译数量超过了对社会科学领域的日文图书的翻译数量,但也存在对主要代表作家的作品引进缺失的现象。就在1949—1976年间,日本在自然科学领域也已经出现了三位诺贝尔奖的获得者,他们是汤川秀树(物理学,1949)、朝永振一郎(物理学,1965)、江崎玲于奈(物理学,1973),代表着当时日本自然科学领域的最高成就。即便如此,除了汤川秀树的《基本粒子》(科学出版社,1975)有所翻译之外,至于朝永振一郎与江崎玲于奈都没有任何代表作品得到译介。这可以说是极为遗憾的。

三、重"理"而轻"文"

在这一时期,汉译日文图书的整体翻译也表现出了一种重"理"而轻"文"的势态。即在自然科学领域图书的翻译出版的量,远超过社会科学领域的图书翻译。

这一特征在汉译日文图书历史上绝无仅有,究其原因,可以说是受主流意识形态对译本以及译者所操控的影响。因为在译本的选择上,源自日本的图书,并不属于出版总署所说的能够对"马克思列宁主义和毛泽东思想"进行宣传与解释的第一类书籍,所以,在翻译图书的选择上,只能够偏重于引进自然科学、工农业生产技术领域的第二类书籍。于是,就构成了这一时期自然科学领域日文图书翻译的兴盛。其中,比较经典的有在1949—1953年间对1930—1940年代商务印书馆的自然科学小丛书、实用工艺丛书的再版,前者有《害虫及益虫》、《化石人类学》、《地形学》、《结晶体》等,后者有《罐头及食品制造法》、《加工纸及赛璐珞制造法》、《金属着色法及电镀法》、《清凉饮料制造法》等。从1955年起，随着国家大规模经济发展战略的展开，对日本工业技术、农业技术以及医学领域方面的图书翻译也就逐渐地占据了主要地位，如工业技术方面有《晶体管的理论与应用》、《太阳热水器》、《玻璃纤维及其应用》、《磁性录音机》、《毛织物整理法》、《微波电子管》、《陶瓷器化学》等；农业技术有《海岸防砂造林》、《日本的甘薯、马铃薯栽培技术》、《尿素肥料详说》、《水稻生理》、《作物的生理生态》、《果树栽培的新技术》、《耕牛的使役与饲养》等；医学领域有《断层摄影读片法》、《眼科临床手册》、《脊椎动物解剖法》、《静脉心导管检查术》、《泌尿系外科手术》、《妇产科诊疗之实际》、《宇宙医学》、《老年病学》，等等。

而在译者的选择上，那些曾经活跃在1920—1940年代的老翻译家们，在他们之间，有一部分人因为抗日战争的爆发，因国恨而不再涉足日文图书的翻译事宜，如郭沫若、夏衍、施复亮等；也有一部分人却因在抗日战争时期从事汉奸附逆活动而失去了从事日文图书翻译的资格，如张资平、汪馥泉等；只有为数不多的一部分人仍在坚持着日文图书的翻译，如楼适夷、丰子恺、吴元坎等。但是，与民国时期庞大的译者群体相比较，在建国之后日文译者的群体数量出现了明显的下降。虽然，在这一时期也已经涌现出诸如萧萧、孙莲白、赵力之、李芒、金连缘、金峰这样的新时代译者群体，然而，令人遗憾的是，除了李芒，这些新时代译者们甚至都没有留下任何的生平记录。

四、公开译作、内部译作与潜在译作

虽然，人们习惯用"一片空白"来描述"文革"期间日文图书的翻译状况，而"文革"十年也的确是近百年以来日文图书翻译的最低潮。但是，在这一时期日文图书的翻译仍然以一种畸形的状态存在着。按当时主流社会意识的接受程度，这一时期的日文图书译作应该是以公开译作、内部译作和潜在译作这三种形式继续存在着的。

在"文艺必须为无产阶级政治服务"的时代，公开译作，显然是得到主流社会意识认可，能够服务于无产阶级政治的作品，所以也得以公开出版；而内部译作，是主流社会意识认为不能直接服务于无产阶级政治，但因其重要性又必须加以引进的作品，所以是以"内部出版"、"仅供批判"之名所做的限制性出版;至于潜在译作,则是译者自身,出于对作品的理解和喜爱而作的翻译,虽在当时被束之高阁,但在随后的新时期得到了公开出版。就三种译作的社会影响力而言,是公开译作＞内部译作＞潜在译作。不过,如果就三种译作的出版内容而言,三者之间,应该存在着一种互补的关系。

就此而言,尽管人们对这一时期日文图书的翻译有着"主要取决于政治意识形态与民族国家话语"、"译介作品类型的单一性"、"基本陷入停滞状态"等等的评判,但是,只要存在有日文图书的翻译,我们就不能简单地抹杀这一时期所有的日文图书的翻译成就,也不能简单地无视这一时期译者们对日文图书的翻译奉献。

毫无疑问,在不同文化相互交流、理解的过程中,图书的翻译起着至关重要的作用。德里达曾指出:"翻译就是那在多种文化、多种民族之间,因此也是在边界处发生的东西。"①由此而言,图书翻译作为文化的民族交流媒介,特别是对日本代表作品的翻译,才是人们了解日本文化和民族思想的最主要途径。因为,在这些代表作品之中,一定凝结了日本文化和民族思想代表人物最为深邃的思考。而选择性的翻译文本,尤其限定于"为无产阶级服务"的文本,毫无疑问,是无法令民众真正理解和解读日本文化和日本民族的。

然而,在1972年中日关系正常化之前,两国的政治关系也都处在疏离有时甚至是敌对的状态,由此而言,在中日关系如此"冰冷"的时期,两国之间仍然存在着图书翻译出版这样的文化交流,即便这种翻译出版的量是历史上的最低点,也即便所出版的是一些选择性的翻译文本。

因此,对于"文革"及此前17年日文图书的翻译出版的评价,既不能简单地因为翻译图书的量的稀少以及存在有选择性翻译的弊病而忽略其曾有过的成就与坚持,同样也不能因为是在"冰冷"时期所取得的成就便淡化其自身的弊病。我们需要有耐心、有数据、有分析地对"文革"及此前17年的复杂历史进行客观、细致的解读,同时也期望今后会涌现出更多的新材料及新研究成果。

---

① 雅克·德里达:《书写于差异》,北京:三联书店,2001年,第22页。

第四章 转型中的机遇与挫折（1977—1999）

第一节 改革初始的中日蜜月

中日邦交的正常化使得两国间的关系由敌对化转为和平友好，特别是1978年所签订的《中日和平友好条约》，不仅为中日间经济文化的交流与发展提供了政治上的保证，而且也令国人有了直接观察和了解日本的机会。就在1978年邓小平访日到1998年江泽民访日的20年间，中日两国无论是政府还是民间，都可是说进入了和平友好的蜜月期，由此而推动了两国间经济以及文化的交往。在2002年，作者在《喜看中日邦交正常化三十年硕果累累》中曾有过这样的陈述："30年前，一年仅有1991人次中国人访日，如今一年有385 296人次的中国人来到日本；30年前，全日本只有3名中国留学生，如今，中国留学生已占日本全体外国留学生总数的56％；30年前，中日间贸易总数只有11亿美元，如今，中日贸易额已达877.5亿美元……这些数字折射出中日邦交正常化30年来，两国在经济、人员以及文化交流等方面，无论是从质还是在量上都已积沙成塔，涓流成海，堆石成山。"①

一、蜜月的开启

1. 邓小平访日

1972年的中日邦交正常化，虽说奠定了中日两国之间和平友好的基石，不过，两国从政治到经济、文化以至于国民之间的真正"蜜月"，却是起始

---

① 田雁："喜看中日邦交正常化三十年硕果累累"，《人民日报》（海外版），2002年4月18日。

第四章　转型中的机遇与挫折(1977—1999)

于1978年邓小平对日本的访问。

1976年"四人帮"被打倒,宣告了"文革"的终结。而在1978年召开的党的十一届三中全会,确立起了改革开放的国策,并表示要将党的工作重心转移到社会主义现代化建设方面。但是,社会主义现代化建设之路究竟如何实现？在当时,社会整体对此还没有明确的共识。

1978年10月,为了垒实中日两国和平友好的基础,邓小平率廖承志、黄华、韩念龙等人,对日本进行了一次正式的国事访问。访问中,邓小平出席在东京举行的"中日友好和平条约"批准书签字及互换文本仪式,与日本首相福田赳夫举行了正式会谈,拜访了日本裕仁天皇以及前首相田中角荣等人,此外还与日本40多位国会议员、日本经团联以及中日友好团体的代表进行了会谈。此外,从东京到京都、大阪,邓小平乘坐了日本的新干线,沿途还参观了日产汽车制造厂、大阪造币厂、君津制作所、松下电器公司等日本企业。正是在这过程中,邓小平感受到了日本社会所具有的经济活力,对日本的认识也渐起了变化。如果说邓小平在东京中日友好团体联合招待会上的讲话还只是一种表态,"我们坚持自力更生,同时也要学习和借鉴包括日本在内的各国的先进经验,以加快我们的建设步伐"①,那么,在参观完日产汽车制造厂后就有了"我懂得了什么是现代化。我们欢迎工业发达国家,特别是日本产业界同中国合作"②的感触。与此同时,他的心态也有所变化,因而才会在乘坐新干线回答记者有关中国现代化问题提问时坦陈："首先承认我们落后,老老实实承认落后就有希望。再就是学习。这次到日本来就是要向日本请教学习……"③

邓小平在日立公司以及新干线上的这两次讲话,后来被海外媒体解读为"下定了改革开放的决心"。事实上,邓小平"作为改革开放的总设计师,他早就酝酿中国今后向哪里走的问题,他是利用这样一次访问的机会考察日本、了解日本、希望从战后日本发展的经验教训当中能有所借鉴、有所吸取"④。然而,毫无疑问的是,邓小平的这次访日,确实是将中国改革开放的进程大幅地向前推进了。

伴随着邓小平的访日,随行的摄影人员在多视角地拍摄小平访日过程

---

① 转引自吴德广："随邓小平访日追忆",《世界博览》,2014年第20期。
② 转引自何立波："邓小平首访日本始末",《传承》,2008年第7期。
③ 转引自何立波："邓小平首访日本始末",《传承》,2008年第7期。
④ 转引自何立波："邓小平首访日本始末",《传承》,2008年第7期。

的同时,也将视角全方位地转向了日本社会生活的各个层面。这些摄影资料后来被剪辑整理成为纪录片在全国公映。在纪录片中人们看到了日本高度现代化的社会,有人描述道:"时速超过一百公里的新干线、索尼世博会上的超巨大电子屏幕、时尚豪华的汽车、五光十色的时装展,那里仿佛是一个神奇的新世界。记得当时新版中学地理教材扉页图片就是东京的银座和高速公路夜景两幅图片。"①这不仅带给国人以新奇而强烈的刺激,同时也激发出国人对现代化改革之路的认同。而在30年后,由第一财经制作的31集大型纪录片《激荡三十年》,这部以纪实手法描述改革开放三十年岁月变迁的电视系列片,其第一集的片名被确定为"小平访日 睁眼看世界"。在30多年后,国人仍将1978年邓小平的访日,视作新时代睁眼看世界起点。这是何等之高的评价。

2. 中日经济往来的加深

在此背景下,从1979年起,日本开启了对华政府开发援助(ODA)的大门,援助形式包括有偿援助(低息贷款)、无偿援助和技术援助三部分。截至2009年底,援助总额约达36 412亿日元(相当于350亿美元),占中国接受外国政府贷款总额的40%左右。其中,有许多中国人耳熟能详的项目,诸如北京地铁一号线、北京首都机场、武汉长江二桥等,都使用了日元贷款。以北京地铁一号线为例,其日元贷款占到总投资的20%。而在无偿援助和技术合作项目中,也有"中日友好医院"(160亿日元)、"中日青年交流中心"(101.1亿日元)、"中日友好环保中心"(约100亿日元)等。②

两国间的经贸往来也得到了迅速的提升。从1980年代起,大量的日本商品,从三菱尿素、新日铁钢材到三洋录放机、索尼彩电、松下冰箱等,开始进入国内市场。公路上出现了越来越多的日本车,以致"车到山前必有路,有路就有丰田车"这样的广告词竟成为时代的流行语。与此同时,中国对日本的商品输出也在与日俱增。特别在1980年代,中国在改革开放政策全面展开之后,经济上呈现出了快速增长的势头。这种经济上的增长,一方面令中国成为吸纳日本商品、扩大日本外需的重要市场,而另一方面也使得中国扩大了对日本的商品输出,使中国在中日双边贸易中的地位得到明显的提

---

① 爱微帮:"非官方的中日关系史",http://www.aiweibang.com/yuedu/1786576.html,2016年10月20日。

② 转引自金熙德:"日本对华ODA的成效与其转折",《日本学刊》,1999年第5期。

升。如"从1981年起,中方开始出现对日顺差,随后到1990年的10年中,有6年为中方顺差,累计顺差总额111.5亿美元,相当于其余4年逆差总额的9倍"①。

而到了1980年代后期,日本又为中国丰富的资源、廉价的劳动力和广阔的市场所吸引,进而兴起了对华投资的热潮。"从投资趋势上看,20世纪80年代以后,日本对中国的投资额多于英、德、法等欧美各国,其中有9年时间超过了美国,跃居首位。日本对中国投资的总额居日本对外直接投资的第1位。"②直到2013年,中国都还是日本企业心目中海外投资最有潜力的国家。

1990年代,中日两国的经济形势发生了很大的变化,在改革开放政策的指引下,中国经济依然保持着快速增长的势头,并在1997—1998年间成功化解了东南亚金融危机造成的严重冲击;而日本却在1990年代初期陷入被称为"失去的十年"的经济大衰退,同时还出现了财政危机与金融危机,为此日本加大对中国的出口,想以此来带动日本经济的复苏。特别是在1990年代的前半期,中日两国间的贸易额都是20%以上增长率。而自1996年后,由于日本在对华贸易中一直处于逆差状态,加之此时日本国内政治也开始出现右转,引致两国间贸易摩擦的发生,使两国间的贸易往来出现增幅下滑,1998年还出现了负的增长。

即便如此,就在1999年,中国已经成为日本的第二大贸易伙伴。"日本大藏省日前公布的统计数字表明,1999年度日本从中国的进口大幅增加,比上一年增长7.4%,海关统计为50 975亿日元,首次超过欧盟,仅次于美国而跃居日本第二大贸易伙伴。"③而对于日本而言,自1993年至2003年曾连续11年都是中国最大的贸易伙伴。

二、对日本认识的转变

1. 文化交流的深入

受中日两国之间和平友好的政治及密切相关的经济影响,在这一时期,

---

① 江瑞平:"转型中的中日经济关系",《人民日报》,2002年11月11日。
② 景婉博:"日本企业的对华直接投资分析",对外经贸大学硕士论文,2007年,第1页。
③ 新浪网:"中国成为日本第二大贸易伙伴",http://finance.sina.com.cn/news/2000-04-30/30846.html,2016年10月20日。

国人们对日本的印象开始发生变化。"日本式现代化、日本型经营、战后日本复兴的秘诀等,都成了人们好奇、深究的对象。松下幸之助等创造日本战后经济奇迹的杰出人物,成为中国人心目中的偶像。……描写一名普通妇女创业故事的电视剧《阿信》也激发了许多人进行个人奋斗、努力挣钱的热情。"[①]与此同时,国人也开始真正地用心去感识日本,去承认日本的经济发展成就,"日本人比起任何民族来并不具有值得夸耀的物质优势。然而,由于充分发挥了民族活力,调动了全民族的积极性,从而在经济上取得了显赫的成就"[②]。

伴随着这种变化的还有中日之间的文化交流。1979年,电影《追捕》在中国上映,全民为之疯狂。随后是包括《人性的证明》、《望乡》、《幸福的黄手帕》、《生死恋》等一系列日本电影的引进。当年,高仓健在电影中所表现出的东方男子的刚毅和魅力让80年代的中国女性们,爆发出"寻找男子汉"的阵阵呼声。而栗原小卷、松坂庆子等在电影中古典优雅、温柔娴静的本色表演,也令她们成了当时中国男性们的"梦中女神"。与此同时,《血疑》、《阿信》、《少女疑云》、《排球女将》等电视连续剧的推出,又引发起国人一阵阵的追星热,如山口百惠、倍赏美津子、荒木由美子,等等。

在这过程中,1983年胡耀邦总书记访日,邀请3 000名日本青年访华;日本随后也邀请了3 000名中国青年访日。在这过程中,日本的佐田雅志成为"文革"后第一个到中国开演唱会的外国歌手,日本的《四季歌》成为第一首翻译传唱的外国民歌,与此同时,日本歌曲《男子汉宣言》也成为国内的流行歌曲。

在图书出版领域,自1978年开始,外国文学的出版得到初步的开禁,此前只能通过内部发行方式出版的那些文学名著,与那些在新时期涌入国内的众多新鲜译作一起,竞相绽放在1980年代的社会舞台上。"1980年代初,上海译文出版社与北京的外国文学出版社开始联手推出'二十世纪外国文学丛书',丛书选题以欧美文学为主,兼及亚非拉及大洋洲,多为现代主义作品。此套丛书中所收川端康成《雪国》,译者为译界宿耆韩侍桁,译笔多有后来者所不及的精到之处。……1980年代中期至90年代,上海译文出版社和人民文学出版社两家大牌出版社,则联袂推出过一套规模甚巨的'日本

---

① 金熙德:"'千变'日本:中国人眼里的日本形象",《世界知识》,2007年4月。
② 刘予苇:"试论日本民族活力的形成及其表现",《日本研究》,1987年第2期。

文学丛书'"。①此外,在 1985—1988 年间,海峡文艺、江苏人民等 7 家出版社还联手推出李芒等人主编的"日本文学流派代表作丛书",丛书"分别收录了从 20 世纪初至世纪末,包括'自然主义'、'唯美主义'、'现实主义'、'新思潮派'、'新兴艺术派'等流派在内的日本现当代小说家代表作近 20 家"②。

与此同时,随着国内现代化进程的启动,尤其是在经历了 1980 年代初那场"实践是检验真理标准"的大讨论后,社会已不再简单地将意识形态分歧作为否定一切的依据,而开始以经济为中心以现代化的实现作为认知的标尺。然而,现代化之路的实现也向思想文化的建设提出了客观要求,人们迫切需要有思想与理论来指导改革与开放。于是,20 世纪 80 年代,"文化"成了仅次于"改革"的最流行的词语,而文化人也成了大众的偶像。

就在此背景下,国内掀起了西方人文社科图书的翻译热潮,其涉及范围之广,"从美学到心理学,从萨特到尼采,从弗洛伊德到海德格尔,从逻辑实证主义到科学历史主义,从存在主义到现象学"③。而在这期间(1980—1985),国内出版社也翻译出版了一批来自日本的人文社科图书。其中有西田几多郎的《善的研究》、石破哲三的《科学社会主义研究》(2 卷本)、横山宁夫的《社会学概论》、岩崎昶的《电影的理论》、关志文的《青年心理学》、对马忠行的《托洛茨基主义》、池上嘉彦的《符号学入门》、星野芳朗的《未来文明的原点》等。在当时的社会语境下,这些图书的翻译引进,客观上起到了介绍西方现代化因素的作用。

此外,在这一期间(1980—1985),国内出版社还翻译出版有一批讲述日本文化与历史的图书。其中有伊庭孝的《日本音乐史》、信夫清三的《日本政治史》、内野达郎的《战后日本经济史》、远山茂树等的《日本近现代史》(3 卷本)、山本文雄的《日本大众传播工具史》、户川猪佐的《战后日本纪实》等。这些图书的翻译引进,毫无疑问,在客观上也起到了对日本的历史、文化与现状比较正面的介绍作用。

2. 对日认识的转变

于是,1980 年代的日本,甚至被国人誉为:"一个曾经以'阿信的故事'风靡中国的日本,一个以《排球女将》震撼中国的日本,一个以茶道和插花、

---

① 李振声:"中国当代文学阅读视野中的日本现当代小说",《中国比较文学》,2010 年第 3 期。
② 李振声:"中国当代文学阅读视野中的日本现当代小说",《中国比较文学》,2010 年第 3 期。
③ 魏清光:《改革开放以来中国翻译活动的社会运行研究》,北京:中国社会科学出版社,2014 年,第 73 页。

以秩序和清洁而让中国人欣赏的日本,一个在战后废墟上以'日本制造'而崛起,甚至挑战'美国世纪'而让中国人佩服的日本。"这是因为"对于渴望复兴的中国,日本充分展现了它所具有的历史坐标式的魅力和意义"[①]。

　　这在当时确实是一个大的转折。因为自1931年"九·一八事变"发生,日本侵占我东三省的近半个世纪以来,国内知识界对日本的描述基本上都是负面的。如在1930年代后期出版的《日本》(资本主义列强概观丛书)是这样描述日本的:"大家都晓得日本是最野蛮的帝国主义国家之一。日本帝国主义之所以充满特别掠夺的性质,首先是因为它的军事封建的特质;这种军事封建的特质,是日本内部矛盾尖锐到极点,而日本统治阶级要从这个矛盾中寻找出路,遂采取对外占领的方法。……日本现在占领了一大块中国领土,已经变成了世界上最大殖民列强之一了,日本帝国主义掠夺她的殖民地用最残酷的方式。"[②]而在1954年出版的《日本》一书中又是这样对日本进行描述的:"战前日本是个金融资本和大地主阶级专政的国家,它对外进行野蛮的侵略,对内向人民实施着残酷的压迫和剥削。……日本投降以后,长期地处在美国单独的占领下,由美国一手扶植起来的日本反动政权,成了美国统治和掠夺日本人民的工具。"[③]还有1957年出版的《日本》一书,更进一步描述:"战后十余年来,美国对于日本的奴役,除了前面已经指出的在经济上的毒辣控制使之完全成为附属于美国垄断资本的殖民地以外,另一方面更采取直接占领的形式,在日本建立各种军事基地,……在广泛建立军事基地的同时,日本军国主义重新武装的步伐也大大加紧了。早在1950年以后,日本政府就在美国的占领当局的支持下,先后成立了'警察后备队'和'海上保安厅'等军事机构,作为其重振旗鼓和扩展陆海军的核心力量。1954年,美日签订了侵略性质的所谓'共同防御援助协定',日本的陆海空军'自卫队'正式成立。……早就被美国陆续释放的战争罪犯,现在他们又换上了美式军装,袍笏登场了。"[④]

　　事实上,1970年代初,虽然中日两国已经正式建交。但国人受建国初期及"文革"时期的极端闭国的影响,对日本的整体影响还停留在二战前悍

[①] 袁卫东:"更新我们的'日本观'",《21世纪商业评论》,2007年第1期。
[②] 《日本》一书由U.哈耶玛著,张原译,封面上还标注:"资本主义列强概观丛书",但无出版时间,也无出版社名。第189-197页。
[③] 张香山:《日本》,北京:世界知识社,1954年,第50-53页。
[④] 陈桥驿:《日本》,北京:新知识出版社,1957年,第128-129页。

然发动侵华战争,造成中国数千万民众死亡,数千亿财产被毁;而在战后,又追随美国,"正阴谋通过发动侵略战争,走东条英机的老路来做垂死挣扎"①的认识上。也正因为此,在1972年田中角荣访华时,国内还需要由周恩来总理出面,布置各级宣传部门向百姓说明田中访华的意义,同时还在田中准备到访城市的书店,安排将那些"涉及打倒日本帝国主义、军国主义等的书画、见之封面的(图书),要暂时收起,不要陈列,内容全部是反对日寇的,也暂时收起"②。

对于日本的描述由负转正的转折点出现在1970年代末期。1979年,在上海辞书出版社出版的《日本》一书中,编者专门写下了"日本和我国是一衣带水的邻邦,两国人民的友好往来已经有两千多年的历史。1978年8月,中日两国政府在邦交正常化的基础上,缔结了中日和平友好条约,使两国的和平友好合作关系进入了一个新的阶段"③这样的话;而在对日本的国家政治的介绍中,也避开了对日本国家政治性质的评论,使用了"日本的国家机构,在第二次世界大战以后有了较大的变化。在政治制度上,由明治维新后天皇独揽统治权的君主立宪制,改变为以天皇为国家象征的议院内阁制"④。

而到了1985年,在国际文化交流中心创办的《日本》季刊上,更有了"在开放政策的指引下,人们深谙'他山之石,可以攻玉'的道理,极其重视世界各国人民建设自己国家的成功的经验。日本,是我国一衣带水的邻邦,两国人民有着长期友好交往的历史。近年来,国内要求了解日本情况的人越来越多"之说。令人瞩目的是这份《日本》杂志,居然惊动了中日两国的政府首脑,"胡耀邦总书记为本书题写了刊名,日本中曾根首相题字并写了贺词"⑤。中曾根在贺词中明确地说:"日中两国关系现在比以往任何时候都

---

① 《人民日报》,1970年11月29日。转引自倪学新:"建国以来中国人日本观的变迁",《福建师大福清分校学报》,1993年第1期。
② "逝者如斯——出版局日记",http://blog.sina.com.cn/s/blog_6247d7fd0102w9f9.html,2016年10月20日。
③ 复旦大学国际政治系、上海国际问题研究所编:《日本》,上海:上海辞书出版社,1979年,编者的话。
④ 复旦大学国际政治系、上海国际问题研究所编:《日本》,上海:上海辞书出版社,1979年,第64页。
⑤ 中国国际文化交流中心《日本》编辑部:《日本》,1985年8月创刊号,卷首语。

友好亲密。"①

由此表明,在 1980 年代,中日友好已成为中日两国政府间交流的主旨,而在民间,无论是知识阶层还是企业人士,也都对这一时期的日本开始持有正面的认识。如曾经留学日本,后任某外商投资企业副总经理的迟方就认为:"改革开放以来,中国已经融入世界,在吸纳大笔外汇,引进大量技术、设备的同时,西方的思想文化、意识形态也正在对我国发生影响,作为崛起中的大国,我们的国民素质亟待相应提升,将外国的东西拿来,为我所用,便是其捷径。……日本人有许多东西值得中国人学习,例如,日本人讲究待人接物的礼貌,讲究上下级的忠诚,具有强烈的等级意识,注重团队合作,大公司的家庭化管理,等等。"②还有,如陈平原在当年出访日本后所说的:"不同于千年帝都北京,也不同于新兴商业中心上海,两百年前的江户,政治经济同步发展,雅俗文化日渐融合,其独特的魅力令我陶醉。"③还有沙秀程:"日本民族为何迅速崛起,其实就是脚踏实地地干出来的。而中国为何会落后,似乎同我们民族的惰性也有一定关系。接触日本社会久了以后,发现日本的拼命精神与日本是个岛国而且是个教育水准相当高的岛国密切相关。岛国的危机感时时在提醒日本民族要努力、要奋发,督促日本民族破釜沉舟式地向前,这是日本民族的一大优点,也是日本能够成为经济强国、走在时代潜力的原因之一。"④以上等等。

当然也还有一些负面的评价,诸如罗振国的评论:"日本是一个经济大国,但绝不是一个思想大国,日本人的崇洋媚外绝对不在中国之下。在日本会说一口流利的英语,就是有身份的象征。……就日本人自身而言,自杀难道不是在表白他们自己内心的脆弱和自卑吗?"⑤以及郭绍烈:"严峻的事实表明,'历史问题'还远远没有变成历史……日本《诸君》杂志在今年 2 月号上就纠结一些右翼文人,连篇累牍地谈了他们的'历史和历史认识'。从这里发出的声音,并不是什么正确认识和对待历史问题的。而是诸如下面的一些话:'日本人为什么还不能摆脱战争责任的诅咒?''经过一定的时间,好

---

① 中国国际文化交流中心《日本》编辑部:《日本》,1985 年 8 月创刊号,日本首相的贺词。
② 迟方:《碰撞》,北京:中国青年出版社,2010 年,第 288 页。
③ 陈平原:《日本印象》,武汉:华中师范大学出版社,2006 年,第 71 页。
④ 沙秀程:"我的日本情结和日本观",陈永明主编:《我的日本观——上海知名教授自述》,东京:日本桥报社,2000 年,第 44 页。
⑤ 罗振国:"我看日本人",陈永明主编:《我的日本观——上海知名教授自述》,东京:日本桥报社,2000 年,第 11 页。

人会变坏人,坏人也会变好人。''谢罪史观,该结束了'……等等。不用说,日本的右翼言论是滋生在右翼思潮的土壤上,同时又进一步肥沃了那块土壤的。这是我们值得思考和警惕的现实。"①还有梁晓声的认识:"它在我心中一直是一个野心勃勃的,凶悍得难以彻底制服的,在'二战'结束以后不得不变得温良,委曲求全,却又时时刻刻企图一纵而起,重新跃上世界舞台中心的国家。我将它比作红狼——那一种狼的异种,攻击性极强,有时居然胆敢围猎狮子,不将狮子咬死吃掉誓不罢休……"②等等。

无论如何,在1970年代末期到1990年代初,国内无论是在政府层面,还是在民众的层面,对当时的中日关系基本上都是持友好密切的态度。除了政治与经济的因素外,这中间还有一个非常重要的因素,即国人对那个时代日本民众的精神面貌一种认同。诚如冀浩然所说:"从战后开始一直到60年代中旬这二十多年里出生的日本人,曾被喻为'清教徒一代'。二十多年的人生观形成时间里所处在的环境是当时世界最为安全的环境(冷战对峙下的和平前沿),接受的是当时世界上相当于最完备的公立教育系统的良好教育。……在这种和平而安全的环境下成长起来的日本人,固然脾气、性格上有那么些瑕疵,但是平心而论,无论是行事的稳重还是对待外国人的态度,比年轻的浮躁一代好得不是一点点。……他们有着如同高仓健一般的坦率。高仓健般的坦率也是那个时代日本的写照,坦率地承认历史问题,坦率地为历史垃圾负责,坦率地改革国内的政治经济,坦率地面对国际责任乃至坦率地创作出文艺作品。"③

三、日本"认知"的再转变

1. 日本的右转

不过,这一时期国人所表现出的对日本及日本民众的"认同",在力度上要远逊于"师日"阶段的清末民初。因为在1980年代,虽然说是中日友好,

---

① 郭绍烈:"愿中日友好世代相传",陈永明主编:《我的日本观——上海知名教授自述》,东京:日本桥报社,2000年,第80页。
② 梁晓声:"感觉日本"。转引自蓉蓉选编:《梁晓声精品集》,延吉:延边大学出版社,2003年,第27页。
③ 冀浩然:"回望高仓健与那时代的日本男神女神",http://www.guancha.cn/JiHaoRan/2014_11_19_288077.shtml,2016年10月20日。

但在国家层面上,双方在历史认识、领土以及战争赔偿等问题都没有得到明确,留下了严重的后遗症。借用日本学者矢板明夫的话就是:"1972年有很多该解决的问题大家都没有解决,如今天全国各地提起要求战争赔偿的问题,这个问题应该在几十年前就解决,但当时因为国际环境,中国需要通过日本打开西方社会的窗口,日本希望和中国建交恢复,解决战后遗留问题变成一个普通国家,双方很着急达成了协议,把很多该解决的问题全部放下来,所以这些问题一旦有风吹草动马上春风吹又生,没有结果。""80年代后中日交流主要是经济交流,日本需要中国的劳动力、市场,中国需要日本的资金和技术,这也是一个功利性的交换,没有感情,如去24小时店买东西一样,我给你钱,你给我东西。双方民间交流、文化交流没有建立起来。一旦功利性的交往随着国际形势的变化,从互补关系变成竞争关系,所有前提不存在,双方会马上出现新的对立,而且几十年的旧账会翻起来。"①

毫无疑问,矢板明夫所说的两点确实是引致1990年代后期中日关系转向对立的重要因素。不过,还有一点矢板明夫没有说明,那就是从1980年代后期开始,日本政府在实际政策取向上已经出现右转。其开端是发生在1985年的教科书篡改问题以及中曾根首相参拜靖国神社的问题。对此,1985年10月,邓小平在会见日本外相安倍晋太郎时特别强调:"最近发生了日本内阁成员正式参拜靖国神社问题。这些年我们没有给日本出过难题,而日本的教科书问题、最近的参拜靖国神社问题,还有蒋介石遗德显彰会问题,是给我们出了很大的难题!"②

邓小平所说的"很大的难题",即篡改教科书与参拜靖国神社等事件,国内对其的认识深刻性也是逐渐在加深的。如在1986年时任新华社东京特派记者吴学文的文章中是这样表述的:"1972年中日复交以来,两个关系有了良好的发展,但也出现了像篡改教科书和参拜靖国神社等不利于两国关系的事件,这些都是涉及是否能正确对待历史和总结经验教训的重要问题。如果这类问题不能在今天很好地解决,甚至给青年一代留下阴影或者造成与中日友好背道而驰的结果,从而对中日友好事业的新老交替产生不良影

---

① 矢板明夫:"中日学者:战后中日关系与民间交流",《共识网》,http://www.21ccom.net/articles/qqsw/zlwj/article_20140524106471_3.html,2016年10月20日。
② 冷溶、汪作玲:《邓小平年谱(1975—1997)》(下),北京:中央文献出版社,2004年,第1087页。

响。"①当时的定义是"不利于两国关系的事件"。而到了1987年,时任中日友好协会会长孙平化发表《中日邦交正常化15周年的回顾》:"从历史来看,从长远来看,中日两国没有理由不友好相处,这是不容置疑的。但也必须正视,中日之间确实存在着思想认识上的障碍,确实存在问题,而且有的是关系到中日关系的重大政治原则问题。"②将其提升到了"中日关系的重大政治原则问题"。

然而,就在进入1990年代之后,伴随着苏联的解体,维持了40年之久的"冷战"格局解体,整个世界正处于"冷战"后的过渡性阶段,新的世界格局还未形成。在此背景下,日本开始依仗着其经济实力,又表现出了迫不及待的"正常化国家"的意识。其中,比较典型的事例有:1990年,日本首相海部俊树首次提出"入常"时间表;1992年,日本国会通过了"协助联合国维持和平活动法案";1996年,日美签署《日美安保联合宣言》,重新确认了"冷战后"日美同盟的基本框架;1998年,国会又通过了《周边事态法案》,等等。也就是说,到了1990年代,日本在所谓"正常化国家"意识下的政治右转已经非常明显。对此,吴学文在其主编的《十字路口的日本》一书中早已有所警示:"从目前日本拥有的经济实力与其所处的国际环境看,有条件亦有机会为国际社会做贡献,可以产生良性影响;另一方面,日本经济实力的迅猛增长,使它几乎与全世界所有的国家都发生了经济摩擦,并已逐渐成为政治摩擦,可能产生恶性影响。""如果它的统治者缺乏民智头脑,也是容易在外交关系上出现有害的倾向的。"③

不过,也就在1990年代,日本的经济却陷入了长达10年的停滞期,在1993—2002年的这10年间,GDP的年均增长率仅为0.8%,可以说经历了二战以后最长的衰退。在此背景下,在经济上,日本迫切需要中国这个增长着的市场。这也是在1990年代,尽管日本的总体政治是在右转,但在中日关系上,仍然表示出友好与理解的姿态。其中,比较典型的事例有1990年,日本成为西方国家中最早解除对中国经济封锁的国家;1992年,在中日邦交正常化20周年之际,日本天皇正式访华,这是两千年来中日关系史上的第一次;此外,在1992年及1998年,时任中共中央总书记的江泽民也有过

---

① 吴学文:"试论中日关系处于重要时期",《瞭望周刊》,1986年第35期。
② 孙平化:"中日邦交正常化15周年的回顾",《日本问题》,1987年第5期。
③ 吴学文主编:《十字路口的日本》,北京:时事出版社,1988年,第46页。

两次正式访日的记载,这也是中日关系史上甚为罕见的。正因为此,在1990年代中日间的经济交往可以说是最为密切的。

无论如何,从1990年代的中期开始,日本的政治右转还是由政府层面走向了社会层面,中日友好的社会基础与舆论氛围都发生了重大变化。其原因之一是,日本经济在进入10年大萧条时期后,不仅社会失去了方向感,而且国民也失去了自信心。由此而引致日本民族主义思潮的盛行。这种民族主义情绪的历史观表现,便是反对所谓"自虐"史观、主张重塑日本的民族形象,重新改写历史教科书。其原因之二是,以日本政界对华政策的调整为背景,日本的媒体亦开始与政府的政策主张遥相呼应,散布所谓中国"威胁"论,反对"谢罪外交"。导致整个社会舆论朝着不利于中日友好的方向演变。其原因之三是,在战后出生或成长起来的新生代日本人,他们具有强烈的亲美倾向,而对侵华战争没有丝毫的负罪感。因而,就比较容易接受政府及媒体的宣传与主张。诚如蒋立峰所说:"在1995年以后,日本政治在向右转,日本民众的国民意识呢? 其实受到日本政治的裹挟,也在向右转。"[1]

对于国人而言,在这一时期,也受到诸如"日本整体向右转"等媒体报道的影响,一方面指责日本:"90年代以来日本政治右倾化趋势明显,为右翼思潮的日趋膨胀提供了政治保护。如果任其发展,不但会模糊和篡改历史,误导日本国民,尤其是青年一代,使其不但不会接受惨痛的历史教训,反而会怨恨国际社会,只要国际环境发生变化,就有可能使历史重演。"[2]而在另一方面,却将中日友好关系修补的责任也交给了日本:"今后中日关系的走向,将主要取决于日本方面。"[3]这种表述其意在于如果日本不正视历史,而将中国看作日本的威胁,那么中日之间的关系就必将陷入更低谷。但是,在客观上导致了国人将两国关系的再度恶化归咎于都是"日本的错"这样的简单认识,也带来了1990年代对日本认知的再度转折。

2. 日本认知的再转变

在1977—1999年间,随着中日两国关系的跌宕起伏,国人的"日本观"也随之发生了转折性的变化。那就是从1970年代初期的漠视与敌对,到1980年代的和平友好,再到1990年代后期的负面相对。从这一时期中日

---

[1] 蒋立峰:"日本整体向右转?",人民网,http://tv.people.com.cn/n/2014/0814/c363018-25463845.html,2016年10月20日。

[2] 于山:"德孤必无邻 日本如何面对亚洲邻国",《人民日报》,2001年8月24日。

[3] 倪学新:"建国以来中国人日本观的变迁",《福建师大福清分校学报》,1993年第1期。

第四章　转型中的机遇与挫折(1977—1999)

关系舆论调查的结果中,可以清晰地看到这一变化的轨迹。

在中国,有关中日关系的舆论调查是从1980年代后期开始的。在1980—1999年间,主要举行有1988年的"日中共同舆论调查"、1988年的第一次"中日相互印象调查"、1992年的第二次"中日相互印象调查"、1995年的"中国民众对日意识调查"、1996年的"中国青年对日本认识调查"以及1999年的"电视与中日相互意识调查"等。此外,中国人民大学舆论研究所在1994年进行的"中国城市居民国际意识的调查"及1997年进行的"北京市民的亚洲及日本观调查"中,也有对日本的相关调查信息。

这一时期的舆论调查,有的是中国的机构单独组织进行的,如1995年的"中国民众对日意识调查"是由中国国家体改委社会调查系实施的,而1996年的"中国青年对日本认识调查"是由中国青少年发展基金会和《中国青年报》联合实施的。还有一些则由中日两国间的相关机构组织实施的,如1988年的"日中共同舆论调查",由日本《读卖新闻》与中国经济体制改革研究所共同实施;而1988年的第一次"中日相互印象调查",在日本由关西大学社会学部实施,在中国由吉林大学政治研究会实施;1992年的第二次"中日相互印象调查",在日本由中央调查社实施,在中国由中国国情调查会实施;至于1999年的"电视与中日相互意识调查",在日本由NHK放送文化研究所实施,在中国由中舆调查中心实施。

有趣的是,所有这些舆论调查,基本上都是一些专题性的调查,甚至都没有一家调查机构连续地实施过,因此,也就失去了前后的连贯性。尽管如此,我们还是可以从这些舆论调查的结果中,看到国人"日本观"前后转化的过程。(详见图4-1)

从数据的表现来看,中间有所波动。因为在这期间中日两国间的关系受各种因素、突发和偶然事件的影响,不断在变动起伏,但总体而言,随着中日两国国家间关系的走冷,国人对日本的印象(好感度)是在逐渐走低。喻国明在归纳中国人民大学舆论研究所在1994年、1997年两次民意调查的结论时总结道:"中日之间目前存在着这样三个问题:① 中日间互动频度高,但理解度低;② 中国人对日本人的理性评价高,但情感距离远;③ 中日的物质交流程度高,但精神文化交流程度低。"[①]

[①] 喻国明:"中国人眼中的日本和日本人——中国公众对日印象的调查分析报告",《国际新闻界》,1997年第6期。

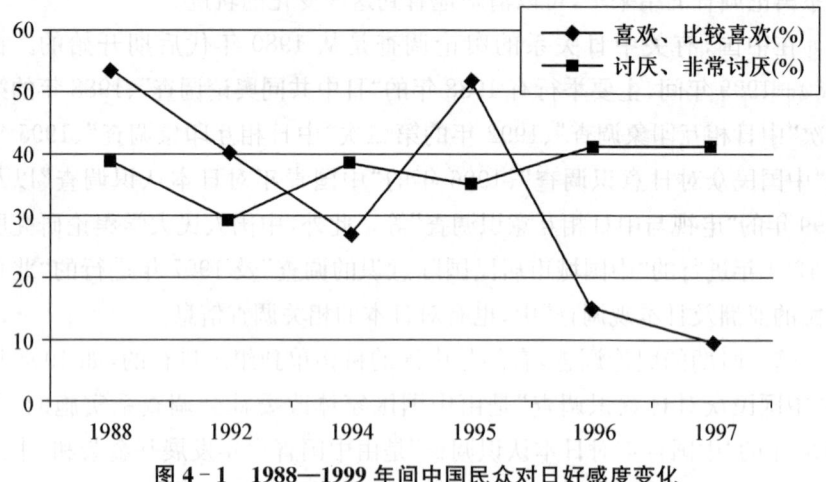

图 4-1 1988—1999 年间中国民众对日好感度变化

本图中 1992 年数据根据真锅一史"日本人眼中的中国与中国人眼中的日本",1994、1997 年数据根据喻国明"中国人眼中的日本和日本人——中国公众对日印象的调查分析报告",1988、1996、1999 年数据根据李玉"中日邦交正常化 40 来年相互认识的变化——以中日关系舆论调查为例"统计编制

　　正因为对日好感度的全面走低,反映在这一时期中日的民间交往意愿方面,"只有 7.8% 的中国人表示愿意和日本人'通婚',17% 的中国人愿意和日本人成为'朋友',17.1% 的中国人愿意和日本人成为'邻居',17.6% 的中国人愿意和日本人做'同事',12.1% 的中国人愿意接纳日本人为中国公民。这些比例均大大低于中国人对美国人、德国人的比例"[①]。毫无疑问,这种感情上对日本以及对日本人的拒绝,对中日关系以及社会舆论的影响是深远的。相对于中日关系的改善,两国国民间友好感情的恢复可能需要花费更多的时间和努力。

第二节　市场化与国际化

　　在 1977—1999 年间,一方面是中日两国关系所呈现出和平友好大背景

---

① 喻国明:"中国人眼中的日本和日本人——中国公众对日印象的调查分析报告",《国际新闻界》,1997 年第 6 期。

的支持,而另一方面是在中国改革开放政策的推动下,日文图书的翻译出版事业出现急速发展。期间,一共翻译出版有 9 484 种日文图书,年均 412 余种,创下了日文图书翻译史上前所未有的纪录。在这一期间,以加入《伯尔尼公约》及《世界版权公约》为分水岭,可分为 1977—1991 年的"追名"以及 1992—1999 年的"逐利"这两个阶段。这也是汉译日文图书出版的重要转型期,所谓转型,是指图书出版产业在向市场化过渡的同时,通过《世界版权公约》的加入开始与国际接轨。其具体表现为,在图书内容上的从限定到多元、在图书选择上的从追名到逐利,以及在图书版权上的从放任到规范。

一、图书业的市场化转型

1977 年以来,中国进入了一个特殊的时期,那就是不断地改革并且快速发展的时期,也即人们所称的改革开放期。事实上,这一时期一直延续至今。为了便于区分,本文在此将 1977—1999 年称为改革开放前期,而将以后的 2000—2011 年称为新世纪。

就图书出版业的整体状况而言,在 1977—1999 年间,共经历了三个阶段。一是 1977—1982 年间的"拨乱反正"期,其表现为社会整体性的"书荒";二是 1983—1991 年间的市场化初期,在政府相关的改革政策的推动下,图书出版业开始其经营上的市场化转型;三是 1992—1999 年间的国际接轨期,以加入《伯尔尼公约》及《世界版权公约》为分水岭,图书出版业的改革方向,宏观表现为企业组织结构上的省级出版集团或者是发行集团的组建,而其微观则体现为图书的版权化、品牌化以及图书直销模式的出现。

1. 社会性"书荒"的出现

20 世纪 70 年代的最后几年,被称为新中国历史上的"拨乱反正"时期。在这一时期,对图书出版产生重大影响的党和政府的改革举措有:1977 年开启的大学招生改革,形成了新时期以百万数计的读者群体;1978 年的全国科技大会,激发了全社会对知识文化追求的渴望;而同年召开的十一届三中全会,在明确党的工作重点的转移和实行改革开放的战略同时,也为今后图书出版业的改革确定了方向。

正是在这一背景下,社会对知识及图书的追求呈现出一种极度的渴求,其具体表现就是社会整体性的"书荒"。因为在整个"文革"期间,由于受四人帮"左"的思潮的影响,新版图书的数量锐减,"1950 年至 1965 年,全国总共出版新书(不含各年重印、再版的)22.9377万种,平均每年出版新书约1.4336万种;而1966年至1976年,全国总共出版新书6.9734万种,平均每年出版新书约0.6339万种,相当于前者的44.2%。"①对此,汤永宽甚至有"广大读者长期阅读不到优秀的文学书籍,精神食粮严重匮乏,达到了饥渴若狂的地步,不少读者只能购买医书、药典聊以充饥"②之说。不仅如此,旧版图书的流通也受到了限制。如上海南京东路新华书店"在'文革'发生前有社会科学图书1 792种,'文革'开始后只保留200种"③。"从孔夫子到孙中山,从莎士比亚到托尔斯泰,通通成了囚犯,谁要看一本被封存的书,真比探监还难。"④由此而言,当时社会几无可读之书。

1978年春,为应对"文革"之后的"书荒",国家出版局组织全国出版印刷企业,赶制重印了35种文学作品,其中,中国现代文学作品10种,中国古典文学作品9种,外国文学作品16种,每种作品的计划印数为40—50万册。同年的5月1日,本该是图书预定上架销售日。然而,就在"4月30日,有近四百人彻夜在北京王府井书店门外排队等候,到5月1日7点半猛增到两三千人,8点半开门营业时,排队的读者已有四五千人。从5月1日至3日,北京全市零售售出近30个品种共30多万册"⑤。与此同时,全国其他城市也出现了相同的图书排队抢购风潮。如陈丹燕所描述的上海排队购书的场面:"淮海路新华书店外面,买书的队伍一直排到思南路上。简陋的木头门里白炽灯放着淡灰色的光,灯下所有的人都面有菜色。重印的书,简朴而庄重,就像那时的人心。这情形曾把王元化感动得在街上流了泪。"⑥"那时可以说是出版的黄金时代,图书畅销仿佛是一件理所当然的事情,出版社基本不用太多考虑市场问题,只要考虑社会效益出书,经济效益就自然

---

① 易国强:"20世纪70年代末80年代初文学名著畅销的原因",《云梦学刊》,2013年3月第34卷第2期。
② 汤永宽:"从成立'翻译连'到创办《外国文艺》",上海市出版工作者协会:《我与上海出版》,上海:学林出版社,1999年,第214页。
③ 易国强:"20世纪70年代末80年代初文学名著畅销的原因",《云梦学刊》,第34卷第2期,2013年3月。
④ 李洪林:"读书无禁区",《读书》,1979年第1期。
⑤ 易国强:"20世纪70年代末80年代初文学名著畅销的原因",《云梦学刊》,第34卷第2期,2013年3月。
⑥ 陈丹燕:《上海的风花雪月》,北京:作家出版社,1998年,第208页。

随之产生。"①事实也正是如此,在1989年,傅惠民曾经对国内发行在50万册以上的图书目录进行过统计,结果表明在1949—1989年间发行的1 492种50万册以上的图书中,1977—1982年间就占了543种,占全数的36.2%。②

毫无疑问,在这一时期,是中国图书出版业的发展与转折时期。就在这一时期,出版社从1978年的105家,发展到了1991年的465家。图书出版的种类也从1978年的1.5万种,发展到了1991年的8.9万种。随之而来的是图书翻译引进的大爆发,"1978—1990年我国出版翻译书2.85万种,年均2 192种"③。由此,人们将1970年代末至1980年代初称为"中国出版业解冻的开始,被'文革'十年禁锢的出版业开始全面开花。除翻印重印中外经典名著外,译介西方经典的学术书籍和国外最流行的通俗类图书品种也成为一时之盛景"④。

令人遗憾的是,在这一时期,日文图书的翻译出版并没有能进入发展的快车道。虽然,在翻译出版的数量上,每年都有所增长。然而,在翻译图书的影响力方面,却未免有些美中不足。首先,在国家出版局推出重印的35部文学作品中,有16部外国文学作品,却没有一部日本的作品;其次,这一时期,在发行50万册以上的图书目录中也没有见到任何来自日本的图书书目。不过,1979年12月,国家出版局陈翰伯局长在全国出版工作座谈会上提出"地方出版社出书不受'三化'限制"主张后,为地方出版社参与翻译出版突破了"地方化"的限制,构成了1980年代后期汉译日文图书数量增长的原动力。

2. 出版业的市场化转型

1983—1991年,是中国图书出版业的市场化初期阶段。因为全社会对知识及其载体图书的狂热需求的存在,"这一时期,出版社的数量有了显著的增加,从1977年的82家急剧增长到了1991年的465家,14年间增长了567%。与此同时,图书出版总量也在逐年增加,出版品种从1977年的

---

① 施隽南:"1978年后上海翻译文学出版的变迁与特色——以上海译文出版社为中心",上海师范大学硕士论文,2013年,第17页。

② 傅惠民:"四十年来我国部分出版社发行在50万册以上的图书目录",《出版工作》,1989年第7、8、9期。

③ 王旭升主编:《30年中国畅销书史》,南昌:江西教育出版社,2009年,第221页。

④ "中国改革开放30年引进版畅销书甄析",《中国图书商报》,2009年9月3日。

12 886 种增长到了 1991 年的 89 615 种,14 年间增长了 695%。而且,图书出版业的整体利润也在逐年增加,从 1979 年的社均 64.29 万元/年,增长到了 1991 年的社均 135.03 万元/年。只有图书总印数在 1985 年以后出现了起伏,这表明图书市场的后期扩大遭遇到了困境"①。

于是,从 1984 年起,在政策的引导下,图书出版产业开始出现了以市场为取向的出版经营体制的改革。改革的背景首先是因为读者对象出现了变化,"我们现在面临着以选择性很强和层次鲜明为特征的读者和购买者,但我们还没有采取对策以适应这种局面,这就是出版业目前的困难之所在"②。其次,从出版社内部的机构设置来讲,"建国以来,基本上沿袭了苏联的模式,大体上属于编辑型——即在机构设置和人员配备上以编辑工作为主线展开,附设装帧、校对、印制及其他行政部门。近年来,随着改革的深入发展,出版社已不再是原来意义上的事业单位,它作为一个特殊的文化企业正在实行或完成由生产型向生产经营型的转化。显而易见,传统的结构模式已愈来愈不适应当前形势发展的要求,调整和改革现有的机构以及与此相关的管理制度已势在必行"③。第三,在图书出版业的发行机制方面,"有必要参照国外的经验,在出版社建立与编辑部、发行部并行的出版研究与图书宣传推广部,以加强对读者需要、市场供求情况的调查研究"④。

在这一时期,出版业的改革"主要从两个方面进行。一是改革从 1950 年代开始实行的出版、印刷、发行的专业分工,出版社只管出书,发行全由新华书店承担的专业分工绝对化体制,允许和提倡出版社自办发行。二是改革图书发行由国有新华书店独家垄断,提倡和推行一主(以新华书店为主渠道)、三多(多种经济成分、多种流通渠道、多种购销形式)、一少(少流转环节)的新体制"⑤。这一改革的核心就是将出版社从单纯生产型改为生产经营型,而这一改革的早期成效则是 1988 年以花城出版社等 11 家地方文艺出版社为主体的"地方文艺出版社联合发行集团"的建立。

---

① 田雁:《图书出版产业之中日比较》,北京:社科文献出版社,2014 年,第 8 页。
② 湖南人民出版社青年研究小组:"关于出版经营体制改革的几点设想",《出版工作》,1986 年第 7 期。
③ 胡福生:"精简、优化、效益——关于地方专业出版社机构设置和经营体制改革的一点思考",《出版工作》,1989 年第 6 期。
④ 林穗芳:"美国出版业简况和关于我国出版改革的几点设想(下)",《出版发行研究》,1989 年第 6 期。
⑤ 宋木文:《思念与思考》,北京:海豚出版社,2014 年,第 13 页。

应该说,这一时期出版业的改革是卓有成效的。1988年,中宣部出版局副局长袁亮在《出版体制改革的回顾与展望》中总结了自十一届三中全会以来出版体制改革的十二大成就,其中有:"第一,以正确的出版方针取代了错误的出版方针。第二,突破了一些不合理的限制,积极开拓出书领域。第三,调整了中央出版社和地方出版社的关系,充分调动了地方出版社的积极性。第四,改变了一些出版社'大而全'的自成体系的状况,成立了一批突出特点、突出优势的专业出版社。第五,改统收统支为独立核算、自负盈亏,改善和加强了经营管理。第六,有些出版社实行了责权利相结合的不同形式的承包责任制,进一步调动了出版者的积极性。第七,一部分出版社正在由单纯生产型向生产经营型转变。第八,探索开辟新的出书形式与渠道。第九,图书发行部门进行了多项改革,逐步搞活了图书发行市场。第十,有些书刊印刷厂实行承包经营责任制。第十一,出版部门加强跨地区跨部门的横向联合,有些在编印发之间实行了合同制。第十二,改善了出版工作的宏观管理。"①

在此背景下,这一时期的日文图书的翻译出版得到了较为快速的发展。

首先,是翻译出版的图书数量得到了明显的增长(详见图4-2),特别在1988—1992年间,翻译的日文图书都保持在700种上下;其次,在图书翻

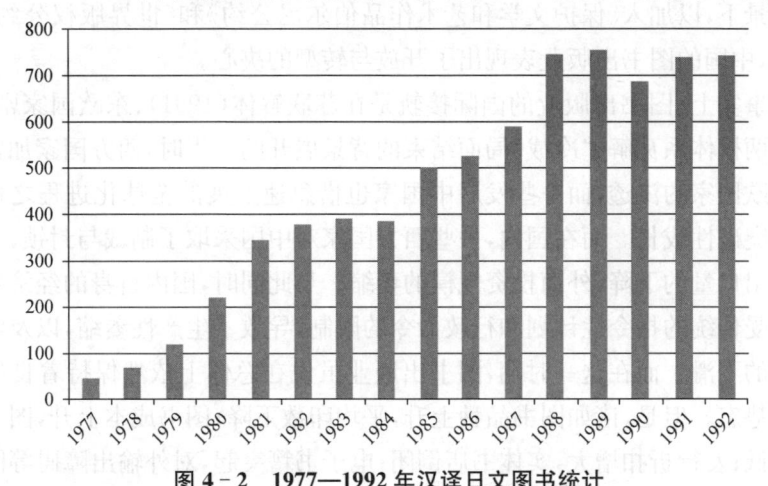

图4-2 1977—1992年汉译日文图书统计

本图根据《汉译日文图书总书目:1719—2011》第2卷相关内容编制

---

① 袁亮:"出版体制改革的回顾与展望",《中国图书评论》,1988年第1期。

译领域开始形成以推理小说、围棋为主题的特色热点；第三，科技图书的翻译得到了明显的增强，特别是工业类、商业类图书的翻译成为新的增长点；第四，在市场的驱动下，一些地方社、专业社等也积极参与日文图书的翻译，诸如海南摄影美术、蜀蓉棋艺这样的新建出版社以及广西民族出版社这样的地方出版社都加入了日文图书的翻译出版行列。

二、图书出版业的国际接轨

以1992年《伯尔尼公约》和《世界版权公约》的加入为标志，中国的图书出版业开始与国际接轨。与此同时，在邓小平"南行讲话"以及在十四届三中全会"转换国有企业经营机制，建立现代企业制度；培育和发展市场体系；转变政府职能，建立健全宏观经济调控体系"的《决定》指导下，开启了新一轮的改革。这一时期图书出版业的改革成果，在宏观上表现为企业组织结构上的省级出版集团或者是发行集团的组建；在微观上则表现为图书的版权化、品牌化以及图书直销模式的出现。

1. 国际接轨的背景

1992—1999年，中国的图书出版业开始尝试与国际的接轨。在全球化的背景下，以加入《保护文学和艺术作品伯尔尼公约》和《世界版权公约》为标志，中国的图书出版业表现出了开放与转型的决心。

事实上，图书出版业的国际接轨是在苏联解体(1991)、东欧国家剧变、东西两极体系瓦解、"冷战"局面结束的背景展开的。当时，西方国家加紧了对东欧国家的渗透，而一些发展中国家也借急速发展的全球化进程之机获得了突破性成长。而在国内，一些西方国家对中国采取了制裁与封锁，引致外贸出口量的下降，外商投资规模的萎缩。与此同时，国内自身的经济发展由于受传统的指令性计划和行政命令的限制，导致了生产性萎缩，以及整体经济的下滑。而在这一时期，图书出版业虽说在总体上依然保持着良好的增长势态。但是，诸如图书品种上升，平均印数下降；图书成本上升，图书利润走低；发行折扣增大，实体书店倒闭；电子书籍突起，对外输出障碍等图书出版业界的"当代"病症已开始显现。

就在这一期间，围绕着中国改革开放的前途走向，国内的理论思想界出现了一场大的争论。"这个争论涉及不少问题：基本路线的要点在哪里？改革开放姓'社'还是姓'资'？社会主义和市场经济能不能兼容？证券、股市，这些东西究竟好不好,社会主义能不能用?厂长负责制是否削弱了党的领导?私营经济是否动摇了社会主义?经济特区是不是搞资本主义的?家庭联产承包责任制是不是'单干风'……"①对此,在1992年初,邓小平发表了著名的"南行讲话"。针对改革是姓"社"还是姓"资"的问题,他尖锐地指出:"判断的标准,应该主要看是否有利于发展社会主义社会的生产力,是否有利于增强社会主义国家的综合国力,是否有利于提高人民的生活水平。"而对于今后改革的走向,邓小平明确指出:"社会主义要赢得与资本主义相比较的优势,就必须大胆吸收和借鉴人类社会创造的一切文明成果,吸收和借鉴当今世界各国包括资本主义发达国家的一切反映现代社会化生产规律的先进经营方式、管理方法。"②

邓小平的这些观点及主张,被同年召开的党的十四大所接受。在江泽民总书记所做的《加快改革开放和现代化建设步伐,夺取有中国特色社会主义事业的更大胜利》的大会报告中,就明确了我国经济体制改革的目标是"建立社会主义市场体制"。为了落实社会主义市场体制,在此后的党的十四届三中全会上,又制定了《关于建立社会主义市场经济体制若干问题的决定》,其中提出的"转换国有企业经营机制,建立现代企业制度;培育和发展市场体系;转变政府职能,建立健全宏观经济调控体系",便成为1990年代中期图书出版业改革的目标方向。

在1994年初召开的全国新闻出版局长会议上,国家新闻出版总署根据十四届三中全会《决定》的相关内容,结合图书出版业的现状,提出了新闻出版业的改革远景:"从以规模数量为主要特征的阶段向以优质高效为主要特征的阶段转移。"这一远景目标的提出,应该说是我国图书出版业改革发展中的一个重要的阶段性标志。

从1994年起,图书出版业便开始在"优化结构,提高质量"的目标口号下实施改革。其宏观表现为企业组织结构上的省级出版集团或者是发行集团的组建,到1999年底,已有广东、上海、北京、四川等14个省市组建了出版或发行集团。在"20世纪90年代初,全国出版社资产总额在5 000万元以上的不足70家,现在已经超过200家。现在销售收入1亿元—5亿元的有50家;5 000万元—1亿元的有60家;1 000万元—5 000万元的有90

---

① 范永进、陈岱松、李济生编著:《见证中国股市》第5辑,上海:三联书店,2009年,第532页。
② 《邓小平文选》第3卷,北京:人民出版社,1993年,第373页。

家。从出版业的总体实力和经济效益看,出版业已经成为一个名副其实的产业部门"①。

而这一时期改革的微观成果,则具体表现为图书的版权化、品牌化以及图书直销模式的出现。此时的图书出版业界开始将图书视作一种商品,按市场规律运作。在此背景下,已施行多年的"内部发行图书"悄然消失了,逐利式的市场畅销书的概念渐次生成。而在图书翻译出版领域,这期间不仅翻译图书的量出现了明显的增长,在翻译图书的门类、体裁、题材等方面,也突破了1980年代初的审批化限制,转向了版权化与多元化,翻译图书业空前繁荣。

2. 版权公约冲击下日文图书的翻译

1992年10月我国正式加入了《伯尔尼公约》及《世界版权公约》,毫无疑问,这是版权体制上的一种国际接轨,也是对作者权益的一种保护。公约的加入,对于促进我国与世界各国广泛的技术、文化和经济交流,推动我国文化产品输出,以及防止对外国作品使用过滥等方面具有积极的意义

不过,公约所保护的作品范围之广泛,不仅包括文学、科学和艺术领域内的一切作品,而且还包括有"演绎作品",也即翻译、改编、乐曲整理,以及对某一文学或艺术作品的其他改造。因此,公约的加入,对于当时国内的图书翻译出版业来说,无疑是一种强制性学费的付出。自此之后,翻译图书就不再是简单的零成本引进了。

就这一时期图书翻译的整体而言,虽然受到版权公约的冲击,但是,仍出现了较大幅度的增长。与1978—1990年的年均翻译图书2 192种相比较,在1995—2003年间,翻译图书总数达到了9.44万种,年均为1.05万种,年均增幅大约4倍。特别是"文学翻译领域,西方的各种获奖小说、流派新作和争议作品,几乎都出版了中文版"②。

然而,对于汉译日文图书事业来说,却由此导致汉译日文图书在1993—1999年间的短暂沉沦。与前期(1985—1992)相比,这一时期的图书翻译出版呈现出大幅下滑(详见图4-3)的态势,直到1999年才出现恢复迹象。

所以如此,一部分的原因是在加入版权公约后所出现的市场调整。对

---

① 杨牧之:"当前中国出版业改革的思考与探索",《编辑之友》,2002年第2期。
② 冯志杰、范继忠、章宏伟主编:《中国编辑出版史研究》第2卷,北京:九州出版社,2011年,第46页。

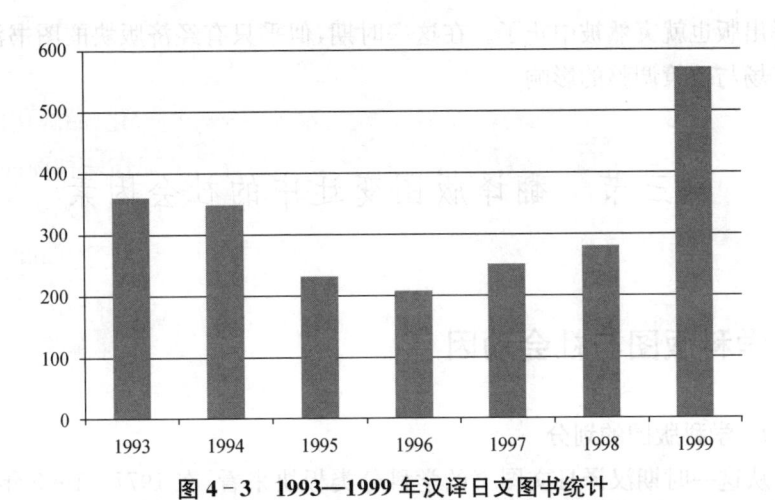

第四章　转型中的机遇与挫折(1977—1999)

图 4-3　1993—1999 年汉译日文图书统计

本图根据《汉译日文图书总书目：1719—2011》第 2 卷相关内容编制

于汉译日文图书来说，加入公约后所谓的"不再是简单的零成本引进"，不仅仅涉及版权支出费用的经济成本增加的问题，而且，还有一个与日本版权方交涉的时间成本增加的问题。一个不争的事实是，在作者所亲历的"阅读日本书系"版权联系中，就曾有过这样的遭遇："每年都有超过 30%的'书系'推荐书目，都是因为联系不到版权而不得不放弃。造成这一悲剧的主要原因，是有相当一些日本的出版社对于版权的询问根本不做任何回复，而仅此比例就高达 30%。"[1]除此之外，还有诸如版权渠道不畅、联系时间拖宕、著作权利分散以及预付金过高等因素的存在，也导致了与日本方面版权交涉的困难度。

而另一方面的因素是受国内政策的影响，就在 1990 年代初中期，汉译日文图书的两大板块，先后受到国内政策的规制。其一是推理小说版块，在 1980 年代中期，日本推理小说曾一度出现大热，诸如西村寿行，短短的几年间，其作品就被翻译出版了 30 多种。但在 1990 年开始的，由政府推动的"反对资产阶级自由化"过程中，西村寿行的作品就被冠上了"性暴力"的标签而遭受查禁。[2] 由此也拖累到了同类推理小说的出版。其二是漫画版块，受市场因素的驱使，在 1990 年代前半期，漫画曾是日文图书翻译出版的重要内容。然而，在 1990 年代后半期，由于受政策因素的影响，日本漫画的

---

[1] 田雁：《图书出版产业之中日比较》，北京：社科文献出版社，2014 年，第 168 页。
[2] 王旭升主编：《30 年中国畅销书史》，南昌：江西教育出版社，2009 年，第 216 页。

翻译出版也就突然被中止了。在这一时期,似乎只有经济版块的图书没有受市场与政策调整的影响。

第三节　翻译版图变迁中的社会因素

一、学科版图与社会动因

1. 学科版图的划分

从这一时期汉译日文图书的学科分类板块来看,在1977—1999年间,排名前五位的图书版块分别是工业技术(1 631种)、文学(1 368种)、艺术(1 275种)、文科教体(1 197种)以及经济(855种),占据了同期汉译日文图书总数的66.8%(详见表4-1)。

表4-1　1977—1999年汉译日文图书的学科分布

年份 分类	1977	1978	1979	1980	1981	1982	1983	1984	1985
马克思主义 A							1	1	
哲学 宗教 B		1	2	2	4	7	5	8	6
社科总论 C						2	1	1	5
政治 法律 D	5	3	1	7	10	15	6	14	10
军事 E			3	1	2	1	1	3	4
经济 F	1	6	7	14	30	26	21	20	49
文科教体 G		5	21	35	42	22	17	27	32
语言 文字 H				2	2	14	11	5	19
文学 I	7	4	15	27	43	41	66	55	101
艺术 J		1	1	3	4	2	7	3	5
历史地理 K	1	3	4	11	16	20	16	22	34
自科总论 N		1	2	2	5	3	7	6	6
数理化学 O	3	5	7	12	27	20	33	21	29
天文 地球 P		4	1	13	9	5	12	7	12

续 表

年份 分类	1977	1978	1979	1980	1981	1982	1983	1984	1985
生物科学 Q	2	1	3	8	9	11	5	6	9
医药 卫生 R			3	3	15	15	26	19	10
农业科学 S	2	6	7	9	18	27	27	15	15
工业技术 T	18	19	27	48	88	122	113	131	132
交通运输 U	6	6	12	13	13	15	15	16	16
航空航天 V				2	2			1	
环境安全 X	1	3	2	4	6	7	3	5	6
综合图书 Z									1
总数	46	68	118	215	344	375	394	386	501

年份 分类	1986	1987	1988	1989	1990	1991	1992	1993	1994
马克思主义 A			2	1			3	1	
哲学 宗教 B	14	30	50	63	37	36	28	12	4
社科总论 C	6	14	19	33	17	13	7	3	4
政治 法律 D	9	10	18	24	17	23	17	3	6
军事 E		2	4	1	3	2	5	1	
经济 F	63	67	70	74	60	46	35	30	33
文科教体 G	88	90	141	154	139	122	86	24	4
语言 文字 H	8	4	13	8	14	22	12	9	3
文学 I	83	87	128	96	82	85	97	31	29
艺术 J	14	18	30	35	79	189	301	163	201
历史地理 K	26	28	39	48	26	36	34	11	11
自科总论 N	4	4	4	5	3	2			
数理化学 O	25	27	30	28	16	9	7	5	2
天文 地球 P	6	5	7	2	9	6	4	1	2
生物科学 Q	11	9	10	6	4	8	5	2	

续　表

年份 分类	1986	1987	1988	1989	1990	1991	1992	1993	1994
医药 卫生 R	17	21	23	38	33	29	23	19	14
农业科学 S	17	15	13	16	10	13	9	2	9
工业技术 T	118	137	124	106	110	86	57	42	20
交通运输 U	8	11	9	8	12	11	7	2	3
航空航天 V	1	1		1	2		2		
环境安全 X	7	9	9	5	5	2	2	1	1
综合图书 Z	1	1			9				1
总数	526	590	743	752	688	740	741	362	347

年份 分类	1995	1996	1997	1998	1999	总计
马克思主义 A						9
哲学 宗教 B	6	12	18	21	31	397
社会科学总论 C	1		4	4	15	149
政治 法律 D	8	2	10	5	16	239
军事 E			2			35
经济 F	36	30	54	28	55	855
文科教体 G	30	23	23	11	61	1 197
语言 文字 H	20	9	12	22	40	249
文学 I	43	23	37	64	124	1 368
艺术 J	30	20	29	23	117	1 275
历史 地理 K	9	33	19	13	13	473
自然科学总论 N	1				2	57
数理 化学 O	4	1	2	1	1	315
天文 地球 P					1	106
生物科学 Q		2			1	112
医药 卫生 R	8	16	9	55	37	433

续　表

年份　分类	1995	1996	1997	1998	1999	总计
农业科学 S		2	1	6	9	248
工业技术 T	19	30	28	17	39	1 631
交通运输 U	9		1	8	1	202
航空航天 V						12
环境 安全 X	1	2	2	1	5	89
综合性图书 Z					4	17
总数	225	205	251	279	572	9 468

本表根据《汉译日文图书总书目：1719—2011》第 2 卷相关内容编制

2. 学科分布的社会动因

毫无疑问，这种学科版块构造的出现，是与当时国内社会经济发展的基本状况相吻合的。就排在第一位的工业技术和第五位的经济类图书而言，因为当初正值改革开放的初期，在实现"社会主义四个现代化"的口号下，从 1980 年起，中国先后建立了深圳、珠海、汕头、厦门和海南等 5 个经济特区；1984 年又进一步开放大连、秦皇岛等 14 个沿海城市；1985 年起又陆续将长江三角洲、珠江三角洲、山东半岛、辽东半岛等地辟为经济开放区，形成沿海经济开放带，以期借助世界资本的流动，来迅速强大自己。在此背景下，伴随着包括日资在内的大量外资引进，国内业界对日本的工业技术以及经营管理类图书呈现出了极度的渴求。由表 4-1 可见，就在 1982—1990 年间，日本的工业技术类图书是以 100 本/年的速度在翻译出版，而在 1985—1990 年间，经济类图书以 50 本/年的速度在翻译出版。

同样，这一时期的人文社科类图书翻译出版的增加，则与 80 年代初期国内那场著名的"检验真理标准"的讨论密切相关。在"文革"之后，虽说在政治上已经开始拨乱反正，但社会上"左"的思想余音犹存，在许多方面仍是禁区。通过"检验真理标准"的讨论，人们的思想有所解放，反映在翻译出版领域，就是突破"禁区"，出版那些以往受到限制的图书。在日本文学翻译领域，原先受到限制的川端康成等人的作品就是在此时得到了翻译引进。不过，这种突破曾是那么艰辛。时隔多年，《雪国》的译者叶渭渠还说："许多读者问，无论按发表时间来排还是按小说重要性来排，都应《雪国》排在前。为什么要将《雪国》放在《古都》之后?⋯⋯为什么呢?出版社向我们约了这两篇稿,编辑和总编都同意出版,编辑室主任认为写妓女,是黄色小说,坚决反对出版《雪国》。后来请示了省新闻出版局,局长比较开明,说有政治问题他来承担。最后书出来了,原来的反对者仍要突出《古都》以淡化《雪国》,便有了《古都 雪国》的书名。⋯⋯在1984年'反精神污染运动'一来,时任编辑室一负责人还要把《雪国》从正在编辑的选集中撤下来。我坚持不收入《雪国》选集就没有代表性,干脆就不出这选集算了。经过一番周折,得到其他负责人的支持,《雪国》才没有被毙掉。"①

一个不争的事实是,在这一时期的文学翻译作品中,都会附有译者所写的批判性前言或序言。而这其实也是"译者避免与主流意识形态发生冲突的自我保护的翻译策略"②。由此可见,当年对翻译题材、作者、作品的突破是如何不易。无论如何,在这一时期,过去没有译介的日本文学作品也都翻译了过来,如谷崎润一郎的《细雪》、永井荷风的《舞女》、有岛武郎的《一个女人》、志贺直哉的《暗夜行路》等。而在1985年之后,又形成了一个以推理小说为主导的日本文学翻译高潮,大批量地推出了包括森村诚一、松本清张、西村寿行、西村京太郎等作家的作品。用原《译林》主编李景瑞的话就是:"1979—1989年间,我国出版日本推理小说的出版社至少有40家以上,出版的书目超百种。"③而事实上,这一时期,我国出版的日本推理小说至少在300种之上。

有意思的是,排在第3位的艺术类图书,在1989—1994年间得到了快速的提升。其中一个重要的原因是日文版漫画图书的狂飙突进。在短短的6年期间,我国出版的日本漫画图书甚至在800种之上。而第四位的文科教体图书,其翻译量在1985—1991年间出现急速增长。其中,一个重要原因是"围棋图书热"的出现。这种热度之高,可以说当时日本围棋界的所有著名九段选手的棋谱及作品,都有涉及。以至于1985年,由四川省体委向国家新闻出版署申请,成立了专门的蜀蓉棋艺出版社。

这种汉译日文图书的增长势态,显然是与当时国内急切的现代化进程密切相关的。因为改革开放,随着外国资本以及技术的大量涌入,也带来了

---

① 叶渭渠:《扶桑掇琐》,武汉:湖北教育出版,2002年,第241-242页。
② 张国俊:"权力话语与'文革'时期的外国文学翻译",《华南农业大学学报(社科版)》,2008年第4期。
③ 李景瑞:"日本推理小说在中国的盛衰",《文化交流》,2005年第4期。

中外在思想及文化上的冲突。人们需要有所借鉴、有所反思,希望通过向西方学习以开阔眼界、解放思想,最终改变国家与自身的状态。因此,表现在 1980 年代的中后期,"中国读者像吸水的海绵一样,对各种西方的这些、文化、思潮等表现出浓厚的兴趣。那时候,在街边随处可见的小书摊上,到处有人捧读萨特、卢梭的作品,并可以大谈特谈'存在主义。'……这一时期作为社科图书尤其是哲学的黄金出版时期,至今仍为许多出版人津津乐道"①。对此,马原曾有评论:"纵观几年来文化丛书热的走势不难发现,它与中国的现代化进程有着直接的、紧密的联系,改革开放,自然要遇到文化问题,这就需要人们对内进行文化反思,对外进行文化借鉴。无论是反思还是借鉴,其目的都是出新,是为了适应现代化的需要。"②

二、作者、出版社及译者群像

1. 作者及出版社群像

利用 SPSS 系统,本文对 1977—1999 年间的作者及出版社进行了排序,并且确定了前十位的作者及出版社排名(详见表 4-2、表 4-3)。

从作者的排名来看,总共有 10 位作者。这 10 位作者中,漫画类作者占了 6 位,还有 3 位是围棋类作者,最后加上 1 位推理小说作者。如果仅从作者的排名而言,可以说已成了漫画、围棋及推理小说的一统天下。

表 4-2 汉译日文图书作者排序(1977—1999)

排序	作者名	出版种数	内容
1	藤子·F.不二雄	235	漫画(《机器猫》等)
2	多湖辉	123	少儿(《智慧七巧板》等)
3	高桥留美子	79	漫画(《乱马 1/2》等)
4	森村诚一	66	推理小说
5	细川知荣子	64	漫画(《尼罗河女儿》等)
6	日本棋院	55	围棋
7	车田正美	50	漫画(《圣斗士星矢》等)

---

① 江攸湖等:"30 年出版现象",《中国图书商报》,2008 年 11 月 18 日。
② 马原:"中国文化丛书十年走向",《中国出版》,1991 年第 6 期,第 39 页。

续 表

排序	作者名	出版种数	内容
7	手塚治虫	50	漫画(《铁臂阿童木》)等
9	坂田荣男	48	围棋
10	加藤正夫	47	围棋

本表根据《汉译日文图书总书目：1719—2011》第 2 卷相关内容编制

但是，从作家排名的学科方向来看，这一时期的汉译日文图书确实受到了市场转型化的影响。所谓的市场化转型，一方面是指整个图书出版业的市场化趋势，还有一方面是 1992 年加入世界版权公约后的国际化接轨。特别是进入 1990 年代之后，在图书出版自身的市场化以及在追求物质和精神享受的读者所构成的市场化的双重背景下，与上个十年相比，这时的出版社已不再是文化主义、理想主义的倡导者，而这时的读者也不再去偏好抽象的哲学或对人生理想的启迪。于是，在汉译日文图书领域，那些贴近人们生活的功利化、实用性的选题就成为这一时期翻译出版的最大亮点。而这正是日本的漫画、推理小说以及围棋图书等得以走红的市场化因素。

从作者的排名情况分析，应该说所入选的这些作家都是其中的佼佼者。如名列第一的藤子·F. 不二雄(1933—1996)，是日本著名的漫画家、剧本家。他的一生创作了数以百计的漫画作品，最为人们熟知的作品便是机器猫"哆啦 A 梦"。直到他去世的那一天，都还在创作室手持铅笔绘制着哆啦 A 梦大长编《大雄的螺丝卷都市冒险记》的场景。藤子·F. 不二雄生前就因"哆啦 A 梦"获得第 27 回小学馆漫画奖(1982)、电影特别功劳奖(1989)、第 23 回日本漫画家协会奖文部大臣奖(1994)。在他去世之后，还获得了动画片神户 96 读卖奖(1996)、第 1 回手塚治虫文化奖漫画奖(1997)等。

多湖辉(1926—2016)，日本著名的心理学家。历任日本千叶大学教授、东京未来大学校长、东京都"心的东京革命"推进会会长等职。1966 年，他所撰写的益智类图书《头脑体操》自出版后，即长年位居日本图书最畅销榜单。随后，在出版商的鼓励下，他又创作了众多的益智类图书。多湖辉的《头脑体操》等系列丛书，通过一些貌似简单实则有一定难度的动脑测验题的提问，让原先处于静止状态的大脑迅速地思考、运转起来，起到了对人的应变能力与思维能力的锻炼与开发。因此，在当今日本，"头脑体操"一词甚至成为智力测验、智力游戏的代名词。

第四章 转型中的机遇与挫折(1977—1999)

高桥留美子(1957—),日本著名漫画家。作为女性漫画家在漫画领域有着极为骄人的业绩,其一,她所创作的漫画图书,在 1995 年销量突破了 1 亿本;其二,她的漫画代表作也都被拍成了电视动画片,其中有《P 的悲剧》(小学馆,高桥留美子剧场 1,2003)、《专务的狗》(小学馆,高桥留美子剧场 2,2003)、《红色的花束》(小学馆,高桥留美子剧场 3,2009)以及《运命的鸟》(小学馆,高桥留美子剧场 4,2015);此外,《福星小子》、《乱马 1/2》、《人鱼之森》、《犬夜叉》等作品也都拍成了电视动画片。高桥留美子的主要获奖作品有:《任性的家伙们》获第二回小学馆新人喜剧大奖(1978)、《福星小子》获第 26 回小学馆漫画奖少年部奖(1981)及第 18 回星云奖喜剧奖(1987)、《人鱼之森》获第 20 回星云奖喜剧奖、《犬夜叉》获第 47 回小学馆漫画奖少年部奖(2002)等。

森村诚一(1933—),日本著名推理小说、时代小说家。一生创作有数以百计的推理小说与时代小说,其推理小说的代表作有著名的证明三部曲,即《人间的证明》(1976)、《青春的证明》(1977)与《野性的证明》(1977),还有《森村诚一长篇推理选集》(14 卷,1976—1977)等;其时代小说代表作则有著名的栋居刑事系列,从 1993 年开始创作,到 2012 年已出版 31 部,其中,多部作品已被改编为电视连续剧。森村诚一的主要获奖作品有:《高层的死角》获第 15 回江户川乱步奖(1969)、《腐蚀的构造》获第 26 回日本推理作家协会奖(1973)、《空洞的怨恨》获第 10 回小说现代黄金读者奖(1974)、《人间的证明》获第 3 回角川小说奖(1976)、《小说道场》第 10 回加藤郁乎奖(2008)、《恶道》获第 45 回吉川英治文学奖(2011)等。

细川知荣子(1933—),日本著名的漫画家。细川知荣子以少女漫画为其创作特色,漫画主题大都是少女爱情故事,充满了温馨和幻想,许多作品包含丰富的历史和社会知识,人物和背景刻画细致入微,因而拥有一批固定的读者群体。其代表作《王家的纹章》(国内此前将书名译为《尼罗河女儿》)从 1976 年开始在秋田书店的《公主》月刊上刊载,其作品《憧憬》曾被 TBS 改编为电视连续剧(《谁穿了花嫁衣裳》,1986)。细川知荣子只有一部获奖作品,1990 年《王家的纹章》获第 36 回小学馆漫画奖少女部奖。

车田正美(1953—),日本著名的漫画家。车田正美要算是日本漫画界的另类吧,首先他不愿意人们称呼其为漫画家,而自称"漫画屋";其次,其代表作《圣斗士星矢》当年在日本极其走红,据称就在《圣斗士星矢》连载时,车田正美上交的税金排在了全日本文化人中第一位,可是他就是没能获得

· 273 ·

任何的奖项，无论是在漫画领域还是在动画片领域。车田正美的主要代表作有：《风魔小次郎》(1982—1983)、《男坂》(1984—1985)、《圣斗士星矢》(1986—1990)、《青鸟的神话》(1991—1992)、《圣斗士星矢 冥王神话》(2006)、《蓝色时代一期一会》(2015)等。

手塚治虫(1928—1989)，日本漫画界大师级人物。这位大阪帝国大学医学博士出身并持有医师执照的前医生，意外地成了日本故事漫画的开创者。也许这正是漫画的魅力所在。1946年，当时还是大阪帝国大学医学部学生的手塚治虫，在《每日小学生新闻》发表了他的漫画处女作《小马的日记本》，从而走上漫画创作之路。也许手塚确实有着漫画创作的天分，1947年出版的漫画《新宝岛》在当年就进入了畅销书行列。从1950年开始，他先后创作出了《铁臂阿童木》、《森林大帝》、《缎带骑士》等漫画名作。此后，他创立了手塚制作公司动漫部，所制作的日本首部电视系列动画片《铁臂阿童木》，曾连续4年在日本富士电视台播放(1963—1966)，并创下平均收视率30%的记录。在1970—1980年代，他依然孜孜不倦地从事漫画创作，直至去世，为后人留下了《火鸟》、《黑杰克》、《三目童子》、《佛陀》、《阳光之树》、《三个阿道夫》等优秀漫画作品。可以这么说，手塚治虫的漫画及动画片创作，为战后日本的动漫业发展起到了引领性的作用，他因此而被誉为"漫画之神"。手塚治虫的主要获奖作品有：《漫画生物学》获第3回小学馆漫画奖、《火鸟》获第1回讲谈社出版文化奖儿童漫画奖、《森林大帝》获第28回威尼斯国际电影节银狮子奖、《黑杰克》获第4回日本漫画家协会特别优秀奖、《残片》获第1回广岛国际动画歌谣最优秀奖、《佛陀》与《动物徒然草》获第21回文艺春秋漫画奖、《黑杰克》与《三目童子》获第1回讲谈社漫画奖、《阳光之树》获第29回小学馆漫画奖、《三个阿道夫》获第10回讲谈社漫画奖等。此外，他还获得过第10回日本SF大奖特别奖、第10回日本漫画家协会文部大臣奖等。

坂田荣男(1920—2010)，日本著名围棋选手，二十三世本因坊(九段)。在其围棋职业生涯中，对战1 787局，留下了1 117胜654败16和的记录，胜率为63.0%。在日本围棋的七大头衔排名赛(棋圣、十段、本因坊、碁圣、名人、王座、天元)中，获胜21期，排名历史第6位。其一生共获有64个冠军头衔，与吴清源并称为昭和期最强棋手。坂田棋风犀利，擅长激战和治孤，而有"剃刀"、"治孤坂田"、"大坂田"等称。坂田荣男曾2次获得日本棋道奖最优秀棋手奖(1967、1972)，也是日本围棋界第一个获得文化功劳奖的

274

棋手(1992)。

加藤正夫(1947—2004),日本著名围棋选手,名誉王座(九段)。在其围棋职业生涯中,对战1920局,留下了1254胜663败2和1无胜负的记录,胜率为65.3%。在日本围棋的七大头衔排名赛(棋圣、十段、本因坊、碁圣、名人、王座、天元)中,获胜31期,排名历史第3位。青年时的加藤正夫棋风凶猛,而有"杀手店加藤"之称,直到1983年在与赵治勋进行十段头衔争夺战时,计算精细,对战3局均以半目险胜,世人因而改称其为"收官加藤"。加藤正夫曾7次获得日本棋道奖最优秀棋手奖。

综上所述,从入选作者的自身情况来看,他们确实无愧为所在领域的佼佼者。但问题在于这一时期所入选作者的出身,过于集中在漫画与围棋的领域。因为出版社的编辑资源以及翻译资源是相对有限的,将资源过于集中在诸如漫画与围棋这样的特定领域,也就意味着其他领域的图书翻译的资源受到了侵占,对日文图书翻译出版的整体发展而言是极为不利的。事实上,无论是漫画、推理小说,还是围棋图书,从1993年起,也都好景不再。(有关推理小说与围棋的衰败,可参见后文表4-5、表4-6。而漫画的衰败,还有强大的政策因素的存在)不过,这也许从另一个侧面反映了中国走向图书市场化的决心。

在这一时期汉译日文图书的出版社排序中(详见表4-3),出现了三个大的变化。其一,自20世纪以来一直位居首位的商务印书馆跌出了前十。其二,诸如机械工业、科学这样的专业出版社占据了半壁天下。其三,诸如海南摄影美术、吉林人民等地方出版社开始展现头角。

这种变化的发生,原因之一是时代的变迁所致,自1980年代起,中国在"社会主义四个现代化"的口号下,推行改革开放,并注重经济的发展。因此,像机械工业、科学这样的专业出版社的出世,倡导科学技术的引进,是与这种经济发展的大背景相适应的。正如此前所说,这一时期的工业技术类图书是以100本/年的速度在翻译出版,而经济类图书是以50本/年的速度在翻译出版。因此,专业出版社的出现也是理所当然的事。

原因之二,是受国家政策变化的影响,如海南摄影美术、吉林人民、广西民族这样的地方出版社抬头,固然是因为其在翻译选题方面找准了日本漫画这一方向,其所反映的却是在市场化的进程中,新闻出版总局为地方出版社开了口子,允许其从事外国作品的翻译,而为地方出版社创造了条件。

原因之三,是图书市场化的兴起。虽说有关"培育和发展市场体系"的提法,是在 1992 年十四届三中全会的《决定》中首次出现,但在事实上,自 1980 年代后半期起,一些地方出版社就开始了翻译图书市场化的尝试。如海南摄影美术这个 1988 年方才建立的地方出版社,就是抓住了日本漫画这个切入点,自 1991 年起连续推出了《风魔小次郎》《女神的圣斗士》《尼罗河女儿》《乱马 1/2》《七龙珠》《阿拉蕾》《侠探寒羽良》等日漫翻译作品;而蜀蓉棋艺出版社也是抓住了日本围棋这个点,紧扣市场需求,一气出版了《围棋实战技巧手册》《围棋中级丛书》《围棋(布局、定式、手筋、死活)大全》等日本超一流棋手的系列丛书。据称当年蜀蓉棋艺为了拓展围棋图书市场,其编辑中就招徕有专业棋手 3 人,即洪艳(女子专业四段)、杜维新(专业四段)与江鸣久(专业七段)。相比之下,仍然坚持着人文社科类图书翻译方向的商务印书馆,其表现也就相形见绌了。

表 4-3　汉译日文图书的出版社排序(1977—1999)

排序	出版社	出版种数
1	海南摄影美术出版社	279
2	机械工业出版社	264
3	科学出版社	239
4	吉林人民出版社	177
5	蜀蓉棋艺出版社	138
6	中国建筑工业出版社	132
7	化学工业出版社	126
8	国际文化出版公司	124
9	科学普及出版社	123
10	广西民族出版社	120

本表根据《汉译日文图书总书目:1719—2011》第 2 卷相关内容编制

2. 译者群像

利用 SPSS 系统,我们也对 1977—1999 年间的译者进行了排序,并且确定了前十位的作者排名(详见表 4-4)。然而,在总数 10 人的译者之中,漫画类的译者占了 7 位,剩下有 2 位围棋类译者,以及 1 位历史类著作译者。

表4-4　汉译日文图书的译者排序(1977—1999)

排序	作者名	出版种数	内容
1	周颖	57	漫画(《阿拉蕾》等)
2	宝钟	56	漫画(《机器猫》等)
3	王振华	48	漫画(《怪物太郎》等)
4	韩凤仑	47	围棋
5	曼华	46	漫画(《猫眼三姐妹》等)
6	益文	58	漫画(《七龙珠》等)
7	邱湘军	38	漫画(《尼罗河女儿》等)
8	西丁	31	围棋
9	桐琐子	30	漫画(《寻找飞龙记》等)
10	卞立强	28	历史(《简明日本通史》等)

本表根据《汉译日文图书总书目:1719—2011》第2卷相关内容编制

　　从表4-4可以看出,这一时期的译者排名,也都被漫画与围棋所占据。只不过理由各不相同。漫画的占据,是因为内容简单,故其译者大多为新人,而且使用的都是宝钟、曼华、益文、桐琐子这样的化名。这是因为这一时期日本漫画的翻译,大都是批量性生产的。"漫画的只看速度,谁家出漫画的速度快就看谁的,很少在乎翻译、嵌字和修图的质量。"而且,漫画书都很薄,通常都只有90—100页左右。内容又大多是漫画的拼图,文字也只有短短的几行对话。因此,无论是出版社还是读者,都很少会有人去关注译者。

　　如海南摄影美术出版社在1991—1996年间连续推出有《风魔小次郎》、《女神的圣斗士》、《尼罗河女儿》、《乱马1/2》、《七龙珠》、《阿拉蕾》、《侠探寒羽良》等270余种日漫图书,其中,《女神的圣斗士》有3卷15本、《尼罗河女儿》有12卷54本,但是,译者名字甚至都没有能出现在封面上,只是在书中的版权页上加以标识,还有《阿拉蕾》、《七龙珠》等日漫图书的封面也都同样没有标注译者名字。只有《乱马1/2》的封面上有周颖编译,《风魔小次郎》的封面上是益文编译。由此可见出版社方面对漫画译者的不重视。其实,问题也不单单是海南摄影美术出版社一家,像中国连环画出版社版的《风魔小次郎》,宁夏人民出版社版的《足球小将》等,封面也都同样没有标注译者名字。

毋庸置疑，因为是大批量地产出，这一时期日本漫画的翻译质量确实存在着相当的问题。其一是借编译之名对内容大量的删节。"90年代初的所谓'河蟹'其实不多，《城市猎人》可谓是其中最具代表性的作品，海南社为了出版，把很多露骨的情节和画面要么涂黑，要么干脆删除，导致当年看这部的时候很多地方连不上来，以为本来就是这样，若干年之后才知道原来不是作者脑残啊……"①其二是，到处可见的错译漏译。如在网络流传的"海南版圣斗士漫画搞笑翻译"讨论中，就指责海南社出品的《女神的圣斗士》，将"借女神的名义"错译成为"冒充女神"，将"异次元空间"错译成"再次施展法力"，将"13年前我曾追杀叛贼艾俄罗斯"错译成"13年前我曾被叛贼艾俄罗斯追杀"等，还有说"魔铃和星矢肯定是姐妹"，可星矢是男孩；同样也说"海魔女苏兰特"，可苏兰特却是男性。②凡此种种，数不胜数。

与漫画的翻译大多为非专业人士不同，围棋的翻译，是因为内容过于专业，故其译者大多为围棋界的专业人士。例如入列译者前十排名的韩凤仑，在译书之外，还有多种自己的专著，如《中国流实战法》(韩凤仑、张凤荣、金爽、张竹编，北京体育大学出版社，1997)、《围棋战术》(3卷本，韩凤仑、张凤荣编著，成都时代出版社，2005)等。至于西丁(化名)，据说当时也有围棋业余四段的段位。

最后入列的卞立强，是以28部历史类作品的翻译，位居译者前十排名的最后一席，令人眼光一亮。卞立强(1932—　)，1955年毕业于北京大学日语专业。曾任北京大学教授、日本研究中心常务副主任等职。1950年代开始发表作品。期间，与旅日华侨作家陈舜臣惺惺相惜，曾先后翻译陈舜臣的作品《鸦片战争实录》、《太平天国》(上中下)、《郑成功》、《马可·波罗》、《重见玉岭》等，总字数达300万字。卞立强也是一位研究型译者，仅在1976年到1986年的10年间，他所编、写、译、校的书稿和文章，总字数就有近千万字。其中，比较有影响的作品有《日本现代文学史》(参编)、《日本文学辞典》(参编)、《日本现代人物辞典》(参编)和《日本战后的高等教育》(参编)等。

必须指出的是，在这一时期译者的排名中，也出现有较多的化名。事实

---

① "难忘回忆之日漫在中国的启蒙者——海南摄影美术出版社15周年祭"，http://bbs.hupu.com/4295215.html，2016年10月20日。

② "海南版圣斗士漫画搞笑翻译"，http://tieba.baidu.com/p/1068192204?pn=5，2016年10月20日。

上,在译者排行榜的前十名中就有 5 人用了宝钟、曼华、益文、桐琐子、西丁这样的化名。除此之外,还有如翻译《假面骑士》等的阿莲、翻译《疾病的奥秘》等作品的阿强等,他们所翻译的图书也都超过了 20 种。这些译者在翻译出版了这许多书之后,都不愿署上自己真名,虽说他们翻译的大多是漫画图书,但也从另一方面反映出这一时期译者地位仍在下降的现实。

3. 翻译大家叶渭渠

说起叶渭渠,就不得不说他所翻译的川端康成的《雪国》。这部初版印数就高达 12 万册的作品,在出版后,产生了巨大的社会影响,在国内急速地掀起了川端康成热。这一热潮,不仅"改变了中国读者对日本文学的偏见,同时也深刻地影响了 20 世纪后 20 年中国小说的创作走向"①。著名作家余华就曾说过,在 1982—1986 年间,"我阅读了译为汉语的所有川端作品。他的作品我都是购买双份,一份保存起来,另一份放在枕边阅读"②。而叶渭渠的名字,自此之后也就与川端康成紧密地连在了一起。

叶渭渠的翻译历程,始于 1970 年代,正值"文化大革命"期间,所以也几多周折。在出版年份上看,小林多喜二的《蟹工船》(1973)是其翻译的第一部文学作品,而且在出版后被多家出版社重印再版,也有一定的影响。不过,叶先生却认为其在 1960 年代初所翻译的《三个老太婆》(吉佐和子著)才是他的翻译处女作。"可惜译毕交付出版社不久,一场不要文化的'文化大革命'的风暴铺天盖地而来了,它的命运自不待言。"③

叶渭渠是从 1970 年代末着手《雪国》的翻译的。《雪国》是川端康成的第一部中篇小说,也是作者在获诺贝尔文学奖时被评奖委员会特别提到的三部小说之一(另外两部是《古都》和《千羽鹤》)。评奖委员会对此的评论是:"忠实地立足于日本的古典文学,维护与继承了纯粹的东方传统的文学模式,在唯美精致的叙事技巧里,处处可见纤细韵味的诗意。"然而,让叶渭渠始料不及的是,因为作者川端康成尚属"思想禁区"中的重点人物,且作品中的主人公驹子又是艺妓,作品的出版因而遭受到了强烈责疑,以至于不得不交由省出版局来做最后决定。所幸当时的省局领导高瞻远瞩,同意出版。于是,《雪国》才得以正式面世。然而,也让叶渭渠始料不及的是,叶版《雪

---

① 彭俐、吴萌:"叶渭渠、唐月梅——最美学者伉俪",《作家》,2011 年第 13 期。
② 余华:《没有一条道路是重复的》,北京:作家出版社,2008 年,第 178 页。
③ 叶渭渠:《扶桑缀琐》,武汉:湖北教育出版社,2002 年,第 135 页。

国》,因其译笔精美,译文上乘,不仅被10余家出版社先后再版,而且还被教育部指定为大学生必读书目。而戏剧大师曹禺先生也留下了"昨日始读川端康成的《雪国》,虽未竟毕,然已不能释手"[1]的感叹。

叶渭渠是一位典型的学者型翻译家。所谓学者型翻译家,即在理论指导下的翻译。具体则表现为翻译过程中对原文的"韵"的把握,以及对词汇的"意"的感觉。

所谓"韵"的把握,是指对原文的文学理念与精神的理解。如叶渭渠认为:"对川端康成的《雪国》,尤其是《雪国》中的驹子,如果不了解日本文学的'物哀'审美精神,乃至不了解日本的艺妓制度,就容易将'物哀'单纯理解为悲哀,将艺妓完全等同于妓女,将《雪国》单纯地看作写游客与妓女的'肉体关系'。"那么,在"翻译这类作品时就很难准确地从根本上把握其文学理念和精神"[2]。因此,为了理解"物哀"的真实意境,他甚至将《源氏物语》中所出现的全部13处"物哀"的段落都摘抄了下来,加以比对,然后得出结论:"所有'物哀'的感动、'知物哀'的动心,都是带情趣性的感情,是从内心底里将对象作为有价值物而感到或悲哀、怜悯、愤懑,或愉快、亲爱、同情等纯化了的真实感情,而非单纯的触物感伤。"[3]正是因为有了这样的"物哀"认识,在翻译《雪国》时,他才能比较贴切地把握住原文细致、优美而又真切的"韵味"。

所谓"意"的感觉,是指对日语词汇意思的精准解读。如叶渭渠曾就中日文"无赖"的不同点做过专门的解读:"汉语的'无赖',是个贬语,专指游手好闲、品行不端的人。日语的'无赖'二字,除了一般意义上的无赖、无用、无奈的释义外,还含有反叛的意义和爱的极致的意思。尤其是作为文学的无赖性来说,就要根据不同对象来解释其延伸的内涵。"他认为,正因为中日文汉字意思间的存在有这种微妙差别,所以"对待日语中的汉字,不能完全用我国汉字同样字义来解读"[4]。也因为此,叶渭渠的翻译风格也就给人留下了游走在"直译"与"意译"之间的感觉,也即"能直译的地方就要直译,尽量

---

[1] 彭俐、吴萌:"叶渭渠、唐月梅——最美学者伉俪",《作家》,2011年第13期。
[2] 叶渭渠:《扶桑掇琐》,武汉:湖北教育出版社,2002年,第290页。
[3] 参见北京大学日本研究中心编:《日本学》第11辑,北京:国际文化出版公司,2002年,第457页。
[4] 孟昭毅、李载道主编:《中国翻译文学史》,北京:北京大学出版社,2005年,第536页。

体现原文的风格。……如果直译让读者一头雾水的话,就要使用意译手法"[1]。

作为翻译大师,叶渭渠给世人留下了包括《雪国》、《伊豆的舞女》和加藤周一的《日本文学史序说》在内的 200 多万字的译稿。而他所翻译的《雪国》,如今已经成为翻译研究者们的研究范本。[2] 不过,也有人对此颇有微词,如李振声先生就有叶版《雪国》"也许学者的学术理性过强,反而会对文学感性造成某种妨碍"[3]之说。无论如何,2004 年,中国翻译工作者协会授予叶渭渠"中国资深翻译家"的荣誉称号,令其成为日语翻译界获此殊荣的第一人,这也算是翻译界对其翻译业绩的一种认可吧。

此外,叶渭渠还留下有 6 卷本的《日本文学史》、3 卷本的《叶渭渠著作集》等原创性著作,他撰写的《东方美的现代探索者》(1989)被称为国内"第一部系统研究川端康成生活与创作的学术专著"[4]。为此,日本学者千叶宣一甚至评价叶渭渠是"居于外国,包括欧美在内的川端文学研究的第一位"[5]。

4. 翻译大家文洁若

与所有列入的其他翻译家代表不同,文洁若是一个非常纯粹的翻译家。有趣的是,她的日文译作既没有引起任何的争议,也没有获得特别的关注。也许是她与萧乾翻译的《尤利西斯》太过出色,以至于人们更多地关注她在《尤利西斯》中的翻译风格。如雷婉等人所写的"文洁若的翻译理论与实践"一文,就是以《尤利西斯》为样本的。至于她在日文方面的翻译特色与风格的研究,却很少有人去涉足。

如果就翻译的文字而言,文洁若应该是目前国内翻译日文作品字数最多的翻译家。60 多年来,她翻译有 14 部长篇小说,18 部中篇小说,还有 100 多篇短篇小说,总字数达 800 多万字。诸如井上靖、水上勉、三岛由纪夫这样一些日本著名作家的作品,都是经由她的翻译后,才在国内流传开

---

[1] 徐塱琦、陈运玲:"论《雪国》的比喻翻译",《安顺学院学报》第 17 卷第 1 期,2015 年 2 月。

[2] 如宋丽丽:"日语中比喻句翻译策略浅析",《云南社会主义学报》,2014 年第 4 期;徐塱琦、陈运玲:"论《雪国》的比喻翻译",《安顺学院学报》第 17 卷第 1 期,2015 年 2 月等,其中都将叶版《雪国》作为比较研究的第一范本。

[3] 李振声:"中国当代文学阅读视野中的日本现当代小说",《中国比较文学》,2010 年第 3 期。

[4] 王中忱:"日本文学通史写作的大成和终结——读叶渭渠、唐月梅著《日本文学史》",《日本学论坛》,2004 年第 3 期。

[5] 千叶宣一:"《日本现代文学思潮史》序言"。转引自郭谦:《走进世纪文化名门 三 震撼百年中国的文化伴侣》,海口:海南出版社,2006 年,第 125 页。

来的。

  如果就译作的影响力而言,文洁若也曾以她的翻译成就,两度获得官方的认可。一次是来自日本官方的认可,在2000年,她获得了"日本外务大臣表彰奖";还有一次是中国官方的认可,在2012年,获得了翻译协会授予的"翻译文化终身成就奖"。可以说,她是我国日语译界唯一一个因作品翻译而获得中日政府双方认可的翻译家。

  事实上,自小就在北平的日本小学校接受日式教育的文洁若,从小学四年级起,就在父亲的指导下,前后历时4年,将日文版的《世界小学读本》(10卷本)译成了中文。由此奠定了她日语翻译的基础。文洁若的翻译速度称得上奇快,"1962年,她为了赚生活费补贴家用,一个人在春节的4天时间里,翻译了4本学术杂志《日本文学专刊》,连朋友来拜年她都没有动窝,一天翻译一万字"①。与此同时,她也是一个对翻译极度认真的人,萧乾在世时曾笑谈文洁若的翻译是"一个零件也不丢,连一个虚词也不放过"②。由此而言,她的翻译风格更多的是直译。

  在60年的翻译历程中,文洁若留下了800万字的日文翻译作品。而且,她又是一位因作品翻译而获得中日两国政府嘉奖的知名翻译家。然而,令人不解的是,就这么一位知名的翻译家,至少在2010年之前,都没有任何人去关注她的日文译作的风格以及她的翻译特色。唯有李振声先生在"中国当代文学阅读视野中的日本现当代小说"一文中,顺便说道:"曾经深受鲁迅喜爱的芥川龙之介小说的多种中译本中,当以楼适夷的旧译和文洁若的新译最值得一读。"③

  也许是李振声点评的缘故,在2013—2014年间,陆续有了一些以文洁若译作为蓝本的比较研究的论文。④ 就论文的涉及范围来看,还是被局限

---

 ① 李樱:"文洁若——一生只做三件事",《三月风》,2008年第6期。
 ② 转引自雷婉、王旭安、尤珣:"文洁若的翻译理论与实践",《重庆第二师范学院学报》,2013年第26卷第4期。
 ③ 李振声:"中国当代文学阅读视野中的日本现当代小说",《中国比较文学》,2010年第3期。
 ④ 其中有陈力园的"有关人物心理特点描写的翻译研究报告",吉林大学硕士论文,2013年,以文洁若和林少华二人的译本作为蓝本,分析芥川龙之介《鼻》中的主人公和旁观者的翻译特色;有乔颖的"浅谈《竹丛中》的人物语言翻译",吉林大学硕士论文,2014年,是以芥川龙之介《竹丛中》为对象,比较分析高慧琴、林少华、文洁若三人译本的翻译特色;还有刘倩的"'功能对等'翻译理论观照下芥川作品汉译比较研究",中国海洋大学硕士论文,2014年,是以芥川龙之介《竹丛中》、《地狱变》为对象的关于楼适夷、文洁若译本的比较研究。

在芥川作品的文译本与其他译本的翻译比较方面,并没有对文洁若或其译本风格做出整体评价。不过,就论文对文洁若译作给予的评价而言:"在形象意义和文化意义上符合原作本意,尤其是其译语的使用十分精确。"[①]倒也切实吻合萧乾所说的"一个零件也不丢"的文洁若的风格。

虽然文洁若的译作并没有获得有特别的关注,然而,年近九旬的文洁若依然活跃在日文翻译的第一线。2015 年,她正忙着与弟弟合作翻译松本清张的长篇小说《热绢》。用她自己的话说,要"一直翻译到 100 岁"。由此而言,她确实是一个非常纯粹的翻译家。

第四节 电影、电视与日文图书的翻译

一、电影、电视与推理小说

1. 电影、电视与推理小说热

纵观 1980 年代汉译日文图书的发展历程,一个非常有意思的现象就是,这一时期有着飞跃式发展的推理小说、围棋和漫画,都是以来自日本同类的电影或电视动画片为其初始推动力的。

以推理小说为例,在 1978 年,国内率先公映了由上海译制厂译制的日本电影《人证》。影片拍摄于 1977 年,根据日本著名推理小说作家森村诚一的名作《人间的证明》而改编,主要讲述了女主人公八杉恭子与她的黑人儿子焦尼之间所发生的曲折哀婉的伤感故事。曾经与美国黑人大兵生有私生子的日本妇女八杉恭子,日后成了社会的名流。没想到多年过后,她那混血私生子焦尼竟千里迢迢地从美国赶来寻找母亲。为了遮掩自己曾经的那段失足,八杉恭子不惜用刀刺死了自己的混血儿子。这部电影的导演是佐藤纯弥,演员的阵容也非常强大,日方演员有冈田茉莉子、松田优作、鹤田浩二、三船敏郎等,美方演员为乔治·肯尼迪(《尼罗河上的惨案》)等。随后又公映了根据同样是著名推理小说作家松本清张的《沙器》而改编的电影《沙

---

① 刘倩:"'功能对等'翻译理论观照下芥川作品汉译比较研究",中国海洋大学硕士论文,2014 年,第 44 页。

器》。《沙器》的情节与《人证》类似,一名受人爱戴的老警员在东京火车站被人谋杀,奉命调查的警察却找不到任何的杀人动机,通过层层抽丝剥茧般的分析后,最后确认凶手是一位声誉渐隆的年轻作曲家。其动机也是为了掩饰自己过去贫苦的背景。电影的悬念感非常强,松本清张的原著早已脍炙人口,而野村芳太郎和山田洋次的改编更上一层楼。电影结尾,警察前去捉拿嫌犯,而音乐家却在那里忘情地弹奏着钢琴,对于即将来临的惩罚,表现得异常心平气静。

这两部被称为"世界侦探推理电影的代表作"的影片一经上演,便在国内引起了极大的轰动,据称当时的观众就有 3 000 万人之多。影片的影响之大,以至于在时隔 30 年后,当代影评人娃娃鱼还在其"重构与延伸——浅谈日本推理电影的改编"中如此宣称:"《砂器》与《人证》这两部拍摄于 20 世纪 70 年代的日本影片,在改革开放初期的中国曾经红极一时,给老一辈中国电影观众留下深刻的印象,甚至可以说,中国人对日本推理小说的了解就是始于这两部电影。松本清张与森村诚一作为日本社会派推理小说的巨匠,其作品以磅礴的气势,巨大的容量描绘出丰富的时代画卷。"①

正因为此,1979 年江苏人民出版社在随后推出森村诚一的《人性的证明》这一推理小说时,便将其初版印刷数确定为 45 万册。而在随后的 1979—1998 年间,国内的各家出版社总共翻译出版有森村诚一的推理小说 66 部。因电影而走红的松本清张,在 1979—1998 年间,被翻译出版的推理小说也有 42 部。森村诚一、松本清张的作品走红,也带动了其他推理小说作家作品的畅销。从而构成了从 1980 年代开启的日本推理小说的席卷热潮(详见表 4-5)。

表 4-5 1980—1990 年代日本主要推理小说作家的汉译图书统计(按出版时期排序)

作家名	翻译出版数(种)	出版时期
森村诚一	66	1979—1998
松本清张	41	1979—1998
石川达三	22	1980—1994
横沟正史	16	1980—1999

① 娃娃鱼:"重构与延伸——浅谈日本推理电影的改编",http://movie.mtime.com/11648/reviews/4512774.html,2016 年 10 月 20 日。

续　表

作家名	翻译出版数（种）	出版时期
水上勉	18	1981—1999
西村寿行	19	1981—1993
西村京太郎	26	1982—1999
大薮春彦	14	1985—1992
赤川次郎	23	1985—1992
江户川乱步	17	1986—1999

本表根据《汉译日文图书总书目：1719—2011》第 2 卷相关内容编制

在 1980 年代中期开启的这股日本推理小说热，并没有能够得到持续。诚如前文所说，就在 1990 年代初期的"反对资产阶级自由化"过程中，西村寿行作品因过度的"性暴力"描写而遭到严格查禁，并由此拖累到了对其他日本推理小说作家的作品出版。在 1995 年之后，虽说对日本推理小说的翻译出版仍在悄然地进行着，但因旧的作家及作品已然过气，而新的作者与作品尚未能得到社会的认可。因此，在 1990 年代后期，包括出版社与读者，都对日本的推理小说持有一种不温不火的态度，再也不见了当年火爆之风采。

2. 电影、围棋擂台赛与围棋热

至于围棋热，则是与一部电影及一系列比赛相关联。电影是指由中日两国合拍的《一盘没有下完的棋》（导演：佐藤纯弥、段吉顺，演员：孙道临、沈丹萍、三国连太郎等，1982），而比赛是指自 1984 年开始到 1996 年停办的中日围棋擂台赛（共 11 届）。

《一盘没有下完的棋》是为纪念中日恢复邦交十周年，由北京电影制片厂和日本东光德间株式会社共同投资摄制的庆典式电影。电影中的主人公是以在日华人棋手吴清源为其人物原型的，因而，背景时代就从 1920 年代一直横跨到了 1970 年代，这也是中日关系最为波折的年代。电影就是通过这样的时代变迁，用一盘没有下完的棋局，叙说中日两个围棋手及其家庭的悲欢离合，展现即便战争也不能隔断中日两国间的民间情谊。

电影在中日两国上映后，激起了两国社会各方的积极反响。也许正当中日关系的蜜月期，也许正是受电影的影响，1984 年，中日棋界共同倡导并发起了中日围棋擂台赛。当时，与日本围棋的水准相比，中日之间还存在有较大的差距。在擂台赛之前，"日本《棋》周刊公布了一项民意测试，在 3 000

名投票者中,只有 27 个人认为中国队会胜,而这 27 个人中有 24 人是在日的中国留学生。即使在中国,《围棋天地》杂志公布的投票结果,也只有 20% 的爱好者预测中国队会胜"[1]。然而,比赛的结果,却是中国队以 7 比 4 的总比分获胜。

中日围棋擂台赛不仅对中国围棋事业的发展产生了很大影响,而且也产生了非常正面的轰动效应。在时隔 30 年后,当年国家队选手王汝南回顾擂台赛时坦承:"印象最深刻的,就是在比赛的时候,能有这么大的轰动效应,中央电视台能够直播 3 个多小时,在那个时候是破天荒的事情。"[2]擂台赛的结果,不仅让日本从围棋的神坛上走了下来,同时,也由于聂卫平在比赛中的精彩发挥,让围棋变成人们耳熟能详的一种智力竞技运动,成为一个全民参与性的群众体育活动。自此之后,围棋道场遍布全国各地,一大群八九十年代出生的少年,置身于这些民间的围棋道场,以求个人的修业寸进。

为了呼应这场全民参与性的"围棋热",就在这一期间,国内翻译出版了相当一批日本围棋界的名人棋谱及回忆录等作品。如果打开书目,就可以看到坂田英男、加藤正夫、大竹英雄、藤泽秀行、武宫正树等人的名字,简直就是一部日本围棋英雄谱(详见表 4－6)。

表 4－6 1980—1990 年代日本主要围棋作家的汉译图书统计(按出版时期排序)

作家名	翻译出版数(种)	出版时期
坂田英男	37	1983—1992
加藤正夫	38	1984—1993
日本棋院	54	1985—1991
大竹英雄	38	1986—1992
武宫正树	32	1986—1992
小林光一	17	1986—1992
林海峰	17	1987—1992

---

[1] 百度百科:"中日围棋擂台赛",http://baike.baidu.com/link?url=AKquzmPxL-Z8kP-XrLPSyvr3t3e-muo6o-gE65IYG-V6HjpS5nWTvkO0AwfiQepCMaipw4veBtrFB8hVC47FN＿,2016 年 10 月 20 日。

[2] 王汝南:"中日围棋擂台赛推动中国围棋发展",新浪网,2015 年 8 月 11 日 http://sports.sina.com.cn/go/2015－08－11/doc-ifxftvni8922274.shtml,2016 年 10 月 20 日。

续　表

作家名	翻译出版数(种)	出版时期
石田芳夫	17	1988—1991
藤泽秀行	43	1988—1999
赵治勋	17	1988—1998

本表根据《汉译日文图书总书目：1719—2011》第 2 卷相关内容编制

不过，这一时期的围棋热也没能够维系太久的时间。随着 1996 年中日围棋擂台赛的收官，国内的围棋热也迅即呈现出降温的态势。这种温度下降得如此之快，在当年，应国内围棋热而创办的蜀蓉棋艺出版社，到了 2005 年，只得改名为时代出版社，成为一个"立足成都经济、文化建设图书开发，以职业教育、基础教育图书开发为突破，巩固棋牌类图书"的综合性出版社。

二、漫画图书翻译的兴衰

与推理小说、围棋类图书引进的雷厉风行的相比，日本漫画的引进在时间上似乎要慢上许多。"文革"之后，中国第一部正式引进的海外动画片应该是《铁臂阿童木》(1980 年 12 月)，这是日本漫画大师手塚治虫的经典作品。说来有趣，这部动画片是由日本卡西欧公司"免费赠予"的，条件是在播放中捆绑插播卡西欧的电子表广告。《铁臂阿童木》的引进开启了海外动画 TV 版引进之先河，自此之后，日本及欧美动画作品便开始源源不断地进入中国大陆市场。

在整个 1980 年代以及 1990 年代初，可以说是日本动画片的黄金时代。继《铁臂阿童木》之后，几乎每年都有日本动画片的引进，如《龙子太郎》(1981)、《森林大帝雷欧》(1982)、《尼尔斯骑鹅旅行记》(1983)、《三千里寻母记》(1984)、《聪明的一休》(1984)、《花仙子》(1985)、《玛雅历险记》(1985)、《咪姆》(1985)、《熊猫的故事》(中日合拍，1986)、《OZ 国历险记》(1989)、《大白鲸》(1990)、《小飞龙》(1990)、《机器猫》(1991)、《圣斗士星矢》(1991)、《阿拉蕾》(1991)、《头领战士》(1991)等。事实上，除了日本的动画片之外，当时，还有大量欧美动画片涌入，如《蓝精灵》、《米老鼠和唐老鸭》、《星球大战》、《变形金刚》、《巴巴爸爸》，等等。即便是中央电视台，在当时也都是在黄金时段(18：30 起)加以播放，就此而养成了整个 80 年代人"傍晚时分端着小板凳坐在电视机前看动画片"的幸福童年。

而在《铁臂阿童木》播放之后,在国内立刻激发起了广泛的反响。《铁臂阿童木》的译者周斌如是说:"20世纪80年代初,中央电视台少儿部约我为他们翻译多集动画片《铁臂阿童木》。对方强调这是为全国亿万青少年服务,我勉强接了下来,开了多次夜车才完成任务。不久,科普出版社又约我为他们翻译同名小人书《铁臂阿童木》,我也照办了。我没有想到,一部多集动画片、几十本小人书,会引起那么大的反响,不少亲朋好友来信、来电索要。更让我意外的是,华国锋身边的工作人员也打来电话问及此事。我回答那些东西都是给孩子们看的,没有多大意思。如果华对此有兴趣,我可以设法另找一些值得一看的读物送去。对方却说,华国锋本人和孩子们每集都看,并觉得很有意思,才让他给我打电话的。"[①]周斌这里所说的"小人书",实际上就是当时的儿童连环画。经查,早在1981年,科学普及出版社就已推出了《铁臂阿童木》的系列连环画。只不过,这并不是日本漫画,而是经国人改画后的连环画。

由此而言,真正意义上的对日本漫画的引进,应该是1988年由人民美术出版社推出的4卷本的《机器猫》。可以说人民美术出版社版的《机器猫》是最接近原著的日本漫画,不过鉴于意识形态的因素也进行了大量的删改,图书的排版模式也因此发生变化。无论是说当时的图书出版界意识到日本漫画的真实魅力也好,还是说经过多年的电视培育国内已形成庞大的日本漫画的拥趸也好,总之,从1989年起,日本漫画开始迅速地走红国内的图书市场。

就在1989—1994年间,有包括《机器猫》、《七龙珠》、《铁臂阿童木》、《圣斗士星矢》、《尼罗河女儿》等系列在内的800多种漫画,被译成中文出版。其中,仅海南摄影美术出版社一家就推出了《乱马1/2》(10卷45本)、《七龙珠》(5卷19本)、《女神的圣斗士》(3卷15本)、《尼罗河女儿》(12卷54本)、《怪医秦博士》(4卷20本)、《侠探寒羽良》(7卷19本)、《猫眼三姐妹》

---

① 周斌:"赋闲以后的华国锋——日本动漫《铁臂阿童木》必看",《新民周刊》,2013年第18期。

第四章 转型中的机遇与挫折(1977—1999)

(8卷26本)、《风魔小次郎》(4卷16本)等。① 此外,宁夏人民、人民美术、山西人民、科学普及、南海、鹭江、内蒙、华龄、接力等20余家出版社以及所有的少儿出版社,也都疯狂地跟进漫画。那真是一个疯狂的年代。"大概从20世纪90年代开始,日本的漫画慢慢地在中国传播开来,许多中小学生,以及大学生都看过很多日本动漫。"② 在当时,日本漫画的影响之大,借用影评人崔汀的话就是:"我是80后生人,80年代末学会认字,90年之后,日本漫画迅速占领中国漫画书市场,那时候的青少年,很少有不被日本漫画所俘获的。"③ 所以如此,是因为这一时期日本的漫画故事包含着日本人对世界、对人生的认识,通过漫画的形式将其传达给中国改革开放的新一代,而这一时期国内的日本漫画的追随者们正是最需要了解世界、接触世界的新的80—90后一代。

必须指出的是,在1990年代初期日本漫画的翻译出版高潮中,海南摄影美术出版社扮演了一个开拓性的角色。可能连他们自己都没有意识到,他们在短短的四五年间(1991—1996)接连不断地推出的《女神的圣斗士》、《尼罗河女儿》、《乱马1/2》、《七龙珠》、《侠探寒羽良》、《猫眼三姐妹》、《风魔小次郎》等日本漫画作品,会对1990年代的中国漫画图书市场产生那么巨大的影响。曾有网络舆论评论说:"他们就好像一根导火索点燃了酝酿已久

---

① "海南摄影美术出版社的作品",https://zhidao.baidu.com/question/2013654531478704388.html? qbl=relate_question_1&skiptype=2(2016年10月20日),列有统计数据,说在1991年海南摄影美术出版社就出版有《乱马1/2》(13卷62本)、《七龙珠》(16卷78本)、《女神的圣斗士》(9卷45本)、《尼罗河女儿》(14卷70本)、《怪医秦博士》(4卷20本)、《侠探寒羽良》(10卷50本)、《猫眼三姐妹》(7卷35本)、《风魔小次郎》(4卷20本)等。对此说作者并未采纳,其理由一,本书统计源自政府出版的《全国总书目》中有所收录的数据,也即得到官方认定数据。其理由二,该网络统计将所列图书都标记在1991年出版,这对1988年才建社的海南社来说,无论从编辑、印刷、发行的力量来说,都是不切实际的;之所以市场上会有这么多1991年版的日漫图书,是因为自1992年起,中国加入了国际版权公约,凡此时间后如没有得到日方授权而出版的日漫图书,均为盗版。其理由三,在1990年代初期日本漫画的盗版现象如此严重,到最后海南社自己也不得不在封底标记说:"海南摄影美术出版社所出《女神的圣斗士》,是国内唯一从头到尾齐《圣斗士》全套系列画书,其他版本均系节选或片段。"也就是说在当时《女神的圣斗士》已有多版本。而在某种意义上,海南社所出版的日漫图书,也都属盗版书。这也是该社之后遭取缔的一个重要原因吧。

② 百度百科:"日本漫画",http://baike.baidu.com/link? url=ntArsxBjncc__lGGns15z2rKfLf7e-W6RZ4ea9Cyycu_oqqSwrtbmA3yZsykHIhHJ4XwisuzIiWrd1FeL6LgNa,2016年10月20日。

③ 崔汀:"90年代风靡中国校园的日本漫画",http://blog.sina.com.cn/s/blog_49fc014e010007lc.html,2016年10月20日。

的商机……"①

不幸的是，海南摄影美术出版社借日漫作品的翻译先行，随后也是因对日漫作品的盗版而败落。而其中的转折点正是1992年国际版权公约的加入。就在1997年，新闻出版总署查处了一批违规出版单位，其中就有海南摄影美术出版社。因为在检查中发现，海南摄影美术出版社不仅内部管理混乱，更为严重的是在图书的出版过程中将书号、发排单、委印单等直接交给书商，构成了买卖书号行为。于是，海南摄影美术出版社遭到了出版总署彻底的封杀，被吊销出版经营许可证。而在官方的文件中，只留下了短短的一句话："新闻出版署对8家管理混乱，买卖书号、贩号，所出图书及音像制品内容有严重问题的出版社、音像出版社进行了查处：撤销了海南摄影美术出版社，对四川文艺出版社、中华工商联合出版社进行了停业整顿。"②实在令人惋惜。

中国的版权保护始于90年代中期，由此而言，这一时期所翻译出版的日本漫画，在某种意义上说都属非法出版物。因此，也许是存在有版权的因素，也许是因为日本漫画中过多的暴力及色情画面不利于青少年的身心健康，也许是考虑到日本漫画对中国动画产业的冲击，总之，自1995年起，日本漫画就在"出版外国漫画图书，其选题必须事先报批"政策规制下被政策性地中止了，直到1999年仍未开禁。于是，在1995—1999年间，日本漫画的身影在官方出版的《全国总书目》中不再出现。不过，必须承认在这一时期图书市场上，也还是有假冒海南摄影美术出版社或其他出版社之名的盗版的日本漫画图书的销售。

第五节 未能畅销的日文翻译图书

一、未能畅销的日文翻译图书

1977—1999年，对于汉译日文图书来说，是一个浴火重生的时期。在

---

① "海南摄影美术出版社的简介"，http://zhidao.baidu.com/link?url=913V-DOHfaYxk4hzWee5lnn_83FP08yGfmcvYf16OfmvcBmcKZoRueYUmKUWJ1ToK1hINUdX93reHKosP3nBB5duSeD_HkvTvgTdtsq_p_y，2016年10月20日。

② 章宏伟："雪泥几鸿爪 苔庭留履痕——新中国60年出版大事记"，《编辑之友》，2009年第9期。

经历了建国初 17 年及"文革"的磨难之后,在漫画、围棋、推理小说的强力推进下,在 1980 年代中后期,呈现出一种爆发式的增长。然而,在 1990 年代初,受加入《伯尔尼公约》及《世界版权公约》后的版权制约以及相关政策的影响,日文图书的出版出现了大幅度的调整。特别是漫画领域,在 1995 年后可以说是日漫图书全无身影,而推理小说也遭受到重创。尽管如此,这一时期,仍应该是汉译日文图书有史以来发展最好的时期。只不过,缺少有影响力的图书,可以说是这一时期汉译日文图书业的最大伤痛。

1. 英译图书占据图书翻译的主流

在 1960—1970 年代,由于受"文革"的影响,"红色出版"(毛泽东著作和画像的出版)成为压倒一切的主色调,包括日文图书在内的外国图书的翻译出版陷入了严重的停滞状态。这种状态,直到 1978 年后才有所改观。这一转折的背景就是在后"文革"初期社会所表现出的全国性的"书荒",以至于国家出版局在当年甚至动用了准备印制《毛泽东选集》的纸张,来安排出版社重新印制 35 种中外文学名著,以应对购读者们的需求。

对于外国图书的翻译出版来说,重要的是自 1978 年以后,国家对翻译选题的控制有所放松,过去上纲上线的批判性选题出版消失了,因政治因素对翻译图书进行大段删节的出版行为也得到了控制,原先被限定的一些作者与作品,也被同意翻译出版。例如川端康成与《雪国》,在"文革"时代,无论是作者还是作品都是被限定的,而在 1978 年以后,经省出版局审读之后,得到了出版。更为重要的是,在 1980 年代的改革开放的大背景下,国人迫切需要通过图书的翻译来了解整个世界。图书的翻译出版是一种重要而特殊的文化现象,它传播外来文化,拓宽国人的视野,并推动中国文化与世界文化体系间的融合与交流,进而为新思想新文化的产生注入不同的新的元素。简而言之,就是通过学习西方的思想来改变国家和自身的状态。

在此背景下,图书的翻译出版得到了急速的发展。魏清光根据《全国总书目》筛选统计,在 1978—2007 年间,也即改革开放 30 年间,全国共翻译出版图书 97 539 种,"主要来源国是美、英、日、法、德五国。译自这五国的出版物 77 535 种,占总量的 79%,其中美国达 40%,英国为 15%,日本为

13%,法国为6%,德国为5%"①。从数据上看,译自美国、英国的图书就占了总数的54.7%(详见表4-7)。

毫无疑问,在时隔多年之后,以美国为代表的英译图书又一次占据了翻译图书的主流位置。所以如此,一个重要的原因是,中国改革开放的经济目标是走向市场经济,而市场经济的典型特征是市场在各种资源的配置中发挥着调控的作用。中国想要融入全球化经济,参与全球化的竞争,就必须按照市场经济的规则来提升自己。而美国,毫无疑问正是市场化经济体系最为完善的国家之一。另外一个重要的原因是中国改革开放的政治目标是建设社会主义高效政治和民主政治,这是现代化的过程中新的政治模式,而它的建立与完善同样需要我们去借鉴欧美的政治经验教训。美国也应该是现代化政治模式最为先行的国家之一。除此之外,美国在科学技术、文化艺术、教育体系等多个领域也都处在世界的领先地位,由此而构成了这一时期大量翻译引进美国图书的重要因素。对此,魏清光曾有言:"20世纪80年代,社会对西方思想的巨大需求是中国大量翻译引进西方文本的动力。可以说中国整个'现代性'的历史,就是一部翻译史,没有译者的工作,我国现代思想的存在是不可想象的。"②

表4-7 1978—2007年图书翻译的构成

国别语种	英	美	法	德	日	其他和不详	总计
数量	15 047	38 312	6 110	5 314	12 752(15 012)	20 004	97 539
百分比	15.4	39.3	6.3	5.4	13.1	20.5	100

本表构成中英、美、法、德、日等国译本数据来自魏清光《改革开放以来我国翻译活动的社会运行研究》一书中的图3,括弧中的日文译本数据来自《汉译日文图书总书目:1719—2011》第2—4卷

对于汉译日文图书的事业而言,在1977—1999年间,也应该是有史以来发展最快的时期,一共翻译出版有9 484种日文图书,年均多达412余种,创造了前所未有的纪录。但与同期的英语类图书的翻译相比,还是稍逊

---

① 魏清光:《改革开放以来我国翻译活动的社会运行研究》,北京:中国社会科学出版社,2014年,第56页。不过也有论者说:"1978—1990年我国出版翻译书2.85万种,年均2 192种;1995—2003年增为9.44万种,年均1.05万种。"详见王旭升主编:《30年中国畅销书史》,南昌:江西教育出版社,2009年,第222页。

② 魏清光:《改革开放以来我国翻译活动的社会运行研究》,北京:中国社会科学出版社,2014年,第62页。

一筹。

2. 没有畅销的日文图书

其实,对于汉译日文图书来说,在图书的翻译出版的数量上低于美英等国,这已经是不争的事实。不过,更为不堪的是,这一时期所翻译出版的9 484种汉译日文图书中,居然没能出现一部畅销的图书。

中国的畅销书概念,直到1990年代才有所定义。而在此之前,图书出版业对图书的社会影响力的总结与归纳,都是用发行量来涵盖的。对此,傅惠民先生曾编制有《40年来我国部分出版社发行在50万册以上图书目录》,列入了1949—1989年间国内出版社发行量50万册以上的1 492种书目,其中,译自西文的图书有38种。

按国别统计,分别是苏、英、法的作家作品占据了前三位(详见表4-8)。令人遗憾的是,日文翻译图书甚至没有一种列选其中。之所以如此,与当时的政治环境不推荐汉译日文图书有一定的关联。如在"文革"期间,北京图书馆编印《开放图书目录:社科部分1》,其中就收录有新中国成立至"文革"前17年间出版的6个国家的文学翻译作品112种,所谓开放图书目录,也即可以提供给读者借阅。而这6个国家是"苏联52种,越南40种,朝鲜10种,老挝与丹麦各1种"[1],其中没有日本的身影。而在"文革"之后,在国家出版局所推荐出版的35种文学作品目录中(其中有包括《牛虻》、《欧也妮·葛朗台》在内的16部翻译作品)[2],也不见汉译日文图书。而《牛虻》、《欧也妮·葛朗台》、《高老头》、《汤姆·索亚历险记》、《安娜·卡列尼娜》等,却因为此次的推荐出版,最后都进入了50万册以上的发行书目之中。

表4-8 发行量50万册以上汉译西文图书书目

书名	国别	著译者	出版社	出版年月	累计印数(万)
卓雅和舒拉的故事	苏	龙侠译	中国青年	1952/2	209
真实的故事	苏	赵华译	中国青年	1952/6	54

---

[1] 北京图书馆革委会业务组:《开放图书目录:社科部分1》,北京图书馆(内部资料),1971年,第454-496页。

[2] 易图强:"20世纪70年代末80年代初文学名著畅销的原因",《云梦学刊》,2013年第34卷第2期。

293

续　表

书名	国别	著译者	出版社	出版年月	累计印数（万）
牛虻	英	艾丽·伏尼契	中国青年	1953/7	222
钢铁是怎样炼成的	苏	奥斯特洛夫斯基	人民文学	1952/12	207
趣味物理学	苏	符其珣译	中国青年	1953/10	56
海鸥	苏	斯庸译	中国青年	1954/11	86
拖拉机站站长和总农艺师	苏	草婴译	中国青年	1955/12	105
莎士比亚戏剧故事集	英	萧乾译	中国青年	1956/9	80
欧也妮·葛朗台	法	巴尔扎克	人民文学	1954/12	90
高老头	法	巴尔扎克	人民文学	1954/12	90
汤姆·索亚历险记	美	马克·吐温	人民文学	1955/9	54
安娜·卡列尼娜	俄	列夫·托尔斯泰	人民文学	1956/12	110
趣味物理学（续编）	苏	腾砥平译	中国青年	1956/12	52
神秘岛	法	联星译	中国青年	1957/5	55
复活	俄	列夫·托尔斯泰	人民文学	1957/3	89
约翰·克里斯多夫	法	罗曼·罗兰	人民文学	1959/7	75
一颗铜纽扣	苏	奥瓦洛夫	春风文艺	1960	57
马恩列斯著作选读			天津人民	1972/7	85
西行漫记	美	董乐山译	三联书店	1979/12	142
第三次浪潮	美	朱志炎、潘琪译	三联书店	1983/5	50
情爱论	保	基瓦西列夫	三联书店	1984/11	87
培根论人生	英	何新译	上海人民	1983/2	80
基督山伯爵	法	大仲马	人民文学	1979/1	107
歌德抒情诗选	德	歌德	人民文学	1981/12	51
少年维特的烦恼	德	歌德	人民文学	1982/1	88
宋氏三姐妹	美	罗比·尤恩森	世界知识	1984/5	120
外星人（上下）	法	雷让	科学普及	1982	60
孤岛奇案	美	克里斯	地质	1980/4	52

续　表

书名	国别	著译者	出版社	出版年月	累计印数（万）
外国名言一千句		洪松译	新蕾	1982	62
一千零一夜	阿	杜渐译	辽宁人民	1981	67
宝岛	英	斯蒂文生	黑龙江人民	1980/1	50
红与黑	英	司汤达	上海译文	1979/4	156
简·爱	英	夏洛蒂·勃朗特	上海译文	1980/7	53
月亮宝石	英	柯林斯	上海译文	1980/1	60
俊友	法	莫泊桑	上海译文	1980/3	69
十日谈（选本）	意	薄伽丘	上海译文	1981/9	74
少年维特的烦恼	德	歌德	上海译文	1982/1	92
黑岛（上下）	比	埃尔热	中国少儿	1982	78

本表根据傅惠民《40年来我国部分出版社发行在50万册以上图书目录》（《出版工作》，1989年第7—9期）编制

而在王旭升主编的《30年中国畅销书史》中，1980年代的畅销书统计中也没有日文翻译图书的身影，直到1990年代的畅销书统计中才出现了村上春树的《挪威的森林》（详见表4-9）。不过，在严格意义上说，1990年代的《挪威的森林》还算不上真正的畅销书。因为漓江出版社在1989年推出的林少华译本《挪威的森林》的初版，首印只有3万册，1996年方才有二版，从这一时期的销售数量上看并不能够说明畅销。而该作品真正畅销应该是2001年的上海译文版，自推出后在16个月内再版12次，印数25.17万册，截至2007年，再版数达27次，总印数超过145万册。[①]

表4-9　1980—1990年代中国畅销书目统计表

书名	国别	作者名	译者名	出版社名	出版日期
简·爱	英	夏洛蒂·勃朗特	祝庆英	上海译文	1980
飘	美	玛格丽特·米切尔	傅东华	浙江人民	1979

[①] 详见施隽南："1978年后上海翻译文学出版的变迁与特色——以上海译文出版社为中心"，上海师范大学硕士论文，2013年，第56页。

续 表

书名	国别	作者名	译者名	出版社名	出版日期
情爱论	保	瓦西列夫	赵永穆	三联书店	1984
第三次浪潮	美	阿尔文·托夫勒	朱志焱	三联书店	1984
人论	德	恩斯特·卡西尔	甘阳	上海译文	1985
梦的解析	奥	西格蒙德·弗洛伊德	赖其万	中国民间文艺	1986
艾科卡自传	美	艾科卡		安徽人民	1986
人性的弱点	美	卡耐基		中国民间文艺	1986
时间简史	英	史蒂芬·霍金		湖南科技	1992
数字化生存	美	尼葛洛庞帝		海南	1997
世界上最伟大的推销员	美	奥格·曼狄诺		海天	1996
学习的革命	美、新	珍妮特·沃斯 戈登·德莱顿		上海三联	1997
廊桥遗梦	美	J.R.沃勒		人民文学	1994
挪威的森林	日	村上春树	林少华	漓江 上海译文	1989 2001

本表根据王旭升主编的《30年中国畅销书史》(中国对外翻译出版公司,2009)相关内容编制。

当然,没有进入畅销书行列并不表明日文翻译图书就没有社会影响力。其实,1980年代中期在推理小说热的大背景下,中国曾一度出现过"西村寿行热"。短短的几年间,西村寿行的作品就被翻译出版了19种,发行数也都在10—20万册/本。只是好景不长,在1989年开展的整顿"翻译出版自由化"过程中,西村寿行的作品被冠上了"性暴力"的标签而遭受查禁。同样的还有日本的漫画,在1990年代初传播以及影响之广,就如当年海南摄影美术出版社《女神的圣斗士》而言,"在1990年左右,日本动画《圣斗士星矢》在国内大部分电视台连续播放,出版商看准市场,立刻引进了同名的日本漫画书,1990至1991年间销量达到六百万册"[①]。事情还不仅如此,随着海南摄影美术出版社版的《女神的圣斗士》的热销,因为海南社自身也没有得到日方的版权授权,于是,国内其他出版社也都开始涉足翻版《女神的圣斗士》,

---

① 钱翔:"论日本漫画对中国漫画的影响",《科技资讯》,2010年第4期。

版本之多令海南摄影美术出版社都甚为头疼,只得在最后一卷《女神的圣斗士》的封底写道:"海南摄影美术出版社所出《女神的圣斗士》,是国内唯一从头到尾出齐《圣斗士》全套系列画书,其他版本均系节选或片段。"只不过,日本漫画的翻译出版随后得到了管制,而海南摄影美术出版社自身也在之后因卖书号之嫌遭到了取缔。虽说在新世纪(2000 至今)后,日本漫画的翻译出版重新得到了开放,但已经不复当年的风采了。

此外,必须指出的是,在村上春树的《挪威的森林》之外,还有黑柳彻子的《窗边的小豆豆》,也早在 1983 年就有了中国展望出版社出版的未申所译版本,只不过由于种种的原因,并没有被当时的读者所接受,而是到 2000 年代才得以走红畅销。联想到在百余年前,"英国哲学家休谟曾哀叹其著作《人性论》'从印刷机器中一出生就已经死了'。之所以说'死'了,是因为他认为这本书毫无反响,'甚至连在狂热的人们中激起一丝怨言的荣誉都不曾得到'"①。由此而言,这种图书出版与社会认同之间的时代差异性问题,确实值得我们去探讨。

二、改革开放期日文图书翻译的特征

如上所述,在 1977—1999 年间,中国的图书出版产业出现了三大变革。首先是市场化,随着国家改革开放的进程,出版社的性质开始由事业单位转向为企业,与之相配套的是整个图书产业开始向市场化过渡。其次是国际化,随着中国加入《伯尔尼公约》以及《世界版权公约》,实现了版权体制上的国际接轨。第三是多元化,随着图书产业的市场化进程,在翻译作品的选择上,也出现了从限定到多元、从追名到逐利的转折。于是,这一时期的日文图书翻译出版,也受出版产业的这种市场化、国际化、多元化的影响,形成了有别于其他时期的典型特征。

首先,在市场化的引导下,翻译图书的选择开始面对读者需求的变化。在改革开放之前的相当一段时间里,影响国内图书翻译出版的因素并不是市场,而是国家的政策导向。随着国家改革开放的进程,国家也因此放宽了政策制限,而开始着手"培育和发展市场体系"。正因为有这种适应读者需求的市场化导向的出现,才触发了漫画、推理小说以及围棋类图书的活跃,

---

① 转引自许淳熙:"'死'论文现象分析与对策",《编辑之友》,1995 年第 4 期。

进而使之成为这一时期日文图书翻译出版的最大亮点，也由此构成了不同于此前的最典型特征。必须指出的是，在这一时期，这种市场化导向也还是不完全的，国家政策导向仍起有相当的作用，这从1990年代初西村寿行被点名后推理小说版块的消沉，以及1995年后漫画版块的突然消失中可见一斑。

其次，版权体制的国际接轨。1992年加入的《伯尔尼公约》及《世界版权公约》，虽说是版权体制上的国际接轨，但对于汉译日文图书事业来说，无疑是一种强制性学费的付出。自此之后，汉译图书就不再是简单的零成本地引进，而且又由于日本出版社在版权输出对应上的迟缓，进而导致了日文图书翻译出版在1993—1998年间的短暂沉沦。然而，从文化知识的交流以及技术引进的层面来说，引进版图书依然是一个不容忽视的富金矿，这就需要有识者从中探寻与挖掘。考虑到随后村上春树的走红以及在2000年代新一轮漫画、推理小说的崛起，由此而言，与其说是日文图书翻译出版的短暂沉沦，倒不如看作汉译日文图书的浴火涅槃。

第三，地方出版社的参与。可以这么说，地方出版社的参与，彻底改变了日文图书翻译出版的版图。商务印书馆的出局，表明即便是百年老店也不再是圈中的翘楚。在市场化的背景下，选题成了一切。海南、吉林、国际、广西等出版社之所以能进入日文图书翻译出版的排行榜，只因为它们有着太多的漫画选题，迎合了当时的市场需求。而蜀蓉棋艺的入选，也因为它选择了围棋主题出版，同样也是迎合了当时的市场需求。

第四，专业社的优势得到体现。在改革开放经济发展的大背景下，社会表现出了前所未有的对科学技术的渴望强烈，就在这一时期，自然科学类翻译图书的引进数甚至高达3 700多种，机械、科学、建筑、化学、冶金等专业出版社相继进入了排行榜。一个有意思的事实是，这些大批引进专业书籍的行业，恰好也是这一时期发展最快的行业。

其五，译者的地位出现下降。这一时期的译者出现了太多的化名，在排名前十的译者中就有4人是化名。如果说，在建国前17年，人们是出于政治因素而不得不化名，如周作人翻译《日本狂言选》、《石川啄木诗歌集》等作品，其最后的署名是周启明。在"文革"时期，人们同样是出于政治因素而化名为"斯人"、"五桐"、"齐干"等。那么，在转向市场化之后，在没有政治因素干扰的背景下，译者翻译了那多书，却不愿署上真名（尤其是作为当时热点的漫画以及围棋版块），这深切地反映出译者地位下降的这一事实。

第六，缺少有影响的译作。毫无疑问，1980—1990年代应该是中日的蜜月期，无论是经济还是文化的交往，于是才有了20世纪最后20年间日文图书翻译出版的繁荣。不过，对这一时期的日文图书而言，最大的伤痛还是缺少有影响的译作。这其中也许是因为选题过多地出于实用主义的考量，这从日本漫画和围棋类图书的流行中可以体会到；也许是因为选题过于领先，而缺少社会认同的氛围。必须指出的是，21世纪初方才在国内走红的黑柳彻子的《窗边的小豆豆》，其实早在1983年就有了中国展望出版社版未申所译的版本，而村上春树的《挪威的森林》，也早在1989年就有了林少华译的漓江出版社版以及1990年钟宏杰、马述祯译的北方文艺出版社版。

综上所述，在1977—1999年间的中国改革开放的前期过程中，不仅得到了相当的日本资金与技术参与，也带来了诸多日本文化元素，同时也促进了改革开放时期中国文化的繁荣。特别是在1980年代的后期及1990年代的前期，两国间经济交往的加深与文化交流的密切，对日文图书的翻译出版起到了切实的推动作用。

只不过，从1990年代的后半期开始，随着日本经济的下行，日本政治也开始向右行进，诸如教科书问题、靖国神社参拜问题、对南京大屠杀历史的否认以两国在领土问题上的纠纷等问题，可以说是层出不穷，加之两国媒体在这之间不断的推波助澜，无论是日本资金与技术的支持，还是日本文化的元素的存在，还是中国市场的吸引力，最终都没有能让这种中日之间的"蜜月"延续。在进入21世纪后，中日之间的经济交往与合作越来越深，而双方之间的政治隔膜和疑虑却越来越重。

"促成不同文化之间的相互理解，实现不同文化的和平共存，这是历史赋予翻译活动的重要使命。"[1]正是从这一使命出发，自新世纪起，就有相当一些出版人开始反思如何有效引进日本文化的元素，并且检讨日本文化在当代中国的意义与价值，由此开启了日文图书翻译出版的新事业内容。

---

[1] 许钧、穆雷："探索、建设与发展——新中国翻译研究60年"，《中国翻译》，2009年第6期。

第五章 翻译出版中的新元素
（2000—2011）

第一节 遭遇冰点的中日关系

　　进入新世纪以来，在中日两国的关系上，媒体的报道中出现了许多新的名词，诸如"破冰之旅"、"融冰之旅"、"迎春之旅"、"暖春之旅"，等等。那么，中日两国的关系是在什么时候出现"冰点"的？其原因是什么？又从什么时候开始"破冰"、"融冰"、"迎春"、"暖春"的呢？而在现如今，中日两国的关系又是如何发展着的？而更为重要的是，在新世纪长期处于冰冻期的中国民众的日本观又有了那些新变化？对新世纪的汉译日文图书产生了那些影响？这正是这一节所关注的。

一、遭遇"冰点"的中日关系

1. 中日关系的"冰点"

　　说起"冰点"，《山东商报》曾在2014年的一篇报道中使用了这样的标题"中日关系十年三陷'冰点'"，报道中说2005—2014年在中日两国之间出现过三次"冰点"，即出现在2005—2006年教科书等问题为第一次"冰点"；发生于2010年9月的中日钓鱼岛撞船风波构成了第二次"冰点"；而发生2012年9月一直延续至今的钓鱼岛"购岛"闹剧等则是第三次"冰点"。[①]

　　事实上，早在2001年，国内的媒体就已经在报道中将当时的中日关系描述为几乎"降至冰点"[②]。这是因为在2001年至2006年小泉纯一郎执政

[①] "中日关系十年三陷'冰点'"，《山东商报》，2014年11月8日。
[②] "日本女外相能否挽救降至冰点的中日关系"，《北京青年报》，2001年5月16日。

· 300 ·

日本的六年间,中日二国之间围绕着历史教科书、钓鱼岛、东海油气田、李登辉访日、靖国神社参拜、日本人常等一系列问题,激发出前所未有的深刻对立,两国间的政府首脑也完全停止了互访与交流。

中日两国之间这一"冰点",一直等到2006年小泉首相卸任,之后又经过长达2年间的相互调整,直到两国高层之间出现的被称为"破冰"、"融冰"、"迎春"、"暖春"等良性互访①,方使得中日两国关系出现回暖。而从"破冰"到"暖春",其文字之意也昭示着两国间关系正由寒冬走向春天。

然而,由两国高层的互访所开启的两国关系的春之旅竟然是那么脆弱。就在2010年9月7日,一艘在钓鱼岛海域正常作业的中国渔船被日本海上保安厅巡逻船冲撞,随后中国渔船遭到扣押,船长与渔民也被拘留,事件就此渐渐深化。因为在事件处理过程中,日方以钓鱼岛系日本领土为由,认定中国渔船在日本领海内进行了非法作业,并以中国渔船的拒捕"涉嫌妨碍执行公务",而对中国渔船船长和船员进行扣押的。如9月10日,那霸地方检察厅就是以"涉嫌妨碍执行公务"为由,申请拘留了渔船船长詹其雄。石垣简易法院也于当天批准检方拘留詹其雄。显然,事件的背景是日本方面采用了日本国内法来对中国的渔船进行处置。而在此之后,日本国土交通相前原诚司又对事件起到了火上浇油的作用,他于9月10日的众院听证会上公开否认中日之间存有领土纠纷:"在东海,我国不存在任何领土问题,今后将继续坚决加以应对。"②

这场撞船的风波,由于日本石垣地方检察院与法院用日本国内法对中国渔民逮捕与拘留的决定,以及前原诚司的表态,打破了自1972年中日邦交正常化以来,两国之间在争议领土问题上"搁置主权、共同开发"的默契,而使得新世纪的中日两国关系再度进入"冰点"。

因为日本在钓鱼岛问题上的法律展开,以及对与中国钓鱼岛主权纠纷的否认,中国政府没有了退路,于是,便有了中国外交部对撞船事件处理的强硬表示:"中国政府将派包机接回被日方非法扣押的詹其雄船长。我重

---

① 期间,安倍在首次当选首相后于2006年10月9日的突击访华,被媒体称为"破冰"之旅;随后是温家宝总理于2007年4月10日至13日对日本的回访,则被誉为"融冰"之旅;再后是福田康夫首相于2007年12月27日至30日对中国的访问,被称为"迎春"之旅;最后是胡锦涛总书记于2008年5月6日至10日对日本的回访,被称为"暖春"之旅。

② 转引自张喆、于旭明:"中方推迟第二次东海问题原则共识政府间谈判",《东方早报》,2010年9月11日。

申,日方对中方船长进行的任何形式的所谓司法程序都是非法和无效的。"[1]在此之后,温家宝总理也于9月21日在纽约出席联合国千年发展目标会议之前,进一步表达中方的态度:"强烈敦促日方立即无条件放人。如果日方一意孤行,中方将进一步采取行动,由此产生的一切严重后果,日方要承担全部责任。"[2]事件最终是以日本海上保安厅释放非法抓扣的14名中国船员,以及那霸地方检察厅宣布放还非法抓扣的中国渔船船长詹其雄为告终,不过那霸地检仍还做出"处分保留"[3]的决定。

在此背景下,中日两国之间的对立表现得非常激烈。以至于美国副国务卿詹姆斯·斯坦伯格(James Steinberg)于9月20日发声呼吁中日两国:"现在最重要的事,是在复杂的状况中继续对话,通过对话向前推进才是最妥帖的方法。"[4]应该说,即便在钓鱼岛中日撞船事件之后,中国方面在钓鱼岛主权问题上仍然保持了相当的克制。一个不争的事实是,就在1972—2010年间,中国方面从来没有支持过大陆或香港的任何保钓人士去钓鱼岛宣示主权,也从未派出过任何公务船前往钓鱼岛护渔。哪怕是在钓鱼岛撞船事件后,政府也都没有公开支持过任何福建或香港方面保钓人士的护岛主权宣示行动。

而日本却相反,就在钓鱼岛中日撞船事件之后,经过蓄意的策划,2012年4月16日,时任东京都市长的石原慎太郎提出了由东京都"购(钓鱼)岛"的主张,意在将钓鱼岛的主权日本化。为此,他于4月27日发起了"购岛"募捐活动,同时呼吁日本民众的支持。也许是受石原慎太郎的刺激,也许是日本政府另有打算,在2012年7月24日,日本政府宣布由国家接管"购岛"事宜,而启动了将钓鱼岛的"国有化"程序。此后,又于2012年9月11日签订了"购岛"合同,正式将钓鱼岛纳归"国有"。正是日本政府这一将钓鱼岛"国有化"的行动,再度激发了中日两国之间的深刻对立。两国间的关系第三度进入了"冰点"。

作为对日本将钓鱼岛"国有化"的回应,2012年9月10日,中国正式公

---

[1] 中国新闻网:"中国政府将派包机接回被日方非法扣押船长",http://www.chinanews.com/gn/2010/09-24/2551417.shtml,2016年12月3日。

[2] 转引自杨建英主编:《2010年中国国家安全概览》,北京:时事出版社,2011年,第416页。

[3] 处分保留:日本法律中现阶段证据不足无法认定有罪情况下进行处分保留,拘留中的嫌疑人会即时释放,在获得有效证据后有可能再次被起诉。

[4] 转引自日本《读卖新闻》:"日中は対話で妥協点を、米国務副長官…尖閣衝突",《读卖新闻》,2010年9月21日。

布钓鱼岛及其附属岛屿领海基线,在同年的9月14日,中国海监50、15、26、27船和中国海监51、66船组成的2个维权编队,第一次在钓鱼岛海域巡航。在此之后,中国海监船对钓鱼岛海域的巡航便成为常态化。与此同时,中日两国间的"冰点"关系也就一直延续至今。

在中国方面看来,新世纪的中日关系所以变冷,完全是日本方面一意孤行的缘故。这正是金永明所说的:"日本政府无视中国政府的强烈抗议和严正警告,对钓鱼岛采取'国有化'行为及措施,侵犯了中国的主权和领土完整。日本'国有化'钓鱼岛行为的目的是为了补正国内法缺陷,体现日本政府对其的'管辖',也是日本海洋扩张战略的'必然要求和产物'。为此,我国应进一步反制日本'国有化'钓鱼岛,完善钓鱼岛及其周边海域的法律制度,提出维护钓鱼岛主权的措施和对策。"①显而易见,如果不是日本在撞船后将事件的处理在法律上展开,如果日本不对中国钓鱼岛主权纠纷公开否认,中国也不必那么强势介入渔船的处理。而且,如果不是日本政府执意地要将钓鱼岛"国有化",中国也不必那么公开地进行钓鱼岛主权宣示。

然而,在日本,却"很少有日本人认为,煽动民族沙文主义的东京前市长石原慎太郎,是造成和中国当前争执的原因。在他们看来,领土问题再起争议和双边关系随之恶化,完全是中国政府'在政治上操纵反日主义'的结果"②。诚如《读卖新闻》在当年的钓鱼岛中日撞船事件的社论中所说的那样:"中国在海底资源的存在明确之后的1970年代开始主张钓鱼岛的领土主权,又通过1990年代的'反日爱国'教育灌输到国民之中。中国政府如果在钓鱼岛问题上留下'政府软弱'的印象,那么,就会引发出民众对国内经济差距等问题上的不平与不满……正因此,中国政府这次才对日本采取了高压的态势。"③

事实上,中日两国在新世纪所发生的种种矛盾冲突,其本质是因彼此之间以遏制为特征的战略分歧引致的。特别是随着中国在政治经济上发展成为国际社会不可忽视的存在后,中日双方之间对对方国家强国化的戒备心理都在逐渐上升。如果说这一分歧的起点是因两国间不同的战后历史观,诸如历史教科书、靖国神社参拜、李登辉访日等事件;那么,这一分歧随后又因两国间的领土杯葛而被深刻化了,诸如东海油气田、钓鱼岛撞船、钓鱼岛

---

① 金永明:"日本'国有化'钓鱼岛行为之原因及中国的应对",《太平洋学刊》,2012年第20期,第68-77页。

② 陈有容:"日本大选后或将重返军事强国之列",《联合早报》,2012年12月10日。

③ "尖閣沖漁船衝突 中国は「反日」沈静化に努めよ",《读卖新闻》,2010年9月15日。

"国有化"等事件都是围绕着领土纠纷而起,问题在于,领土主权问题是没有太多回旋余地的,双方政府都难以退让。如今中日两国间对峙的严重程度,正随着中国国际政治经济地位的上升,以及日本在东海、南海问题等上接连出手并深度介入,致使解"冻"的预测越发地困难了起来。

2. 政冷与经热

进入新世纪之后,中日两国间的关系愈发地错综复杂了起来:一方面,两国在包括文化、经济在内的各领域间的合作和交流还在不断深入,垒实了两国关系可持续发展的基础,也拓宽了两国关系在今后可能发展的空间;而另一方面,围绕着政治以及领土等敏感问题,两国政府间的对峙日渐深刻化,并且,在媒体的诱导下,也影响到了两国国民间的彼此观感,给两国关系的正常发展带来了负面影响。

有意思的是,就在两国政治、外交关系相继"冷到冰点"的同时,这一时期中日的经济关系却不断出现着新的合作热点,呈现出一种"政冷经热"的悖论。两国的双边贸易金额也从2001年的877亿美元发展到2013年的3 127亿美元,增加了256%(详见表5-1)。尽管自2004年起日本失去了它垄断11年之久的中国最大贸易伙伴的地位,但是,中国取代美国成为日本最大的贸易伙伴,与此同时,日中贸易额也曾连续多年超过日美贸易额。

不过,事情从2010年起开始有所变化。来自中国商务部的有关数据显示,截至2010年7月底,中国都还"是日本第一大贸易伙伴、第一大出口目的地和最大的进口来源地"[①]。只不过,到2013年,中国就已经退居为日本第二大出口贸易国和第二大进口贸易国了。

表5-1 中日双边贸易额统计(亿美元)

年份	2001	2002	2003	2004	2005	2006	2007	2008	2009	2010	2011	2012	2013
金额	877	1 019	1 335	1 678	1 844	2 073	2 360	2 667	2 288	2 978	3 428	3 294	3 127

本表根据段婷婷、张静中"中日贸易失衡的原因及中方的对策"(《对外经贸实务》,2015年第4期)文中表1相关内容编制而成

此外,日本对中国的直接投资金额也在保持着一个稳定的增长态势,从2001年的43.48亿美元发展到2013年的70.64亿美元,增加了62.5%(详

---

① 中国商务部官网:http://www.mofcom.gov.cn/article/tongjiziliao/fuwzn/ckqita/201009/20100907127578.shtml,2016年12月3日。

见表 5-2)。相关资料显示,"截至 2011 年 6 月末,日本对华直接投资为 762 亿美元,占中国外商直接投资总额的 6.9%。日本列香港、维尔京群岛之后,是中国第三大投资来源地"。不仅如此,"截至 2010 年末,在华日资企业的资产余额为 664.78 亿美元,占日本海外企业总资产余额的 8%,仅次于美国日资企业的 2 518.05 亿美元、30.3%和荷兰日资企业的 759.95 亿美元、9.2%。中国是日本第三大投资对象国"[①]。

表 5-2　日本对中国投资额统计(亿美元)

年份	2001	2002	2003	2004	2005	2006	2007	2008	2009	2010	2011	2012	2013
金额	43.48	41.9	50.54	54.52	65.3	47.59	35.89	36.52	41.17	42.42	63.48	73.82	70.64

本表根据段婷婷、张静中"中日贸易失衡的原因及中方的对策"(《对外经贸实务》,2015 年第 4 期)文中表 2 相关内容编制而成

在 2001—2013 年间,无论是从中日两国间的贸易数据统计,还是从日本对华投资的数据统计上看,中日双边的经贸关系基本上还是呈现一个稳定的增长态势。由此表明,这一时期中日经贸的发展并没有受到两国间政治紧张气氛的过多影响,也表明两国现阶段在经贸领域还有着较为稳定的利益联结。但是,必须指出中日两国间的这种政治"冰点",并非对经贸的发展毫无影响,在目前中国市场尚有足够容纳力的背景下,日本方面是不会轻易放弃中国这一市场的。但是,随着中国综合性国力的不断增强,特别是中国制造业的异军突起,如在家电、手机甚至汽车行业,日本产品渐渐失去了在中国市场的垄断地位,而中国的消费者又占据着产品的选择权,在此背景下,消费者的政治倾向势必会对产品的选择产生影响。反之,在日本的中国产品也面临有相同的问题。这就是 2010 年钓鱼岛撞船事件的严重性所在。

由此而言,在新世纪中日两国间这种持续发展的经贸关系,与对立深刻化的政治关系间的这种不适应性,已经达到了如果不对双方不断恶化的政治关系加以改善,那就无法推动经贸关系持续化发展的地步。更为严重的是,由钓鱼岛撞船事件所深化的中日两国间的政治对立,不仅正在引致中日间经贸关系的恶化,而且也严重影响到了整个亚太地区经济格局的变化。由此而言,改善与缓和两国的政治对立,已成为巩固和发展中日双边贸易关系的重要前提。

---

① 刘昌黎:"日本对华直接投资的回顾、展望与对策",《外国问题研究》,2011 年第 3 期。

由此而言，国家间的经济贸易的发展是需要政府间的政治协商与稳定来支撑得，因为对立的国家政治与外交势必会使得两国间的投资与贸易的风险加大，最终引致"政冷经冷"的局面。显而易见，钓鱼岛事件的本质是中日两国间在领土主权方面的纷争，是国家间的政治与外交问题；而钓鱼岛事件的解决关键还在于双方政府能够在"承认争议而不是否认争议，要搁置争议而不是激化矛盾"的前提下进行接触；而这一政治风险的化解，还需要通过双方政府间的积极沟通与相互妥协，唯此才能真正实现双边经贸关系的真正可持续发展。

二、走向"冰点"的日本观

1. 日本观的再逆转——"反日、仇日、厌日"

如果说，在1980—1990年代前半期，普通中国民众的日本观大都是跟着政府倡导的中日友好主旨随行的话，而1980年代的日本，在经济上对中国现代化进程的贡献也是有目共睹的。那么从1990年代后半期开始，随着中日政治关系的变冷，特别是随着两国媒体对历史以及领土问题争执的展开，普通中国民众的日本观也渐次发生了转折，开始从友好转向"反日、仇日、厌日"。

2013年9月10日，凤凰网播放了由史川楠编剧、李杨导演的一部纪录片《"九·一八"，看中国人的日本观》，片中采访了包括韩宠光（西安"915反日游行"的亲历者）、冯锦华（靖国神社喷漆事件当事人）、童增（中国民间保钓联合会会长）、王选（民间对日索赔代表人物）、吴祖康（"九·一八"爱国网创办人）、叶于良（原北平抗日杀奸团成员）、步平（原社科院近代史所所长）、马立诚（对日关系新思维倡导者）、王小东（民族主义鼓吹者）、九年（抗日电视剧编剧）以及一横（聚智堂教育集团总裁）等11位涉日事件的当事人。

对于这部纪录片的拍摄，策划人是带着"又到'九·一八'，我们回望历史，亦反思中国人近年来的反日作为。当我们反日时，我们到底在反什么？中国人为何放不下对日仇恨，又为什么会有人提出，中日不能把关系建立在历史仇恨基础上"[①]这样的寻访社会人当世日本观的考量的。然而，就在片

---

① 凤凰网："'九·一八'，看中国人的日本观"，http://news.ifeng.com/mainland/special/ribenguan/hanchongguang.shtml，2016年12月3日。

中对众多当事人的采访中,除步平、吴祖康、马立诚等学术精英仍在主张应对日本进行理性解读外,更多社会人流露出的却是深刻的"仇日"情感。在此,将11名当事者的代表性观点罗列如下:

韩宠光:"不能放下历史。还得继续给咱们所有的国民,包括下一代,包括我儿子,我下下辈,都要灌输这么一个思想:警惕日本,牢记历史,不能忘记仇恨。我不会跟孩子说中日友好,那都是扯淡,我不会这么做。"

冯锦华:"日本人可以很好,也可以很坏,这就是这个民族的特性。那怎么才能让他们对你很好呢?就是你必须在精神上、在意志上战胜他,他会对你很好。如果让他一旦看不起你,他把你踩到脚下了,他就会对你很坏,日本人不是靠好言好语就可以打动的一个民族。"

童增:"在中国存在强大的反日、仇日、厌日的情绪。不管年轻年老,只要谈到日本,都非常反感。这种情绪不是一代人,是很多代人,一百年来,沿袭下来的,是客观存在的。"

王选:"游行是可以的,我也很同意,老百姓有怨气,应该有游行的自由。问题是游行是选择性的,缺乏说服力,里面又掺杂了大量地暴力行为,……因为日本人很讲实证研究,所以我想我们只有把历史很好去记录下来,建立起受害者纪念馆,或者出版书籍,让事实来说话。我想很多日本人就会慢慢理解,会去认同。"

吴祖康:"我们现在这么做,为什么?不是为了宣扬仇恨,而是要宣扬我们民族的一种抗争精神。……宣扬仇日有什么用?造就很多愤青,不解决什么问题。中日之间,最终还是要解决历史遗留问题的,能够防止战争的重演,最终达到真正的和平。"

叶于良(北平抗日杀奸团成员):"对日本的印象还是特坏,特别坏。没好感,体育比赛也希望能赢他。足球希望赢他、篮球希望赢、排球也希望赢,反正一有比赛就希望能赢日本,对日本的仇恨就是一辈子也忘不了。"

步平:"东亚国家之间,需要解决历史认识的障碍。对于历史认识问题,只要大家都认为那是侵略战争,都谴责战争,应该允许存在角度的差异。中国已经是大国,中国人的视野应该放宽,要注意民族主义可能走向反面。"

马立诚:"有些人纵容民族主义,煽动民族主义,对中国来说不是一个福音。……日本和韩国也有岛屿争端,但它们发生争端的时,两国的文化交流、城市交流、经贸交流、环保交流,都没有中断。我认为钓鱼岛的争端不是中日关系的全局,那么全局是什么?是落实中日两国的战略互惠关系。这是胡锦涛主席和日本首相签署的中日之间第四个重要文件中提出来的。"

王小东:"我们中国要在全球争取自己的利益,要给全球人民带来好处,绝对不会紧盯着一个日本,一个南海,范围太小了。有人说,台湾问题还没解决呢,不是这样的,有的问题等你大的方面解决以后,小的方面自然而然就解决了。等到我们解决了很多问题以后,日本自然而然就跟我们走。"

九年:"我们的战争题材现在是给逼到抗日剧上了。因为战争题材没有别的可写,朝鲜战争不能写,越南战争不能写,中印战争不能写。解放战争大家不愿意写,就算有人写,但是也没人愿意写这种兄弟相残的事。剩下唯一可写的就是抗日题材。真是逼到这条路上来了。"

一横:"他们把中国的船长都抓走了,要惩罚,我们还说日本多么好?你如果把我们的船长放走了,完了正常道歉,你看我还说什么?我肯定不会说你日本不好,我肯定会说日本多么好,一个能够正视历史的国家,中日之间应该更友好。"

显而易见,当事人中的大多数都认为中日关系的"冷"是日本的错。这其中既有历史认识的因素,也有现实的因素。如果说历史的因素可以用一句比较经典的话来概括:"没有一个民族像日本民族那样从中华民族那里收益如此之多,也没有一个民族像日本民族那样给中华民族带来的苦难如此之深重。"[1]那么,现实的因素也可以用这样的话来表述:"忍让,我们是忍让,克制,怕影响中日关系。中日友好掩盖了民意……中国政府从70年代开始,是愿意跟日本友好下去的。日本如果说不做这些事情的话,可能我们一代又一代没准就忘了那些不友好的事情。日本政府就觉得你们中国对历史没什么反应,觉得他们当年侵略中国是正确的。1990年之后,是中日之间最友好的时候。但看看民间,完全是另外一回事,怎么压都压不住,现在

---

[1] 李子平:"日本人的'中国情结'",《海内与海外》,1996年10月第62期。

只是把盖子揭开了,反日、仇日、厌日的情绪就都出来了。"①

事实上,对中国民众的这样一种对日心态的转折,在日本的一些有识之士也已有所认知。如马场公彦就说:"在当代中国,可以说通过对日让步来确保互相间的利益这种对日外交的传统方式已告终结。同时中方也在痛感因过去的对日让步而失去的东西不能恢复。正因如此才注意到让步的对象在历史问题、战争责任问题等方面对曾经得到中方的各种让步反应过于迟钝。为此,中方的气愤和憎恶也随之进一步持续,甚或加强。"②然而,更多的日本人却仍将中国在新世纪在历史认识问题与领土问题上的不让步,视作中国对日本的历史认识"情绪化的干预",以及是在"领土纠纷上的无礼行径"。

正因为中日两国民众在历史问题与领土问题方面存在有这样的认识差异,因此,随着近年来中日两国间政治对立的长期化与深刻化,民众之间的感情对立也越发深刻了起来。中国驻日使馆的工作人员曾经如此感慨:"过去中日间的问题,更多的是政府间的分歧,对老百姓之间的感情并没有多少影响。""但是,冰冻期太长了,舆论也推波助澜,所以国民感情的因素日见凸现。"③

2. 舆论调查中的"冰点"效应

如果说,在《"九·一八",看中国人的日本观》采访中露面的都是日本问题的参与者或研究者,其立场与主张或有瓜田李下之嫌,那么,我们下面就结合这一时期所举行的"中日舆论调查"结果的解读,看一看普通民众的日本观又是如何。

进入新世纪后,国内对国人的日本观研究大都通过"中日舆论调查"来进行。与1990年代由不同单位、不定点实施的零散性"中日舆论调查"不同,这一时期的"中日舆论调查"已开始由比较固定的调查机构组织实施,而且,调查实施的年份也有所稳定。其中比较著名的有中国社会科学院日本研究所组织的主要以中国城市民众为对象的"中日舆论调查",2002—2008年间一共举行了4次。还有是由中国日报社(后为中国国际出版集团)和日

---

① 童增:"中国存在强大的反日、仇日、厌日情绪",http://news.ifeng.com/mainland/special/ribenguan/hanchongguang.shtml,2016年12月3日。

② 马场公彦:"日本组的功绩和遗产——读王雪萍编著《战后中日关系与廖承志——中国的知日派和对日政策》",《抗日战争研究》,2014年第1期。

③ "王毅出任驻日大使三年 中日关系走过最艰难时期",《南方周末》,2007年9月20日。

本言论NPO共同实施的以中日两国城市民众为对象的"中日关系舆论调查",自2004—2016年间已前后实施有13次之多。特别是后者,因其调查规模多在2 000—3 000人之间,又主要以北京、上海、成都、西安等国内大城市的居民对调查对象,且其问卷内容涵盖面较广且前后关联,故其调查结果多为国内研究同行及媒体所引用。

然而,无论是从中国社会科学院日本研究所的"中日舆论调查"(详见表5-3),还是从中国日报社和日本言论NPO的"中日关系舆论调查"(详见表5-4)的结果来看,由于受新世纪中日政治关系持续走冷的影响,中国民众对日本的好感度正在不断地走低。

表5-3 中国民众对日亲近感舆论调查统计(社科院日本所)

	2002年	2004年	2006年	2008年
非常亲近	1	0.9	0.9	1.1
亲近	4.9	5.4	6.6	4.9
一般	47.6	35.5	37.6	31.9
不亲近	27.7	22.4	30.7	28.4
非常不亲近	15.6	31.2	22.2	30.2
不清楚不回答	3.2	4.6	2	3.5

本表根据《日本学刊》所刊第一至第四次"中日舆论调查"统计结果编制

表5-4 中国民众对日好感度调查统计%(中国日报社、日本言论NPO)

年份	2005	2006	2007	2008	2009	2010	2011	2012	2013	2104	2015
喜欢	11.6	14.5	24.4	27.4	32.6	38.3	28.6	31.8	5.2	11.3	21.4
不喜欢	62.9	56.9	36.5	37.6	62.5	55.9	65.9	64.5	92.8	86.8	78.3

本表根据历年"中日关系舆论调查"中方研究报告资料编制

如果将中国民众的对日好感度与中国民众对中日关系的认可度加以比较的话(详见图5-1),还可以发现这两条曲线的走势基本是一致的。也就是说大凡民众认可中日两国的关系处在"非常好"或"比较好"的高位,那么,对日本国家的好感度也就会相应上升。反之亦然。然而,一个不争的事实是,自新世纪以来,中国民众对日本的好感度一直处于低位运行,只有2009年、2010年以及2012年超过30%;相反,中国民众对日本不喜欢的程度却一直是在高位运行,只有 2007 年、2008 年是低于 50％,其余都在 55％以上,在 2013 年甚至达到了 90％以上。

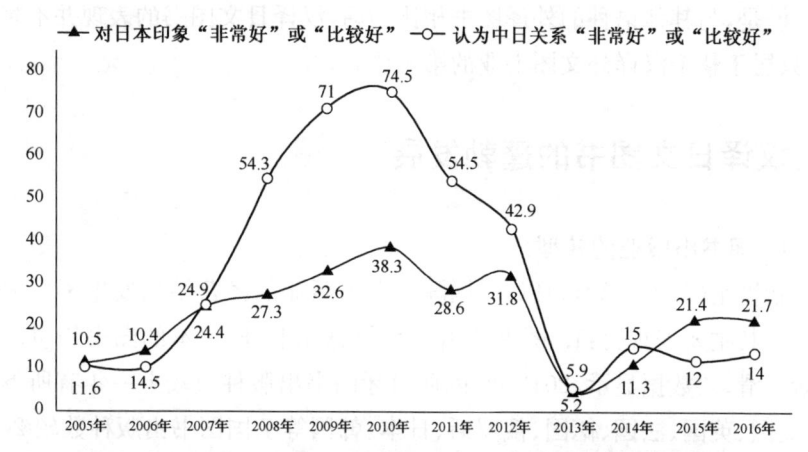

图 5-1　中国民众对日本好感度及对中日关系的好感度统计(％)

本表根据中国外文局、零点有数科技对 2016 年"中日关系舆论调查"中方资料编制(必须加以说明的是,2010 年是中日钓鱼岛撞船事件的发生年,也是中国方面认为的第二次"冰点期"的起始年,之所以还会在数据上占据好感度的历史高位,是因为该年调查完成在事件发生之前)

由此而言,新世纪的汉译日文图书的出版事业,是在中日关系处于低谷,且中日民众间相互对立有时甚至是彼此敌视这样的背景下展开的,因此,在它的身上也就深深地烙上了这样的时代背景。一方面是汉译日文图书的出版切切实实地进入了一个前所未有的蓬勃发展期,实际出版的汉译日文图书总量多达 9 609 种,年均出版达 800 部之多。另一方面,在图书内容的选择上,也引进了太多的新元素,如在医药卫生类版块中,养生、保健及美容类图书的崛起;工业技术类版块中,编织、流行服饰及手工类图书的流行;农业科学版块中,园艺类图书压倒多数;而在环境安全版块中,却是清一色的建筑类图书。这一时期,在汉译日文图书这种赤裸裸的实用主义选择之后,毫无疑问,是对当代政治与社会意识的一种偏离。

第二节　学科版图中的新元素

这一时期汉译日文图书的整体表现,可以说是有诸多的亮点:1. 在图书翻译的数量上出现了大的增长;2. 出现了以《挪威的森林》、《窗边的小豆豆》为代表的畅销图书;3. 出现了适应新世纪社会发展的新的学科版块内容。但是,与其他语种的外译图书相比的话,汉译日文图书的表现并不算突出,只居于整个汉译外文图书业的第三位。

一、汉译日文图书的蓬勃发展

1. 图书出版业的转型

新世纪(2000—2011)以来,国际图书出版业的经营结构发生了巨大的变化。其主要表现为:1. 图书的出版种数总体上升,单本的图书销量却在不断下滑。"数据显示,2013年,除西班牙图书出版种数较上一年有所下降外,美国、英国、法国、德国、俄罗斯、日本、韩国等7国图书出版种数较2012年均实现了不同程度的增加。……从图书销售情况看,2013年,美国各类图书销售额均有不同程度的下降,其销售总额从2012年的271.2亿美元降为270.1亿美元,同比下降0.4%;法国图书销售额持续下降,年降幅近4%,为2011年以来降幅最大的一年;由于国内经济不景气、少子化现象严重、数字化浪潮冲击等原因的影响,比上一年减少了2.1%,日本图书销售额为8 430亿1 459万日元。"[①]2. 面对汹涌而来的数字化浪潮,实体书店数量正在不断减少。"在美国,亚马逊上的电子书销量已经超过了实体书销量,与电商巨头合作,成了传统出版商不得不接受的选择。亚马逊的可怕之处并不只在于低价,整个图书市场的产业链都会因电子阅读而重塑。……2013年,美国实体书店数量同比减少2.6%,减幅有所下降;2013年,法国大型连锁书店维珍书店和以网络书店起家的书章书店相继倒闭,排在前400名的书店中有25家关门歇业;在日本,2013年实体书店的数量为14 241家。从书店占地面积来看,10年间占地300坪以上的大型实体书店没有一家倒闭,而中小型实体书店却在不断消失。"[②]3. 出于对经营规模效应的依赖,国际图书出版业并购趋势越来越明显。如德国贝塔斯曼集团通过协议将自己旗下的兰登书屋与英国培生集团旗下的企鹅出版社联手,组

[①] 前瞻产业研究院:"2015—2020年中国图书出版行业市场前瞻与投资战略规划分析报告",http://bg.qianzhan.com/report/detail/7fc9d75e90a14c46.html,2016年12月3日。

[②] 涂桂林:"国际出版业:几家欢喜几家愁",《中国新闻出版报》,2015年9月14日。

建起目前世界上最大图书出版公司——企鹅兰登书屋。还有美国阿歇特图书集团宣布,同意收购迪士尼旗下的亥伯龙出版公司等。这些图书集团的强强合并,带来了图书市场份额的重新分配,如企鹅兰登甚至有45%的市场占有率。

国际图书出版业在新世纪出现的这些变革,也给中国的图书出版业带来了冲击。在这一时期,随着市场化改革的逐渐深入,中国图书出版业也进入了急剧的转型期。其转型主要体现在四个方面:一是图书出版业的主体性质发生了变化,除人民社系列外,绝大部分出版社的身份由事业单位转为企业;二是由于网络零售商或电子商务的兴起,导致图书市场和市场渠道结构出现变革,传统的实体店即新华书店系统以及民营书商所占的市场份额逐年走低;三是数字出版,已经成为图书出版业未来的发展趋势和转型方向,这种趋势可以从数字出版的增长数据中得到证明(详见图5-2),2006—2013年间,中国的数字出版增长了10倍之多;四是读者的阅读习惯的改变,"截至2013年6月,中国手机网民达到4.64亿,手机阅读基地2013年的收入是2010年的近10倍,用户是2010年的近5倍"[①]。

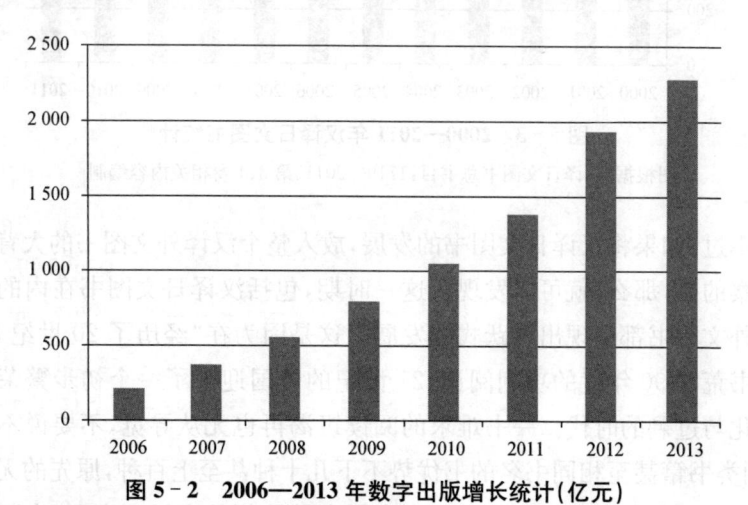

图5-2 2006—2013年数字出版增长统计(亿元)
本图根据宋明昌"中国出版传承发扬中华文明"一文相关数据编制

对中国的图书出版业来说,毫无疑问,这是一场世纪型大转型,也是一场前所未有的生存挑战。

---

① 宋明昌:"中国出版传承发扬中华文明",《中国新闻出版报》,2014年6月19日。

2. 汉译日文图书的兴盛

有意思的是,在图书出版业整体面临转型、面临挑战的同时,新世纪(2000—2011)的汉译日文版图书出版,却进入了一个前所未有的蓬勃发展期。根据《汉译日文图书总书目:1719—2011》(第3、4卷)的资料统计,在2000年,国内实际出版的汉译日文版图书为263种,而到了2011年,这个数字已多达1179种。就在这一时期,实际出版的汉译日文图书数高达9 609种(详见图5-3)。也就是说,年均出版超过了800部。

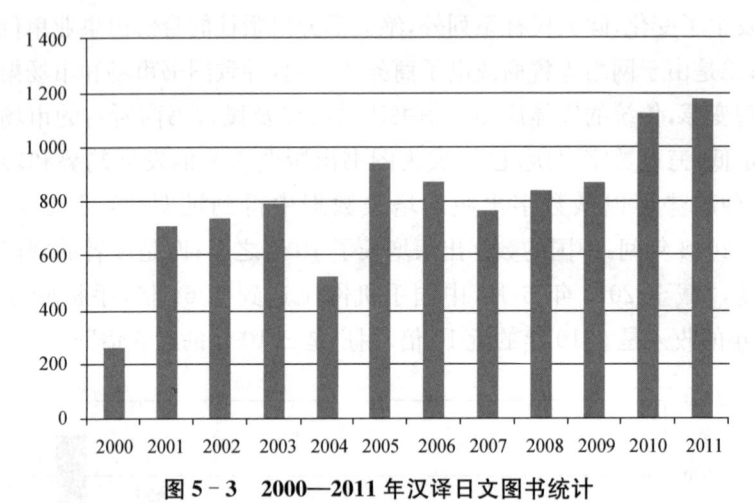

图5-3　2000—2011年汉译日文图书统计

本图根据《汉译日文图书总书目:1719—2011》第3、4卷相关内容编制

不过,如果将汉译日文图书的发展,放入整个汉译外文图书的大背景加以考察的话,那么,就可以发现在这一时期,包括汉译日文图书在内的整个汉译外文图书都呈现出飞跃式的发展。这是因为在"经历了20世纪80年代的书荒和90年代的功利阅读,21世纪的中国迎来了一个初步繁荣和阅读分化与过剩的时代。一书难求的阅读饥渴再也无从寻觅,不要说不同类别,同类书籍甚至相同书名的书优势不下几十种甚至上百种,原先的无书可读变成为现在的无从选择。在买方占据主导地位的市场压力下,出版业竞争日趋加剧,21世纪以来,从外国引进超级畅销书成为一些出版社摆脱经济困境的主要法宝"[①]。这也就意味着,外译版图书是以其内容的新颖而制胜的。

---

① 伍旭升主编:《30年中国畅销书史》,南昌:江西教育出版社,2009年,第228页。

这一时期汉译日文图书的整体表现,可以说是有诸多的亮点:1. 在图书翻译的数量上出现了大的增长;2. 出现了以《挪威的森林》、《窗边的小豆豆》为代表的畅销图书;3. 出现了适应新世纪社会发展的新的学科版块内容。但是,与其他语种的外译图书相比,汉译日文图书的表现并不算突出。事实上,如果比较一下这一期间的图书版权引进的国别分布统计的话,可以发现,这一期间,日文图书的版权引进始终保持在美、英之后,处在第 3 位(参见表 5-5)。其所占比例最高也只有 13%(2011),最低甚至不到 5%(2006)。这一比例,与魏清光所说的:"改革开放 30 年来,虽然中国先后从 135 个国家或地区翻译引进了 97 539 种出版物,主要来源国却是美、英、日、法、德五国。译自这五国的出版物有 77 535 种,占总量的 79%,其中美国占 40%、英国为 15%、日本为 13%、法国为 6%、德国为 5%。"[①]由此而言,即便是在前所未有的蓬勃发展期,汉译日文图书的出版也只居于整个汉译外文图书业的第三位。

表 5-5　2000—2011 年间中国图书版权主要引进地区分布统计(种)

年度	2000	2001	2002	2003	2004	2005	2006	2007	2008	2009	2010	2011
合计	7 343	8 250	10 235	12 516	10 040	9 382	10 950	10 255	15 776	12 914	13 724	14 708
美国	2 936	3 201	4 544	5 506	4 068	3 932	3 957	3 878	4 011	4 533	5 284	4 553
英国	1 245	1 129	1 821	2 505	2 030	1 647	1 296	1 635	1 754	1 847	2 429	2 256
德国	345	440	404	653	504	366	303	585	600	693	739	881
法国	259	181	194	342	313	320	253	393	433	414	414	706
俄罗斯	44	104	10	56	20	49	38	92	49	58	58	55
日本	680	776	908	838	694	705	484	822	1 134	1 261	1 766	1 982
韩国	82	91	275	269	250	554	315	416	755	799	1 027	1 047
中国台湾	968	1 366	1 275	1 319	1 173	1 038	749	892	6 040	1 444	1 747	1 295
其他	784	962	804	1 028	988	771	3 555	1 542	1 000	1 865	260	1 933

本表根据国家版权局相关网站资料整理制作,http://www.ncac.gov.cn/chinacopyright/channels/6125.html,2016 年 12 月 3 日

---

① 魏清光:《改革开放以来中国翻译活动的社会运行研究》,北京:中国社会科学出版社,2014 年,第 56 页。

二、学科版图的内容变化

1. 学科特色的变化

对于新世纪(2000—2011)的汉译日文图书学科版图的划分,本书也采用了 SPSS 软件系统,列出了学科版图、作者排序、译者排序及出版社排序等相关图表,进而就这一时期的出版特征加以分析解读。在 2000—2011 年间,排名前五位的图书版块分别是艺术(1 982 种)、文学(1 843 种)、医药卫生(772 种)、工业技术(733 种)以及语言文字(728 种),其占据同期汉译日文图书总数的 63%(详见表 5-6)。

表 5-6 2000—2011 年汉译日文图书学科分布表

年份 分类	2000	2001	2002	2003	2004	2005	2006	2007
马克思主义 A			1		1			
哲学宗教 B	23	19	40	22	13	36	23	34
社会科学总论 C	8	3	18	11	22	12	18	16
政治法律 D	20	12	9	26	26	25	21	20
军事 E		1	1				1	2
经济 F	38	27	43	53	34	67	63	59
文科教体 G	37	66	34	68	33	53	69	68
语言文字 H	34	58	59	78	36	62	84	58
文学 I	76	143	112	82	88	138	121	92
艺术 J	17	124	137	183	113	287	241	162
历史地理 K	5	26	26	22	23	36	39	58
自然科学总论 N		16	21	36	23	24	17	6
数理化学 O		12	3	6	4	7	9	13
天文地球 P		8	27	27	11	10	11	15
生物科学 Q		10	6	5	6	4	4	13
医药卫生 R	5	80	100	54	39	65	54	54
农业科学 S		29	20	14	7	12	3	3

续 表

年份 分类	2000	2001	2002	2003	2004	2005	2006	2007
工业技术 T		47	45	59	29	49	51	63
交通运输 U			6	4		6	1	1
航空航天 V								
环境安全 X		30	34	42	16	42	38	26
综合性图书 Z		1						
总数	263	712	742	792	523	936	868	763

年份 分类	2008	2009	2010	2011	总计
马克思主义 A		1		1	4
哲学宗教 B	40	49	76	69	444
社会科学总论 C	11	18	19	23	179
政治法律 D	32	17	25	24	257
军事 E		1		4	10
经济 F	58	48	70	58	618
文科教体 G	47	72	66	66	679
语言文字 H	79	58	63	59	728
文学 I	159	169	288	366	1 834
艺术 J	219	128	188	183	1 982
历史地理 K	41	22	37	41	376
自然科学总论 N	4	9	6	7	169
数理化学 O	8	11	18	16	107
天文地球 P	10	5	12	14	150
生物科学 Q	4	3	14	10	79
医药卫生 R	66	98	89	68	772
农业科学 S	3	11	4	12	118
工业技术 T	34	125	115	116	733

续表

分类＼年份	2008	2009	2010	2011	总计
交通运输 U	1	3	2	1	25
航空航天 V					
环境安全 X	23	20	31	41	343
综合性图书 Z			1		2
总数	839	868	1 124	1 179	9 609

本表根据《汉译日文图书总书目：1719—2011》第3、4卷相关内容编制

与改革开放期的汉译日文图书的学科分布相比较，新世纪的汉译日文图书的学科特色出现了较大的变化。首先，排名前五位的图书版块有所调整，如艺术类版块取代了原先的工业技术类版块而位居第一，而文化教育及经济类版块也被医药卫生及语言文字类版块所取代。更重要的是，学科版块的内涵也发生了变化。如在艺术类版块中，有4/5的图书被动漫及儿童绘本所覆盖；在医药卫生类版块中，养生、保健及美容内容的图书占了半壁江山；而在工业技术类版块中，编织、流行服饰及手工也占到了同类图书的半数以上。另外，农业科学、环境安全版块的内涵也有所变化，在农业科学的版块中，园艺类图书占据了压倒多数，而环境安全版块中，几乎清一色的建筑类图书。

2. 新元素的文化解读

如果仔细分析汉译日文图书的这种学科特色的变化，可以发现，这种变化实际上是与新世纪经济发展的城市化以及民生发展的休闲化进程密切相关的。所谓民生发展休闲化，表现在图书引进方面，就是养生、保健、美容以及编织、流行服饰、手工类图书的大举进入并走俏市场。至于经济发展城市化，反应在图书的引进方面，就是建筑与园艺类图书的增加。虽然农业科学、环境安全这两个版块都没能进入排名，但是，园艺类、建筑类图书的增加，已是一个不争的事实。

事实上，自20世纪90年代以来，以动漫、音乐、美食、时装、广告等为代表的日本文化元素，伴随着日本的电视、电影以及图书的输入，开始进入当代中国人生活的方方面面，从阅读（动漫、村上春树等的小说）、影像（日剧、岩井俊二等的电影）、服饰（潮牌、街牌、廉价的时尚）、居家环境（无印风、和

式风、禅意)等各方面都可以找到日本元素或者日本风格的融入。

在这之中,首先是动漫,对80后及90后的中国青年人的影响之深,可以说是前所未有。就在2006年4月,一位从小就喜欢观看日本动画片的北京大学生林华(化名),因为不满广电部出台限播外国动画片的规定,居然在北京的西单图书大厦放置假炸弹,希望以此方式向政府施加压力,改变限播的规定。而2009年前后,在上海、广州等地出现的女仆餐厅、女仆咖啡店等,服务员不仅模仿日本漫画中的形象进行打扮,而且还要求熟知动漫知识,前往这些女仆餐厅、女仆咖啡店的消费者大都也是动漫迷。

一项对80年代以后出生的中国青年的问卷调查中显示,有98.8%的人表示看过日本动漫,其中51.3%看过10部以上。而南京大学出版社于2010年举行的一项面对南京市小学4—6年级生的"日本漫画以及日本漫画市场研究的问卷调查"也显示:喜欢观看日本动漫的小学生比例达57.5%,在最受欢迎的动漫作品中,入选的三部作品,除《老夫子》外,《名侦探柯南》、《守护甜心》都是日本动漫。

在新世纪,动漫及儿童绘本的风靡,完全出乎人们的意料。因为从20世纪90年代开始,国家对动漫及儿童绘本的引进,采取了严格的报批政策。也即李景端所说:"出版外国漫画图书,其选题必须事先报批。"①而政策权限则由国家新闻出版总署掌控。曾经有一段时间(1996—2000),国内甚至都没有一部引进版的动漫或儿童绘本的出现。

也许是受日本所推行的文化战略的影响,国内舆论在1998年时就开始宣传,日本动漫的海外输出金额甚至超过钢铁。事情的转折点是在2001年,就在这一年,农村读物出版社推出了35卷本的《世界优秀动画片画册荟萃》,21世纪出版社推出了5卷本的《宠物小精灵》绘本及20卷的《神奇宝贝》等,吉林美术出版社也推出7卷本的《宠物小精灵》绘本及4卷本的《哆啦A梦漫画智力问答》等,海豚出版社有7卷本的《奥特曼大神功》,此外知识、接力、天津人民美术等多家出版社也都加入了动漫图书及儿童绘本的引进出版。自此之后,日本动漫图书及儿童绘本的引进便一发不可收拾。就在2001—2011年间,引进的动漫图书及儿童绘本就超过了1 600余种。

其次,是文学类板块的强势上位。历史上,日本文学的引进有过三次高潮,第一次是1920年代,借新文化运动之际,引进有《一个青年的梦》(武者

---

① 李景端:"翻译出版风雨三十年",《中华读书报》,2008年5月14日。

小路实笃著,鲁迅译)、《人兽之间》(佐藤红绿著,张资平译)等作品;第二次是 1980 年代,在改革开放之初,引进有《人性的证明》(森村诚一著,王智新译)、《故都雪国》(川端康成著,叶渭渠译)、《窗边的小豆豆》(黑柳彻子著,赵玉皎译)、《挪威的森林》(村上春树著,林少华译)等作品。第三次是在 2000 年代,引进有《失乐园》(渡边淳一著,竺家荣译)、《嫌疑人 X 的献身》(东野圭吾著,刘子倩译)等作品。在这三次文学引进的高潮中,其引进的作品数量,可以说是一浪高过一浪。特别是在新世纪的 12 年间,所引进的 1 834 种文学作品,让人眼前一亮。

说起日本文学作品的翻译及影响,王向远先生曾说:"在 20 世纪我国的翻译文学史中,日本文学的翻译同俄国文学、英美文学、法国文学的翻译一样,具有特别重要的地位。一百年来,我国共翻译出版日本文学译本两千多种。日本翻译文学对我国的近代文学、'五四'新文学、30 年代文学以及 80 到 90 年代的文学,都产生了不小的影响。"[①]但在某种意义上,直到 1990 年代,与英、美、法及俄国文学相比较,日本翻译文学的影响力都要弱上几分。其原因就是在 1989 年统计的行销 50 万册以上的 38 种外国文学畅销书中,竟然没有一部日本文学作品。不过,在新世纪,由于《窗边的小豆豆》、《挪威的森林》的崛起,加之渡边淳一、东野圭吾等新一代作家作品的走红,日本文学作品的翻译,确实出现了前所未有过的强势。

第三,医药卫生类版块内涵的转化。自 19 世纪汉译日文图书事业启动以来,100 多年间,医药卫生类版块的翻译引进,虽然未曾进入过前五位,但也都保持着六七位的水准。所以如此,是因为日本的近代医学一直以来都是中国学习接受西方医学的媒介。不过,改革开放以来,国人可以直面西方医疗技术加以引进,不再需要通过日本这一媒介。因此,在 1970—1980 年代,医药卫生版块的日文图书输入出现明显的下降趋势。然而,从 1990 年代开始,随着中国改革的城市化进程展开,民众的生活质量的提高,人们更多地关注起传统医药卫生类内容之外的养生、保健及美容的新元素。这也是医药卫生版块的日文图书能在新世纪进入前五位排名的主动力。

第四,语言文字类版块的兴起。这是前所未有的新社会景象,主要表现为日语类教科书以及日语考试类的翻译图书的增长。毫无疑问,这种增长与 1990 年代以来的日语教学市场的需求是紧密关联的,"其中,一方面是来

---

① 王向远:《日本文学汉译史》,银川:宁夏人民出版社,2007 年,第 1 页。

自不断增长着的在华日资企业的需求,另一方面则是日渐扩大的日本留学的需求"①。如果具体化的话,那就是在华日资企业所雇佣的 920 多万职工,每年 10 万人的赴日留学的学生,以及 660 所高校的 10 万名日语专业学生的存在。他们是语言文字类版块得以兴起的最主要支柱。

必须指出的是,正是由于存在深厚的文化认同,因此,即便是在中日政治关系最为冰冷的时期,作为日语学习主体的中国青少年们依然保持着对日本文化以及作为文化交流工具的日语的浓厚兴趣。2009 年度笹川奖学金的获得者,大连外国语学院的于文靖在叙说自己的日语学习的原动力时直言不讳:"在大学入学时,我就选择了日语专业作为自己的第一志愿,这不仅是因为喜欢日本的动漫,同时也是因为对日本这个国家感兴趣。……在我们的日常生活中,日本文化的影响早已经不局限于动漫,也不拘泥于照相机、电视机、计算机这样的电子产品,在流行服装的组合以及发型设计等领域同样也能感受到来自日本的元素,因此,可以说是四处可见。"②事实上,与于文靖有着同样观点的还有山东大学的黄嗦咪、厦门大学的陈雅婷以及四川外国语学院的余爽等人,他们也都因对日本文化的兴趣而选择了日语作为自己的专业选项。

由此而言,新世纪的汉译日文图书,正在默默地伴随着经济发展的城市化以及民生发展的休闲化进程,不断地深化着自身的内涵,与此同时也获得了自身发展的最好时机。

第三节　内容为王——呼唤畅销书

一、新世纪的作者、译者及出版社群像

1. 作者群像

在新世纪,因为汉译日文图书学科版图的变化,随之而来的便是作者排

---

① 田雁:"中国日语热的现状与前景",《日本研究》,2011 年第 4 期。
② 陈祖明主编:《笹川日中友好奖学金获得者论文选集》,北京:中国国际友好联络会,2009 年,第 43 页。

序的变化。从作者的排名来看,10位作者中,动漫类作者占了7位,还有2位是手工类图书的作者,1位是小说作者(详见表5-7)。仔细分析的话,还可以看到10位作者中,靓丽、园谷制作、主妇之友以及CLAMP等4位都是公司或团队作者。这种公司或团队作者的大举进入,充分说明了这一时期汉译日文图书的商业化程度的加深。

表5-7 汉译日文图书作者排序(2000—2011)

排序	作者名	出版种数	内容
1	藤子·F.不二雄	159	漫画(《哆啦A梦》等)
2	靓丽社	138	手工、化妆等
3	园谷制作株式会社	122	漫画(《奥特曼》等)
4	多湖辉	95	漫画技巧
5	田尻智	80	漫画(《神奇宝贝》等)
6	主妇之友社	68	健康、手工
7	鸟山明	60	漫画(《龙珠》等)
8	CLAMP	59	动漫(《百变小樱》)等
9	村上春树	55	文学
10	久保带人	47	漫画(《境界》等)

本表根据《汉译日文图书总书目:1719—2011》第3、4卷相关内容编制

　　在新世纪,当出版社群体性地转身为企业,当市场呈现出阅读的分化与过剩,当读者悄然改变其阅读习惯,就在这遍地市场化商业化的背景下,人们开始意识到了"内容为王"的真实含义。于是,引进畅销书就成为出版社摆脱困境的一条重要出路。于是,日式漫画与小说就自然而然地成为这一时期汉译日文图书所关注的重点。特别是日式漫画,因其画风设计的精致、故事设计的引人入胜、背景设计的多元化以及情感表达的纯粹与浪漫,令国内的读者趋之若鹜。一个不争的事实是,就在日式漫画走红的今天,图书市场上中国传统的连环画却已不见了踪影。其影响之大可见一斑。

　　至于日本文学,可以说百余年来一直都有引进。也许是因为缺乏有影响力的作家及作品,其市场一直不温不火。然而,在新世纪,因为村上春树的《挪威的森林》及黑柳彻子的《窗边的小豆豆》的意外走红,方才引发起一股日本文学的引进浪潮。就在这一时期,大量的中、新生代作家及作品得到

了翻译出版,其中有渡边淳一的《失乐园》、东野圭吾的《嫌疑人 X 的献身》、青山七惠的《一个人的好天气》、岛田庄司的《斜屋犯罪》、山冈庄八的《德川家康》、石田衣良的《池袋西口公园》,等等。对此,著名日本文学翻译家竺家荣就曾评论说:"20 世纪初至今,中国在译介日本文学上经历了三次高潮,分别是'五四'新文化运动时期、80 年代至 90 年代的 20 年以及进入 21 世纪以来时期。……目前中国国内图书市场活跃,读者的需求的旺盛等原因推动了对外国文学作品的翻译出版,尤其是日本当代文学,在中国拥有了广阔的读者市场,渡边淳一、村上春树、青山七惠、东野圭吾等日本文学在中国畅销,使日本文学热达到了空前的程度。"[1]

不过,与以往不同的是,新世纪的日本文学翻译有一个非常典型的特征,即不再是一个作家的某一部作品的翻译,而是一个作家的系列作品,有时甚至是全部作品的翻译。

在此,不得不提到两位作家。一位是渡边淳一,共有 46 部作品被翻译出版,但在作者排序时,却因比久保带人(漫画家)刚好少掉一部,而遗憾落选。不过,在中高年龄段的读者之间,渡边淳一的影响力可以说是一时无二。还有一位则是东野圭吾,其作品自 2008 年进入国内图书市场之后,迅即蹿红。尤其在青少年读者之中,东野圭吾的影响力可以说无出其右。2009 年,东野的所有作品的版权就已经被国内各家出版社瓜分完毕。2008—2011 年间,其已经有 30 余部作品得到了翻译出版。

2. 译者群像

在新世纪,同样是受学科版块变迁的影响,在为数 10 人的译者之中,也是动漫类的译者占据了绝对多数,共有 8 位,剩下 2 位是小说类的译者。这也是汉译日文图书的历史上前所未有的景象(详见表 5-8)。

表 5-8 汉译日文图书译者排序(2000—2011)

排序	译者名	出版种数	内容
1	碧日公司	117	漫画(《哆啦 A 梦》等)
2	林少华	45	文学(村上春树等)
3	牟琳	42	漫画(《龙珠》等)

---

[1] 刘梦琦:"走近'跨文化中介人'——日本文学翻译家竺家荣",国际在线,http://gb.cri.cn/27824/2012/08/31/2225s3833273.htm,2016 年 12 月 3 日。

日文图书汉译出版史

续　表

排序	译者名	出版种数	内容
4	叶鼎荣	40	文学（推理小说）
5	杨晓红	37	少儿（《智慧七巧板》等）
5	宋晓楠	37	漫画（《龙狼传》等）
7	崔维燕	35	动画片画册荟萃
8	彭懿	29	漫画（《寻找飞龙记》等）
9	梁晓岩	32	漫画（《圣斗士星矢》等）
10	吉林美术	29	漫画（《哆啦A梦》等）

本表根据《汉译日文图书总书目：1719—2011》第 3、第 4 卷相关内容编制

　　至于译者，与改革开放期相比，译者的地位显然又出现了下降。事实上，这种下降主要表现在三个方面。首先是单位译者的出现，在前十位译者中，单位译者就占了 2 位（碧日公司、吉林美术）；其次是动漫译者占据了主流，在前十位译者中，动漫译者甚至占了 8 位，众所周知，动漫类作品的最大特点是以图为主，辅之以文字说明，翻译的含金量少；第三，在 2008 年之后的《全国总书目》中，甚至没有收录任何译者的名字，或多或少体现出某种歧视。

　　之所以如此，因为这一时期的"社科学术评价机制中，有一种约定俗成的惯例，那就是在考量学术成果时，重原创、轻翻译"，"使不少有才华和有能力的学者不愿意从事翻译这种吃力不讨好的工作。其结果是，价值高、难度大的学术著作的翻译几乎成为'智者不为'的行当，少数'素心人'的寂寞事业"[1]。这也就是说，由于社会对翻译事业没有能给予充分的重视，导致了译者地位的下降，而最终引致对翻译事业社会性的冷落。

　　在这一时期中，汉译日文图书的代表性译者应该是被誉为"村上春树作品专属译者"的林少华。在日文图书的翻译史上，林少华的名字是与村上春树紧紧地联系在一起的。这许多年来，他坚持不懈地将除《1Q84》之外的村上春树的作品几乎都译成了中文。据称，林少华已经"翻译过 42 本村上春

---

[1] 张绪山、王晓毅、张强："翻译事业的百年历程与目前现状"，《中华读书报》，2006 年 3 月 22 日。

树的作品,其中第 42 本翻译的便是《没有女人的男人们》"①。因此,"有人戏称他在中国开了家'林家铺子',俨然成了村上春树的专门翻译家"②。然而,对"林家铺子"的称呼,林少华似乎没有多少抗拒,甚至带有几分自豪:"我翻译的村上春树始终是林家铺子的村上春树,而不是陆家铺子的村上春树。"③

林少华的翻译历程,起自于 1984 年对日本 TBS 电视连续剧《血疑》的翻译。这是一部由山口百惠与三浦友和联袂出演的当红电视剧,在中国的火爆程度,比起《排球女将》来有过之而无不及,而林少华也由此成名。在此之后,林少华步入了文学翻译领域,曾经翻译过包括芥川龙之介、川端康成、三岛由纪夫、夏目漱石、片山恭一、林真理子、江户川乱步、松本清张、水上勉等 10 多位日本著名作家的众多作品。

林少华与村上春树的初次碰撞是在 1989 年,由漓江出版社出版的林译本《挪威的森林》。在此后的 20 多年间,村上的作品都是由林少华翻译,上海译文出版社出版。林少华也因此成了"村上专业户"。对此,林少华曾有解释:"我翻译了十几位日本作家的作品,真的只有村上春树符合我的脾性。一是他的笔调适合我的口味,简洁明快、幽默又有韵味,正是我所追求的。文笔上不谋而合,翻译起来得心应手。二是我们本质上都是孤独的人,不喜欢跟别人套近乎,对周围人与事保持距离,这种孤独感包括性格气质比较像。翻译不仅是文字语法的对接,还是气质的对接,我们在这方面可以说是臭味相投也可以说是一见钟情。因为相投了才能传达出语言的精髓,触摸到微妙心理感受。"④

毫无疑问,林少华对翻译的技巧和标准,特别是对文学翻译的标准有着自己独特的认识与见解。他认为:"文学翻译必须是文学——翻译文学。大凡文学都是艺术——语言艺术。……文学翻译属于再创造的艺术。"⑤正因为有了"文学翻译属于再创造"这样的文学翻译观,在翻译过程中,他"为了缩短日本人和中国人的审美距离,有时就在允许范围内调整一下,即多放几

---

① 潘小娴:"林少华:村上春树的最佳状态已经过去",《信息时报》,2015 年 6 月 5 日。
② 谢瑞平:"林少华的浮夸",《文学自由谈》,2014 年第 1 期。
③ 张晓媛:"林少华:我翻译的村上属于林家铺子",《山东商报》,2015 年 6 月 16 日。
④ 谢瑞平:"林少华的浮夸",《文学自由谈》,2014 年第 1 期。
⑤ 林少华:《为了灵魂的自由——村上春树的文学世界》,北京:中国友谊出版公司,2010 年,第 283 页。

克盐"①。

　　这样一来,林少华译笔下的村上春树也就烙上了深深的林氏烙印。虽然,林少华的"多放几克盐"的翻译风格仍有待商榷,但是,林译本在"再创造"过程中,其文笔优美、行文流畅是无可厚非的。何况其中还充斥有众多颇为有趣的林氏风格的译文,诸如"烦恼事如雨从空中降下,我们忘我地将其拾在一起揣进衣袋",等等。于是,林译本便迅速为广大读者所接受。《挪威的森林》在两年多的时间里增印了 16 次,总发行量达 72 万册。在 1990 年—2002 年间,《村上春树文集》(20 卷本)的总销售量也达到了 150 万册。

　　然而,也正因为是"多放几克盐"的缘故,林少华就成了有史以来争议最多的翻译家之一。支持者说:"林译在整体意义传达上做到了与原作最大程度上的功能对等。尤其是在语境意义、风格意义和形象意义的表现上,注重传达原作的艺术美、风格美和意蕴美。或者说,林译追求的不仅仅是简单的概念或语法上的忠实,而是一种再现原作的'文学之美',一种更高层次上与原作的对等。"②还有人说:"如果他仅仅停留在对原作的一般信息的传递,而不调动译者的艺术再创造的话,这样的文学翻译作品是不可能给人以艺术的审美的享受。"③然而,反对者则有藤井省三所说的:"不能否认与赖(明珠)译、叶(蕙)译相比,林译所谓'审美的忠实'看起来反而像化了浓妆。"④而孙晓军更是指责:过度修饰的林译本"舍弃了原作中历史、社会的前后关联,创造出一个强调感情与美感的新文本",令读者"很难产生对日本现实的新认识"⑤。

　　事实上,对林氏翻译风格的这种争论,也是 20 世纪二三十年代以来的"直译"与"意译"争论的延续。只不过,近年来随着西方翻译理论的介绍与阐述,"直译"与"意译"的提法,渐渐被"异化翻译"及"归化翻译"所替代。显然,如果说林少华的"译文可以而且必须跳出原作一字一句的表层结构以求融之化之。这其实是一种高层次的真正的忠实"⑥,是典型的"归化翻译";

---

① 林少华:《落花之美》,青岛:青岛出版社,2013 年,第 139 页。
② 刘倩:《"功能对等"翻译理论观照下芥川作品汉译比较研究》,中国海洋大学硕士论文,2014 年。
③ 谢天振:《译介学》,南京:译林出版社,2013 年,第 182 页。
④ 藤井省三:《村上春树中的中国》,东京:每日新闻社,2006 年,第 202 页。
⑤ 孙晓军:"误译中的真理——《挪威的森林》在中国的翻译与接收",《日本近代文学》,2004 年第 71 期,第 148-149 页。
⑥ 林少华:《落花之美》,青岛:青岛出版社,2013 年,第 153 页。

那么,文洁若的"一个零件也不丢,连一个虚词也不放过"就应该是典型的"异化翻译"。平心而论,作为一种翻译方法,无论是"直译"、"意译",抑或"异化"、"归化",都有其存在的理由。不过,如果把它上升一种"文化策略"的高度,那么,就只剩下了"归化"这一条路。

最后,顺便说上一句,由于21世纪以来出版社间的激烈的版权竞争,出版社对知名作家的垄断已经不再,像林少华这样的"村上专业户"的翻译模式也就不可能再现了。君不见,就连林少华也都被摒弃在村上春树《1Q84》之外了。而今后外版图书翻译领域的新常态,也许就是一部名著会有多位译者转译,一部名著也同样会有多家出版社参与。因为,正在从事日文图书翻译引进的作者自身,就常有日方的版权代理来信询问,某某书的版权期已到,是否延期? 不续的话就要提交给其他出版社了。

3. 出版社群像

至于出版社,在新世纪,又出现了新一轮的重新排序。在上一轮位居前十的出版社中,只有科学出版社一家得到了保留,其余9家均是新入选的(详见表5-9)。由此可见,汉译日文图书市场的变化与竞争之激烈。此外,就出版社的参与情况分析,在新世纪,在总共508家出版社中有370余家出版社参与了汉译日文图书的出版,由此而言,广泛参与也成为这一时期汉译日文图书的出版特色。

表5-9 汉译日文图书出版社排序(2000—2011)

排序	出版社	出版种数
1	科学出版社	541
2	南海出版社	397
3	21世纪出版社	383
4	辽宁科技出版社	339
5	轻工业出版社	254
6	吉林美术出版社	193
7	外语教研出版社	165
8	上海译文出版社	164
9	上海少儿出版社	161
10	中国青年出版社	160

本表根据《汉译日文图书总书目:1719—2011》第3、4卷相关内容编制

但是，一个不争的事实是，在这一时期所入选的出版社中，传统的诸如商务印书馆、三联书店等老牌日文图书翻译出版社早已不见了身影。而挂有翻译字眼的出版社也只剩下了外语教研出版社及上海译文出版社这两家。外语教研出版社顾名思义主要是从事外语（日语）教材的出版事宜，当然也包括一些其他类的日文图书的翻译出版，因此，在日文图书翻译出版方面的整体影响力就会要弱一些。而上海译文出版社被称为目前国内"最大的综合性专业翻译出版社"，是1978年新成立的一家出版社，但其前身可以追溯到50年代的上海新文艺出版社和人民文学出版社上海分社的外国文学编辑室，因此，在日文图书的选题策划、编辑及翻译组织方面具有相当的实力，表现在其翻译出版的日文图书的质量较高，装帧也很有特色。比较遗憾的是，该社翻译出版的日文图书的数量并不是太多。

至于科学出版社，则是跟上了科技时代的潮流，为了迎合这一时期国内对科学、技术及管理类的外文图书的渴求，还在1996—2002年间，其所翻译的各类外文图书就已经超过了100种/年，自2003年起，更是多达300种/年。在这中间，日文图书的翻译出版毫无疑问占据了相当的比例。不过，同样是挂科技出版牌子的辽宁科技出版社以及轻工业出版社，就有一点剑走偏锋了。与所翻译出版的专业的科学、技术的日文图书相比，日本漫画类图书的翻译出版比例似乎要更高一些。

而21世纪、吉林美术、上海少儿还有中国青年这4家出版社，显而易见，都是以青少年为读者群的。面向青少年的日文图书，除了漫画、绘本、智力读本之外，也就别无其他了。如果就作品的社会影响而言，还是有其一定影响力的，但是，如果就作品的翻译影响力来说，确实很难加以评述。

南海出版社是一家新成立的出版社（1988），主要出版社会科学、文学艺术、摄影美术类图书。不过，自2001年起，聘请了北京大学中文系博士毕业的猿渡静子为其版权编辑之后，便加速了对日文图书的版权引进及出版。特别是其对东野圭吾等人的作品的引进，在国内引领起了一股新世纪日本推理小说的小高潮。只不过在图书的装帧设计上以及在引进品种上，比起同样是引进版推理小说后起之秀的新星出版社，似乎是要稍逊一筹。

其实，在没有上榜的出版社中间，还有一家由国家外文出版发行事业局主管的新星出版社值得一提。新星社是从2005年开始设置"午夜文库"这一版块的，主要从事各类西方推理小说的翻译出版，而对日本推理小说的涉足，在时间要稍晚一些。"2005年规划这个文库时，主要分为大师系列和经典系列,2008年加入日系佳作、2010年加入原创系列、2011年加入犯罪档案,到现在一共是五大系列。迄今,已出版国内外侦探小说近五百个品种,涵盖了美、英、法、日、北欧和中国等国家和地区的五十余位作家。"① 遗憾的是,新星社的"午夜文库"起步较晚,未能赶得及2000—2011年间的这一榜单。但是,就在2006—2015年的短短10年间,"午夜文库"就推出了包括岛田庄司、二阶堂黎人、江户川乱步、绫辻行人、伊坂幸太郎、宫部美雪等为代表的日本推理小说200余部。而对于新星推出的日式推理小说,包括各种读者群体都比较认同。"新星是最近比较难得肯在内容上花工夫的出版社,虽然我只买过岛田庄司的几本和向日葵,但就翻译的质量来说个人还是觉得不错……我对该社的装帧、包装、纸张都不是很满意,但是选材上必须给个赞。"②

二、《窗边的小豆豆》、《挪威的森林》的走红

说及新世纪汉译日文图书的出版,就不得不提及《窗边的小豆豆》、《挪威的森林》这两本书的走红。对于汉译日文图书来说,《窗边的小豆豆》、《挪威的森林》的畅销,不仅改变了1949年以来日文版图书缺乏代表性作品的历史,而且也激发了读者对日文图书作品的阅读兴趣。最终,才有汉译日文图书社会地位的整体提升。

1.《窗边的小豆豆》的意外走红

《窗边的小豆豆》(黑柳彻子著)本来只是一部关注小学生教育和心理的小说,据说是根据作者小学时的一段真实故事所写。作者在因淘气而被原学校退学后,在妈妈的陪伴下,来到一个叫"巴学园"的学校。"巴学园"是一所由小林宗作先生(日本著名教育家)创办的实验性小学,在这所学校里,孩子们"坐在哪里都行,可以根据当天的兴致和其他情况,每天换一个自己喜欢坐的地方"。"由女老师把当天课程表上全部课程的问题都满满地写在黑板上,然后对学生们说:'好,就从你自己喜欢的那个题开始做吧!'"③

于是,一个曾在上课时不停地开关课桌板,也曾试着与小燕子搭话的

---

① 周珺:"来自新星的我们——专访午夜文库负责人王欢",《青年时报》,2014年8月31日。
② 周珺:"来自新星的我们——专访午夜文库负责人王欢",《青年时报》,2014年8月31日。
③ 黑柳彻子:《窗边的小豆豆》,海口:南海出版公司,2011年。

"怪怪"的问题小女生，在这样的校园氛围内，渐渐成了一个大家都能接受的孩子。长大后，又成了一个知名的作家。就是这么一部适合小学生阅读，也适合学生家长和从事小学教育的老师阅读的儿童文学作品，被称为"儿童教育经典"[①]，自2003年成为中国大陆最有价值的图书，连续72个月登上全国畅销榜，图书销量超过200万册。

《窗边的小豆豆》的意外走红，在某种程度上是与中国第二代独生子女的出世相关联的。那些在20世纪七八十年代计划生育政策下出生的第一代独生子女，到了新世纪便成了第二代独生子女的爸爸妈妈，这些在众多的长辈呵护、包容成长起来的新一代爸爸妈妈，偏生遇到了社会阶层最为固化的时代。"自1990年代开始，中国的经济体制改革并未按照帕累托改进模式进行下去，一个明显的特征是：权力与财富、官员与商人纠缠到了一起，导致了阶层两极分化剧烈，阶层之间缺乏公平的流动性。一方面，形成了日益强大的既得利益阶层，另一方面，社会弱势群体被边缘化，仅仅通过勤劳已经难以改变自身命运。"[②]于是，教育作为中下阶层改变自身的最主要手段，如何将自己的孩子教育好，找到一把适合孩子发展的钥匙，便成为每一对父母的头等大事。

然而，在国内刻板的应试教育前提下，特别是中小学校，为了提高升学率，都将孩子的教育重点放在了考试及升学上，并将考分高低与孩子的成才与否直接挂钩了起来。在此背景下，一部通过学校教育将"问题孩子"培养成才的《窗边的小豆豆》，便得到了孩子、家长、老师甚至是教育管理部门的广泛认同。

孩子们如此说道："当我带着好奇打开这本书时，我便一点点走进小豆豆的世界。在她的视野里，我能看到一个孩子对事物的理解与她天真纯洁的内心世界：老师的工作不只是教书，还有教人，教会孩子懂得尊重与感恩，并用心去善待他人。""在《窗边的小豆豆》这本书里，我们看到了孩子们的天真率直：小豆豆向往奇特的电车教室，小豆豆帮助身患小儿麻痹症的同学爬树……或许，这样一所学校出不了学校成绩优异的学生，但'巴式'教育却能培养出身心优秀的人才。"[③]

---

① 伍旭升主编：《30年中国畅销书史》，南昌：江西教育出版社，2009年，第235页。
② 新浪财经："为何努力工作却不能出人头地　党报直批阶层固化"，http://finance.sina.com.cn/china/20150401/074021861650.shtml，2016年12月3日。
③ "《窗边的小豆豆》读后感"，《当代学生》，2013年第8期。

妈妈们如此说道:"我很欣赏小林先生的教育理念。他耐心引导孩子去观察探索大自然,使学习不再枯燥无味。我还欣赏小林先生对儿童的尊重,他用爱心与信任使巴学园的孩子快乐健康成长。我也佩服小豆豆妈妈对孩子的理解与宽容,小豆豆的调皮捣蛋,妈妈从来没有大声地批评,而是耐心地引导和倾听。"[1]

老师们如此说道:"《窗边的小豆豆》蕴含着丰富的学前教育管理思想,为现代教育注入了新的活力。从巴学园的故事中,笔者能感受到小林宗作先生与众不同的教育理念。……希望更多的教育工作者能将这些思想运用到教育实践中,从而提高学前教育管理质量。"[2]"教育应该尽量让每个人都有丰富而且快乐的童年记忆。……让我们也像小林老师那样做一个真正尊重孩子的老师吧。"[3]

教育部门的管理者同样说道:"驯化教育是一种'制器性'教育,是一种抽掉生命本性而使人工具化、规格化和标准化的权力技术,一般运用身体规训、权威说教、标签强化等教育形式。生成教育是一种'生长性'教育,是一种回归生命本质,使人的主体性、自然性与可能性得以弘扬的教育技术,它崇尚发现个性、尊重自由、点燃激情等教育形式。这两种教育的本质差别,在于其秉承的人性观、知识观与教学观的截然不同。驯化教育使小豆豆成了问题孩子,而生长性教育又让她成为优秀孩子。"[4]

显而易见,在《窗边的小豆豆》走红的背后,是社会对当代教育的关注,尽管人们都知道,每一个站在窗边的小豆豆,只要适当地加以教育引导,就可以成长为一个优秀的人。但是,在目前应试教育体制之下,是无法产生出类似巴学园这样的学校的,那么,究竟应该给孩子们创造一个怎么样的成长环境,让他们能健康快乐地成长呢?而这正是《窗边的小豆豆》留给国人的思考。

2.《挪威的森林》

《挪威的森林》(村上春树著)是一部长篇爱情小说。故事以渡边为第一

---

[1] "《窗边的小豆豆》读后感",http://0s.net.cn/300zi/201407/10120654.html,2016年12月3日。

[2] 方吉祥、胡连峰:"《窗边的小豆豆》中的学前教育管理思想探析",《科教文汇》(下旬刊),2015年第9期。

[3] 王振强:"真正的尊重——读《窗边的小豆豆》",《教育文汇》,2009年第2期。

[4] 唐松林、张燕玲:"驯化与生存:《窗边的小豆豆》中两所学校教育之理念比较",《河北师范大学学报/教育科学版》,2014年第16卷第1期。

人称,讲述了渡边与直子、绿子这两个女孩之间的爱情纠葛。细细读来,会给人留下了一种淡淡的忧伤,是那种青春的忧伤或是那种小布尔乔亚(小资)式的感伤。于是,网络上曾有人评价说:"村上春树的好,不在于故事,甚至不在于文字,而是那种无所事事的、绵长的、氤氲的但欲罢不能的氛围。这种氛围也许正是最贴近人生的本质状态的东西。"①

这部小说,从"1989年漓江出版社出版《挪威的森林》以来,该作品在中国大陆由畅销作品转变为长销作品,成为近三十年来最受欢迎的外国文学作品之一。随着中国社会的发展,中国读者对该作品的解读不断变化,其理解在不同的时期呈现出不同的特征"②。特别是自1990年代末期起,该书"多次荣登全国文学类畅销书排行榜,销量也扶摇直上。到了21世纪,《挪威的森林》更是成为青春文学类畅销书的代表作品,在某种意义上,是否读过村上的小说,便为一种读者群体划分的标志"③。

从《挪威的森林》汉译本的历时性研究来看,《挪威的森林》并没有能一开始就得到国内读者的认同。有研究者将《挪威的森林》在中国大陆的接受分为三个阶段:"在第一阶段(1989—1996)《挪威的森林》刚进入我国时,出版社为了吸引读者将其打造为性爱小说。当时并没有实现持久性销售。在第二阶段(1998—2000),《挪威的森林》作为都市文学被读者接受。其中孤独感引起都市读者的共鸣,在都市开始出现阅读热潮。第三阶段为2001年以后,《挪威的森林》全译本的发行使得该作品的出版量达到空前的高峰。这一阶段,一方面该作品成为小资文化的符号,另一方面成为青少年读者的性爱启蒙书。"④

事实上,《挪威的森林》的走红,与20世纪90年代末,中国社会受益于改革开放的深入,在经济全球化的浪潮推动下,开始由生产型社会向消费型社会转型,导致都市化程度不断提高的大背景紧密关联。在这样的背景下,一方面,在外国资金及技术的推动下,社会经济得到快速发展,同时也推动了城市化的进程,在此基础上,形成一种新的都市化文化;另一方面,也随着社会经济的发展以及都市化文化的产生,外来的西方文化与本土文化开始

---

① 走走:"当我们谈论挪威的森林时,我们谈些什么",http://movie.douban.com/review/4785289/,2016年12月3日。
② 王静:《挪威的森林》在中国的接受",山东师范大学硕士论文,2011年,第1页。
③ 伍旭升主编:《30年中国畅销书史》,南昌:江西教育出版社,2009年,第227-228页。
④ 王静:《挪威的森林》在中国的接受",山东师范大学硕士论文,2011年,第1页。

渐次交融，西方文化在人们的生活中开始占据越来越重要的位置。

在这过程中，"社会文化的族群分化现象越来越明显。工业社会以单一的经济实力来划分社会群体的方法，已经不再适应当今信息社会，取而代之的是逐渐以价值观念、生活方式等多元化因素来划分不同的社会群体。成为某个阶级的标志不仅仅是银行账户上的存款，消费习惯、家庭住址、购物场所也能够表现出对某个群体的归属。当今流行的族群文化，就是宣扬一种文化取向上的志同道合，审美上的趣味相投"①。

《挪威的森林》恰好迎合了流行的族群文化中"小资"阶层的心理需求。因为，首先，作品自身并不追求传统意义上的主题意义，而是将相当的耐心放在了都市社会的生活细节的描写上；其次，因为没有了远大的主题，故作品中的主人公都只是关心自己的生活、体验与感觉的都市生活中的小人物；再次，因为这些主人公只是关心自己的生活、体验与感觉，所以个性化的性爱描写也就成为作品的重要特色。

所谓的"小资"是20世纪90年代国内开始流行的一个名词，"原本为'小资产阶级'的简称，特指向往西方思想生活，追求内心体验、物质和精神享受的年轻人。小资情调应该是一种追求生活品位的人。小资一般为都市白领，在社会中有一定的地位和财富，又与'中产阶级'相差一定距离——主要在经济方面。……一个真正的'小资'必须是具有一定的工作能力、经济收入、生活品位、思想水准和艺术鉴赏能力的文艺青年"。具体而言就是："他们喜欢像风一样自由的生活，可以天马行空，可以自由散漫，他们在城市气派的写字楼里享受工作，出入于星巴克和三里屯酒吧街等，穿着个性服装，读村上春树和王小波，听爵士和蓝调。"②

有意思的是，"小资"对于《挪威的森林》的解读并不相同，有人说："里面的爱情故事对我没有多大触动，主人公在大学中那种孤立懒散的生活方式却让我莫名的着迷。一个人走在校园里，看着阳光里飞舞的小虫，看着别人神色飞扬，好像在看一部跟自己无关的电影似的。一个人走在生活的边缘。我也许觉得这样一种生活方式是对生活主流中媚俗的逃避或反抗？说不清

---

① 赵敏："村上春树作品在中国大陆的畅销现象研究"，湖南师范大学硕士论文，2010年，第31页。

② 百度百科："小资"，http://baike.baidu.com/link?url=SubQxDu80MfVePzIllYIskFR1zeTgP8ODOhDRnXLvmB4VjRW4azbQK3hVmsFVhWiPKCO0lXTBsfImJ5TWLHqTgf5cNe65mrr_PeeEBT6pHO，2016年12月3日。

楚。反正我现在正过着这样的生活。在一个陌生的城市,独来独往,站在岸边,漠然看着生活之流卷着亲人,朋友,桌椅,自行车,从脚下流过。"①还有人说:"有人说读者可以从村上的小说里看到但丁的《神曲》:暴食、贪婪、懒惰、淫欲、骄傲、妒忌和愤怒。不如说读者从他的小说里看到了一面镜子。镜子里有反射后的世界。忠实的现实的虚幻。还有一个孤零零的自己。这就是村上春树。一个对孤独和无奈的赏玩专家。一个对情调、韵致和气氛的出神入化的经营大师。一个正直的小布尔乔亚。"②也有人说:"村上文字里的那个世界,让我感觉到是在阅读自己,与自己的心灵交谈,游历自己的精神世界,看到的是我们自己。可是,村上展现给世人的那个非现实的世界,又怎么会在我的脑海中有匹配的情景呢?我想,应该被匹配到的是一种生活模式,一种人生态度,也就是村上很多作品的基调:孤独与无奈。"③

显而易见,这些读者们都是在用自己的语言及思维去理解《挪威的森林》,并且去描述自己心中的村上春树。毫不夸大地说,有多少位读者,就可能有多少个村上春树。虽然如此,在此还是借用豆丁网上一位读者的评述:"村上吸引中国大众的地方,作品中的个人主义(中国自古就没有个人主义这回事),还有作品中的小资情调(这里没有贬义)。其中大部分不合格的读者都是冲着后者喜欢村上春树的小说。"④事实上,随着改革开放的中国在1990年代的城市化进程,伴生出了一批生活在都市气派写字楼里的"小资"阶层,也正因为这些都市生活中的"小资"们对村上春树及《挪威的森林》不遗余力的追捧,才会有《挪威的森林》在新世纪的走红。

3. "睡美人论文"的理论

必须指出的是,无论是《窗边的小豆豆》,还是《挪威的森林》,其实,早在20世纪的80年代就已经登陆中国。如《窗边的小豆豆》,在1983年就有了中国展望出版社出版的未申所译的版本。当时,在《窗边的小豆豆》之外,同期推出的还有黑柳彻子的《窗边的阿彻》(陈喜儒、徐前译,少年儿童出版社,

---

① 豆瓣网:"一个人的生活",https://m.douban.com/book/review/1009917/,2016年12月3日。

② 天涯论坛:"[私人藏书]小布尔乔亚的村上春树",http://www.tianya.cn/Content/books/1/78254.shtml,2016年12月3日。

③ 滚球:"村上春树,用孤独与无奈品味希望",http://www.wtoutiao.com/p/1f3UbC8.html,2016年12月3日。

④ 豆丁网:"村上小说的缺陷及主题及吸引我的地方",http://www.docin.com/p-935491152.html,2016年12月3日。

1983)、《窗旁的小桃桃》(王克智译,辽宁少年儿童出版社,1983)以及《窗边的小姑娘》(朱濂译,湖南少年儿童出版社,1983)。不过在当时,这些作品都没有能激起读者的特别关注。事实上,在整个八九十年代,除《窗边的小姑娘》后来又有过妮鲁番尔译的新疆少年儿童出版社版(1990)外,甚至都没有能再版过。直到2003年,南海出版公司重新推出赵玉皎所译的《窗边的小豆豆》后,方才走红。不过,走红的也只有一部《窗边的小豆豆》,黑柳彻子的其他三部作品,如《窗边的阿彻》、《窗旁的小桃桃》以及《窗边的小姑娘》,之后也都不见了身影。

无独有偶,其实,早在1989年,《挪威的森林》就有了林少华译的漓江出版社版,1990年又推出了钟宏杰、马述祯所译的北方文艺出版社版。不过,在当时,这两部译本也都没有能激起读者的特别关注。直到1996年,林少华译的漓江出版社版再版后,才渐起波浪,随后又有了1998年的3版及1999年的4版。而真正风行全国随后被列入畅销书排行榜单的,却是2001年上海译文出版社推出的林少华的新译本。

那么,同样的作品之所以在不同时代会有不同遭遇,是因为作家的写作是在一定的社会背景下展开的。而那些有着独特见解和个性的作家,因为他们的敏锐与深沉,其内心常有一种难以排遣的孤独,从而会表现出与众不同的设计或描写,所以其作品就难为同时代人理解。而这就是作品对时代的超越。对于国外的翻译作品而言,还存在有时代的认同问题。《窗边的小豆豆》、《挪威的森林》所以会在21世纪初方才得到中国读者的广泛认同,除译本的因素以及出版社的宣传推广手段之外,还有一个重要的原因就是谢迪南所说的:"我们现在社会的发展跟日本经济的发展越来越接近,或者有相似的地方,使我们对日本文学作品越来越容易产生共鸣。生活方式接近后,文化产品的消费就会有相似性,这将是日本文学作品的前景之一。"①由此而言,在中日的生活方式渐次接近后,相信会有更多的日本作家及作品得到读者的认同。

事实上,这种因时代不同而有不同的遭遇作品,在科技领域也同样存在。科学家们把出版多年甚至百年却不为人关注,而到了当代又重新为人发现并引用的论文或著作,称为"睡美人论文"。研究表明,"最美睡美人论文 B 值为 11 600,是 1904 年发表的 Concerning adsorption insolutions,该

---

① 谢迪南:"日本文学在中国30年传播历程",《中国图书商报》,2008年5月16日。

论文 2002 年才被唤醒。……睡眠时间最长的是第 15 名的卡尔·皮尔森 1901 年在 Philosophical Magazine 上发表的统计学论文 On lines and planes of closest fit to systems of points in space，该论文也是在 2002 年被唤醒"[1]。

毫无疑问，《窗边的小豆豆》《挪威的森林》的出现，不仅改变了 1949 年以来日文版图书缺乏代表性作品的历史，而且也激发了读者对日文图书作品的阅读兴趣。就在这一时期，在黑柳彻子、村上春树之外，诸如渡边淳一、东野圭吾、青山七惠、岛田庄司、山冈庄八、石田衣良等一批日本现当代文学的代表人物以及他们的代表作得到了广泛的介绍与引进，进而涌起一股日本文学的热潮。不过，在城市化和休闲化的背景下，这一时期所引进的日文版图书过于集中在实用性及消费性图书上，而忽略了引进版图书的社会意义。以至于引进的日文图书的数量确实在逐年增加，而读者对日本的认识却在逐年疏远。

第四节　繁荣与反思

不知从什么时候起，在汉译日文图书的出版人圈子里，出现了这样的疑问，我们所做的一切真的有意义吗？疑问是在这样的背景下产生的，在新世纪，汉译日文图书的出版呈现出空前繁荣的景象，就在 2000—2011 年间，有总数 9 609 种日文图书得到了翻译出版。而在 2011 年，就有近 700 名日本作者的 1 178 部作品得到翻译出版，与 2000 年翻译出版 263 部作品相比，增幅高达 440％。然而，就在汉译日文图书出版空前繁荣的当下，国人对日本的认识却越发疏远。在 2005 年开始的"中日关系舆论调查"中，一方面是汉译日文图书的影响力不断在衰微，而另一方面则是不喜欢日本、不喜欢日本人的国人比例一直在逐年增大。尽管如此，仍还有一批执着的出版人通过"东亚出版人会议"以及"阅读日本书系"，默默坚守着对日本社会的主流图书的翻译出版。

---

[1] 孙学军："睡美人论文现象"，http://blog.sciencenet.cn/wap.php?mod=index&do=blog&id=893399，2016 年 12 月 3 日。

一、汉译日文图书影响力的衰微

1. 汉译图书影响力在衰微

1890年代以来,汉译日文图书一直是国人学习与了解日本与世界先进思想和理论、吸收和利用其先进的科学技术和经验以及外国文化精粹的主渠道。在当时,梁启超就有"译著之业,将以播文明思想于国民也"的评说。① 事实上,就在20世纪30年代,鲁迅等人都还在从日文图书中转译包括苏俄以及欧洲各国的文学作品。然而,随着1920年代国内报纸杂志的普及,特别是在1960年代电视媒体以及1990年代因特网的兴起之后,大众媒介便渐渐地取代翻译图书成为国人了解与获得日本的信息主渠道。

在国内,最早在国人中进行"获悉日本的信息来源"调查统计的是中国社会科学院日本研究所,其在2002—2008年前后进行的4次"中日舆论调查"中,专门列有了"你主要从哪方面获得关于日本的信息(可从以下答案中选择两项)"的项目内容(详见表5-10)。

表5-10 获得日本信息的来源(社科院日本所"中日舆论调查")

	2002年	2004年	2006年	2008年
报纸杂志		48.6	47.5	52.2
电视		65.0	65.9	74.4
因特网		26.7	35.8	55.3
教科书		11.9	11.3	27.7
学术论著		无	无	13.5
出国访问		无	无	1.7
亲友同事		4.2	6.2	9.4
其他		1.2	2.3	0.5
不清楚		6.6	1.7	4.0

在2002—2008年间,社科院日本所的"中日舆论调查"共进行了4次,其中在2002年的首次调查中并无有关"获悉日本的信息来源"一栏。而在2004年、2006年的两次调查中也无"学术论著、出国访问"两项。

---

① 梁启超:"绍介新书《原富》",《新民丛报》第1号,北京:中华书局,2008年,第113页。

在此之后,于2005年由中国日报社与日本言论NPO共同实施的"中日关系舆论调查"中,两国的调查人员也专门设置了"国民相互理解的背景"一栏,就中日双方的国民对对方国家的认识资料的来源予以统计(详见表5-11)。

表5-11 获得日本信息的来源(中国日报社与日本"言论NPO"联合调查,多选)

	2005	2006	2007	2008	2009	2010	2011	2012	2013	2014	2015	2016
访日				3.5		0.6	2.3		1.6	1.0	2.7	1.4
与日本人交谈				3.1		5.8	2.6		0.5	1.8	3.6	4.0
报纸杂志				91.5		84.4	86.8	84.3	89.1	91.4	89.6	86.5
电影电视剧				48.6		55.2	59.4	54.0	65.3	61.4	57.6	53.9
图书(教科书)				27.5		32.3	33.3	32.7	36.3	37.4	32.8	30.1
日本报纸杂志				9.3		9.9			9.1	14.3	15.7	16.3
日本的图书				1.5		2.2			1.2	3.8	4.1	5.6
日本的音乐				合下项		4.0			3.2	4.8	3.9	7.6
日本的动漫				合下项		8.1			6.9	5.3	10.3	8.6
日本电视电影				19.3		15.5			10.4	13.6	11.6	13.0
其他人议论				3.2		2.2			5.3	3.4	5.7	9.1
亲友等交谈				1.9		3.1			5.8	3.4	17.4	20.0
其他				无		0			0	0	0	0
无回答				无		0.4			0	0.1	0.04	0.1

本表主要依据日本"言论NPO"相关报告内容制作,其中,2005—2007年、2009年缺全部数据,2010年、2012年的报告中缺部分数据。

从上述两项调查的内容设定来看,二者之间的最大区别是社会科学院日本研究所的调查中多了"因特网、学术著作"这样的选项,而中国日报社与日本"言论NPO"联合调查中则增添了直接来自日本的如"日本的报纸杂志、图书、音乐、动漫、电视电影"等信息选项。但是,在了解或接受日本信息的来源项目的排序上,无论是在社会科学院日本研究所的调查,还是在中国日报社与日本"言论NPO"联合调查中,有关图书(教科书)的地位可以说岌岌可危。在社会科学院日本研究所的调查中,图书(教科书)被排在了报纸杂志、电影电视剧、因特网之后,位列第四。而在中国日报社与日本"言论

NPO"联合调查中,图书(教科书)被排在了报纸杂志、电影电视剧之后,还保留了第三的位置,但是,如果将国人中直接来自日本的音乐、动漫、电视电影等信息项目相加(29.2%,2016),就已经十分接近中文图书(教科书)的30.1%。而且,还有从"亲友等交谈"中获取日本的信息一栏中数据增长之快也令人瞠目。

对于汉译日文图书的出版人来说,这确实是一个令人伤心的事实。因为随着报纸杂志、电视电影以及互联网等新媒体的强势崛起,图书(教科书)在介绍与传递日本信息方面的作用与地位越发地衰微了起来。再加上两国之间政治对立的尖锐,尤其是两国民众间的相互敌视也越发深刻的背景下,国民之间对两国关系的认识正越来越变得情绪化和感情化。这样一种情绪和感情,表现在图书翻译出版领域,就是两国国民彼此之间所出现的选择性阅读,以至于翻译图书的社会影响力不断下降。

在汉译日文图书方面,一个典型的数据是在 21 世纪前 10 年间,汉译日文图书的种类每年都在递增,每种图书的印数却在每年递减。虽说这样的问题应该是传统图书出版业的"新世纪通病",汉译日文图书的印数递减之快却超出了人们的意料。在此,以作者目前所从事的"阅读日本书系"为例,这是一个以当代日本文化与社会的介绍、促进中日两国民间理解为己任的图书翻译出版项目,是由社会科学文献出版社与日本笹川和平财团共同发起,联合三联书店、北京大学出版社、世界知识出版社、南京大学出版社、新星出版社等 7 家出版社实施的民间文化交流项目。项目从 2009 年"书系"启动至今,已经翻译出版有 100 余种日文图书。然而,一个不争的事实的是,在 2009 年,"书系"图书的初版印数都在 4 000 册以上;而到了 2017 年,图书的初版印数甚至回落至 2 000 册。

从读者的因素考虑,这其中固然有中日两国间领土纠纷、历史教科书、战争赔偿等政治因素的影响,而另一方面也是因为随着报纸、电视、网络等新媒体工具的信息的快速传播,社会舆论环境和媒介生态都发生了巨大变化。只要人们愿意,每天都可以通过报纸、电视、网络等新媒体来阅读发自日本的现场报道。于是,为了求"快"求"新",在阅读媒体的选择方面,国内的读者更多地选择电视、报纸及网络,而不是具有真正文化沉淀的图书。

毫无疑问,这种一事一议式的"快餐化"阅读,是无法帮助国民去真正理解日本社会与文化的。因为在"快餐化"阅读的背景下,"群体只知道简单而极端的感情,提供给他们的各种意见、想法和信念,他们或者全盘接受,或者一概拒绝,将其视为绝对真理或绝对谬误"①。但是,汉译日文图书的相关社会影响力正在不断下滑却是不争的事实。

其实,对于图书的社会影响力的弱化,我们的日本同行,岩波书店的马场公彦在其《战后日本人的中国观》一书中,也有相同的认识:"20 世纪 90 年代以后,日中民间交流有了质和量的飞跃,加之网络等通信手段的普及,使包括政治、经济在内的各领域的相互交流范围不断扩大,特别是围绕历史认识问题的日中关系并非取决于领导层的对外政策,而是由掺杂着国家利益和民族主义的两国国民感情来决定的。甚至给人们一种印象,即领导层似乎是根据国民舆论的动向来制定政策的。对华舆论的阵地也由从前的报纸杂志、书籍这样的文字信息开始向以电视、图片为中心的影像倾斜。媒体的比重不断发生变化。这种形式上的转变使日本人对中国的是非曲直判断不再那么理性,日本人对中国的好感开始随感情而变。"②这段话虽然说的是当今的日本与日本人,但是,如果将对象换成当代的中国与中国人,似乎也同样适用。

2. 出版人的努力

在新世纪的汉译图书出版领域,有一个情况特别值得注意,即在 2000—2011 年间中国大陆共翻译出版有 9 609 种日文图书,出版数量之多可称历史之最。然而,仔细看来汉译日文图书出版数量的增加,并不意味日本文化影响的增加。因为书目显示,在汉译日文图书中排名前 5 位的分别是文学(2 412 种)、艺术(包括漫画,1 183 种)、文化教育(864 种)、健康(773 种)还有语言(727 种)。从排名上看,文学、漫画等领域图书翻译出版数不断增长,而社会科学以及自然科学领域图书翻译出版日益减少。毫无疑问,这种社会科学以及自然科学领域图书翻译出版的缺失,正是文化传递功能弱化的一种表现,尤其是社科类图书翻译出版的缺失已成为中国民众对日本文化不断疏远的一个重要因素。

事实上,对于新世纪的汉译日文图书的这种过于市场化、娱乐化的偏向,以及翻译图书社会影响力的弱化,国内以及日本的一些睿智出版人也都已经有所认识。在此背景下,就有了"东亚出版人会议"以及"阅读日本书系"的出现。

---

① 古斯塔夫·勒庞:《乌合之众》,桂林:广西师范大学出版社,2010 年,第 69 页。
② 马场公彦:《战后日本人的中国观》,北京:社会科学文献出版社,2014 年,第 7 页。

1)"东亚出版人会议"

"东亚出版人会议"是在新世纪初,针对中、日、韩三国之间围绕着领土纠纷、历史教科书、战争赔偿等问题迭出,三国国民间的关系也正逐渐变得情绪化和感情化的现象,日本的三位老出版人,MISUZU 书房前社长加藤敬事、平凡社前董事龙泽武以及岩波书店前社长大冢信一便产生了联合中、韩人文出版同行构建东亚出版人会议的构想。为实现这一构想,2004 年,加藤敬事、龙泽武先后走访了北京与首尔,与中国及韩国的人文出版界进行沟通。在中国,他们与三联书店的总编董秀玉进行了交谈;在韩国,则拜访了 hangilsa 出版社金彦镐总裁。在这过程中,加藤敬事真切地产生了"彼此之间空间的距离是那么近,心理的距离却是那么远"的实感,同时也坚定了"在面对面地率直地问题议论中,加深彼此之间的认识,构建起东亚的出版交流网络"[①]的决心。所幸的是,加藤敬事的意愿得到了中韩出版人的共同响应。回首往事,中国的董秀玉也有过这样的感慨:"在西方出版强势的长期笼罩下,东亚出版人也感受到了复兴东方文化的重要,需要进行区域性的结合,跨越边界,以实际有效的方式促进东亚思想与文化的交流。为此,倡议组织了东亚出版人会议,以重构东亚图书共同体为宗旨,促成东亚世界在互相理解和尊重基础上的出版合作与思想文化的对话。"[②]而韩国的金彦镐也有同样的紧迫感:"全球化是 21 世纪不可避免的现实,因此,书的交流以及(东亚)出版人间的合作方式,已经成为摆放在我们面前的十分迫切课题——在出版文化的相互交流与理解的基础上,产生出能够超越经济的利益的文化理解。这正是我们出版人必须认真寻求的超越政治与经济摩擦的文化之路。"[③]

东亚出版人会议至今已经举办了 20 届。会议在回首东亚各国及地区人文书籍出版的历史与现状等同时,试图通过东亚三国出版人选定的图书翻译交流方式,引导读者站在一种更宽阔的视角去解读东亚的历史与未来,进而在增进三国国民之间相互理解的同时,去消弭彼此间的成见和纠结。

[①] 加藤敬事:"为了东亚的出版事业",《东亚的出版交流——第一届东亚出版人会议记录》(日文版),东京:东亚出版人会议事务局,2006 年,第 15 页。

[②] 转引自钟华、杨新美、李芸:"书是灯,给你一个世界——第十七届北京国际图书博览会侧记",《科学时报》,2010 年 9 月 2 日。

[③] 金彦镐:"来自东亚出版人的联合与提携的考量",《东亚的出版交流——第一届东亚出版人会议记录》(日文版),东京:东亚出版人会议事务局,2006 年,第 22 页。

与此同时,会议也希望通过跨越国界的东亚共同文化事业交流,去寻找一条超越过度竞争背景下的东亚出版危机的解脱之路。

显而易见,东亚出版人会议应该是东亚出版史上的一次重要实践。"从历届东亚出版人会议的主题来看,会议紧扣着东亚文化与出版两大主题,从人的交流、书的交流到企划出版的交流这三个层面,既务虚也务实。一方面通过相互间的文化与理念的交流,意在'了解东亚各国思想文化的渊源与流变,洞悉彼此邻近却相互隔膜的现代化心路历程';另一方面则透过对东亚各国出版信息的分享,意在在'跨越国界的东亚共同文化事业'中确定东亚出版的角色与未来。"①

事实上,由于三国出版人彼此间的文化差异以及对出版危机所持有的意识不同,对"东亚读书共同体"有了各自不同的解读,最终形成了文化交流与出版合作两个不同侧面的会议主题。其中,有人侧重于文化的交流,也有人更偏爱出版的合作。侧重于文化交流者以韩国国民大学教授韩敬九及中国三联书店总经理董秀玉为代表。如韩敬九就主张:"在欧洲,即使国家不同,也共享精神资产。而东亚由于国民及国家的对立严重,因此知识分子也不了解对方的当代主要著作。所以有必要经常翻越屏障,彼此参观,共享最起码的知识资产。"②而董秀玉则认为,组织东亚出版人会议,重构东亚图书共同体的宗旨,就是为了"促成东亚世界在互相理解和尊重基础上的出版合作与思想文化的对话"。

偏爱出版合作者则以日本平凡社的编辑局长龙泽武及韩国 hangilsa 出版社的金彦镐总裁为代表。龙泽武希望通过东亚出版人会议,积极开展"东亚(彼此间)的具体的出版交流,共同的翻译出版计划,以及共同的新的出版企划"③。他认为:"把出版的书推广给更多的读者以达到传播文化的目的,是出版者当仁不让的权利和义务。"同样,金彦镐也在香港举行的第四届东亚出版人会议上,更加明确地提出设立东亚出版基金,成立东亚出版学校,策划东亚丛书等三项具体合作建议。意在通过"优秀图书东亚共享,构建东

---

① 田雁:"东亚文化与出版交流的实践与思考——东亚人出版会议的意义解读",《日本问题研究》,2014 年第 3 期。

② 金基哲:"韩中日选出 100 本东亚当代古典书与读者共享",《朝鲜日报》中文版,2008 年 03 月 29 日,http://cn.chosun.com/site/data/html_dir/2008/03/29/20080329000015.html。

③ 龙泽武:"这次会议以什么为主题",《东亚的出版交流——第一届东亚出版人会议记录》(日文版),东京:东亚出版人会议事务局,2006 年,第 53 页。

亚读书共同体,以促进东亚文化产业复兴"①。

对于汉译日文图书的事业而言,东亚出版人会议的作用似乎更多地体现在"东亚人文100"丛书的推选与出版上。因为自2009年起,在东亚出版人会议的引导下,开启了"东亚人文100"丛书的遴选工作,入选图书主要以韩、日及中国大陆、中国台湾、中国香港的人文学术类著作为对象。其中,中国大陆、韩国、日本各占26本,中国台湾15本,中国香港7本。2013年4月,"东亚人文100"丛书的首批成果出版,其中有[中]张灏的《幽暗意识与民主传统》、[日]宇泽弘文的《汽车的社会性费用》、[日]鹤见俊辅的《战争时期日本精神史(1931—1945)》以及[韩]金烈圭的《韩国人的神话:那对面、那里面、那深渊》等4部作品。

"东亚人文100"丛书试图通过对三国代表性的人文类图书的推荐介绍,让三国的读者渐次地熟悉了解文化的渊源以及当代知识界层正在思考的那些问题。诚如"东亚人文100"日文版封底介绍中所说的那样,"在20世纪初期,东亚地区曾经有过极为繁盛的书籍、文化与学术的交流。但是,在这之后持续了很长时间的历史险恶时期,加上商业主义以及殖民主义的盛行,多年来,日本几乎见不到任何中国语及韩国语的人文图书。因此,本书所介绍的各种作品,一定会给日本的读者带来有新鲜感的惊喜。"②

因为,"东亚人文100"丛书的本意是通过对东亚三国战后60年来的人文、社会、艺术类图书的翻译出版,以达到向其他国家的读者介绍本国文化的目的。有意思的是,从"东亚人文100"丛书所推荐的书目中可以看出,中、日、韩三国又显示出了各自不同的偏好与侧重。

就中国的推荐书目而言,因为是由中方代表董秀玉与8名专家采用了先确定作者,再寻找作品的原则,所以,就比较偏重于作者的学术地位。平心而论,从《诗论》(朱光潜,1942)到《东亚儒学九论》(陈来,2009),跨度长达69年,所选书目已基本将这一时段的人文学术大师的代表作品罗致其中。不过,从作品的名单来看,首先存在有一个明显的时间断层(1958—1978);其次,因为过于强调作者的身份,所以在感受到作品学术厚重感的同时,会让人感叹重"古"而轻"今",即缺少当代社会研究。好在有《现代中国思想的兴起》(汪晖,2004),运用了后现代理论和感觉,作为一部观念的历史化的著

---

① 转引自缪立平:"探寻东西文化的新价值",《出版参考》,2007年4月下旬刊。
② 东亚出版人会议编:《东亚人文100》(日文版),东京:MISUZU书房,2011年,封底。

作，为读者建立了一种新的研究的视野；还有《明清之际士大夫研究》（赵园，1999），以思想史的方式进入历史语境，并通过丰富的心态史展现，让人感受到了些许当代中国人文研究的风采。

至于韩国人的推荐书目，因为金彦镐把"东亚人文100"丛书视作"韩国走上世界知识舞台的一个契机"，是"东亚文明和文化被正确认识、评价的人文学运动"①。所以，其书目的主题就更多地偏重于对韩国历史与文化的介绍，在其全部的26部推荐作品中，竟有11本书的书名中都带有史字，如《具有意义的韩国历史》（咸锡宪，1965）、《韩国医学历史》（金斗钟，1966）、《韩国科学史》（全相运，1976）、《韩国音乐史》（张师勋，1976）、《韩国近代文艺批评史研究》（金允植，1976）、《韩国数学史》（金容云、金容局，1977），等等。由此可以体会到，韩国的出版人希望通过有关韩国历史的介绍，将韩国的文明与文化渐次推向东亚其他区域，以最终走上世界知识舞台的心情。

与中、韩的推荐书目相比较，日本人的推荐书目似乎要有趣得多。其中一个典型的特征是作品范围的多元化，如《汽车的社会性费用》，是用新古典派的经济理论，阐述汽车给现代社会所带来的社会成本的增加及对市民权利的伤害，是对现代社会弊政的社会经济分析；如《狩猎和游牧的世界》，是作者在对亚欧大陆的狩猎和游牧民社会的考察基础上，对狩猎、游牧和农耕三种生活方式在地球历史范围内的重新定位；还有《都市空间中的文学》，作者借鉴了现象学与符号学的研究成果，在都市的文本中去考察日本近代文学的变迁，开拓了文学批评的新视界。凡此等等，都体现出了一种现代的学术研究方法与特色。而另一个典型的特征则是对于"精神"的热衷，如有《战时日本精神史》（鹤见俊辅，1982）、《精神史考察》（藤田省三，1982）、《意识和本质——追求精神层面的东洋》（井筒俊彦，1983）、《细微事物的诸形态——精神史备忘录》（市村弘正，1994），还有《精神史》（林达夫，2000），等等。事实上，作者在这里所说的"精神"，更多的是指日本人所关心的世界观与价值观，是日本文化的"精神"。

此外，还有中国台湾与中国香港的推荐书目，在全部的22本书目中，竟然只有三本带有台湾与香港各自特色的图书，即《日据下台湾政治社会运动史》（叶荣钟，1971）、《台湾历史图说》（周婉窈，1997）与《香港与中西文化之

---

① 金彦镐："为了新的书籍之路、文明之路"，《东亚人文100》导读，成都：四川教育出版社，2010年，第7页。

交流》(罗香林,1961)。更多的书目也被冠上了中国或者中华的字眼,成为大中华文化的组成部分。事实上,从年代上看,甚至都可以作为对中国推荐书目的缺失年代的补充。

毫无疑问,中、日、韩三国所推荐的书目可以说代表了各自不同的文化诉求。通过各国专家(职业读书人)推荐出他们认为的能够代表本国人文经典的作品,这本身就是一种进步。诚如董秀玉所说:"从来各国很多的合作与吸收,都是从'我想要什么'出发,但我们也发现,他想要的,未必就是人家真正的思想精华。"[1]

可以说,东亚出版人会议的组织者们对"东亚人文 100"丛书的出版寄托了无限希望,他们不仅希望通过三国五方图书的翻译出版,让读者熟悉彼此间的文化渊源,进而解除彼此间的文化对峙,甚至将"东亚人文 100"的出版,推到了"成为一条克服东亚现存的政治、经济问题的文明之路"的高度。如会议发起人之一,韩国 hangilsa 出版社的金彦镐社长就是这么说的:"我们所推出的'东亚人文 100'丛书,应该会成为一项强有力的文化运动,成为一条克服东亚现存的政治、经济问题的文明之路,最终成为形成真正的东亚共同体的基础。"[2]日本 MISUZU 书房加藤敬事社长也说:"我们知道在历史当中经常有因为一册图书的出版而改变世界的先例,这就是书所具有的力量,我也希望这本《东亚人文 100 导读》能成为这样一本书。"[3]

2)"阅读日本书系"

无独有偶,就在东亚出版人会议推出"东亚人文 100"丛书的同时,在笹川日中友好基金会的支持下,经由社会科学文献出版社牵头,三联书店、人民文学(2016 年起被上海交通大学出版社取代)、北京大学、世界知识、新星及南京大学等 7 家出版社的共同参与,开始联手实施一项被称为"阅读日本书系"的合作出版项目。"阅读日本书系"的"目的是通过向中国的普通读者介绍一些关于现代日本的读物,以增进对日本的了解"[4]。毫无疑问,"阅读日本书系"的推出,也是因为"日中之间缺乏相互了解和理解,这样大家就

---

[1] 转引自邢舟:"东亚共同体:中日韩共商东亚一百册",《亚洲周刊》,2009 年 11 月 30 日,第 48 页。

[2] 金彦镐:《东亚人文 100》导读,成都:四川教育出版社,2010 年,封底。

[3] 加藤敬事:《东亚人文 100》导读,成都:四川教育出版社,2010 年,封底。

[4] 笹川日中友好基金:http://spfjc.people.com.cn/98858/6839798.html,2016 年 12 月 3 日。

会产生隔阂和误解"①。为了消除国民间的这种隔阂和误解,而期望通过对当代日本的经典社科类学术著作的翻译出版,令中国的读者"通过日本作家笔下当代日本的解读,去解悟反省历史,以开放的心态寻求两国国民在历史、文化以及情感方面的跨时空对话和理解"②。诚如笹川日中友好基金运营委员长笹川阳平所说:"我们认为 21 世纪日中关系的最大课题在于确立民间主导型的相互依存关系。通过了解对方不同的历史与文化来理解和尊重对方,这样的国民关系正是支撑相互依存关系的最重要的基石。"③

从 2009 年"阅读日本书系"项目起始,至 2017 年 10 月,"书系"总共翻译出版了 103 种图书。其中,南京大学出版社出版 43 种,社科文献出版社出版 30 种,世界知识出版社出版 8 种,北京大学出版社 10 种,三联书店 4 种、新星出版社 5 种以及上海交大出版社 3 种。

就南京大学出版社的销售数据分析,2017 年 10 月为止,"书系"总共出版有 43 种。其中,包括《日本文化的历史》《日本文化中的时间与空间》、《茶道的历史》、《茶道的美学》、《花道的美学》及《日本经济史 1600—2000》在内的 6 种图书市场销量都超过了 5 000 册。不难看出,在这 6 种图书中,文化类图书就占了 5 种,经济类图书 1 种,而社会类图书则为空白。社科文献出版社的情况也是同样,在其所出版的 30 种图书中,销售最好的图书依次是:《日本动画的力量》、《战后日本大众文化》、《日本料理的社会史》、《富士山与日本人》等。由此而言,国内读者的阅读倾向还是比较偏好日本的文化类图书。

然而,必须指出的是,"书系"作为介绍日本的窗口,从一开始就确定了"商业性较强的图书无须这个项目的推动,应该坚持做一些即使市场较小但有价值有意义的图书"的原则④,因此,在基金的支持下,"书系"依然广泛地推荐并出版了包括政治、外交、军事等各个不同方向的图书。正因为此,"书系"的工作得到了日本原书作者们的高度评价。在《财政学》一书的版权联系过程中,原书作者神野直彦教授曾亲自写信给版权代理公司,在表示同意

---

① 转引自包丽敏:"中日不妨'求大同,存大异'",《中国青年报》,2012 年 8 月 27 日。
② 张楠:"南大推'阅读日本书系'",《扬子晚报》,2010 年 11 月 8 日。
③ 笹川日中友好基金:http://japan.people.com.cn/98852/98858/6807647.html,2016 年 12 月 3 日。
④ 阅读日本书系联合编辑委员会:"2010 年度'阅读日本书系'项目工作报告(附录一)",2010 年 10 月 19 日。

第五章 翻译出版中的新元素(2000—2011)

中文版权转让意愿的同时,主动要求将本书的版权预付金门槛降低至5万日元。而在《日本经济史1600—2000》中译本出版后,原书的作者关西大学浜野洁教授还专门致谢译者:"学校的中国留学生在读过本书的中译本后,对理解原文中的一些日语表述难点,感觉到非常有帮助。现在,日本大学中的中国留学生的数量在不断增加,对这些留学生来说,日本史是一门有相当难度的课程,而本书中译本的出现,无疑是一个非常好的消息。"

与此同时,"书系"的工作也得到了中国读者们的充分理解。在网络上,四处可见读者们的评价,如网友sealy对《花道的美学》一书评价说:"很有深度的一本关于日本花道的小册子,看似每篇文字不着花道,实则处处在说花道。不是就花道在说花道,而是就日本的文化来论说花道。——《花道的美学》不仅仅是讲花道。日本国的由来、日本人的信仰、佛教、花的文化、花道的前世今生、花道的前途等,都是作者想说的内容。许多年不曾一口气把一本书读完,读《花道的美学》我都废了晚饭。"[1]还有网友呆对《国债的历史》的评价:"与本书对比可以看出国内学术界对基础研究的忽视,盲目追求为政府献计献策。经济学研究应当是实证性的,而不是政策导向的,本书为国内学术界提供了极好的范例。想了解世界各主要大国国债发展历程的,必读此书!"[2]

诚如李半聪先生在书评中所说的:"本尼迪克特经典的《菊与刀》展现了一个双面日本,但是对中国人而言,这个关于日本的记忆一定比美国人要坏很多倍。到底什么样的面貌,才是真实的日本。"[3]在目前中日两国关系再度陷入冰点的时期,作为出版人,作为中日文化沟通的桥梁,尤其应该将一个"真实的日本"介绍给国内的读者,这种介绍不应是为了证明某种理念或者给某种理念辩护,而是期望读者通过阅读,去梳理出当代日本的社会本质,去还原出渴望成为"正常国家"的日本人的"国民性"。

---

[1] Sealy:"有厚度的小薄书",http://www.amazon.cn/product-reviews/B006G4K798,2016年12月3日。

[2] 亚马逊网站书评,http://www.amazon.cn/%E5%9B%BD%E5%80%BA%E7%9A%84%E5%8E%86%E5%8F%B2-%E5%87%9D%E7%BB%93%E5%9C%A8%E5%88%A9%E7%8E%87%E4%B8%AD%E7%9A%84%E4%B8%8E%E6%9C%AA%E6%9D%A5/dp/B005I0L8A8/ref=sr_1_1?s=books&ie=UTF8&qid=1373073643&sr=1-1&keywords=%E5%9B%BD%E5%80%BA%E7%9A%84%E5%8E%86%E5%8F%B2,2016年12月3日。

[3] 李半聪:"黑泽明的界限",《新京报》,2010年10月2日。

无论如何,在目前中日两国关系再度陷入冰点,在一般中国人因为历史问题及领土纠纷甚至不愿去了解日本的这一时期,作为出版人,毅然决然地通过东亚出版人会议及"阅读日本书系"项目的推出,通过中日文化交流的民间渠道,努力去将一个"真实的日本"介绍给国内的读者,其意义怎么评说也不为过。

然而,必须指出的是,图书出版的交流并不意味着文化理解的真正实现。"在世界文化交流的过程中,翻译无疑扮演着重要而独特的角色。……翻译,在一定意义上说,是不同语言、民族之间进行文化交流的首要保证。"[①]但是,诚如李建雄所说:"文化并非单向的交流和疏通,只有当融合与共享的美德共存时,文化才得以相生相长。"[②]也即只有通过翻译出版这样的文化交流,让读者有意识地通过图书的阅读与思考,构造出能够融合与共享的新的信念,才能带来文化理解的真正实现。这可能还需要一定的时间与努力。

在此背景下,作为民间文化交流与传播先行者的"阅读日本书系",在促进中日两国民间的相互理解方面,就起到了不可替代的作用。诚如笹川基金运营委员长笹川阳平所说:"我们这些年工作的切身体会是,民间交流不能让政治影响、左右和介入。一旦政治干预,我们的很多工作都会泡汤。政治应该给民间的交流留有余地和自由,这种交流不能中断。"[③]

在当前的社会历史语境下,从国家关系上来说,中日两国之间甚至已从昔日的"政冷经热"进入了"政冷经凉"。即便如此,双方依然认为"中日关系是最重要的双边关系之一",此前的"中日关系舆论调查"结果也已经证实了这一点,这就意味着中日两国最终还是要趋向政治互信甚至安全合作。于是,"通过日本作家笔下当代日本的解读,去解悟反省历史,以开放的心态寻求两国国民在历史、文化以及情感方面的跨时空对话和理解"[④]。这既是时代赋予"书系"的历史机遇,同样也是我们所肩负的历史责任。

3. 京都学派的华丽变身

如果说"东亚出版人会议"及"阅读日本书系"代表着新世纪出版人为日

---

① 许钧、穆雷:"探索、建设与发展——新中国翻译研究60年",《中国翻译》,2009年第6期。
② 李建雄:"韩国图书在中国的出版现状、特征及展望——以2004—2009年为中心",《第十一届中韩出版学术年会讲稿》,2009年,http://www.chuban.cc/rdjj/11zhyth/tpxw/200907/t20090730_51988.html,2016年12月3日。
③ 转引自包丽敏:"中日不妨'求大同,存大异'",《中国青年报》,2012年8月27日。
④ 张楠:"南大推'阅读日本书系'",《扬子晚报》,2010年11月8日。

文图书的汉译出版所做的努力的话,那么,京都学派图书的再度现身则代表了日本学术界为进入中国所做的一种努力。

虽然早在20世纪二三十年代,京都学派学者的作品就已经广泛地传入中国,但是,由于在1937—1945年的抗日战争期间,以内藤湖南、狩野直喜为代表的京都学派或多或少地站在了军部的立场上,为侵华战争而鼓吹。因此,在新中国成立后,相当长的一段时间内都没有引进京都学派学者的作品。

京都学派学者的作品再度引起国内学界的关注,要等到1980年代之后。其背景之一是随着时代的变迁,国内读者对西方社科读物的深度渴求所致。在这一时期,以羽田亨的《西域文化史》(新疆人民出版社,1981)的出版为首,紧接着有青木正儿的《中国文学概说》(重庆出版社,1982)、《中国文学思想史》(春风文艺出版社,1985),仓石武四郎的《岩波汉语日语辞典》(光华出版社,1982)、《岩波日中辞典》(商务印书馆,1986),小川环树的《角川新字源》(光华出版社,1983),岛田虔次的《朱子学与阳明学》(陕西师大出版社,1986),兴膳宏的《六朝文学论稿》(岳麓书社,1986),吉川幸次郎的《中国诗史》(安徽文艺出版社,1986、山西人民出版社,1989)、《中国文学史》(四川人民出版社,1987),竺沙雅章的《宋太祖与宋太宗》(三秦出版社,1988),川合康三的《曹操》(三秦出版社,1989)以及铃木虎雄的《中国诗论史》(广西人民出版社,1989)。就在这10年间,京都学派就有10人的14部作品得到了译介。从内容上看,在1980年代引进的京都学派的作品主要集中在文学、史学以及辞典方面,而且其学术影响力也不太广泛。

这是因为就京都学派的作家作品而言,要想得到国内读者真正的认可,还需要有一个契机,也即要有对战争的历史清算。而这种清算在某种意义上令京都学派得到了学术净化,而成了其能再度译介进入中国的又一背景。

事实上,京都学派与中日战争确实存在着密不可分的关联。王向远在《日本对中国的文化侵略——学者文化人的侵华战争》一书中就明确指责内藤湖南、矢野仁一所倡导的"东洋史学"、"支那史学"为"侵华史学"[1]。为此,从战后直到2000年代,京都学派一直不断地修正着自己的学术定位,从最初的"东洋学"到战后改称为"中国学"。对此,钱婉约有着这样解释:"战

---

[1] 王向远:《日本对中国的文化侵略——学者文化人的侵华战争》,北京:昆仑出版社,2015年,第140页。

后,由于对扩张主义思想的清理和反省,人们认识到'东洋学'与那场大东亚战争的内在牵连;另一方面,1949年以来,日本接受了新中国放弃用'支那'一词来指称中国的要求,同年12月,在日本成立了'日本中国学会','支那学'遂逐渐成为死语。近十几年来,中、日学术界开始较多地使用'中国学'这一更具有严格学科意义的学术概念来指称具有近代性质的对于中国及中国文化的研究。"[1]

而在进入2000年之后,"中国学"又逐渐开始被"汉学"所替代,最为典型的事例是刘正所著的《京都学派汉学史稿》,直截了当地将"京都学派东洋史学"改称为"以京都帝国大学东洋史教授内藤湖南博士和狩野直喜博士、桑原骘藏博士三人为主要代表的,包括以他们三人的学术观点为基础的、和他们有着直接的师承关系的研究中国古代历史、思想和文学的一个日本汉学学派。"[2]无独有偶,李庆撰写的《日本汉学史》,也将以狩野直喜、内藤湖南、桑原骘藏为首,矢野仁一、那波利贞、宫崎市定、羽田亨、青木正儿、吉川幸次郎、高桥和巳、入矢义高、兴膳宏、川合康三、铃木虎雄、小川环树、滨田耕作、梅原末治等京都学派东洋史学成员列入了日本汉学学派的行列。[3]

就这样,通过从东洋史学到中国学,再从中国学变身汉学,京都学派东洋史学华丽丽地完成了其学术净化的过程。到此,诚如李庆所说:"现代意义上的日本汉学,已经不再是一种孤立的地域概念的学术,而是世界各国共同研究的对象,它已经走出了汉字文化圈,面向了整个世界,已经在现代世界中占有了一定的固定位置。"[4]也正因为此,原先国内学界敬而远之的内藤湖南的作品,在21世纪初也得到了引进。

京都学派学者的作品之所以再度引起国内学界关注的另外一个背景,是自改革开放以来,京都大学接受了大量中国留学生,担当起学派的新文化传承,而这些传承者们自然而然地肩负起了学派的学术著作的译介与传播之责。如翻译《我的留学记》(吉川幸次郎著)、《中国史通论》、《日本学人中国访书记》(内藤湖南著)、《东洋史说苑》(桑原骘藏著)的钱婉约,就曾留学京都大学人文科学研究所;翻译《隋唐帝国形成史论》(谷川道雄著)的李济

---

[1] 钱婉约:"日本中国学京都学派刍议",《北京大学学报·哲学社会科学版》,2000年第5期。
[2] 刘正:《京都学派汉学史稿》,北京:学苑出版社,2011年,第3页。
[3] 李庆给出的名单超过了百人,可详见《日本汉学史》的第2、3、4、5各卷,基本覆盖了本书所定义的京都学派成员。李庆:《日本汉学史》,上海:上海人民出版社,2010年。
[4] 李庆:《日本汉学史》(第5卷),上海:上海人民出版社,2010年,第449页。

沧，其导师是京都学派承继者的谷川道雄；翻译《中国近代思维的挫折》（岛田虔次著）的甘万萍，因其博士生导师萧萐父与岛田虔次有旧，而受托在留学日本期间着手翻译岛田虔次的作品；翻译《仓石武四郎中国留学记》（仓石武四郎著）的荣新江，翻译《对中国文化的乡愁》（青木正儿著）、《异域之眼：兴膳宏中国古典论集》（兴膳宏著）的戴燕，以及翻译《两个日本汉学家的中国纪行》（内藤湖南、青木正儿著）的王青，也都有过京都大学访问学者的经历。

此外，翻译《中国史学史》（内藤湖南著）、《中国中世社会与共同体》（谷川道雄著）的马彪，与京都学派也关联至深，如今仍在日本山口大学执教；翻译《中国善会善堂史研究》、《朝鲜燕行使与朝鲜通信使：使节视野中的中国·日本》（夫马进著）的伍跃，翻译《中国绘画史》（内藤湖南著）的栾殿武，也都与京都学派密切关联，目前都在日本的大学执教。还有，《京都学派汉学史稿》一书的作者刘正，其日本导师田中正美就是《东洋学系谱·那珂通世》一书的撰稿者之一。

从上述的译者名单中可以清晰地看到，如果没有这些京都大学的留学生们，就不可能有1980年代以来京都学派的红火。多年来，他们切实地担负起了京都学派学术的传承与推广的重任。直到如今，这一传承仍在持续着，如浙江人民出版社2015年版的《中国史》（宫崎市定著）译者之一瞿柘如就是京都大学东洋史博士课程的在读博士。

从桑原骘藏的《东洋史》（东文会社，1899）到宫崎市定的《中国史》（浙江人民出版社，2015），这100多年来，可以说国内的出版界对京都学派作品的译介一直都在不断地持续着。从图书出版的角度而言，如果图书的翻译引进不产生任何的社会影响，引进就不可能持续。换句话说，京都学派学者的作品还是有着一定的社会影响的。

就引进的京都学派的那些作者与作品而言，可以说这些作品的版块特色非常鲜明，即主要集中在历史与文学领域；同时，其作品的引进，又深受时代因素的影响；在当代作品的引进过程中，学派的传承功能表现得十分突出。这些引进的京都学派的作品，产生了积极的社会影响，不仅表现在对中国近代科学意义上的史学、文学构建的借鉴方面，而且还体现在其研究内容及方法等的创新所给予当代国内学界的启示方面。由此而言，通过作品的翻译引进，京都学派在向国人传播新的历史观、文学观，普及新的历史、文学的表述方式的同时，也重新塑造了国人对历史、文学的基本认识，其贡献应该得到充分的肯定。

二、繁荣与反思

1. 繁荣

图书的翻译出版对于文化的深层次交流起到了不可或缺的重要作用，而它的生存状态与演变也与其生长着的文化背景密切相关。毫无疑问，在新世纪，汉译日文图书的出版呈现出空前繁荣的景象。

这种繁荣，首先表现为图书出版的总量上。就在2000—2011年间，总共翻译出版有9 609种汉译日文图书。其增长幅度之快令人咋舌。如在2011年就有近700位日本作者的1 178部作品得到翻译出版，与2000年翻译出版了100多位作家的263部作品相比，增幅高达440%。

其次，表现在汉译日文图书的社会影响力上。事实上，自民国后期以来，汉译日文图书中就一直缺乏有广泛影响力的作品，这种缺乏领军式作品的现象甚至延续到了改革开放的1990年代。而《窗边的小豆豆》、《挪威的森林》在新世纪的走红，不仅改变了汉译日文图书这种有作而无声的历史格局，同时也为新时代的日本作品的引进提供了样板。

第三，表现在作品的翻译出版更具有系统性上。自新世纪以来，国内一些主要出版社对日文图书的翻译不再只是单本的引进，而是有了系统性的考量。比较典型的事例是新星出版社从2005年推出的名为"午夜文库"的推理小说系列，截至2015年，共出版500多部作品，其中，日本作家的作品有200余部，涉及作家多达40余位，仅岛田庄司的推理小说，就多达50余部。此外，还有吉林出版集团有限公司推出的"日本推理名作选"和"七曜文库"，以及文汇出版社推出的"樱花译丛"等，而"阅读日本书系"在某种意义上也是属于系统性的引进。

第四，表现在中日出版人主动透过民间渠道，通过东亚出版人会议及"阅读日本书系"这样的形式，有意识地引进当代日本的经典社科类学术著作，令读者通过图书的阅读与思考，构造出能够融合与共享的新信念，以期推动文化理解的真正实现。

第五，表现在图书内容的多元化上。在这一时期，虽然日本的动漫作品及绘本，还有日本文学风头正劲，占据了汉译图书出版的主流。但另一方面，在传统的行业图书中，也出现了众多新的元素，如在医药卫生版块中，养生、保健及美容类图书的崛起;工业技术类版块中,编织、流行服饰及手工类图书的流行;农业科学版块中,园艺类图书压倒多数;而在环境安全版块中,则有清一色的建筑类图书。这些新的元素,也许就代表着今后日本图书的引进方向。

2. 反思

毫无疑问,就在这汉译日文图书繁荣的背后,确实也存在许多令人担忧的问题。此前,文学研究者泠辰就已提出过自己的担心:"在过去的一年里,日本文学相关书籍的出版达到了近十几年来从未有过的高峰期(拉美文学也是如此)。对这种出版热潮感到欣喜的同时,却也带了怀疑。我总觉得这种'大好形势'的后面藏着些什么,或者说少了些什么。可是究竟是哪里有问题呢?"[①]

泠辰的这种担心并非是多余。事实上,目前国内汉译日文图书所存在的问题之一,就是竞争不规范。这主要表现在出版社的市场乱入之上。在1980年代之前,对各家出版社所经营的范围,政府方面有着严格的制限,具体可以归纳成人民社为综合、少儿社为少儿、古籍社为古籍、译文社为外国文学,如此等等。而在1980年代中期之后,随着市场化的改革进展,这种出版限制在事实上放开了。这就造成了畅销书时代出版社的乱入景象,特别在文学翻译领域,一旦某作家"在国内的图书市场有了一定的知名度,那么,就立即会有其他出版社插手该作家作品的出版。如村上春树,最初是由漓江出版社推出,之后是上海译文出版社的参与,随后,又有了南海、漓江、东方出版中心等多家出版社的加入;如山冈庄八,先后就有金城、南海、新世界、重庆、安徽人民等多家出版社的参与;还有东野圭吾,更是出现了包括南海、新星、上海译文、人民文学、凤凰、译林、现代、化学工业、天津人民、中国书籍、华文、当代世界在内的10多家出版社同时推出作品的惊人一幕"[②]。

存在的问题之二,是译者的地位不断下降。造成译者地位下降的一个因素是,近代以来,图书翻译的作用一直被定位在引进国外的先进文化与技术方面。进入新世纪后,当图书出版走上商业化之路后,人们就不再刻意追求图书翻译的社会责任,而是更多地关注图书翻译的经济利益,由此导致译

[①] 泠辰:"2011年度中国大陆日本文学相关书籍出版情况杂谈",http://www.douban.com/note/196295938/,2016年12月3日。

[②] 田雁:"日文图书在中国翻译出版的现状(2000—2011)",《科技与出版》,2014年第2期。

者地位的下降。而造成译者地位下降的另一个因素是在版权化时代,由于版权交涉特别是日文图书版权交涉,其主导权大都为出版社所掌控,由此导致译者失去了翻译文本的选择权。对此,魏清光曾说:在"20世纪80年代,我国译本生产的动因主要是译者的自我激励,译者作为知识分子的组成部分,具有强烈的社会责任感,同时,译者的个人喜好也是促成某类外国文本持续译介的动因;20世纪90年代以降,随着市场经济体制的发展,译本生产的动因主要是经济利益因素。"①

存在问题之三,是版权费用在出版社间的竞争中不断高升。在出版社市场乱入的背景下的恶性版权竞争,致使日文图书的版权费用急剧上升。最为典型的要算村上春树的作品《1Q84》,在继加西亚·马尔克斯的《百年孤独》之后,也创下了100万美元的新高。此外,还有东野圭吾等人,对此,新星出版社"午夜文库"副主编褚盟曾说:"在2006年,东野圭吾的作品版权费仅为30万日元,然而,其在2013年,最新售出的作品版权费已经超过了300万日元。同样的还有岛田庄司,在2008年,其作品的版权费仅为10万日元,如今其版权费也已经超过了50万日元。"②与此同时,版权的授权年限也在不断缩短,就作者自己所亲历的版权授权而言,在2000年代初还都是10年的授权期,现在基本上都只给5年,最短的只有3年。可以说,这令原本已不堪重负的版权越发步履艰难。

存在问题之四,是出版社对翻译文本的选择重经济利益而轻社会效益。具体表现为文学、漫画类图书的翻译出版数不断增加,社会科学以及自然科学类图书的翻译出版数却在日益减少。"翻译图书一方面确实具有阅读娱乐的功能,但在另一方面也有介绍作品所在国的文化传递的功能。可以说,在社会科学以及自然科学领域图书翻译出版的这种缺失,正是文化传递功能弱化的表现。"③虽然,有出版人正通过诸如东亚出版人会议与"阅读日本书系"等方式努力坚守翻译图书的文化传递功能。而这只是杯水车薪,并不能挽回在内容多元化旗号下汉译日文图书的商业化步履。

存在问题之五,是翻译质量没有能得到本质上的提高。这不仅指作品的翻译质量,同时也包括术语的确定以及译者的素养等。对于汉译日文图

---

① 魏清光:《改革开放以来中国翻译活动的社会运行研究》,北京:社会科学出版社,2014年,第66页。
② 田雁:"日文图书在中国翻译出版的现状(2000—2011)",《科技与出版》,2014年第2期。
③ 田雁:"日文图书在中国翻译出版的现状(2000—2011)",《科技与出版》,2014年第2期。

书来讲,导致翻译的质量止步不前的一个重要因素,是翻译理论研究者与翻译实践的脱节,也即研究翻译理论者,很少参与具体翻译,以至于翻译质量难以出现突破。还有一个原因是缺乏学术术语的创新,由于日本在大正之后,广泛地运用片假名对外文注释,没有了创新的文字注说,因而也致使国内的日语翻译缺少了借鉴。目前日语的翻译,除了对人名、地名有所规范外,在学术术语方面没有任何的新创内容,只得借助英文,而有"《社会科学文本翻译指南》对如何有效地提高社会科学译著的质量提供了切实可行的操作方案"[①]之说。这不得不说确实令人十分遗憾。

综上所述,在新世纪汉译日文图书繁荣的背后,确实也有着众多问题的存在。不过,与这些问题相比,更为严峻的是,进入新世纪以来,因为领土问题与历史问题的交织,导致了中日两国政府之间相互对立的深刻化,也导致了两国国民之间相互不信的深刻化。然而,作为一衣带水的邦邻之国,作为亚洲地区有着巨大影响力的两个大国,中日两国之间的关系是不可能这样永久地僵持并对立下去的。在此背景下,尤其迫切需要加强两国间文化的沟通。

[①] 陈生梅:"中国学术翻译研究20年",《兰州大学学报》,2011年7月第39卷第4期。

末章　汉译日文图书的影响与意义

有关外文图书在中国翻译出版的历史研究，毫无疑问，能够帮助人们加深对跨文化传播的认识，从文化交流与融合的层次去考察近代乃至当代中国思想变迁的由来。因为这些翻译而来的外文图书所讲述的都是中国此前没有过的东西。

说及外文图书在中国的翻译出版史，国内学界传统的观点有三次、四次或五次翻译高潮之说。其中，三次说的观点是由马祖毅最先提出的："从周到清这一漫长的历史阶段内，我国出现了三次翻译高潮，即从东汉到宋的佛教翻译，明末清初和从鸦片战争到清末的两次西学翻译。"①而四次之说最为主流，其代表有张景丰、贾林滋等人："在中国悠久的翻译发展历史上共出现过四次高潮：东汉至唐宋期间的佛经翻译，明末清初的科技翻译，鸦片战争至'五四'时期的西学翻译和改革开放之后的现代翻译。"②五次之说的代表是韩振宇，他在"论翻译在中国社会文化发展进程中的作用"一文中将翻译细分为"东汉到唐初的佛经翻译，明末清初西方科技著作的翻译，清末、'五四'时期对西方政治、哲学和文学作品的翻译，建国初期的翻译活动，改革开放后的西方学术著作、文艺作品的大量翻译"这五大高潮。③ 事实上，所谓的四次或是五次翻译高潮，都是构建在马祖毅所说的三次翻译高潮基础之上的。只不过，四次高潮说是在前三次高潮基础上，续加了"改革开放之后的现代翻译高潮"；而五次高潮说则是增添了一个以俄文翻译为主体"建国初期的翻译活动"而已。

---

① 马祖毅：《中国翻译史》（上卷），武汉：湖北教育出版社，1999年，第4页。
② 其代表作有张景丰："从中国历史上四次翻译高潮谈翻译理论的发展"，《语言与翻译（汉文版）》，2002年第3期；张琳、秦琛："从中国四次翻译高潮探索翻译理论的形成与发展"，《时代文学月刊》，2009年第4期；贾林滋："从中国翻译史上四次高潮谈翻译对文化的影响"，《北方文学》，2013年第4期等。
③ 韩振宇："论翻译在中国社会文化发展进程中的作用"，《国外理论动态》，2008年第10期。

显而易见,如果除去东汉至唐宋期间的佛经翻译及明末清初的科技翻译,那么,无论是四次高潮说中的西学翻译、现代翻译,还是五次高潮说中的西学翻译、俄文翻译、现代翻译,这些翻译高潮都发生在近代以来的短短的100多年间。考虑到近代以来中国社会在政治体制、经济结构以及思想文化方面所发生的翻天覆地的变化,毫无疑问,在将近代西方先进的政治思想文化等介绍到中国方面,西文图书的翻译引介其功不可没。

一、日文图书翻译出版事业的起始与高潮

与汉译印度语、英语甚或拉丁语、西班牙语、意大利语等西文图书的翻译历史相比,汉译日文图书的起步要晚很多,这一幕的开启一直要等到明末。从现在国内留存的早期汉译日文图书书目中可以看到,最早被翻译的日文图书,是1719年由日本京都松柏堂出版的《太平记演义》。不过,近代意义上的汉译日文图书的出现要到19世纪的后期,也即在洋务运动的兴起之后。

如前所述,随着鸦片战争的失败,国内的一些有识之士,开始意识到中国的落后,进而提出了"师夷长技以制夷"的主张。难能可贵的是,他们将"师夷长技"的主张,演变为一场轰轰烈烈的学习西方的运动,也即中国近代历史上的洋务运动。就汉译外文图书整体的事业而言,洋务运动的意义,在于将原先由传教士主导的图书翻译出版权,通过同文馆、格致书室等机构的设立,以及翻译人才的养成,转移到了国人的手中,并且直接服务于中国的现代化进程。当时的人们都认为,"夷"之长技,就是科学技术,因而力图通过图书翻译,来引进西方先进的科学技术。于是,图书翻译开始成为中国走向近代化的一种特殊措施。

对于汉译日文图书事业而言,可以说洋务运动就是其发轫的初始。目前国内图书馆(国家图书馆)所保存的最早由国人翻译的日文图书,就是1851年由直隶学务处出版的陈建生翻译的《新编理化示教》及张云阁翻译的《物理学初步》。必须指出的是,在汉译日文图书出版事业的早期阶段(1851—1896),虽说也有国内的译者以及国内的出版社着手从事日文图书的翻译与出版,但是,从这一时期日文图书的翻译与出版的量来看,日本的译者以及日本的出版社占据了主导地位。直到1898年的戊戌维新起,出于对维新运动的宣传与推动,日文图书的翻译与出版才开始由国内的译者及

· 357 ·

日文图书汉译出版史

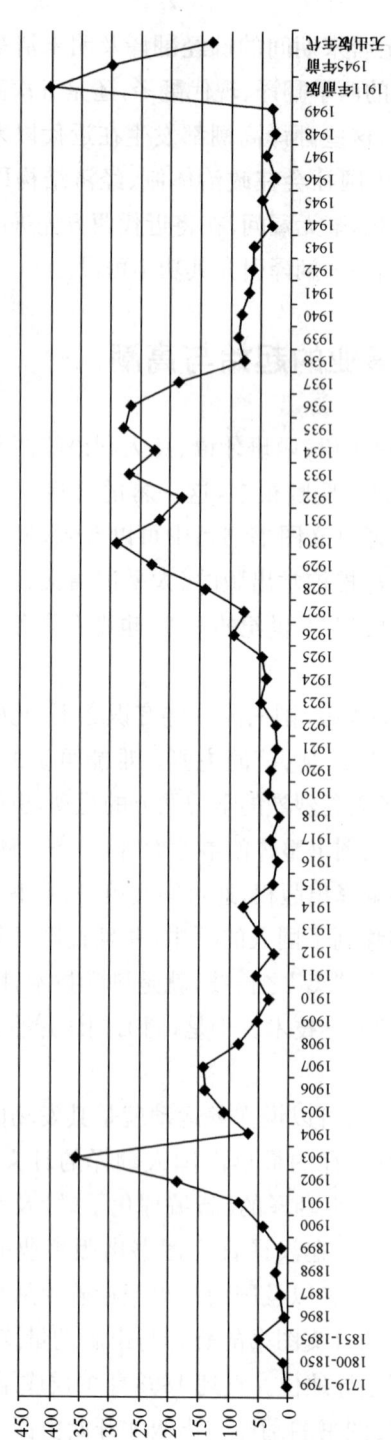

图表-1　1851—1949年汉译日文图书出版示意图

本图根据《汉籍汉译日文图书总书目：1719—2011》第1卷相关内容编制。其中，部分在1911年前及在1949年前出版的图书，其版权页上没有明确出版时间，在书目编制时只能够根据内容判断其是在1911年前出版或是在1949年前出版，故图表-1中在1911—1912年间加有"1911年前版"的数据统计，在1911—1945年间加有"1945年前版"的数据统计；还有部分图书实在无法确定其出版时间，于是，在1949年后又专门列出了"无出版年代"的数据统计

末章　汉译日文图书的影响与意义

图末-2　1949—2011年汉译日文图书出版示意图

本图根据《汉译汉译日文图书总书目：1719—2011》第2—4卷相关内容编制

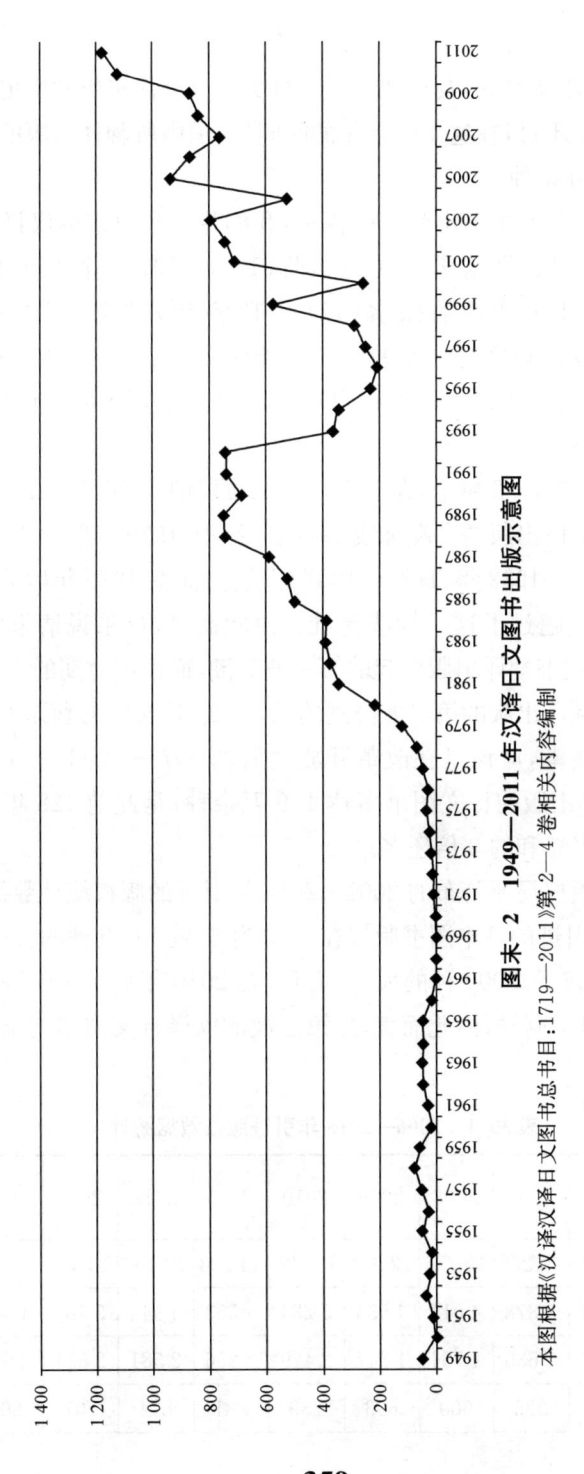

出版社所主导。

如果从1851年算起,及至2011年,日文图书汉译出版的历史也就是区区的160余年。不过,在这160余年的时间里,国内所翻译出版的各类日文图书多达25 000余种。

透过对汉译日文图书出版史的梳理,我们将近代以来的汉译日文图书历史分为5个阶段,即清末民初的初萌(1851—1911)、民国年间的艰难(1912—1949)、建国初期的探索(1949—1976年)、"文革"之后的转型(1977—1999)以及新世纪的发展(2000—2011)。其中出现有1901—1911年、1928—1937年、1982—1992年、2000—2011年的四个阶段性高潮(详见图末-1、图末-2)。

如图末-1、图末-2所示,在1851—2011的161年间,如果以200种/年作为日文图书翻译出版的高端标线基准,那么,在1979年前的128年间,只有1902年、1930—1932年、1934—1937年达标,而在1979年后的33年间,都全部达到并且超过了这一标线基准。由此而言,如果说清末的1902—1908年是日文图书翻译出版掀起的第一波高潮,而民国时期的1928—1937年是日文图书翻译出版的第二波高潮的话,那么,日文图书翻译出版的第三波也是最大的高潮,应该是在改革开放之后的1979—2011年间。就在这33年间,所翻译出版的日文图书多达1.9万余种,是此前128年间所翻译出版的日文图书总和的3倍还多。

而从国家版权局所公布的2001—2016年引进的版权统计数据来看(详见表末-1),所引进的日本图书版权在2008年突破1 000种的关口之后,到2012年更是突破了2 000种的大关,而且,在2010年后每年引进的日本图书版权都超过1 700种,由此而言,这第三波的汉译日文图书的出版浪潮至今仍在持续中。

表末-1　2006—2015年引进版权数据统计

年度 地区	2006	2007	2008	2009	2010	2011	2012	2013	2014	2015
合计	10 950	10 255	15 776	12 914	13 724	14 708	17 193	16 625	15 542	15 458
美国	3 957	3 878	4 011	4 533	5 284	4 553	4 944	5 489	4 840	4 840
英国	1 296	1 635	1 754	1 847	2 429	2 256	2 581	2 521	2 655	2 677
德国	303	585	600	693	739	881	874	707	807	783

续 表

年度 地区	2006	2007	2008	2009	2010	2011	2012	2013	2014	2015
法国	253	393	433	414	414	706	835	772	754	959
俄罗斯	38	92	49	58	58	55	48	84	97	86
日本	484	822	1 134	1 261	1 766	1 982	2 006	1 852	1 736	1 724
韩国	315	416	755	799	1 027	1 047	1 209	1 472	1 160	826
中国台湾	749	892	6 040	1 444	1 747	1 295	1 424	1 100	1 171	1 052
其他	3 555	1 542	1 000	1 865	260	1 933	3 272	2 274	2 322	2 511

本表根据国家版权局相关版权统计资料制作

二、汉译日文图书的时代特色

如果进一步分析近代以来所引进的汉译日文图书的全部书目,可以发现,在总体上,不同时期的日本学术界的主要作者以及主流作品基本上都有所引进。其领域不仅遍布哲学、政治、经济、社会、文学、艺术、教育等人文科学的各类学科,而且还涉及数理化、工程电子、生物医学、大气天文等自然科学的各类学科(详见图末-3)。其中位居前五位学科是,语言文学(5 081种)、艺术(3 414种,漫画占据了绝大部分)、工业技术(2 698种)、文教科体(2 525种)以及经济(2 024种)。

如果对不同历史时期所引进的汉译日文图书书目进行更进一步的分析,还可以发现,在不同的历史时期,其对日文图书的引进力度、广度以及学科侧重是各不相同的(详见图末-4)。如在1851—1911年间,位居前五位的学科是文科教体、历史地理、政治法律、语言文学以及农业技术;在1912—1949年间,位居前五位的学科是语言文学、政治法律、经济、自然科学总论以及历史地理;在1949—1976年间,位居前五位的学科是工业技术、文学、医药卫生、数理化学以及历史地理;在1977—1999年间,位居前五位的学科是工业技术、文学、艺术、文科教体以及经济;而在2000—2011年间,位居前五位的学科是艺术、文学、医药卫生、工业技术以及语言文字等。

毫无疑问,汉译日文图书在不同历史时期所出现的学科侧重的变化,是与当时的时代与社会的需求相吻合的。以清末民初(1851—1911)为例,从

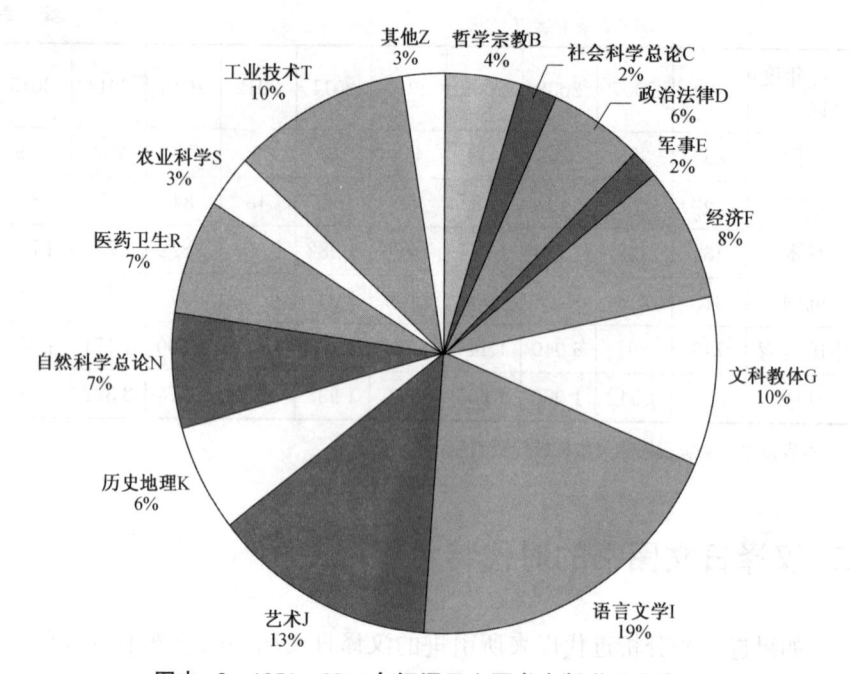

图末-3　1851—2011年汉译日文图书出版学科分类图

本图根据《汉译汉译日文图书总书目：1719—2011》第1—4卷相关内容编制

饼图数据：
- 哲学宗教B 4%
- 社会科学总论C 2%
- 政治法律D 6%
- 军事E 2%
- 经济F 8%
- 文科教体G 10%
- 语言文学I 19%
- 艺术J 13%
- 历史地理K 6%
- 自然科学总论N 7%
- 医药卫生R 7%
- 农业科学S 3%
- 工业技术T 10%
- 其他Z 3%

1850年代开启的洋务运动，到1890年代的维新变法，及至1900年代的辛亥革命，其社会思想的主流都是变革求强。如果说洋务运动还只局限于对西方的先进技术的引进的话，那么，从维新变法起，便开始有了向西方国家政治体制学习的意愿，而在辛亥革命爆发之前的20世纪初，更是着手从体制上开始效仿西方国家，有君主立宪（立宪派）以及民主共和（革命派）二派之分。在此背景下，对日文图书就有了在1890年代之前以"了解世界"为主旨的历史地理类图书引进以及1900年代的以"制度改革"为主旨的政治法律类图书引进的特征。

末章　汉译日文图书的影响与意义

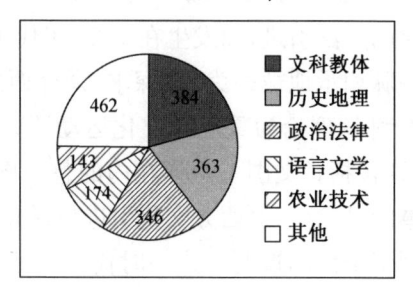

1851—1911年
- 文科教体 384
- 历史地理 363
- 政治法律 346
- 语言文学 174
- 农业技术 143
- 其他 462

1912—1949年
- 语言文学 587
- 政治法律 547
- 经济 466
- 自科总论 378
- 历史地理 364
- 其他 1 708

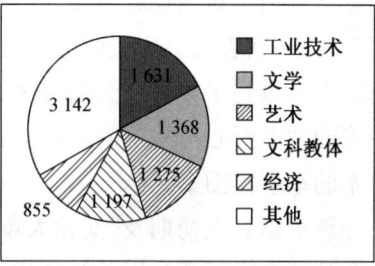

1977—1999年
- 工业技术 1 631
- 文学 1 368
- 艺术 1 225
- 文科教体 1 197
- 经济 855
- 其他 3 142

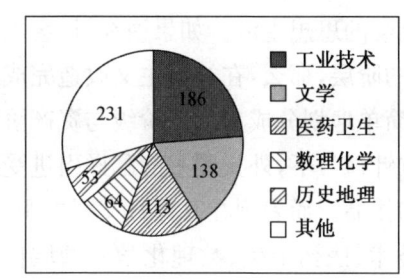

1949—1976年
- 工业技术 186
- 文学 138
- 医药卫生 113
- 数理化学 64
- 历史地理 53
- 其他 231

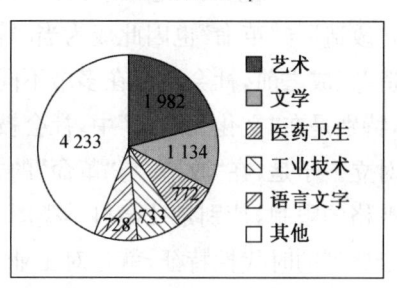

2000—2011年
- 艺术 1 982
- 文学 1 134
- 医药卫生 772
- 工业技术 733
- 语言文学 728
- 其他 4 233

图末-4　1851—2011年汉译日文图书学科侧重示意图

本图根据《汉译汉译日文图书总书目：1719—2011》第1—4卷相关内容编制

　　民国的建立，并不意味着中国近代化发展之路的确立。事实上，在内，从袁世凯政权到北洋军阀政权，乃至南京国民政府，对中国的未来走向都没有清晰的认识；在外，日本对华的领土野心随着其军事化的走向越发膨胀了起来。如果说，日本的这一野心在20世纪初"二十一条"中还只是躲闪在文字之间，那么，在1928年对张作霖的暗杀以及1931年对东北三省的侵占行动中赤裸裸地表现了出来。在此背景下，这一时期社会思想的主流就体现为在引进西方文化过程中思索与探寻中国未来的走向。

在"民主"与"科学"旗号下兴起的新文化运动,本质上是对包括马克思主义在内的西方文化的广泛引进,而发生在1920年代末30年代初的"新社会科学运动",更是一脉相承地被誉为"以探求、译介西方社会科学理论,尤其是马克思主义社会科学理论为重心的文化运动"[①]。正因为有上述社会思潮的推动,民国时期包括日文图书翻译在内的整个图书翻译事业的势头甚为壮阔。令人遗憾的是,这一对西方文化引进与译介的壮阔势头,却因抗日战争的爆发而受到了全面的遏制。这一时代的特征,表现在汉译日文图书领域,一方面是大量的西方新思想新文化的图书,得以借道日文而被引进,其中,特别是对马克思主义、社会主义理论学说介绍的图书,尤为突出;而另一方面,随着南京国民政府的经济建设展开,一些经济类图书、自然科学类图书也得到了较为广泛的引进。此外,针对日本在1920—1930年代不断膨胀的领土野心与战争阴影,当时的国民政府也有意识地翻译引进了一批日本的军事类图书。

在新中国建立初期及"文化大革命"期间,国家经历了一个从新民主主义革命到社会主义革命以及社会主义建设的转折过程,而党的指导思想也有一个从"社会主义改造"到"无产阶级专政下继续革命"的转折。在这过程中,"改造"与"革命"也因此成为当时社会的思想主流。如果说在"社会主义改造"完成之前,社会还存在多个不同的阶层,那么,在社会主义改造完成之后,特别是在"文化大革命"中,社会被简单地划分成为无产阶级与资产阶级的对立。于是,在"改造"与"革命"的方针口号下,外文图书的翻译引进受到了严格的限制,特别是社会科学类图书作品。而表现在汉译日文图书领域,一个典型的时代性特征,就是对工业技术、医药卫生、数理化学等领域自然科学类图书的引进数量,远远超过了对思想、文化、社会等领域社会科学类图书的引进。

在改革开放的1980—1990年代,从最初实现社会主义的"四个现代化"口号的提出,到"把发展生产力摆在首要位置,以经济建设为中心,推动社会全面进步"改革方向的确定,最终明确了改革开放的主调。而社会也在经过了1980年代的"检验真理标准"的大讨论,特别在1990年代"摸着石头过河"的改革思路明确之后,开始将"以经济建设为中心"的观念视为主流。表

---

① 向燕南:"20世纪二三十年代中国新社会科学运动与史学发展的新境界",《江海学刊》,2008年第3期。

现在汉译日文图书领域,一方面是在经济建设主导下的对日本的工业技术类、经济类图书的追捧;而在另一方面,是在当时的中日友好背景下对日本推理小说、漫画、围棋类图书的广泛引进,进而构成了这一时期汉译日文图书的典型特征。

步入新世纪后,中日政治关系日渐变冷,加之两国在历史及领土问题上的争执不断,导致两国民众间的彼此认知也渐次从友好转向了对立。与此同时,在这一时期国家经济在改革开放政策的不断深化过程中,逐渐形成了城市化与休闲化的发展特色。于是,就在中日两国国民间的认知背离,经济发展城市化与休闲化的特殊背景下,在汉译日文图书出版领域,一方面是翻译出版的日文图书的总量创下历史性纪录,年均出版多达800余种;而另一方面,在引进图书的类型方面出现了赤裸裸的实用主义选择,即像漫画类、小说类、还有养生、保健类、编织、流行类、园艺、建筑类这样的图书得到了大量的引进,而严肃的政治类、思想文化类等社会科学类图书以及自然科学基础类图书却遭到了忽视。这种赤裸裸的实用主义选择,毫无疑问,表现出对当代政治与社会意识的一种偏离。

三、译者、出版社与作者的角色变迁

作为文化现象,图书的翻译出版既是一种将特定的文化信息经译者向读者转达传递的过程,同时也是读者对译者所翻译表达的文化信息是否给以认同的过程。在这里,如果说"特定的文化信息"是指对作者及其作品的选定的话,那就产生了"为什么会去选定翻译这个作者而不是那个作者的书"以及"为什么会选定翻译作者的这一本书而不是那一本书"这样的问题。就图书的翻译而言,对作者与作品的选择权可以说至关重要,因为它不但决定了翻译图书的内容选项,而且也决定了在图书翻译出版过程中,译者与出版社所扮演的角色与地位。

有意思的是,在汉译日文图书的百年历史中,就译者与出版社所扮演的角色与地位而言,彼此双方的经历恰好构成为角色与地位的颠倒,如果说,译者的角色与地位是经历了一个从文化的接引人到纯粹的翻译者的变迁的话,那么,出版社的角色与地位却是从最初的书稿接受人最后演变成为图书翻译出版的终极拍板者。之所以如此,是因为随着1949年后出版行业的国有化以及出版社选题申报、审查制度的确立,译者们便逐步地失去了对翻译图书的作者与作品的选择权,而成为纯粹的文稿翻译者。

事实上,在汉译日文图书的初始阶段,也就是清末民初,在作者与作品的选择权方面,译者还是居于主导性的。首先,这一时期汉译图书的选择权大都掌握在译者手中。像梁启超翻译《佳人之奇遇》、王国维翻译《日本地理志》、《法学通论》,还有蔡元培翻译《妖怪学讲义总论》等,这些翻译图书的选择,都是译者自行的决定。其次,在图书的版税及收益上,也是译者占据优势。就以严复与商务印书馆所签《社会通诠》的版税合约为例,在肖东发等人所称的"我国的第一个版税合同"中,明确规定"此书系稿、印两主公共产业"、"此书发售每部收净利墨洋五角"、"此书另页须贴稿主印花"[①]。不仅明确权益而且还明确收益,每卖一部书收益高达墨洋五角!译者的权益可见一斑。第三,对出版社的选择也都是译者自行的决定,于是,为了获得更多的收益,有些译者便将译稿一稿二投甚至多投。如黄郛翻译《旅顺实战记》,就送给新学会社(1909)和中华书局(1909)两家出版社同时出版。这样译稿的一稿多投现象一直延续到了1920年代,这其中,比较典型的有鲁迅翻译的厨川白村《出了象牙之塔》,先后在未名社(1925)、昆仑书店(1925)、商务印书馆(1932)以及北新社(1932)四家出版社分别出版;有半粟翻译的布施胜治《苏俄的东方政权》,被送到商务印书馆(1928)、太平洋书店(上海,1928)、太平洋书店(北京,1928)同时出版等。

所以如此,一个重要因素是当时的社会对日文翻译图书的偏好所致。因为1898年的"戊戌维新"虽然失败,但"以日为师"的观念为社会广泛接受,到了1900年代,康、梁等维新派自不待言,就连张之洞、瑞方这样的地方大员,还有位居朝廷考察政治大臣的载沣、戴鸿慈等人,也都积极主张"东游取经",至于革命派,更是将东京当作同盟会的大本营。也就是说无论保皇党、清政府现任官员,还是革命党,都期望能从学习日本的过程中获得新思想来指道社会变革。而日文图书的翻译,恰好是新思想获得的主要渠道。诚如梁启超所说:"译著之业,将以播文明思想于国民。"[②]受此影响,这一时期的社会表现出对汉译日文图书的一种盲目性偏好。梁启超曾将这种盲目性偏好表述为:"无组织、无标准、本末不具、派别不明,唯以多为贵,而社会

[①] 肖东发、杨虎、刘宝生:"论晚清出版史的近代化变革与转型",《北京联合大学学报》(人文社科版),2008年6月第6卷第2期。

[②] 转引自程翔章、丘铸昌编著:《中国近代文学》,武汉:华中师范大学出版社,2007年,第64页。

亦欢迎之。"①由此,客观导致了译者在图书翻译过程中的主导性。

在民国初期,因为有袁世凯的称帝及此后的军阀混战,国家出现了政治的迷失,即便当时的革命党人也摸不清楚国家未来道路的走向,受此影响,这一时期的外文图书的翻译出版,同样呈现出了方向性的迷失,人们并不知道哪一类翻译图书更适合当时中国的需求,翻译图书的引进由此而受到重挫,具体表现为翻译图书引进的量呈现出整体性萎缩。在此背景下,翻译图书的引进大都是译者自身的意识行为,在这一时期,译者在图书翻译过程中的主导性得到了保持。

到了1920—1930年代,因为新文化运动的推动,社会对外文图书的翻译进入了"黄金时期"。在这一时期,"翻译界空前繁荣,译作层出不穷,译论竞相杂陈,文体解放,范围扩大"。人们之所以注重翻译,是因为开始意识到翻译能带给社会多样性文化,"因为翻译来的是中国所没有的东西"②。也就是说这一时期的社会对翻译作品的作用认识更为理性。在此背景下,国内兴起了大范围翻译引进包括日文图书在内的外文图书的风潮,这种风潮之盛,仅仅在文学领域,就有商务印书馆的"世界文学名著"(1928)、上海新文化学会的"世界名著提要丛刊"(1928)、世界书局的"世界名著丛书"(1929)、春潮书店的"世界名著丛书"(1929)、神州国光社的"世界历史名著丛刊"(1930)、启明书店的"世界文学名著"(1931)、北新书局的"世界文学名著丛书"(1931)、湖风书局的"世界文学名著译丛"(1931)、鸡鸣书局的"世界名著小说丛书"(1933)、春光书局的"世界文学名著译丛"(1934)、中国文化学会的"世界名著丛书"(1934)、复兴书局的"世界文学名著译丛"(1936)、启明书局的"世界短篇名著丛刊"(1937)、生活书店的"世界名著译丛"(1938),等等。

有意思的是,在这一时期,这些所谓的"世界文学名著"从选题到翻译大都是由出版社方面主导。以商务印书馆的"世界文学名著"项目为例,当时就是在"中华教育文化基金董事会编译委员会"的"只译名家著作,不译第二流以下的著作"③主张下,由"胡适致函梁实秋,提出由梁与闻一多、陈源、徐

---

① 梁启超:《清代学术概论》。转引自朱维铮校注:《梁启超论清学史二种》,上海:复旦大学出版社,1985年,第79页。
② 邹振环:《20世纪上海翻译出版与文化变迁》,桂林:广西教育出版社,2000年,第208页。
③ 胡适:"建设的文学革命论",《胡适文存上》卷一,北京:首都经济贸易大学出版社,2014年,第96页。

志摩、叶公超等五人'翻译 Shakespeare 全集,期以五年十年,要成一部莎氏集定本'"①。就这样,从 1930 年代开始,随着各家出版社在图书翻译领域的"世界名著"系列的强势推出,译者渐次失去了其在图书翻译过程中的主导性,即对翻译图书的选择。

新中国成立后,在当时的政治历史背景下,翻译图书的选择被高度地意识形态化了。事实上,建国伊始,政府就明确了图书出版的政策导向——那就是对马克思主义理论的宣传以及对社会舆论的引导。至于翻译图书,时任出版总署编译局副局长的金人曾有如此表述:"第一,要考虑我国政治与文化环境的需要,翻译哪一种书是最迫切需要的,哪一种是较次需要的,哪一种是现在不需要而将来需要的。其次就要考虑一本书的作者,他是哪国人,他是进步的,反动的,还是中间的。最后再把书的内容仔细看一遍,是否合于我们的需要,然后决定是否译出。"②而时任中央宣传部负责人胡乔木更是明确指示:"翻译工作需要管理,不是依靠翻译的兴趣和主观判断来决定翻译什么,而应该有审查。"③于是,为了最终实现图书出版为国家政策导向服务这一目标,政府先是通过对各家出版社的社会主义改造而实现对文本的操控,与此同时,还通过对翻译工作的"组织化、计划化、制度化"等程序,实现了译者操控。在此背景下,如果说在公私合营之前,翻译作品能否出版,主要是由出版商来决定作品与译者选择的话,那么,在社会主义改造之后,翻译作品的选择与出版,则完全掌控在国家的政治话语传播体系之中,即通过中央宣传部→出版总署→各省市出版局→各出版社的网络来实现,而对译者选择则主要通过各出版社加以实现。在这样的体制下,译者便彻底失去了对翻译图书的选择权而沦为纯粹的翻译者。

1980 年代以来,伴随着改革开放,图书出版业也经历了市场化与企业化的改革风雨,但是,图书出版作为国家政治话语传播体系的一环,其本质没有发生任何改变。翻译作品的选择与出版,在现行的选题申报以及 ISBN 的申报体系下,依然需要通过国家广电新闻总局—各省市出版局—各出版社的网络来实现,再加上出版社所掌控的对翻译图书的版权购买以及各类

---

① 转引自崔德胜:"胡适与中华教育文化基金董事会研究(1924—1949)",南京大学硕士论文,2015 年,第 25 页。
② 金人:"论翻译工作的思想性",《翻译通报》,1951 年 1 月 15 日第 2 卷第 1 期。
③ 转引自邹振环:《20 世纪上海翻译出版与文化变迁》,桂林:广西教育出版社,2000 年,第 284 页。

翻译软件的出现等,在此背景下,"找合适的译者翻译合适的书",便成为出版社在图书翻译过程中的新常态,由此而言,译者与翻译图书间的距离越发遥远了起来。

对于出版社而言,在汉译日文图书的百余年间,除了译者间的角色与地位变迁之外,还有两个方面的变迁,即汉译日文图书出版地的变迁以及主要出版社的变迁。

说及汉译日文图书出版地的变迁,毫无疑问,上海、北京应该是汉译日文图书的中心出版地,这既因为自近代以来上海、北京聚集了中国最多出版社的缘故,同时也是由上海、北京在中国近现代出版史上的整体地位决定的。不过,如果仔细分析汉译日文图书在这百年间的出版历史,可以发现,汉译日文图书出版地也是随着时代的发展变化而不断游移着的。其中,以1949年为界,地域分界线表现得十分清晰。

在清末民初,因为汉译日文图书的工作最初是由日方率先推动的,故在1851—1911年间图书出版地的查询中,除了上海、北京之外,还可以看到包括东京、横滨等多处的日本地名;而在1912—1949年间,上海以2 000种的出版量,当之无愧地成为汉译日文图书出版的领头羊;1949—1976年间,随着出版产业的调整,出版中心从上海转移到了北京,而且由于政策上有明确规定,除了人民及北京或上海等地的少数译文社外,一般出版社不允许出版翻译图书,故而,汉译日文图书的出版地就被严格地限制在了北京、上海两地;而在改革开放的1978—2011年间,一个重要的政策变化,就是在1980年代后期开始的图书出版业的市场化进程中,新闻出版总局放开了口子,允许一般出版社从事外国作品的翻译,进而为地方出版社的汉译日文出版创造了条件。

至于那些从事汉译日文图书的出版社,在这汉译日文图书出版的百余年间,同样也经历了大浪淘沙般的历史变迁过程。如果按不同的历史阶段去追溯这些出版社的变迁起伏,便可以发现,首先,以1949年划界的前后分界线表现得十分清晰明瞭;其次,出版社变迁的幅度甚至远大于出版地的变迁(详见表末-2)。

表末-2　汉译日文图书的出版社排序

1851—1911年

排序	出版社	出版种数
1	商务印书馆	215
2	广智书局	120
3	江南总农会（上海农学会）	110
4	会文学社	100
5	文明书局	97
6	教育世界	54
7	医学书局	47
8	东亚公司（日本）	39
9	作新社	31
10	湖北法政编辑社（日本）	25

1912—1949年

排序	出版社	出版种数
1	商务印书馆	936
2	中华书局	183
3	军用图片社	101
4	开明书店	85
5	北新书店	74
6	新学会社	62
7	华通书局	61
8	太平洋书店	51
9	神州国光社	50
10	大江书铺	47

1949—1976年

排序	出版社	出版种数
1	商务印书馆	137
2	上海科技出版社	69
3	人民卫生出版社	58
4	人民文学出版社	53
5	科学出版社	52
6	作家出版社	27
7	三联书店	27
8	上海人民出版社	21
9	国防工业出版社	18
10	人民出版社	17

1977—1999年

排序	出版社	出版种数
1	海南摄影美术出版社	279
2	机械工业出版社	264
3	科学出版社	239
4	吉林人民出版社	177
5	蜀蓉棋艺出版社	138
6	中国建筑工业出版社	132
7	化学工业出版社	126
8	国际文化出版公司	124
9	科学普及出版社	123
10	广西民族出版社	120

2000—2011年

排序	出版社	出版种数
1	科学出版社	541
2	南海出版社	397
3	21世纪出版社	383
4	辽宁科技出版社	339
5	轻工业出版社	254
6	吉林美术出版社	193
7	外语教研出版社	165
8	上海译文出版社	164
9	上海少儿出版社	161
10	中国青年出版社	160

本表根据《汉译日文图书总书目：1719—2011》第1—4卷相关内容编制

末章　汉译日文图书的影响与意义

回首汉译日文图书的出版，可以清晰地看到，自1850年代以来，在每一个不同的历史时期都有各自的代表出版社出现，如果说在1949年前的百余年间是商务印书馆一枝独秀的话，那么，在1949年之后，除了商务印书馆还能勉力维系第一的位置外，原来的中华书局、开明书店等老牌出版社都渐次淡出了汉译日文图书的出版江湖，让位给了像上海科技、人民卫生、人民文学这样的新兴出版社。及至1980年代以来，在汉译日文图书出版领域，在大量的专业及地方出版社的参与下，就连商务印书馆这样的百年老店也都悄然消失在出版排序的行列之外。不仅如此，在这短短的数十年间，除了科学出版社外，进入出版排序的出版社名单全都遭到了更替，其调整幅度之大，可谓史无前例。

在汉译日文图书出版的百余年间，还有一个前后有着大幅调整与偏差的是翻译图书的作者及其学科领域的名单（详见表末-3）。在1949年前，从清末民初的法律（梅谦次郎、冈田朝太郎）、政治（井上圆了、加藤弘之）、历史（涩江保、冈本监辅、桑原骘藏），到民国时期的经济学（河上肇、山川均、高畠素之）、文学（厨川白村、菊池宽、武者小路实笃、小泉八云），翻译的都是当时日本传统学科的学界权威。这些学者、作家的作品，在当时也产生了较大的社会影响。

表末-3　汉译日文图书作者排序

1851—1911年

排序	作者名	出版种数	内容
1	日本富山房	29	教材
2	梅谦次郎	19	法律
3	井上圆了	13	政治、哲学
4	日本政府	12	法律
4	涩江保	12	世界史
4	加藤弘之	12	政治、进化论
4	冈本监辅	12	教材、历史
8	冈田朝太郎	11	法律
9	押川春浪	10	文学
9	桑原骘藏	10	历史

1912—1949年

排序	作者名	出版种数	内容
1	河上肇	36	马克思主义经济学
2	林鹤一	34	中小学教材
3	山川均	28	经济学
4	田中义一	27	政治（田中奏折）
5	饭河道雄	26	日语教材（东北地区）
6	厨川白村	22	文学
7	高畠素之	21	经济学、社会学
8	菊池宽	20	文学
9	武者小路实笃	19	文学
10	伊藤尚贤	18	医学
10	小泉八云	18	文学

1949—1976年

排序	作者名	出版种数	内容
1	德永直	16	文学
1	井上清	16	历史
3	丹波元简(坚)	14	医学
4	小林多喜二	13	文学
5	河口商次	7	中学数学
6	高仓辉	6	文学
6	户苅义次	6	农学
6	宫本百合子	6	文学
6	坂本秀夫	6	医学
10	森口繁一	5	数理计算
10	河上肇	5	资本论
10	三岛由纪夫	5	文学

1977—1999年

排序	作者名	出版种数	内容
1	藤子·F.不二雄	235	漫画(《机器猫》等)
2	多湖辉	123	少儿(《智慧七巧板》等)
3	高桥留美子	79	漫画(《乱马1/2》等)
4	森村诚一	66	文学(推理小说)
5	细川知荣子	64	漫画(《尼罗河女儿》等)
6	日本棋院	55	围棋
7	车田正美	50	漫画(《圣斗士星矢》等)
7	手塚治虫	50	漫画(《铁臂阿童木》)等
9	坂田荣男	48	围棋
10	加藤正夫	47	围棋

2000—2011年

排序	作者名	出版种数	内容
1	藤子·F.不二雄	159	漫画(《哆啦A梦》等)
2	靓丽社	138	手工、化妆等
3	园谷制作株式会社	122	漫画(《奥特曼》等)
4	多湖辉	95	漫画技巧
5	田尻智	80	漫画(《神奇宝贝》等)
6	主妇之友社	68	健康、手工
7	鸟山明	60	漫画(《龙珠》等)
8	CLAMP	59	动漫(《百变小樱》)等
9	村上春树	55	文学
10	久保带人	47	漫画(《境界》等)

本表根据《汉译日文图书总书目:1719—2011》第1—4卷相关内容编制

而在 1949 年至"文革"期间，由于受当时政治的影响，学科选项开始出现偏差，文学的作者（德永直、高仓辉、宫本百合子、三岛由纪夫）大多偏重于无产阶级的政治代表（其中三岛由纪夫因为有周恩来总理的指示，是一个例外），还有就是医学（丹波元简[坚]、坂本秀夫）和数学（河口商次、森口繁一）等。而到了改革开放的初期，由于受出版商业化的影响，以漫画（藤子•F.不二雄、高桥留美子、细川知荣子、车田正美、手塚治虫）与围棋（坂田荣男、加藤正夫）等为主题的图书便成为这一时期汉译日文图书的主要出版物，而在 2000 年代，同样是受出版商业化的影响，在作者的排名中，却依然是漫画作者（藤子•F.不二雄、多湖辉、田尻智、鸟山明、CLAMP、久保带人）的一统天下。因为这些进入排名的作者并不真正代表日本的主流图书，所以尽管同期也有诸如西田几多郎、加藤周一、内藤湖南、鹤见俊辅、吉川幸次郎、三岛由纪夫、川端康成、村上春树等一流作家的作品引进，但是，也许是选题过多地出于实用主义的考量，受此影响，在 1949 年之后的汉译日文图书中，也就缺少了真正有影响的译作。

虽然，翻译图书的作者与作品只是一个被动的选择过程，但是，在不同历史阶段的作者与作品选定过程中，人们不仅可以从中解读出当时国内主流社会对日本图书文化的社会认知，同样，也可以从翻译图书接受过程的侧重中，寻找汉译日文图书所有的社会效用。

四、汉译日文图书的社会影响与意义

对于近代以来中国人对西方以及日本的学习情景，毛泽东在"论人民民主专政"中曾经有过这样的评述："自从 1840 年鸦片战争失败那时起，先进的中国人，经过千辛万苦，向西方国家寻找真理。洪秀全、康有为、严复和孙中山，代表了在中国共产党出世以前向西方寻找真理的一派人物。那时，求进步的中国人，只要是西方的新道理，什么书也看。向日本、英国、美国、法国、德国派遣留学生之多，达到了惊人的程度。国内废科举，兴学校，好像雨后春笋，努力学习西方。我自己在青年时期，学的也是这些东西。这些是西方资产阶级民主主义的文化，即所谓新学，包括那时的社会学说和自然科学，和中国封建主义的文化即所谓旧学是对立的。学了这些新学的人们，在很长的时期内产生了一种信心，认为这些很可以救中国，除了旧学派，新学派自己表示怀疑的很少。要救国，只有维新，要维新，只有学外国。那时的外国只有西方资本主义国家是进步的,它们成功地建设了资产阶级的现代国家。日本人向西方学习有成效,中国人也想向日本人学。在那时的中国人看来,俄国是落后的,很少人想学俄国。这就是19世纪40年代至20世纪初期中国人民学习外国的情形。"①正如毛泽东所说的,当时国人都认为"要救国,只有维新,要维新,只有学外国"。于是,就在这"维新""救国"的思潮主导下,出现了大规模向西方学习的浪潮。显而易见,学习日本也是其中的一个主要环节。因为,从文化的社会意义上来说,日文图书的翻译出版,就是一个能够比较全方位地解读日本的窗口。在这过程中,近代以来所引进的25 000余种的汉译日文图书,自然而然地产生了不可忽视的社会影响。

具体而言,首先,就图书翻译出版的种类分析,某一语种图书翻译出版的种类多与少,可表明该语种图书的市场欢迎度。在某种意义上说,翻译图书的种类越多,其市场欢迎度也就越高。就汉译日文图书而言,在1949年之前的百余年间,其图书翻译的种类是处在第一位的,在此后的60余年间,其图书翻译的种类则保持在美、英之后排列第三位(详见表末-4、表末-5),也就是说,在建国之前汉译日文图书是最受市场欢迎的翻译图书,而在建国之后,汉译日文图书也应该是排名第三的受市场欢迎的翻译图书。也就是说,汉译日书在图书引进的总量上占据有相当的优势。

表末-4　1850—1949年汉译西书来源构成

国别语种	英	美	法	德	俄	日	其他和不详	总计
数量	2 882	3 315	239	889	1 961	5 927	2 407	17 620
百分比	16.4	18.8	1.4	5.0	11.1	33.6	13.7	100

本表构成中,1850—1899年间的英、美、法、德、俄等国译本数据来自钱存训的"近世译书对中国现代化的影响"文中的表3;1900—1911年间的英、美、法、德、俄等国译本数据来自张晓编著《近代汉译西学书目提要:明末至1919》(北京大学出版社,2012);1911—1949年间的英、美、法、德、俄等国译本数据来自王奇生的《民国时期的日书汉译》文中的表5,日文译本数据均来自田雁主编《汉译日文图书总书目:1719—2011》第1卷

---

① 毛泽东:"论人民民主专政",《毛泽东选集》第4卷,北京:人民出版社,1991年,第1469页。

表末-5　1978—2007年汉译西书来源构成

国别语种	英	美	法	德	日	其他和不详	总计
数量	15 047	38 312	6 110	5 314	12 752(15 012)	20 004	97 539
百分比	15.4	39.3	6.3	5.4	13.1	20.5	100

本表构成中,英、美、法、德、日等国译本数据来自魏清光《改革开放以来我国翻译活动的社会运行研究》一书中的图3,括弧中的日文译本数据来自田雁主编的《汉译日文图书总书目：1719—2011》第2—4卷

不过,就翻译图书的畅销性及其社会影响力的进行分析,应该说日文翻译图书的优势并不那么明显。1. 在清末以及民国期间,有关日文翻译图书在近代中国的影响,比较权威的研究著作是邹振环先生的《影响中国近代社会的一百种译作》。该书列举了清代以来对中国社会产生过广泛影响的100种翻译图书,其中译自日文的仅有12部。考虑到这一时期,日文翻译图书的种类一直位居各语种的首位。由此而言,有影响的日文翻译图书的比例,还是有点过低。2. 在新中国建国及改革开放初期(1949—1989),当时国内尚无畅销书概念,图书的社会影响力便以发行数来标记,对此,傅惠民在"40年来我国部分出版社发行在50万册以上图书目录"一文中,曾列出这一时期发行量50万册以上的各类图书书目1 492种,其中,翻译图书有38种。按国别统计,分别是苏、英、法的作家作品占据了前三位,却没有1部作品译自日文,至少说明这一时期的日文翻译图书并不具有广泛的社会影响力。3. 1990年代以后至今,在王旭升主编的《30年中国畅销书史》中,专门列有1990—2008年间引进版的畅销书目,共有12种。其中,译自美国的有8种,译自英国的2种以及译自日本2种,即村上春树的《挪威的森林》以及黑柳彻子的《窗边的小豆豆》。由此表明汉译日文图书在这一时期的社会影响力有所上升。但译自美国的图书显然是引进版图书的主流。综上所述,在图书的畅销性及社会影响力方面,如果说在1949年之前的百余年间,日文翻译图书的畅销程度以及社会影响力可以标记为"大"的话,那么,在建国之后至改革开放之初,其图书的畅销程度以及社会影响力则应标记为"小",尤其在1949年后40年间发行量超过50万册的38种图书中,居然没有1部日文翻译图书,这应该说是日文图书翻译界最深的伤痛。而在进入新世纪以后,其图书的畅销程度及其社会影响力相形之下可以标记为"较大"。

其次,透过对不同时期汉译日文图书的学科版图变化分析,可以清晰地看到,近代以来日文翻译图书的领域不仅涉及哲学、政治、经济、社会、文学、艺术、教育等人文科学的各类学科,并且也涉及数理化、工程电子、生物医学、大气天文等自然科学的各类学科,可以这么说,这些汉译日文图书曾全方位地为中国的现代化进程提供了参考与借鉴。其较为突出的有在马克思主义理论与思想传播过程中的影响,仅1900—1930年代从日文翻译的有关马克思主义、社会主义图书就多达77种,为马克思主义中国化及通俗化的解读与转录奠定了基础;有对现代汉语中构建过程中的影响,随着日文图书的翻译,中国的现代汉语的体制之中融入了数以千计的诸如"革命"、"干部"、"工作"这些来自日本的汉语词汇①,而这样的新汉语组词方式,直到现在都在沿用。此外,对日文翻译图书在近代中国法律体系构建过程中的影响,李贵连曾有高度评价:"20世纪初年,由沈家本主持的晚清法律改革,最终导致中华法系的解体。中国法律从体例到内容,从术语到精神,都发生了深刻的变化。在引进西法以改造中法的过程中,日本一改隋唐以来输入中国法传统,反过来向中国输出西洋化的日本法。它对中国法的影响,超过了当时所有的欧美国家。"②对中国现代史学的影响,从王国维点评桑原骘藏的《东洋史要》起始:"中国之所谓'历史',殆无有系统者,不过集合社会中散见之事实,单可称史料而已,不得云历史。……桑原君之为此书,……就历史上诸般之关系,以解释东方诸国现时之社会状态,使毋失为科学之研究"③。到20世纪三四十年代,"中国史学界对日本近代中国学的回应可分为三个阶段,即从'倾听'、'移植'到重建主体性,与日本近代中国学平行发展并互相影响,再到最终'批驳'和拒斥的发展过程"④。还有对中国现代文学的影响,诚如陈漱渝所说:"日本近代文化对中国现代文学的影响不容低估。'五四'文学革命的发轫者陈独秀、李大钊、周氏兄弟、钱玄同等神州俊秀都曾负笈于东瀛,前后期创造社成员更几乎是清一色的留日作家。无怪乎郭沫若指出:中国的新文艺是深受了日本的洗礼的,中国文坛大半是由日本留学生建筑成的。就连英美派作家的班头胡适也承认:吾国晚近思想革

---

① 陆杏清:"来自日本的汉语常用词汇",《文史博览》,2012年第6期。
② 李贵连:"近代中国法律的变革与日本影响",《比较法研究》,1994年第1期。
③ 转引自陈鸿祥:《王国维年谱》,济南:齐鲁书社,1991年,第356页。
④ 袁咏红:"中国史学界对日本近代中国学的迎拒",《光明日报》,2009年6月2日。

命政治革命,其主动力,多出于东洋留学生,而西洋留学生寂然无闻。"①至于对中国农业现代化、工业现代化以及军事现代化的影响等,也应该说是广泛并且深远的。因为就在这160余年的时间里,国内所翻译出版的日本农业类、工业类以及军事类图书分别就有863种、2 262种和396种(详见表末-6、表末-7、表末-8)。而国内目前对此的研究还处在较为初始的阶段。②

表末-6　汉译日文图书农业类数量

年代区分	1851—1911	1912—1949	1949—1976	1977—1999	2000—2011
数量	143	184	56	249	231

表末-7　汉译日文图书工业类数量

年代区分	1851—1911	1912—1949	1949—1976	1977—1999	2000—2011
数量	35	108	193	1 636	290

表末-8　汉译日文图书军事类数量

年代区分	1851—1911	1912—1949	1949—1976	1977—1999	2000—2011
数量	64	281	4	35	12

表末-6、表末-7、表末-8的数据均来自田雁主编《汉译日文图书总书目:1719—2011》第1—4卷。

第三,就翻译图书与社会主流需求的关系分析,因为日文图书是根植于日本这个独特的水土之中的,翻译引进是一回事,但其作品要想真正得到国内读者的认同,还需要一个从形式到内容的中国化过程。从时代的大背景来看,在清末民初,译书的主流需求是为"传播文明思想"、"拯救民族国家",民国时期的译书是为"多样性文化",1949年以后40年的译书是"为无产阶

---

① 陈漱渝:"日本近代文化对中国现代文学的影响",《中国文化研究》,1995第2期。
② 有关近代以来日本文化对中国的影响,我们曾将其分别以"日本文化、近代、中国、影响"4个关键词在知网进行查询,发现了1 752条结果,内容涉及方方面面,具体论及农业、工业、军事方面影响的论文却不多见,现有的大都为硕士、博士论文,诸如农业方面的王禹需:"清末官绅日本农工商考察类著作研究——以农工商考察类著作为例",苏州大学硕士论文,2016年;郭欣旺:"清末西方农学引进论述——兼论日本学者藤田丰八的作用",南京农业大学硕士论文,2004年;蒋国宏:"日本近代蚕种改良及对中国的影响初探",《兰州学刊》,2011年第9期。工业方面仅有尹英杰:"略论近代日本对中国东北地区铁路投资及影响(1905—1931)",东北师范大学硕士论文,2005年;在军事方面也只有付中玮:"留日士官生与中国军事思想近代化:1894—1924",江西师范大学硕士论文,2010年;杜宇:"论清末新军之操日本化的历程及其影响",湖北大学硕士论文,2014年等。

级政治服务",改革开放之初的译书是为"文化反思"与"文化借鉴",而新世纪的译书却是为了"超级畅销书"。在此背景下,结合不同时期汉译日文图书的出版特色,便可以发现,在清末民初与民国时期,日文图书的翻译是与社会的主流需求基本吻合的,而在新中国成立之初及"文革"时期,甚至在改革开放之初,日文图书的翻译都应该是游离在社会的主流需求之外的,直到新世纪以降,日文图书的翻译才再次回归到了社会的主流需求上来。由此而言,近代以来在日文翻译图书与社会主流需求之间的这种"吻合—游离—回归"的变化,是与日文翻译图书的畅销程度以及社会影响力"大—小—较大"的变化紧密相关的。也就是说,当日文翻译图书与社会主流需求吻合时,其图书的畅销程度以及社会影响力就大,一旦翻译图书与社会主流需求相游离时,其图书的畅销程度以及社会影响力就变小。最为令人遗憾的是,1990年代以来,日文图书翻译虽然有所"回归"社会的主流需求,却未能真正置身对社会科学新思潮的引进,而是被推理小说、漫画的流行所误导,走上了文学化与商业化的路途。因此,其社会影响力便只有"较大"。事实上,翻译图书与社会主流需求之间的这种关系,是与翻译图书的内容是否合乎当时的国情紧密相连的,人们所以翻译图书,就是因为期望通过翻译将外国的好的学说、思想乃至文化、制度介绍给国内的读者。而所谓的"合乎国情",也就是在翻译过程中将图书的形式与内容中国化的过程。只有这样,翻译图书才能够产生广泛的社会影响。

第四,就图书翻译的方法论等方面的贡献分析,在图书翻译的初始,出于译著及译者的局限,人们并没有就翻译的标准、原则与技巧展开过讨论。直到清末民初,严复提出了"信、达、雅"的翻译之说,方才有了被后人公认的翻译标准。然而,严复在自己的翻译作品中,也没有能遵循"信、达、雅"的原则。于是,在1900年代,就有严复与梁启超之间有关图书翻译用语应该是"文言"还是"白话"的"译语之争"。到了1930年代,在鲁迅与梁实秋之间,爆发了一场历时8年之久的"硬"、"顺"之争。而在1950—1960年代,又出现了以傅雷为代表的"神似"说与钱锺书为代表的"化境"说之争。及至1980年代之后,随着西方翻译理论的强势进入,包括尤金·奈达、彼得·纽马克、埃文·左哈尔在内的翻译流派也在国内翻译界获得了众多的支持者。然而,这些论战的孰是孰非暂且不论,但论战所涉及的作品翻译技巧与相关翻译理论方面的探讨,构成了中国近现代翻译理论流派的源头,而且,也在事实上建树起了对译者翻译行为的最初规范。由此而言,如果说日文翻译界在早期的严梁之争、鲁梁之争中还有一些参与及贡献的话,那么,在1949年以后的傅钱之争以及新时期的翻译理论建树中,的确参与不多、贡献甚少。而在1949年后的日文翻译界在翻译理论方面所表现出的这种弱势,事实上也影响到了日文翻译图书的社会影响力。

第五,就图书的社会影响力的总体趋势而言,随着三大普及,即20世纪60年代电视的普及、20世纪90年代网络的普及,以及新世纪以来自媒体的普及,翻译图书在跨文化传播过程中的功能及其地位正在不断地被弱化。社会调查的结果表明,在1990年代,图书还位于国人了解日本的主要来源的前三位,1995年复旦大学日本研究中心的社会调查显示,受调查者在回答"您对日本了解的主要来源(可复数回答)"时,绝大多数人回答说,主要来源于电视(75.4%)、新闻报纸(69.2%)、书籍(59.55%)、广播(47.8%)、电影(47.7%)。[1] 而到了2010年代,在国人了解日本的主要来源中,图书的地位出现了大幅下滑。如在2016年的中日联合舆论调查中,国内受调查者在回答"对日本了解的主要来源(可复数回答)"时,说来源于中国的新闻媒体(89.6%)、中国的电影电视(57.6%)、中国的图书(30.1%)、朋友家人与网络(17.4%)、日本的新闻媒体(15.7%)、日本的电影电视(11.6%)、日本的图书(4.1%)。[2] 结果表明,在世界扁平化发展的今天,已经有太多的读者可以通过外国的媒体、外国的网络以及外国的图书直接进行阅读,由此而言,翻译图书的地位还将会继续下滑。

综上所述,在历史上,对于中日两国文化的深层次交流而言,日文翻译图书的存在曾经起到了不可或缺的重要作用。因为,民族文化的发展离不开对他民族文化的交流与借鉴,而图书的翻译出版可以说是进行跨文化传播的最有力工具之一。正因为是在"传播文明思想"、"拯救民族国家"的思潮以及在"文化多样性"认识背景下,日文翻译图书曾经留下过辉煌,并在文字、思想、政治、法律、历史、经济、文化、文学等多个领域,推动了中国的近代化发展。1949年以来,因为日文翻译图书曾经出现过的与当时社会的主流需求间的偏离,却走上了实用化、商业化的另途,在某种程度上也限制了其

---

[1] 复旦大学日本研究中心:《日本研究集刊》1996年第1期。转引自桥爪大三郎:"《现代日本文化对中国影响的调查研究》报告书",日本文部省科研费补助金项目,课题号08044024,东京工业大学,2000年,第122页。

[2] 日本言论IPO,《第12届日中共同世论调查》结果,http://www.genron-npo.net/world/archives/6365.html,2017年4月25日。

社会影响力的提升。这表明日文翻译图书的生存与演变,实际上是与不断变化着的社会文化背景密切相关的。就翻译图书今后的前景来看,随着网络以及新媒体普及,也随着世界扁平化发展,包括日文在内的翻译图书的社会影响力也许还会继续下滑,这就需要出版人去寻找有富有思想内涵的"畅销"翻译书。因为,思想是社会变革的先导,是推动社会发展的动力之一。对于翻译图书来说,"畅销"不仅是读者对图书内容的一种认知的过程,同时也是翻译图书影响力的一种社会表达。

后　记

　　这应该是我在离开历史学专业30年之后的第一部历史学著作。写此书纯属偶然,因为此前曾主编《汉译日文图书总书目:1719—2011》(4卷本,社科文献出版社,2015),收集有国内图书馆收藏的自1719年以来翻译出版的25 000余种日文图书的书目。于是,有了些胆气,最终才有了这一部《日文图书汉译出版史》。

　　说及近代以来的中西文化交流,人们用得最多的一句话就是"向西方学习",诚如毛泽东所表述的:"从1840年鸦片战争失败那时起,先进的中国人,经过千辛万苦,向西方国家寻找真理。"那么,在这百余年间,我们又从西方学到了些什么呢？它对中国的近代化过程产生了怎样的影响呢？对此,已有太多的著作与论述。而本书不同于以往那些著作与论述的地方,就是以日本一个国家为例,通过对近代以来所翻译引进的所有日文图书书目的整理,去发掘中国自近代以来在学习日本方面所有过的路线与痕迹,并努力地去量化这样的学习给近代的中国社会所带来的影响。这应该是这部《出版史》最大的特色。

　　然而,自从完成了《总书目》和这一部《出版史》后,人就滋生出了些许的野心。因为文化的交流总是双向的,如果说《总书目》和《出版史》是对近代以来中国在学习并引进日本的图书文化方面的一个总结,那么,近代以来日本在翻译引进中国的图书文化方面又是怎么样的呢？于是,就有了再编一部《日译中文图书总书目:1868—2015》,再写一部《中文图书日译出版史》的设想。总觉得只有这样才能真正描绘出近代以来中日两国间的文化交流的真实图景。

　　要想完成这样的工作确实是一项挑战,因为前面的两本书就已经耗费了我整整7年的时间,而后面的两本书说不定也需要花费同样的时间。其实,离自己的退休只剩下一年多的时间了。尽管如此,还是决定沿着这条路继续地走下去。走这条路,并不期望会有怎样的回报,而只是为自己的人生负责,因为人生一世,总得在这个世界留下些什么。只要努力过、付出过,哪怕路径并不完美,也自当无愧于这个世界。

本书的写作，得到了人们太多的支持。在付梓之前，首先感谢我的妻子徐璎，书中的图表大多是在她的帮助下才得以完成。其次，衷心感谢南京大学历史系资深教授茅家琦先生以及北京师范大学文学院王向远教授，能在百忙之中为本书作序。第三，真心感谢江苏省社会科学基金对本书出版给予的资助，同时也衷心感谢清华大学文学院王中忱教授、北京师范大学文学院王向远教授以及南京大学信息管理学院左健教授（也是出版社的老社长）在本书申请省社科基金后期资助时的推荐。第四，衷心感谢南京大学信息管理学院的张志强教授，谢谢您对书稿进行了严格审读以及提出的修改建议，使得书稿的逻辑性与学术性得到了完善。最后，还要衷心感谢南京大学出版社的金鑫荣社长，以及人文图书部的施敏主任、卢文婷编辑，谢谢您们为本书的出版所做的一切。

田　雁
于苏州海德公园
2017 年 8 月 1 日

参考书目(按章排序)

绪论

1. 谭汝谦：《中国译日本书综合目录》，香港：中文大学出版社，1981年
2. 彭斐章：《中外图书交流史》，长沙：湖南教育出版社，1998年
3. 马祖毅：《中国翻译史(上卷)》，武汉：湖北教育出版社，1999年
4. 王晓秋：《近代中日文化交流史》，北京：中华书局，2000年
5. 张晓：《近代汉译西学书目提要：明末至1919》，北京：北京大学出版社，2011年
6. 戴季陶、蒋百里：《日本阴谋七十年日本论与日本人》，北京：北京理工大学出版社，2013年

第一章

1. 杨念群主编：《甲午百年祭-多元视野下的中日战争》，北京：知识出版社，1995年
2. 冯桂芬著，戴扬本评注：《校邠庐抗议》，郑州：中州古籍出版社，1998年
3. 黄遵宪：《黄遵宪全集》下册，北京：中华书局，2005年
4. 杨遵道：《十九世纪末英俄争霸中国史》，北京：中国人民大学出版社，1986年
5. 戚其章：《中国近代史资料丛刊续编·中日战争》第一册、第三册，北京：中华书局，1989年
6. 阿英编：《中日战争文学集》，上海：北新书局，1939年
7. 中国史学会：《中日战争》第4卷，上海：上海人民出版社、上海书店出版社，2000年
8. 黄遵宪著，钱仲联笺注：《人境庐诗草笺注》卷10，北京：古典文学出版社，1957年
9. 梁启超：《梁启超全集》第一卷，北京：北京出版社，1999年
10. 吴天任：《近代中国史料丛刊续稿》第六十八辑，台北：文海出版社，

1996 年

11. 沈云龙:《近代中国史料丛刊》,台北:文海出版社,1996 年

12. 蒋贵麟主编:《康南海先生遗著汇刊》第 10 册,台北:宏业书局,1976 年

13. 汤志均编:《康有为政论集》,北京:中华书局,1981 年

14. 彭雷霆:《近代中国人的日本认识(1871—1915)》,北京:社科文献出版社,2013 年

15. 唐培吉主编:《中国近现代对外关系史》,北京:高等教育出版社,1994 年

16. 宗泽亚:《清日战争》,北京:北京联合出版公司,2014 年

17. 袁村平:《觉醒的国殇甲午战争 120 年祭》,南昌:江西人民出版社,2014 年

18. 苑书义:《中国近代史新编中册》,北京:人民出版社,1986 年

19. 陈泽珲:《廉政史鉴》,长沙:湖南人民出版社,2009 年

20. 吴其昌:《梁启超传中国宪政启蒙百年第一人》,南京:江苏人民出版社,2014 年

21. 王栻主编:《严复集》第 3 册,北京:中华书局,1986 年

22. 萧功秦:《危机中的变革》,广州:广东人民出版社,2011 年

23. 丁晓良:《社会发展 70 问》,北京:中国金融出版社,2014 年

24. 孟昭华、王涵编著:《中国民政通史下卷》,北京:中国社会科学出版社,2006 年

25. 周一良:《中外文化交流史》,郑州:河南人民出版社,1987 年

26. 舒新城:《舒新城近代中国教育思想史》,长春:吉林人民出版社,2013 年

27. 梁启超:《饮冰室合集》文集(1、2),北京:中华书局,1989 年

28. 舒新成:《近代中国留学史》,上海:上海书店出版社,2011

29. 王中平:《留学生群体分化与社会思潮演变 1915—1928》,长春:吉林人民出版社,2011 年

30. 朱有瓛、高时良主编:《中国近代学制史料》(二辑下),上海:华东师范大学出版社,1989 年

31.《光绪宣统两朝上谕档》第 26 册,桂林:广西师范大学出版社,1996 年

32. 张静庐辑注：《中国近代出版史料》初编，上海：群联出版社，1953年
33. 商务印书馆：《商务印书馆九十五年》，北京：商务印书馆，1992年
34. 邹振环：《20世纪上海翻译出版史与文化变迁》，桂林：广西教育出版社，2000年
35. 郭文韬：《中国农业科技发展史略》，北京：科学出版社，1988年
36. 朱寿朋编：《光绪朝东华录》（四），北京：中华书局，1957年
37. 黄林编：《近代湖南出版史料2》，长沙：湖南教育出版社，2012年
38. 潘玉田、陈永刚：《中西文献交流史》，北京：北京图书馆出版社，1999年
39. 邹振环：《影响中国近代社会的一百种译作》，北京：中国对外翻译出版公司，1996年
40. 彭雷霆：《近代中国人的日本认识（1871—1915）》，北京：社科文献出版社，2013年
41. 王勇主编：《书籍之路与文化交流》，上海：上海辞书出版社，2009年
42. 陈鸿祥：《王国维年谱》，济南：齐鲁书社，1991年
43. 李孝迁：《西方史学在中国的传播》，上海：华东师范大学出版社，2007年
44. 实藤惠秀：《中国人留学日本史》，北京：北京大学出版社，2012年
45. 王晓秋：《近代中日文化交流史》，北京：中华书局，2000年
46. 冯自由：《革命逸史》初集，北京：中华书局，1981年
47. 陈邦贤：《中国医学史》，北京：团结出版社，2009年
48. 夏晓虹编：《追忆梁启超》，北京：中国广播电视出版社，1997年
49. 周锡山：《王国维文学美学论著集》，太原：北岳文艺出版社，1987年
50. 鲁迅：《鲁迅全集》第4卷，北京：人民文学出版社，2005年
51. 孙邦华：《西学东渐与中国近代教育变迁》，北京：中国社会科学出版社，2012年
52. 罗振玉：《罗雪堂先生全集》（续编一），台北：文华出版公司，1969年
53. 盐谷温：《中国文学概论讲话》，上海：开明书店，1933年

54. 刘正:《京都学派》,北京:中华书局,2009 年

55. 黎难秋主编:《中国科学翻译史料》,合肥:中国科学技术出版社,1996 年

第二章

1. 余子侠:《民族危机下的教育应对》,武汉:华中师范大学出版社,2001 年

2. 徐冰:《中国近代教科书中的日本和日本人形象》,北京:商务印书馆,2014 年

3. 徐彻、徐忱:《张学良图传》,北京:团结出版社,2014 年

4. 余子侠:《民族危机下的教育应对》,武汉:华中师范大学出版社,2011 年

5. 黄修荣、黄黎:《国共关系纪实》,北京:人民出版社,2014 年

6. 大连市近代史研究所、旅顺日俄监狱旧址博物馆编:《大连近代史研究第四卷》,沈阳:辽宁人民出版社,2007 年

7. 稻叶正夫:《冈村宁次回忆录》,东京:原书房,1970 年

8. 王向远:《日本文学汉译史》,银川:宁夏人民出版社,2007 年

9. 北京大学图书馆、北京李大钊研究会:《李大钊史事综录》,北京:北京大学出版社,1989 年

10. 耿传明:《晚年周作人》,北京:现代出版社,2013 年

11. 《文史资料选辑》第 31 卷第 90 辑,北京:中国文史出版社,2000 年

12. 张光正编:《近观张我军》,台北:台海出版社,2002 年

13. 马蹄疾辑录:《许广平忆鲁迅》,广州:广东人民出版社,1979 年

14. 程帆主编:《我听鲁迅讲文学》,北京:中国致公出版社,2002 年

15. 鲁迅:《鲁迅全集》第 4 卷,北京:人民文学出版社,1973 年

16. 鲁迅:《鲁迅杂文经典全集》,哈尔滨:哈尔滨出版社,2013 年

17. 鲁迅:《鲁迅自编文集且介亭杂文》,南京:译林出版社,2013 年

18. 朱正编著:《名人自述》,北京:东方出版社,2009 年

19. 戴季陶:《日本论》,北京:九州出版社,2005 年

20. 李兆忠:《看不透的日本中国文化精英眼中的日本》,北京:东方出版社,2006 年

21. 熊月之主编:《上海通史》第 10 卷,上海:上海人民出版社,1999 年

22. 俞筱尧、刘彦捷:《陆费逵与中华书局》,北京:中华书局,2002 年

23. 邹振环:《20 世纪上海翻译出版与文化变迁》,桂林:广西教育出版社,2000 年

24. 商务印书馆:《商务印书馆九十年》,北京:商务印书馆,1987 年

25. 熊月之、周武主编:《上海——一座现代化都市的编年史》,上海:上海书店出版社,2007 年

26. 胡适:《胡适日记全编》第三册,合肥:安徽教育出版社,2001 年

27. 商务印书馆:《商务印书馆馆史资料之三十三》,北京:商务印书馆,1985 年

28. 冯春龙:《中国近代十大出版家》,扬州:广陵书社,2005 年

29. 何媛媛:《紫兰小筑周瘦鹃的人际花园》,北京:东方出版社,2011 年

30. 宋原放:《中国出版史料近代部分》,武汉:湖北教育出版社,2004 年

31. 梁启超:《梁启超全集》,北京:北京出版社,1999 年

32. 王栻:《严复集》,北京:中华书局,1986 年

33. 梁启超:《饮冰室文集》,北京:中华书局,1989 年

34. 吴汝纶:《吴汝纶全集》第三卷,合肥:黄山书社,2002 年

35. 舒芜等编:《中国历代文论选近代文论》,北京:人民文学出版社,1999 年

36. 罗新璋、陈应年编:《翻译论集》,北京:商务印书馆,2009 年

37. 熊月之:《西学东渐与晚清社会》,上海:上海人民出版社,1994 年

38. 鲁迅:《鲁迅全集》编年版第 6 卷、第 8 卷,北京:人民文学出版社,2014 年

39. 鲁迅:《鲁迅全集》第 6 卷、第 10 卷,北京:人民文学出版社,2005 年

40. 黎照:《鲁迅梁实秋论战实录》,北京:华龄出版社,1997 年

41. 徐静波编:《梁实秋批评文集》,北京:中国工人出版社,1998 年

42. 王宏志:《重释"信达雅"——20 世纪中国翻译研究》,上海:东方出版中心,1999 年

43. 鲁迅:《二心集》,北京:人民文学出版社,1980 年

44. 杨迅文主编:《梁实秋文集》第 1 卷,厦门:鹭江出版社,2002 年

45. 谭正璧:《中国文学进化史》,上海:光明书局,1929

46. 户坂润:《户坂润全集》第3卷,东京:劲草书房,1966年

47. 广松涉等编:《岩波哲学、思想事典》,东京:岩波书店,1998年

48. 砺波护、藤井让治编:《京大东洋学的百年》,京都:京都大学学术出版会,2002年

49. 刘正:《京都学派汉学史稿》,北京:学苑出版社,2011年

50. 陈鸿祥:《王国维年谱》,济南:齐鲁书社,1991年

51. 严绍璗:《日本中国学史》,南昌:江西人民出版社,1991年

52. 王向远:《日本对中国的文化侵略——学者文化人的侵华战争》,北京:昆仑出版社,2015年

53. 梁启超:《梁启超全集》,北京:北京出版社,1999年

54. 钱锺书:《写在人生边的边上》,北京:三联书店,2002年

55. 李博:《汉语中的马克思主义术语的起源与作用》,北京:中国社会科学出版社,2003年

56. 徐素华:《马克思恩格斯著作在中国的传播》,北京:中国社会科学出版社,2013年

57. 郭大力、彭迪先《〈资本论〉补遗勘误》,上海:读书出版社,1940年

58. 河上肇:《贫乏物语》,东京:新日本出版社,2008年

59. 李泽厚:《中国思想史论》,合肥:安徽文艺出版社,1999年

60. 李其驹、王炯华、张耀先主编:《马克思主义哲学在中国》,上海:上海人民出版社,1991年

61. 王秀文、关捷主编:《中日文化交流研究》,北京:世界知识出版社,2002年

62. 郁达夫:《郁达夫文集》,杭州:浙江大学出版社,2010年

63. 毛泽东:《毛泽东选集》第三卷,北京:人民出版社,1991年

64. 李今:《三四十年代苏俄汉译文学论》,北京:人民文学出版社,2006年

65. 张定华等:《中国抗日战争大后方出版史》,重庆:重庆出版社,1999年

66. 汪家熔:《商务印书馆史及其他——汪家熔出版史研究文集》,北京:中国书籍出版社,1998年

67. 扬中:《大后方的通俗文艺》,成都:四川教育出版社,1990年

68. 杨义:《中国现代小说史》第2卷,北京:人民文学出版社,1988年

69. 邹振环:《20世纪上海翻译出版与文化变迁》,桂林:广西教育出版社,2000年

70. 王向远:《日本文学汉译史》,银川:宁夏人民出版社,2007年

71. 谭汝谦:《中国译日本书综合目录》,香港:香港中文大学出版社,1981年

第三章

1. 毛泽东:《毛泽东选集》第4卷,北京:人民出版社,1990年

2. 世界知识出版社:《日本问题文件汇编》第1集,北京:世界知识出版社,1957年

3. 世界知识出版社:《日本问题文件汇编》,北京:世界知识出版社,1955年

4. 陈桥驿:《日本》,北京:新知识出版社,1956年

5. 世界知识出版社:《日本问题文件汇编》第5集,北京:世界知识出版社,1965年

6. 郭瑞民:《日落时分日本投降全记录》,沈阳:白山出版社,2011年

7. 万峰:《日本军国主义》,北京:三联书店,1962年

8. 毛里和子:《中日关系:从战后走向新时代》,北京:社会科学文献出版社,2009年

9. 康鑫、高金卿主编:《1949—1976共和国外交秘闻录》,北京:农村读物出版社,1993年

10. 中共中央文献研究室:《周恩来年谱(1949—1976)》下卷,北京:中央文献出版社,1997年

11. 《周恩来军事活动纪事》编写组编:《周恩来军事活动纪事》下卷,北京:中央文献出版社,2000年

12. 中国出版科学研究所、中央档案馆编:《中华人民共和国出版史料(1949年)》,北京:中国书籍出版社,1995年

13. 中共中央编译局编:《马克思恩格斯选集》第1卷,北京:人民出版社,1995年

14. 中共中央文献研究室编:《毛泽东文集》第2卷、第6卷,北京:人民出版社,1993年

15. 胡愈之:《胡愈之出版文集》,北京:中国书籍出版社,1998年

16. 王向远:《20世纪中国的日本翻译文学史》,银川:宁夏人民出版社,2007年

17. 邹振环:《20世纪上海翻译出版与文化变迁》,桂林:广西教育出版社,2000年

18. 田雁:《图书出版产业之中日比较》,北京:社会科学文献出版社,2014年

19. 新闻出版总署图书出版管理司:《图书出版管理手册》(2006年修订),北京:中国法制出版社,2006年

20. 叶渭渠:《扶桑掇琐》,武汉:湖北教育出版社,2002年

21. 郭建中编著:《当代美国翻译理论》,武汉:湖北教育出版社,2000年

22. 罗新璋:《翻译论集》,北京:商务印书馆,1984年

23. 何辉斌、方凡、邹爱芳:《20世纪浙江外国文学研究史》,杭州:浙江大学出版社,2009年

24. 张明高、范桥:《周作人散文(第三集)》,北京:中国广播电视出版社,1992年

25. 周作人:《名家精品阅读之旅周作人散文》,长春:吉林文史出版社,2012年

26. 董鹏:《民国　味·道》,北京:中国财富出版社,2013年

27. 张恩辉:《诺贝尔奖获奖者传记丛书川端康成传》,长春:吉林时代文艺出版社,2012年

28. 阿伦特:《启迪——本雅明文选》,北京:三联书店,2008年

29. 雅克·德里达:《书写与差异》,北京:三联书店,2001年

第四章

1. 魏清光:《改革开放以来中国翻译活动的社会运行研究》,北京:中国社会科学出版社,2014年

2. U.哈耶瑀:《日本》,无出版社署名,无出版年份

3. 张香山:《日本》,北京:世界知识社,1954年

4. 陈桥驿:《日本》,北京:新知识出版社,1957年

5. 复旦大学国际政治系、上海国际问题研究所编:《日本》,上海:上海辞书出版社,1979年

6. 迟方:《碰撞》,北京:中国青年出版社,2010年
7. 陈平原:《日本印象》,武汉:华中师范大学出版社,2006年
8. 陈永明主编:《我的日本观——上海知名教授自述》,东京:日本桥报社,2000年
9. 蓉蓉选编:《梁晓声精品集》,延吉:延边大学出版社,2003年
10. 冷溶、汪作玲:《邓小平年谱(1975—1997)》(下),北京:中央文献出版社,2004年
11. 吴学文主编:《十字路口的日本》,北京:时事出版社,1988年
12. 上海市出版工作者协会:《我与上海出版》,上海:学林出版社,1999年
13. 陈丹燕:《上海的风花雪月》,北京:作家出版社,1998年
14. 王旭升主编:《30年中国畅销书史》,南昌:江西教育出版社,2009年
15. 田雁:《图书出版产业之中日比较》,北京:社科文献出版社,2014年
16. 宋木文:《思念与思考》,北京:海豚出版社,2014年
17. 范永进、陈岱松、李济生编著:《见证中国股市》第5辑,上海:三联书店,2009年
18. 中共中央文献编辑委员会:《邓小平文选》第3卷,北京:人民出版社,1993年
19. 冯志杰、范继忠、章宏伟主编:《中国编辑出版史研究》第2卷,北京:九州出版社,2011年
20. 余华:《没有一条道路是重复的》,北京:作家出版社,2008年
21. 北京大学日本研究中心编:《日本学》第11辑,北京:国际文化出版公司,2002年
22. 孟昭毅、李载道主编:《中国翻译文学史》,北京:北京大学出版社,2005年
23. 郭谦:《走进世纪文化名门三:震撼百年中国的文化伴侣》,海口:海南出版社,2006年
24. 魏清光:《改革开放以来我国翻译活动的社会运行研究》,北京:中国社会科学出版社,2014年

第五章

1. 杨建英主编:《2010 年中国国家安全概览》,北京:时事出版社,2011 年

2. 伍旭升主编:《30 年中国畅销书史》,南昌:江西教育出版社,2009 年

3. 魏清光:《改革开放以来中国翻译活动的社会运行研究》,北京:中国社会科学出版社,2014 年

4. 王向远:《日本文学汉译史》,银川:宁夏人民出版社,2007 年

5. 陈祖明主编:《笹川日中友好奖学金获得者论文选集》,北京:中国国际友好联络会,2009 年

6. 林少华:《为了灵魂的自由——村上春树的文学世界》,北京:中国友谊出版公司,2010 年

7. 林少华:《落花之美》,青岛:青岛出版社,2013 年

8. 谢天振:《译介学》,南京:译林出版社,2013 年

9. 黑柳彻子:《窗边的小豆豆》,海口:南海出版公司,2011 年

10. 梁启超:《新民丛报》(影印本),北京:中华书局,2008 年

11. 古斯塔夫·勒庞:《乌合之众》,桂林:广西师范大学出版社,2010 年

12. 马场公彦:《战后日本人的中国观》,北京:社会科学文献出版社,2014 年

13. 东亚出版人会议事务局:《东亚的出版交流——第一届东亚出版人会议记录》(日文版),东京:东亚出版人会议事务局,2006 年,

14. 东亚出版人会议:《东亚人文 100》(日文版),东京:MISUZU 书房,2011 年

15. 东亚出版人会议:《东亚人文 100》导读,成都:四川教育出版社,2010 年

16. 王向远:《日本对中国的文化侵略——学者文化人的侵华战争》,北京:昆仑出版社,2015 年

17. 刘正:《京都学派汉学史稿》,北京:学苑出版社,2011 年

18. 李庆:《日本汉学史》,上海:上海人民出版社,2010 年

末章

1. 马祖毅:《中国翻译史》(上卷),武汉:湖北教育出版社,1999 年

2. 程翔章、丘铸昌编著:《中国近代文学》,武汉:华中师范大学出版社,2007年

3. 朱维铮校注:《梁启超论清学史二种》,上海:复旦大学出版社,1985年

4. 邹振环:《20世纪上海翻译出版与文化变迁》,桂林:广西教育出版社,2000年

5. 胡适:《胡适文存》卷一,北京:首都经济贸易大学出版社,2014年

6. 毛泽东:《毛泽东选集》第4卷,北京:人民出版社,1991年

7. 陈鸿祥:《王国维年谱》,济南:齐鲁书社,1991年

图书在版编目(CIP)数据

日文图书汉译出版史 / 田雁著. —— 南京：南京大学出版社，2017.12
ISBN 978-7-305-19688-1

Ⅰ. ①日… Ⅱ. ①田… Ⅲ. ①日文－翻译－出版事业－文化史－研究－中国 Ⅳ. ①G239.29

中国版本图书馆 CIP 数据核字(2017)第 303626 号

出版发行	南京大学出版社
社　　址	南京市汉口路 22 号　　　邮　编　210093
出 版 人	金鑫荣
书　　名	**日文图书汉译出版史**
著　　者	田　雁
责任编辑	卢文婷
照　　排	南京南琳图文制作有限公司
印　　刷	江苏苏中印刷有限公司
开　　本	787×960　1/16　印张 25.25　字数 420 千
版　　次	2017 年 12 月第 1 版　2017 年 12 月第 1 次印刷
ISBN	978-7-305-19688-1
定　　价	128.00 元

网　　址　http://www.njupco.com
官方微博　http://weibo.com/njupco
官方微信　njupress
销售咨询热线　025-83594756

* 版权所有，侵权必究
* 凡购买南大版图书，如有印装质量问题，请与所购
　图书销售部门联系调换